永恒与时间

丸山真男思想史学的交响曲

区建英 著

三联书店

Copyright © 2025 by SDX Joint Publishing Company.
All Rights Reserved.

本作品版权由生活·读书·新知三联书店所有。
未经许可，不得翻印。

图书在版编目（CIP）数据

永恒与时间：丸山真男思想史学的交响曲 / 区建英著. -- 北京：生活·读书·新知三联书店，2025.3.
ISBN 978-7-108-07924-4

Ⅰ．D093.135

中国国家版本馆 CIP 数据核字第 20241FD817 号

选题策划	叶　彤
责任编辑	周玖龄
装帧设计	薛　宇
责任校对	张　睿　张国荣
责任印制	卢　岳
出版发行	生活·讀書·新知 三联书店
	（北京市东城区美术馆东街 22 号 100010）
网　　址	www.sdxjpc.com
经　　销	新华书店
印　　刷	河北松源印刷有限公司
版　　次	2025 年 3 月北京第 1 版
	2025 年 3 月北京第 1 次印刷
开　　本	635 毫米 × 965 毫米　1/16　印张 26.5
字　　数	319 千字　图 14 幅
印　　数	0,001-3,000 册
定　　价	98.00 元

（印装查询：01064002715；邮购查询：01084010542）

丸山真男先生
1985年获"朝日奖"留影

凡　例

（1）日本的人名或固有名词，除了中文没有相应汉字的情况之外，全部采用中文汉字。
（2）引用原文时，如用了省略号，又没有特别注明，都表示为引用者所做的省略。
（3）引文中括号里的内容，若没有特别注明，都是原作者所做的注释。
（4）引文中，引者也采用括号方式加注，同时标明是引者所注。
（5）丸山真男的著作使用了大量的着重点，而本书在引用时将着重点全部省略。
（6）注释的出处部分，日本文献的题目及出版社名等固有名词，都采用日文原文或日式汉字标注。

目 录

序 __ 1

第 I 卷　思想学术的历程和转折

导言 __ 15

第一章　思想历程中的矛盾格斗——"永恒与时间" __ 17
  小引 __ 17
  第一节　价值哲学与历史主义的纠结 __ 20
  第二节　早年思想史研究的历史主义及其矛盾 __ 25
  第三节　战后对"超历史的"价值的体悟 __ 38
  第四节　"永恒与时间"的方法化和思路 __ 47
  小结 __ 51

第二章　战后的希望与失望 __ 52
  第一节　宁可寄希望于战后民主主义的"虚妄" __ 52
  第二节　对战后改革的失望 __ 63

第三章　在迷惘中探索 __ 74
　　　第一节　"战后期"的结束与反思 __ 74
　　　第二节　传统问题与传统概念 __ 84

第四章　大转折 __ 93
　　　第一节　助跑阶段的讲座和论文 __ 93
　　　第二节　范式的转变和方法的确立 __ 108

第Ⅱ卷　"古层"论

导言 __ 129

第一章　作为方法的"古层"论 __ 133
　　　第一节　据以评判问题的概念群 __ 133
　　　第二节　"层叠结构"模式——"古层"论的方法 __ 137
　　　第三节　用语变更的意义——"原型""古层"
　　　　　　　"执拗低音" __ 140
　　　第四节　"古层"研究的文献和实证操作 __ 143
　　　第五节　日本政治思想史的构架 __ 146

第二章　"古层"Ⅰ——空间和历史的所与 __ 150
　　　小引 __ 150
　　　第一节　空间的所与 __ 151
　　　第二节　历史的所与——社会结合方式的原初形态 __ 158

第三章　"古层"Ⅱ——思维方式和价值意识 __ 168
　　　小引 __ 168
　　　第一节　历史意识的"古层" __ 170

第二节　政治意识的"古层" __ 185
第三节　伦理意识的"古层" __ 196

结语　"古层"论的冲击 __ 206

第Ⅲ卷　以"原型"为核心概念的日本政治思想史

导言 __ 213

第一章　儒教统治伦理和佛教的变化（1964年度讲座）__ 217
小引 __ 217
第一节　古代王制意识形态的形成 __ 218
第二节　统治伦理 __ 223
第三节　王法与佛法 __ 227
第四节　镰仓佛教的变革性 __ 233

第二章　武士传统中的"可能性"（1965年度讲座）__ 237
小引 __ 237
第一节　"非理的合法化"与武士社会的诞生 __ 243
第二节　初期武士团的产生及其结构 __ 246
第三节　武士精神特性在概念上的提炼 __ 251
第四节　战国武士的精神特性 __ 257
第五节　"武士道"与"士道" __ 260
小结 __ 268

第三章　"开国"与"锁国"（1966年度讲座）__ 272
第一节　作为"开国"经验的基督教传播 __ 272
第二节　幕藩体制"锁国"下的精神结构 __ 278

第四章　日本近世儒教史和国学史的重构（1967年度讲座） __ 287
　　小引 __ 287
　　第一节　近世儒教的政治思想 __ 289
　　第二节　作为思想运动的国学 __ 314

结语　"古层"论思想史的特征和意义 __ 323

终卷　福泽谕吉研究和中国观

导言 __ 329

第一章　到达"结局"之前的福泽谕吉 __ 331
　　第一节　人民"制作"与"独立自尊" __ 333
　　第二节　福泽的"实学"和哲学 __ 340
　　第三节　从"价值判断的相对性"到"相关主义" __ 352

第二章　"他者感觉"与中国认识 __ 359
　　第一节　"他者感觉"的体悟 __ 359
　　第二节　历史主义视野下的中国观 __ 364
　　第三节　"永恒与时间"视野下的中国观 __ 372

结语 __ 380

后记 __ 382

附录1　参考文献 __ 386
附录2　丸山真男年谱 __ 396

序

丸山真男（1914—1996）是日本著名的政治学者和思想史学家。他是诞生于20世纪日本的一位带有多重意义的学者和思想家，尤其被公认为战后日本最有代表性的知识分子，不少人将他视为日本战后民主主义的精神支柱。事实上，丸山的确是引领日本知识分子和市民推动战后民主改革的旗手，然而，这并不等于说丸山对战后日本影响巨大，若真是那样，他就不会对日本的战后改革如此失望了，他正是带着深刻的失望和忧虑，把日本政治思想史研究推进到"古层"论的境界的。丸山既是对日本思想史进行研究的主体，又是亲历了大正时代与昭和时代的历史见证人，其研究处处隐伏着切身的历史体验和痛楚的问题意识。"由超学问的动机来推动严密的学术性操作"[1]，这是其学术精神的一个重要特征，也是牵动日本知识界高度关注的"发条"。如果从这个意义上说，那么丸山的思想和学术主要是在学界和知识分子中产生了巨大影响。丸山战后初期的一系列政论著述被称为"丸山政治学"，但他的专业阵地是思想史学。他学术上的卓著功绩主要体

---

[1] 丸山眞男〈南原繁「フィヒテの政治哲学」を読んで〉,《丸山眞男集》（岩波书店，1995—1997年）第八卷，109页。

现在思想史学方面，是日本政治思想史学的开创者，其不仅影响了日本的政治学界，而且影响了整个社会科学界。丸山的思想史学就相当于一个坐标轴，后来出现的思想史学也基本上是在他的影响下诞生的，无论是他的继承者还是反对者，几乎都以他为坐标轴来进行自身的构筑。本书主要从思想史学方面对其进行研究考察。

本书作者尝试通过宏观的考察找出贯穿丸山真男思想学术的主轴，结果发现无论是从他的思想脉络来看，还是从他对研究对象的把握方法来看，整个轨迹都贯穿着关于"永恒与时间"的思考。"永恒与时间"作为一对核心范畴，既体现了丸山自身思想的矛盾和发展，又体现了其思想史学中的哲学思维。本书试图以"永恒与时间"这对范畴为主轴，来解读丸山真男的思想史学。

本书所说的"永恒与时间"，是丸山作为哲学概念来使用的范畴。为了跟读者共有这对范畴，在此先大略谈谈"永恒与时间"在古今东西哲学中的一些事例。严复曾在《天演论》里介绍了古希腊哲学家赫拉克利特的名言"人不能两次踏进同一条河流"（严复译语："譬诸濯足长流，抽足再入，已非前水，是混混者未尝待也"），同时还加按语说："仲尼川上之叹又曰：回也见新，交臂已故。东西微言，其同若此。"[1] 严复用孔子之语来印证赫拉克利特，是看到了东方和西方古代哲学的共通性。当然，古希腊哲学也好，儒教也好，关心的绝不仅仅是像河水那样不断流逝的东西，还关注支配那些流动变化的本质和法则。在这个意义上，东西方的哲理都寓涵着"时间"与"永恒"的关系。

古希腊哲学家更是首先注重宇宙万物的本质和规律。苏格拉底以前的哲学主要以物质世界为研究对象，通过物质世界的变化运动

---

[1] 严复译《天演论》（商务本）下"论一·能实"，《严复全集》卷一，福建教育出版社，2014年，301页。

来探求其根底里永远同一的本质，这个本质被称为"自然"（physis）。古希腊哲学家认为，特殊的个体都是不断变化和生灭的，只有普遍的东西是常驻不变的。换句话说，前者是流动性的，后者是恒常性的，这里就体现了不断流动的"时间"与常驻不变的"永恒"之间的关系。赫拉克利特以河流比喻宇宙万物，阐明了"一切皆流，无物常驻"的运动变化思想，创立了一种"变"的哲学。但他强调运动变化并不是否定静止，而是阐述运动与静止的辩证关系。万物生灭变化之流动的背后，隐宿着永远不变的法则秩序，赫拉克利特将之称为"逻各斯"（logos）。也就是说，"逻各斯"支配万物的运行，既超越于万物，又内在于万物。对于古希腊哲学家来说，永远不变的法则才是理性探讨的对象，而变化的世界和生生灭灭的个体也只有在反映普遍法则的意义上才值得研究。

这种追求永恒法则的思想为后来的道德哲学所继承。当然，自然哲学与道德哲学是不同的，但在追求永恒本质规律这一点上是共通的。苏格拉底和柏拉图以构建理想为使命，致力于探究人生的意义和道德政治等社会共同生活的原理。柏拉图哲学的核心概念是"理念"（idea），理念是事物世界的根源本质，故而是理性探讨的对象。从探求本质和法则的意义上说，"idea"相当于自然哲学的"physis"。柏拉图的理念以"善"为最高价值，它是绝对的永恒的。理念在经验世界中不一定能完全实现，但作为"应然"或"当为"[1]的价值是支配经验世界的普遍规范。柏拉图就是以"理念"开辟了理想主义的先河。不过，因为古希腊哲学的理性偏重于探求永恒的价值，而对个体事物中的价值"分有"缺乏关注，以至无视了历史中的意义。但又正因为

---

[1] "当为"是一个哲学概念，德语称作Sollen，在康德的伦理学中指善行的道义命令，在新康德学派中指真善美的价值，是作为人的内面信念而对现实行为发挥道德规范作用的。相当于汉语的"应然"，其意为"应该做的事"和"应有的状态"，对现实的存在具有作为规范的超越性。

古希腊哲学对普遍法则的彻底追求，反而为理解历史的意义提供了重要的原理。

其原理之要义在于，理念是事物世界的根据和原因，这就点明了"永恒"的价值内在于流动的"时间"之中。不过历史与自然界不同，是人的主体行为的总和，故历史是人参与价值实现的过程。特殊的个体（包括个人和团体）在时间的流动中不断实践，有创造也有破坏，这一切都不是无目的的运动，是受普遍的永恒价值所支配和评判的，因而具有不断引起人们思考、评价、批判的意义。在这一点上，古希腊哲学为后来的历史学做出了不可替代的贡献。事实上，近世以来的历史学已不仅是记录事实和经验教训的学问，而且是探求规律和真理的学问。比如，康德开启了市民社会的批判哲学和道德哲学，黑格尔则超越康德创出了进步主义的历史哲学，但历史哲学在其内省中产生出了历史主义，而历史主义中的相对主义倾向又引起反思，带来了康德理论的复权，新康德派发展出克服相对主义的价值哲学……这里无处不贯穿着对"时间"与"永恒"之关系的思考。

而孔子"逝者如斯夫！不舍昼夜"这句话，又何尝只是关注一刻不停地流逝的川水？即便是东汉末年的郑玄或晋代的孙绰那种消极的理解，也是以"川流不舍"来解释孔子对"道犹不兴"的忧叹，其关心无疑是系于"道"的。而朱注则积极地将之解释为："天地之化，往者过，来者续，无一息之停，乃道体之本然也。然其可指而易见者，莫如川流。故于此发以示人，欲学者时时省察，而无毫发之间断也。"朱注诠释了逝与不逝之理，表达了对"道"的强烈追求，要从不断流逝的万有现象中探求永远不逝的道体，同时也勉励求道者"进学不已"。可见，无论是消极的还是积极的理解，都蕴含着与古希腊哲学相通的内核。在中国古代思想中，并没有造物主的思维，森罗万象及其秩序都是宇宙"天理"的自然展现，圣人之道来源于宇宙的"天理"。而人是万物之灵，具有与"天理"相通的"本然之性"，能体悟社会伦理和为人之道。虽有君子与小人之分，但即便不是"生而知之"的圣人，亦可"学而知之"，只要在学问和修身实践方面下功夫，任何人都有可能悟出内在于自我之中的"天理"，都有可能成为圣人。换句话说，永恒的"天理"是内在于不断变迁的历史和每个有限的个体之中的，人是创造历史的主体，历史是人体悟和实践"天理"的过程。所以历史中的事物具有值得人们不断思考、评价、批判的意义。

黄俊杰在其专著《儒家思想与中国历史思维》[1]中，以儒家的历史意识为中心论述了中国历史思维的特征。黄俊杰指出："川上之叹"表达了"孔子从时间之流所推动的人事变迁之中，体悟出历史中的'变'与'不变'"。[2]"在中国传统文化中，生命的意义与价值在于领悟并学习历史上存在过的道德典范，并将这些典范接引、召唤至人们所生存的时代，也因此中国文化的'时间'概念寓涵了某种'超时间'的特质"，"传统中国的历史叙述，除了将重要的历史事件加以具体叙述之外，其目的更在从历史中寻绎出不受时间限制的规律与规范；换言之，史家的任务并非只是梳理史料、评断史实，而是将隐藏在历史中的'超时间性'呈现出来，以作为人类生存的指引。因此，从历史叙述的目的看来，中国的历史学实在就是一种道德学、经济学与政治学。对中国史学家来说，处理并叙述人类历史经验是促进大道运行的一种必要的志业，它的背后预设了修齐治平的愿景与天人和谐的理想蓝图；'过去'与'当下'合一，时间概念被人文关怀深深地渗透，这就是所谓'中国历史思维'的特质"。[3]

可见在中国的历史思维里，历史也是价值实现的过程。个体的

1　黄俊杰《儒家思想与中国历史思维》，台湾大学出版中心，2014年。此书于2018年荣获中国大陆学界的"国学成果奖"。
2　同上书，22页。
3　同上书，34—36页。

生命虽然局限于历史的"时间"之中，但人们的行为不断推演出超越时间的"永恒"大道，大道的典律规范通过历史学呈现为一个"经典世界"，以此跨越时空把过去与现在乃至将来连接起来。也就是说，"超时间"的价值是从人在历史里发挥的作用之中抽象出来的，在这个意义上，历史学是探求规律和真理的学问。与柏拉图的先验型的"理念世界"相比，中国的"经典世界"是归纳型的，具有很强的主体性、实践性、创造性。但古希腊哲学与中国哲学具有一个重要的共同点，那就是给人们提供了在不断流逝的历史时间里发现永恒价值的原理。黄俊杰所说的"时间"与"超时间"，如果用丸山真男的范畴来表达，就是"时间"与"永恒"。

丸山真男认为："历史意识的根本，就是永恒与时间如何相关的问题。"[1]在不同的民族文化中，两者的相关形态各有不同。丸山对几个代表性的形态进行分析时，把古希腊与古代中国的"永恒与时间"相关方式归为同一形态。[2]无独有偶，严复也把赫拉克利特的"万物皆流"之说与孔子的"川上之叹"作为"东西微言"并举而论。但总的来讲，严复认为普遍原理是超越古今东西之悬隔的，他在《天演论·自序》中说："使其理诚精，其事诚信，则年代国俗，无以隔之。是故不传于兹，或见于彼，事不相谋而各有合。"[3]这里的"年代国俗"可谓"时间"，"理"可谓"永恒"，是超越年代国俗的普遍价值。

不过，当今世界有一个流行语叫"普世价值"，而本书所说的永恒或普遍价值与之不同，在此需要说明一下。因为人类的普遍价值是通过众多不同的个体（个人或团体）在有限的经验中寻绎出来的，任

---

1 丸山眞男〈日本思想史における「古層」の問題〉，《丸山眞男集》第十一卷，190页。
2 《丸山眞男講義錄［第四冊］日本政治思想史1964》，69页。（讲义录全7册由东京大学出版会1998—2000年出版）
3 严复译《天演论》（商务本）"译《天演论》自序"，《严复全集》卷一，259页。

何个体都能体现之,但又不能完全体现之,只能与其中一部分相关,所以普遍价值是由复数的个体寻绎出来的各种理法来体现和构成的。知识社会学的提倡者卡尔·曼海姆(Karl Mannheim)提出了"相关主义"的概念,即各种价值观是从不同的角度与真理相关的。他赞同"意识被存在制约"的观点,旨在承认一切意识形态都是有局限性的。正因如此,他主张知识分子的责任就是要超越自己的阶级或国家或所属领域等局限,通过多种立场相互观察的方法来超越思想的"被存在制约性",以追求普遍的知识和接近绝对真理(所以不能只由在某个时空寻绎的价值观来支配全世界)。

然而,当今流行的"普世价值"往往只代表某种特定社会的特定意识形态或价值观,但却带有独占的排他倾向——容不得不同文化和不同社会寻绎出来的价值,容不得不同社会的实践和创造。而只要带上独占的排他性,那就失去普世性了。近代西方的自由、平等、民主等理念是普遍价值,中国古代的仁爱思想、民本主义、实事求是、求同存异等理念也是普遍价值,还有当代的和平、开放、协调、变革、创新等理念也是普遍价值,都是同一个"逻各斯"或"道体"在不同的国家、不同的时代以不同的形式展现出来的理念,都具有人类的普遍性。所以本书在谈永恒或普遍价值时,避免使用带有排他倾向的"普世价值",而是采用丸山真男常说的"普遍性""普遍价值""普遍主义"等表达。

另外,由于长期以来西方中心论占压倒性优势,中国出现了一种倾向,似乎一谈"普遍"就是西方的。这又导致了另一种倾向,对带有排他色彩的"普世价值"抱有抵触情绪,并因此而产生了不愿承认普遍价值的相对主义(或特殊主义)态度。这两种倾向都多少反映在学术研究中。然而不论是前者还是后者,这些倾向都隐隐地折射出对从本国文化寻绎出来的普遍道理失去了自信,这样反而成全了所谓"普世价值"的霸道性。因为人类社会无论是个人、团体、国家,还是国际社会,都不能没有超越个体的普遍价值做规范。实际上,从国际社会的大事到个人关系的小事都无处不体现着普遍规范的必要性,完全的价值相对主义是危险的。比如战争时期的"大日本帝国",将"皇国"的特殊价值放在世界的普遍价值之上,其国家行为无视了超越国家的道义规范,对人类犯下了滔天罪行。又比如,在当今这个金钱至上、道德衰微的时代,也能常常听到中国的一般百姓说要守住做人的"底线",这个"底线"不正是中国人在长期的生活实践中寻绎出来的普遍价值和规范吗?如果人人都只有"精致的利己主义",那么社会就会涣散崩溃。尤其是在当今人们容易受媒体影响的大众社会时代,更需要确立人格主体性和道德自律性,探求与他者"相生相养"的普遍思想。因此,回避"普遍价值"的思维,对于"非西方"社会来说也不是通向希望的可能道路。

我们不仅不应回避具有普遍性的永恒价值,而且应敢于拥有或共有之。正如曼海姆所提示的,人的一切价值探索都是有局限性的,因此需要超越自身的局限性来寻求普遍的知识和真理。既然任何民族都不可能体现全部真理,那就应该采取"开放"态度,敢于拥有其他民族寻绎出来的普遍理念,反之亦然。实际上,产生出普遍价值的空间并不一定是其价值规范发挥得最好的空间,甚至恰恰是在那些空间所经历的历史时间中,其普遍规范遭到了违背。比如近代的国家主权平等和国际法等观念,是在欧洲神圣罗马帝国解体而分离出很多独立国家的历史中产生出来的,具有人类普遍性的价值。但实际上,西方世界只将其用于基督教共同体内部,而对基督教共同体以外的国家却采取武力征服、政治压制、经济掠夺的殖民主义行为。这是在"时间"中丢弃了"永恒"。日本在追赶西方的近代化过程中也违背了那些普遍规范,明治时代追随了殖民主义,昭和时代追随了法西斯主义。这些历史行为因为破坏了普遍的价值,所以只有时间性而没有永恒性。但尽管如此,国家主权平等和国际法的普遍性是不可否定的,

19世纪中期以后，亚洲以及世界上被侵略被压迫的各民族敢于拥有之，他们在反对西方殖民主义、争取民族独立的斗争中，恰恰是以这些理念和原则为武器的。

而对于本书来说，需要指出的问题是，回避"普遍价值"的倾向也反映在对丸山真男的理解上。比如有人误认为，丸山对思想史方法反思的亮点在于避免讨论终极或普遍的价值标准，特别是把丸山战后的方法转变理解为向历史相对主义的转向，并对他所批判的那个拒斥普遍价值的"古层"给予褒扬的评价，甚至认为这开拓了"非西方"的可能性。然而应该说，"非西方"本身具有通向将来的可能性，这是无疑的，但不是通过回避或排斥普遍价值来达成。故本书要澄清一下。

事实上，与上述理解恰恰相反，战后丸山要彻底解剖和对抗的日本思想的病理，正是不断疏远或拒斥普遍价值的惯性思维。他对日本近代的批判，不是认为日本不够西化，而是认为其没有融入人类的普遍价值，所以没有永恒的意义。他尖锐地指出：

> 明治以后日本已相当西化了，但就是在如此西化的日本，当战争中那种荒唐无稽的思想与权力相结合并扩展开来时，居然对之毫无抵抗。……日本的知性在魔术般的禁忌面前实在是脆弱，必须把那种咒术式的思维从我们下意识的世界里驱逐出去。……我所说的是要融入具有普遍性的东西，比如人作为人诞生于这个世界本身就有价值，无论多么卑贱也不可能有第二个相同的人，应站在这种个性的终极价值的立场来不断批判政治、社会的各种运动和制度，这就是"永久革命"。[1]

---

[1] 丸山眞男〈普遍の意識欠く日本の思想〉，《丸山眞男集》第十六卷，60页。这是1964年在一桥大学学生政治学研究会举办的座谈会上的讲话。

可见，丸山主张的并不是西化与否的问题，而是能否融入普遍价值的问题，而且这里的普遍价值也不是由某种权威、组织、制度所代表的意识形态，而是内在于每个人格之中的对普遍性的觉悟。当然，近代革命中产生的人权、自由、民主主义等理念是其重要内容，他认为日本需要融入这样的价值。正因如此，他批判日本国学的那种"植物主义的传统定义"——只把内生的文化看作传统的封闭思维。丸山认为追求普遍的真理和价值不必拘泥其"生于"何处。比如，民主主义并不生于日本，但日本应积极地拥有之，因为那是古今东西全人类一直追求的理想，所以是"永久革命"的课题。

他说："如果'永久革命'一词是具有意义的，那么只有民主主义值得称为'永久革命'。资本主义和社会主义都只是一个历史的体制，而民主主义不是历史的体制。古希腊时代就有民主主义，近代欧洲也有民主主义，现代也有，现代的社会主义诸国也在走向民主化。"同时指出："美国和英国的民主主义完成了吗？众所周知，并没有完成。有多少非民主的事发生在欧美诸国，不用举例大家都明白。"当然他也举出了美国总统因水门事件而下台的事例，来说明美国的民主主义"还没死，还活着"。[1] 这里有两点值得注意：第一，丸山把现实的体制和超越的理念区别开来了，认为体制是时间性的，理念是永恒性的；第二，他所说的"永久革命"是指必须永远持续的实践，如果只安于形态上的民主体制，而实质上却背离民主的理念，其内核就会丧失。正如严复在译介《孟德斯鸠法意》时所说："民主非德不立。"[2] 若是其国民缺乏人格主体性，缺乏与他者共存的大爱之德，就难以获得民主的永恒性。

1　丸山眞男〈儒学・近代化・民主主義〉，丸山眞男手帖の会编《丸山眞男話文集4》，みすず書房，2009年，243页。这是1988年与中国留学生座谈时的讲话。
2　严复译《孟德斯鸠法意》（商务本）第三卷第四章，《严复全集》卷四，29页。

由此可见，丸山真男所追求的普遍理念既不是"西方"的，也不是"非西方"的。当然，这是他在人生的曲折经历中一步一步体悟出来的，达到这个境界也曾有一个发展过程。特别是到了后期，他不仅在对民主主义的拥护方式上，而且在考察从东方和西方的历史中寻绎出来的各种普遍价值时，都能注意从人类普遍性的立场来把握。无论是在学术层面，还是在个人和社会实践的层面，丸山都反对那种无原则地追随"时间"流动的价值虚无主义，而主张不断探索和坚持"永恒"的真理。他认为个人需要有内在的真理信条，而国家也需要以真理作为规范和目标。我曾在访问丸山真男的儿子丸山彰时，在他家发现了一件他父亲留下的遗物，那是刻有南原繁（丸山的恩师）题字"真理立国"的石雕，丸山真男珍藏这个石雕，反映了普遍真理在他心里的分量。当然丸山并不是只追求理念而对现实迂阔的人，正相反，他是具有丰富的现实眼光的。那么在丸山真男那里，永恒的东西是如何与包括时间和空间的历史事物形成相关关系的呢？这正是我们解读丸山思想史学的重要线索。

第 I 卷

思想学术的历程和转折

导　言

　　本卷旨在阐述丸山真男思想学术的形成和发展过程，重点考察他在战后改革的实践和挫折中获得的反思契机和宝贵体悟，由此阐明丸山思想史学走向大转折的原委，以及为后期的学术（主要是"古层"论）创出的新课题和新方法。本卷——特别是通过第一章——以"永恒与时间"为主轴来浓缩地勾勒丸山思想学术的整个动态形象，以便读者在进入详细内容之前，能一气呵成地把握丸山自身的内在矛盾和其思想史学发展变化的基本轨迹。

第一章

思想历程中的矛盾格斗
——"永恒与时间"

小　引

本书不是丸山真男的人物传记，所以关于丸山的人生经历，只在最小限度内谈及与本题关系密切的内容，书后附有年谱。幸好在中国已出版的译介丸山思想学术的书籍中，就有苅部直著的《丸山真男：一位自由主义者的肖像》（中文版：唐永亮译，中国人民大学出版社，2021年），这是一本以自由主义者形象为主题的优秀传记，对于读者从人生经历来了解丸山真男很有裨益，建议将之与本书一起阅读。本章聚焦于丸山的思想历程，从其思想与学术、价值与历史的交错中把握"永恒与时间"的交响奏鸣。

在日本学界，有一部分学者没有留意丸山的思想学术在战前与战后的重大转变，而将两者一把抓。但也有一部分学者比较明确地意识到丸山以战后期为转折点的变化，比如有些以西欧近代的"国民国家"为指标来评价近代化的政治学者，较早地察觉出了丸山思想史学在战后的转变。他们从《极端国家主义的逻辑与心理》等一系列诊断日本人思想和行为方式病理的政治论文中，已看到不同于战前论文那种发掘日本近代萌芽的风格，觉得那里存在着与早期相反的"价值志向"，从而感到这里表现了丸山对国民国家的价值认识的断裂，而对丸山20世纪60年代以后提出的"古层"论，就更难找出与早期研究的连续性了，因此认为丸山的思想和方法前后失去了一致性。[1]当然，也有学者既注意到其变化，又能把握其前后的一致性。比如思想史家松泽弘阳认为，丸山是作为"近代批判者"出发的，只因战前的反近代思潮与法西斯主义相结合，使他反而把重新评价近代的"理念"作为抵抗法西斯潮流的据点。他在思想和学问的形成期就已一定程度地接受了批判近代的学说，并把对近代的"扬弃"作为课题，但直到战后他才有条件致力于反省近代问题的研究。[2]

如果说丸山思想史学前后不一致，那的确是在战后发生了颠覆性的变化。但正如松泽弘阳所说，其在近代的"扬弃"方面具有连续性。即便是早期的徂徕学研究，其基本立场也是通过重新评价近代的"理念"来克服近代颓废的"现实"，这一点与战后是一致的。正因丸山的思想学术不是静态的单纯的固定物，其发展过程包含着连续和断绝的复杂因素，所以我们需要将之理解为一个有血有肉的矛盾体，那是在矛盾的格斗中前行的。丸山既意识到自己的矛盾，也注重把握住研究对象的矛盾。他在论文《福泽、冈仓、内村——西欧化与知识人》（1958年）的最后指出：

> 当思想被人们从思想家的骨肉中分离出来，被作为"客观形象"来把握的瞬间，便开始独自行走（引用者：指脱离了思想的主体）。如果它进而受到思想家模仿者的称赞和"崇

---

[1] 石田雄・姜尚中《丸山眞男と市民社会》，世織書房，1997年，25—26、28页。
[2] 松沢弘陽〈丸山眞男における近・現代批判と伝統の問題〉，大隅和雄・平石直昭編《思想史家 丸山眞男論》，ぺりかん社，2002年，284—286页。

拜",那它本来所充溢的内面的紧张就会松弛,它多面的棱角就会被磨得圆滑,它那充满活力的矛盾就会被强行"统一"。或者因它的某个侧面被继承而使它丧失原有的活力,从而变得僵化。[1]

此论文指出的这个问题,后来丸山自己也亲身体验了,20世纪80年代至90年代初在日本泛滥的丸山真男论,使他不得不远离媒体和学界同行。所以我们在理解丸山时,不能无视他自身的内在矛盾,应尽量理解他主要是在什么矛盾中探索前行的。

当然一般来讲,对于一个学者来说,要把自己思想学术的内在矛盾暴露出来是非常难堪的。但丸山真男做到了,他在各种著作的序言或后记里,或在总结自己学术历程的论文和各种回顾谈里,毫不隐讳地陈述自己探索中的挫折,晒出自己的内在矛盾,表现了高度的自省精神和责任感。他是明确地意识到自己应该这样做的,早在1957年他就说过:"所有知识分子都必须反省","战争责任问题与战后责任问题是不能割裂开来的"。他与竹内好谈起这个问题时,竹内说:"这时我们应该抛弃一切觉得羞涩难堪或现已不合时宜等顾虑,把战争期间和战后写的东西全部公之于众,必须由此出发。"竹内这句话成了丸山把战后所写的政治学论文和政治评论以及相关论述编成《现代政治的思想和行动》一书的重要契机。丸山还说:"如果要把自己思想的历程、迷惘和体验真正披露给世人,还需陈述自己战前的思想经历",但《现代政治的思想和行动》已无法写入此内容,只能期待他日了。[2] 平石直昭认为,这里所说的

---

1 丸山眞男〈福沢・岡村・内村——西欧化と知識人〉,《丸山眞男集》第七卷,367—368页。
2 丸山眞男〈旧版への後記〉,《現代政治の思想と行動》新装版,未来社,2006年,578—579页。

"期待他日",也是丸山晚年应允人们对他详细采访并编成《回顾谈》的重要原因。[1] 正因为丸山这种坦荡的自省精神,我们才能追寻他内面的矛盾格斗,从那些"充满活力的矛盾"中发现其思想学术的宝贵意义。

第一节 价值哲学与历史主义的纠结

丸山真男1914年3月22日生于大阪,是丸山家的第二子(兄弟共四人),1917年全家移居兵库县,1921年又移居东京,直至1996年8月15日去世。丸山真男思想学术的内在矛盾,与他的成长环境和思想轨迹有紧密关联。从时代背景来讲,他的一生纵跨了大正民主主义时代与昭和法西斯主义时代,但对大正民主主义的气氛仅仅在少年时代感受过,自高中一年级起就开始经历"九一八"事变乃至侵华战争的狂乱时代。

他的父亲丸山干治是具有自由主义思想的新闻记者,而且非常重视孩子的教育。丸山的学历除了兵库县和东京的两所小学以外,还有东京府立一中(初中)、第一高等学校文科乙类(高中)、东京帝国大学法学部政治学科。家庭和学校对丸山的教养和知性有重要影响。在丸山的思想形成道路上,有两位给予他重大影响的人生恩师:一位是父亲的挚友长谷川如是闲,另一位是东京帝国大学法学部的教授南原繁。长谷川如是闲是作家、记者、评论家,具有自由阔达的批判精神,代表作有《现代国家批判》《现代社会批判》,是批判日本法西斯主义的先驱者。丸山在少年和青年时期深受其影响,特别是通过长谷

---

[1] 平石直昭〈解説 人生への追記〉,松沢弘陽・植手通有・平石直昭編《定本 丸山眞男回顧談(下)》,岩波書店,2016年,339頁。

川如是闲认识了大正民主主义的明暗两面，并亲身体验了国家对个人精神内面的干涉[1]，这种刻骨的感受成了他后来批判日本极端国家主义的经验基础。而上大学以后，他遇到了人生的第二位恩师南原繁，南原在思想上融汇于伊曼努尔·康德的哲学，政治原理方面主要研究康德和约翰·戈特利布·费希特（Johann Gottlieb Fichte），学问动机是直面时代而寻求批判时代问题的真理。南原不赞同那种认为日本在"一战"后就已成为先进国的乐观主张，对日本的现实持严厉的批判态度。这一切从人格到学问对丸山都有巨大影响。

　　从丸山真男自身的思想历程来看，早期的阅读也是他形成思想个性的重要基础。在高中时期，由于旧制高中的外语学习占了很大的比重，学生可以读文学或哲学的外语原著。他选修了德语，并读了一些新康德派哲学家的原著，比如威廉·文德尔班（Wilhelm Windelband）和海因里希·约翰·李凯尔特（Heinrich John Rickert）的著作，其价值哲学对他的思想产生了根基性的影响。价值哲学是要探求以真善美为最高理想的普遍妥当的、永恒的价值理念，确立起我们据以评判历史事象的基础规范。其先驱是鲁道夫·赫尔曼·洛采（Rudolf Hermann Lotze）提出的"妥当"概念，后由新康德派的文德尔班和李凯尔特所继承。丸山通过学习文德尔班和李凯尔特的哲学，对个人内面信念的价值产生了高度的关注。

　　但另一方面，当丸山进入东京帝国大学法学部开始学术研究时，面对的却是一个历史主义（historicism）风行的时代。历史主

---

[1] 1933年，丸山去本乡佛教青年会馆参加唯物主义研究会创立纪念讲演会，听长谷川如是闲的演说，会议遭到本富士警察署驱散，丸山作为一名听众被警察拘留，理由是从口袋里搜出的笔记本里，写有引用陀思妥耶夫斯基《作家日记》的内容，那里有关系到日本国体的语言。上了大学以后，他仍被作为思想嫌疑犯，每年都定期受到特高刑警检查和宪兵队传唤，直到当上东大法学部副教授为止（《丸山眞男集 別巻 新訂増補》，岩波書店，2015年，36页）。

义从其起源来说，是与国民国家的形成同步出现的，以德国历史学家利奥波德·冯·兰克（Leopold von Ranke）为起始。历史主义否定先验的自然法和启蒙的合理主义，把国家看作从历史中产生的精神集合体，强调其个别性和相对性。它在方法上主张对人类生活的一切现象的生成和发展都要在具体的历史流动中把握，以史料的严密分析和史实的客观叙述为基础，具有历史实证主义的特征，成为近代历史学的滥觞。但历史主义往往因拘泥于时间的流动性和空间的个别性（相对性）而对整体的普遍意义视而不见，以至失掉了超越历史的真理和普遍妥当的价值，导致历史相对主义的倾向。不过，历史主义是多义的，除了历史实证主义和历史相对主义之外，广义上还包括用发展规律来把握历史的马克思主义发展阶段论和黑格尔的进步主义史观，以及试图摆脱历史相对主义的知识社会学等。但在广义的历史主义中，"意识被存在制约"的观点是共通的。

丸山回忆在东大法学部从学生时代到助教时代的经历说，当时对自己影响最大的就是马克思主义的思想和学问，自己也属于被马克思主义感召的战前知识青年。战前马克思主义的思想意义，与其说是社会政治运动，不如说是知的运动（intellectual movement），因而其影响远远超出了实践运动家的范围，不仅影响了哲学家和社会科学家，就连文学家和艺术家在精神上都受到了撼动。丸山在大学正式学习马克思主义的社会科学时，马克思主义已成为同"实践"斩断关系的一个知识体系。在这种环境下，马克思主义的"学问"在他的精神生活中一步一步地扎下了根。[1] 正因为马克思主义的学问对他有太大的"影响"，反而使他感到有太沉的"重压"，以至在自己的思维内面一直拒绝而不能全面接受。之所以产生这种拒绝感，首先是因为他在

1　丸山眞男〈思想史の方法を模索して〉,《丸山眞男集》第十卷，316—317页。

高中时代已融入了文德尔班和李凯尔特等新康德派的哲学,尽管当时新康德派已不是"主流",已让位于现象学和新黑格尔派。[1]

这样,在丸山的精神世界和学问体系里,便产生了价值哲学与历史主义的紧张纠结。他信服文德尔班和李凯尔特的价值哲学,尤其感佩其以普遍妥当性——真善美的价值规范作为判断前提的"批判方法",因而感到历史主义把一切事物都从历史的成立和发展的角度来解释的方法带有局限性,对一切纯粹根据史实来归纳的实证史学持保留看法。丸山对历史主义的关心是在历史哲学方面,他几乎完全接受了马克思主义的发展阶段论,之后还接受了黑格尔的进步主义历史观,对历史过程不是仅仅将之看成"变化",而是以"进步"或"反动"、"停滞"等标准来把握其变化。如果说他对马克思主义还有一些怀疑,那并不是由于拥护文德尔班的"批判方法",而是对历史主义的"发生论方法"抱有戒心,因为实际上不少马克思主义者也往往在历史叙述中失去判别进步与否的标准。[2]

但又因如此,丸山在思想史方法上仍然面临一个难以解决的苦恼,那就是价值规范的普遍妥当性与意识形态的历史发展性之间应如何架桥的难题。而在当时广义的历史主义中,也有试图克服相对主义倾向的学说,其中一个典型代表就是卡尔·曼海姆的知识社会学(德:Wissenssoziologie,《意识形态与乌托邦》是其代表作)。丸山认为曼海姆正好同时戳中了新康德派的"因果关系与价值妥当"或"存在与当为"[3]的二元论,和马克思主义的意识形态论的盲点。一方面作为历史主义的意识形态论,曼海姆赞同"意识被存在制约"(德:Seinsverbundenheit)的观点,但认为具体的思想与社会存在并非一对

---

1 丸山眞男〈思想史の方法を模索して〉,《丸山眞男集》第十卷,318—319页。
2 同上书,321—322页。
3 丸山说的"存在与当为",跟汉语中的"实然与应然"相通。

一地连接，两者之间有一个媒介，那就是"世界像"[1]（德：Weltbild）和"思维方式"（德：Denkstil）。另一方面，曼海姆为了回避相对主义的陷阱，还导入了知的"远近法"（perspective）和"相关主义"（德：Relationismus，英：relationism——从各个角度与真理相关），主张通过多种立场相互观察的方法，来超越思想的"被存在制约性"，以求接近真理，并承认乌托邦对现实的社会改革具有积极意义。不过，丸山在战前和战时的思想史研究中主要采用了前者，即承认"意识被存在制约"，尤其注重思想与社会存在之间的媒介——"世界像"和"思维方式"。[2]

虽然在思想史研究方法上采用了历史主义，但在实践的行为选择上，历史主义却遇到了深刻的问题，这是丸山在战争时期的痛切感受。他回顾说，当进入研究室专攻东洋政治思想史后，恩师南原繁知道他受历史主义影响较深，所以再三叮嘱说："你靠存在制约（意识）的观点，是难以做好思想史的。"不过，那时他在学问方法上并没有遵照恩师的告诫，比如运用历史主义撰写了徂徕学研究等论文。但是现实中，在法西斯猖獗的世界情势下，除了卡尔·曼海姆（犹太人）在纳粹夺取政权后就逃亡到英国以外，不少持有"意识被存在制约"和历史主义立场的社会学者几乎都毫不犹豫地追随了纳粹主义。南原看到丸山热衷于黑格尔，便提出忠告："黑格尔是危险的！看看德国，黑格尔主义者都进了纳粹阵营。能坚持抵抗的是康德派。"丸山承认

---

[1] "世界像"与"世界观"（德：Weltanschauung）的含义不同。"世界像"指由社会整体的理论或知识体系所构成的、全方位的世界形象，是离开主观而静态地存立的客观的世界形象。"世界观"指人主体地看待世界整体的基本态度，是通过观察的主观作用而动态地在人的内面展开的世界认知。因而可以说，"世界像"是客观的，"世界观"是主体的。

[2] 对曼海姆的另一个侧面——超越思想的"被存在制约性"以求接近真理，丸山是到了战后才开始重视的。

南原对这种倾向的批评是正中靶心的。[1]他对当时日本知识界出现的情形，也做了如下描述：

> 从知识社会学者到马克思主义者，他们在知识上的转向，几乎都是通过把"阶级"置换成"民族"，同样地打出历史存在决定意识的命题来推进的。那些能顶住时潮或"世界大势"而不被其冲垮，坚持"我立于此"的内面信念，以此贯穿于那个时代的学术世界的人，从方法论的层次来看，几乎都是被存在决定意识论者和黑格尔主义者批判为"非历史的"康德主义者，或天主教的自然法论者。[2]

这些战争时代的体验，确实为丸山战后的思想史学转型积累了重要的知性资源。尽管如此，丸山当时虽然在"实践"方面承认南原繁的忠告是有道理的，但还是无法把那些在态度上被证实为优秀的"非历史的"或"超历史的"立场连接到学术上（包括思想史在内）的历史研究之中。[3]

第二节　早年思想史研究的历史主义及其矛盾

其实，价值哲学与历史主义的纠结，早在丸山的学问起始阶段就反映出来了。他一方面目睹了战前大量知识分子雪崩式地"转向"法西斯主义，而敢于抵抗法西斯潮流的教授则接连受到右翼的攻击和

1　丸山眞男〈思想史の方法を模索して〉，《丸山眞男集》第十卷，339—340页。
2　同上书，340—341页。
3　同上书，341页。

权力的镇压，因此对近代发展到今日之"颓废"的历史趋势产生了批判视点；另一方面在学术上却采用历史主义的立场来把握政治思想史。这样，在他的思想与思想史研究之间就必然会出现矛盾。他在东大法学部三年级时（1936年），参加了法学部"绿会"以"政治学中的国家概念"为题的有奖征文并获奖[1]，这篇论文是他首次用历史主义方法分析近代的论文，又是第一篇批判近代的论文。但前者作为方法的运用显得厚重，后者作为对近代的批判显得单薄。

这篇论文明确地采用曼海姆的方法来做分析，基于"意识被存在制约"、意识形态以特定阶级为主体的观点，考察"个人主义国家观"向"法西斯主义国家观"演化的过程。他所说的特定阶级是指近代市民社会的主人（资产阶级）。他认为，市民社会刚从封建社会的崩溃中诞生时，是以私有财产和分工为特质，通过个人的契约而构成的商品生产社会，用黑格尔的话说就是一个"欲望的体系"。这个体系以自由平等的个人（抽象地说是指摆脱了一切社会关系制约的单独的个人）和法治的国家为基础，一方面个人拥有自然权和抵抗权，另一方面个人之间稳定的相互作用依靠法律至上的国家主权来保证，由此产生出"个人主义国家观"。这种近代的思维包含着很强的普遍价值，但市民社会的基础结构最初就带有个人权利依存于国家权力的内在矛盾。[2] 而随着市民社会的发展，一方面出现了无产者阶层，为防止无产者的反抗，市民对个人权利的主张逐渐向国家权力让步；另一

---

[1] 当时的"绿会"是东京帝国大学法学部的教授与学生的亲睦团体，每年举行有奖征文，由法律和政治学科的教授出题和评选，最优秀的入选论文被刊登于《绿会杂志》。1936年度由南原繁教授出题，丸山真男获得第二席A奖（无人当选第一席），论文刊载于同年12月《绿会杂志》第八号。南原对其论文做了高度评价，同时也指出其历史主义方法的分析存在着一些问题（《丸山眞男集》第一卷，32页）。

[2] 丸山眞男〈政治学に於ける国家の概念〉，《丸山眞男集》第一卷，10—16页。

方面自由竞争走向垄断以及对外的帝国主义，在垄断资本结构下，市民阶层与国家权力迅速接近乃至相互"拥抱"，并与强权主义和对外膨胀相互共鸣。反映在意识形态上，就是自由、平等、和平、人道等"理念"退后，人种或民族的全体主义代之而起，由此产生了"法西斯主义国家观"。其特征是国家主权的绝对化和国民大众的齐一化，这实际上是市民社会本身的内在矛盾发展到极端的结果。[1]

丸山最后指出："今日全体主义国家的观念正风靡世界，但究其核心，那正是它表面上痛击的个人主义国家观自身的极端发展形态。"[2]他一方面从历史主义观点肯定了两种国家观的演化具有历史发展的必然性，另一方面又通过指出前者正是后者自身孕育出来的颓废形态，表达了对近代本身的批判。从普遍价值的视点来看，他承认近代产生出来的自由、平等、民主等"理念"已渗透于学术，并得到了超越现实存在的独自发展；但基于"意识被存在制约"的观点，他又认定那些近代思维不能成为现实的势力，终归只能在康德和新康德派"存在与当为""现实与理想"的二元论中维持。[3]可见，丸山这时对近代思维在"扬弃"近代方面的作用不能做出积极的展望。

随着各种近代批判论走向政治化，现实中出现了一种悖论性的现象，即反近代思潮与近代的颓废（法西斯主义）怪异地结合在一起。以此形态来反对近代思维竟成了当时的历史趋势，这个历史趋势又成了朝法西斯全体主义"转向"的正当化根据。这在日本表现为"近代超克论"，认为近代自由主义的各种意识形态已过时，要以新的文化取而代之，那就是建设以日、德、意为轴心的世界新秩序。其背后是以皇统一系的日本"神国"优越观为支柱的全体主义意识形态，

---

[1] 丸山眞男〈政治学に於ける国家の概念〉,《丸山眞男集》第一卷，19—26页。
[2] 同上书，31页。
[3] 同上书，23—24页。

第一章　思想历程中的矛盾格斗 ——"永恒与时间"

因为那是历史发展的必然,顺应之是知识分子的使命——这就是朝法西斯主义"转向"的历史主义根据。[1]与之相对照,当时敢于抵抗这种法西斯主义历史学的少数知识分子,几乎都把拥护近代思维作为抵抗的阵地。比如,东大经济学部的教授河合荣治郎,他作为自由主义者面对大量知识分子"转向"法西斯全体主义,不仅没有随大流,反而坚持写"批判法西斯"的论著,结果受到右翼攻击和警方起诉,著作被禁止发行,教职也被叫停,但他也没有屈服。

丸山从这少数的知识分子身上看到了近代"思维"对近代"颓废"的抵抗,或者说"当为"对"存在"(应然对实然)的抵抗。在这种"知"的气氛里,他对近代思维的评价也由之前的消极转为积极,并且自己也选择"当为"的立场,要通过重新评价作为"理念"的近代来抵抗作为"现实"的近代颓废(法西斯化)。从这时起,他的思想史学就开始显示出以"超学问的动机"来推动学术研究的性质。这首先体现在他当上东大法学部助教以后撰写的两篇徂徕学研究论文中,第一篇是《日本近世儒学发展中徂徕学的特质及其同国学的关系》(1940年),第二篇是《日本近世政治思想中的"自然"与

---

[1] "近代超克论"主要是由京都学派举办的三次座谈会所代表的见解(其内容1942—1943年刊载于《中央公论》,并在1943年以"世界史的立场与日本"为题出版)。这里集中指出了现代世界所面临的各种问题,比如机器对人的支配、人的异化、颓废的大众文化、灵魂崩溃的危机、资本主义下金钱俗物的支配、社会的官僚制化等弊病。丸山在1974年为《日本政治思想史研究》的英文版写的作者序言中说:"主张'近代超克'的知识分子并不都是法西斯主义者或军国主义者,而且我当时也认为他们的见解里有正确之处。"但问题是在20世纪40年代初的时代气氛中,"近代超克论"与那些主张"要打倒英美法所代表的过时的自由主义意识形态,协助由日本、德国、意大利等轴心国主导的'世界新秩序'建设,这才是知识分子的使命"的齐唱声合流,不仅军部和"革新官僚"追随之,还导致了左翼知识分子集体"转向"(丸山眞男〈英語版への著者の序文〉,丸山眞男《日本政治思想史研究》,東京大学出版会,1983年新装版,396頁)。

"制作"——作为制度观的对立》(1941—1942年)。[1] 这些论文涉及了几乎整个德川时代,但并不是网罗近世期的政治思想或政治学说的通史,而是一部以上述问题意识为主轴的"问题史"。

当时的"近代超克论"思潮,把"近代"视为与日本无缘的东西,并将之看作给日本带来一切社会弊端的"替罪羊",同时又鼓吹一种与"近代"无缘的,由日本古代信仰与亚洲传来的"东洋精神"浑然融合的美好传统。丸山的"超学问的动机"就是要打破这两种"近代"无缘论,而且阐明近代并不是西洋独有的。他试图通过研究德川时代的儒学史,考察德川时代内部近代因素的萌芽和成熟,来实证"任何磐石般坚固的体制也包含着自身走向崩溃的内在必然性"。[2] 他的研究动机无疑是立足于内面价值的"当为"信念的,但在研究方法上则采取了历史主义——那是属于发展阶段论系统的进步史观,同时包括"亚细亚生产方式""中国停滞论"等观点。[3]

当然丸山知道在江户时代的日本,作为社会存在的近代因素非常贫乏,几乎没有条件形成市民的抵抗思维。正因如此,他具体采用了曼海姆关于"精神史特有的发展形态"的观点,在注重"意识被存在制约"的同时,聚焦于"世界像"这个连接思想与社会存在的媒介的变化,具体从"政权意识形态"的自我解体入手进行分析。他所预设的近代因素的指标,主要是绝对主义王权思想和"自然"

---

1 这两篇论文的日文题目是:〈近世儒教の発展における徂徠学の特質並びにその国学との関連〉和〈近世日本政治思想における「自然」と「作為」——制度観の対立としての〉。两篇都于1952年收入《日本政治思想史研究》一书,由东京大学出版会出版,同书还收录了1944年发表的论文《"早期"国民主义的形成》(〈国民主義の「前期的」形成〉)。
2 丸山眞男〈あとがき〉,《日本政治思想史研究》新装版,372页。
3 由于马克思主义的发展阶段论的影响,丸山对20世纪30年代末至20世纪40年代初关于"亚细亚生产方式"的议论也产生了关心(丸山眞男〈思想史の方法を模索して〉,《丸山眞男集》第十卷,337—338页)。

向"制作"发展的近代性。作为研究的具体模式，他参照了弗兰茨·柏克瑙（Franz Borkenau）的著作《从封建的世界像到市民的世界像》。柏克瑙的这本著作着眼于个别思维与社会生产关系之间的媒介"世界像"，勾画了"圣托马斯自然法的浑然体系走向解体的具体过程"，丸山从中受到了很大启发。[1]他认定德川政权的意识形态就是朱子学[2]，亦即认为德川封建制的"世界像"就是朱子学体系，故此要通过考察朱子学的自我解体过程来追寻日本近代思维的萌芽。而在江户时代的儒教里，荻生徂徕是对朱子学进行解构的典型，丸山便把徂徕学看作是朱子学体系走向崩溃的象征。当然他的关注重点并不是儒学者的具体学说，而是贯穿于那些学说之中的"世界像"和"思维方式"的变化。

第一篇论文首先对朱子学思维方式的特性做了解释，这时丸山还没意识到他所依据的朱子学认识是经过日本儒学者过滤的。以此为前提，他阐述了朱子学在江户时代的变化，总之认为那是一个使作为规范的自然法思想解体的过程。他所勾勒的大略如下：江户时代初期的朱子学以藤原惺窝和林罗山为代表，一味遵从程朱。但这类朱子学对日本社会的适应性从17世纪后期就渐渐变弱，遇到了古学派的挑战和国学者的反击。古学派经过山鹿素行、伊藤仁斋的探索，加上贝原益轩的学说，发展到荻生徂徕的飞跃。山鹿素行提倡古学是要切断朱子学人性论中规范性与自然性的连续，通过推进自然性的独自化，把"人欲"的消极性转化为积极性。伊藤仁斋回归原始儒教也是要分解规范与自然的连续结构，但侧重于推进规范性，以谋求儒教伦理思想的纯化，强调伦理的实践性。贝原益轩虽然是古学派的反对者，但在思维方法上与古学派共通，那就是否定朱子的理先气后

---

1 丸山眞男〈思想史の方法を模索して〉,《丸山眞男集》第十卷，327—328页。
2 关于这一点，日本学界有很多不同的意见。

论，通过把性和气质一元化来否定"本然之性"，使善恶从固定关系转化为动态关系，以求善恶判断的相对化。这些思想反映出同一谱系的思维方法对朱子学自然法起到了瓦解作用，而这种作用又通过荻生徂徕得到了彻底化和飞跃。此文最后引用了价值哲学的代表文德尔班在康德哲学百年祭上讲演的结尾一句，这看起来是顺理成章的巧妙引用[1]，但这个引用带有使文德尔班为历史主义服务的怪异感觉，也许在当时的丸山眼中，文德尔班的价值普遍妥当性也可糅进历史相对主义。

丸山对徂徕学的诠释主要有以下论点。第一篇论文，指出朱子学中自然法与人伦道德属于同一法理的思想体系使德川体制被固定为不可改变的自然秩序。但随着朱子学丧失对日本社会的适应性，徂徕便对朱子学进行改造，把自然法与社会秩序分离开来，使现实的制度失去了自然法的永久保障，可以人为改变。同时，徂徕还把一脉贯通的伦理与政治分离开来，一方面使"圣人之道"完全政治化，切断其与个人内面修身的关系，将其外化为"公"的东西，从自然法和伦理中分离出政治的独自性，这带有近代绝对主义王权的萌芽；另一方面使道德修养完全变成私人之事，开拓了伦理自由的可能性。[2]这一点

1　丸山眞男《日本政治思想史研究》新装版，189—190页。
2　实际上，伦理与政治的分离——"诚意正心修身齐家"与"治国平天下"的分离，在徂徕学门下产生了分裂，典型地体现在两个弟子身上：一个是只关注政治上指导武士领会"圣人之道"的太宰春台，另一个是只关注个人修身和专心诗文的服部南郭。这些都为国学全盘攻击儒学提供了基础。渡边浩基本上把徂徕对朱子学的解体看作是徂徕学的失败（渡边浩《東アジアの王権と思想》，东京大学出版会，1997年［2016年增補新装版］，153—163页。［中文版：区建英译《东亚的王权与思想》，上海古籍出版社，2016年，精装本2020年］）。还有，孙文的认识恰恰与丸山相反，认为"格致诚正修齐治平"的连续思维，是"把一个人从内发扬到外，由一个人的内部做起，推到平天下为止"（孙中山《三民主义十六讲》，《孙中山文集》上册，团结出版社，1997年，123页）。可见孙文是从伦理与政治的连续性中抽取人民参与政治的因素的。

为日本国学（儒教的敌对者）思维方法的成熟提供了基础，但在国学中产生了方向逆转。[1]

第二篇论文，聚焦于狭义的政治意识形态，分析从自然秩序观向人工"制作"秩序观的发展，具体阐述了徂徕把朱子学中来源于天理的"圣人之道"，转换成由圣人"制作"之"道"。丸山在此是以西欧的发展阶段论和进步史观为模式的，他相信近代化一般都经历从自然秩序到人为秩序的过程，人为秩序的最初"制作"主体是绝对君主，然后会发展到以个人为主体的"社会契约论"。也就是说，近代的人为秩序必然会从绝对王权走向人民主权，由君王"制作"走向由人民"制作"。在这个意义上，他认为徂徕学的近代性在于把人工"制作"奠定为秩序形成的基础，尽管其"制作"主体限定于圣人乃至君王，但由此开拓了人的主体性的立场，以此评价徂徕学是日本"近代思维"的萌芽。[2]

丸山通过这个研究，论证了江户时代的封建意识形态已从自身内部发生了解体，明治维新的一系列近代改革绝不是突如其来的，而是有思维方式的变化做先行的。这样，日本近代化的始点就上溯到江户时代中期。从"亚细亚生产方式"和"中国停滞论"的视点来看，他描述了一个与"停滞"的中国相对照的，虽落后但具有相对进

---

[1] 丸山试图从徂徕学的伦理与政治分离中发掘通向"中性国家"的近代因素，但他说徂徕学的这个分离在国学中发生了方向逆转，亦即在公与私的分裂中徂徕学以公的侧面为中心，但国学对之继承时则把私的领域置于中心位置（〈思想史の方法を模索して〉，《丸山眞男集》第十卷，335页）。实际上，这种伦理"私化"的方向逆转，不仅没有向"中性国家"的近代性发展，反而导出了国学的"人欲即天理"的伦理观和一味顺从现实统治的政治态度。关于这一点，丸山后来做了反思，并明确承认其负面性。

[2] 但渡边浩指出，徂徕的那种甩掉了"理"的统治者操作，其实是"反自由、反平等，从而彻底反民主主义的、像恶魔般巧妙的共存构想"（渡边浩《東アジアの王権と思想》，103页）。

步性的日本。战后他反省这一点是"最明显的缺陷"。[1]他之所以认定日本的近代化比中国的先进，其核心根据是设定在朱子学与近代思维完全对立的轴线上的。[2]对这些观点丸山晚年做了很多反省，他回顾说：南原繁看了第一篇论稿之后指出，"朱子学应该有更好的方面"。但丸山当时没能对恩师做出有说服力的回答。

> 还是因为历史主义。我那时是历史主义的，对朱子学不能说出这方面好、那方面不好的超越性判断。从历史主义的立场来论就可以回答，但站在历史发展的立场上是不能做出那种超越性判断的。[3]

在历史主义风行的时代，"超历史的"自然法是受到历史发展观否定的。丸山说那个时代人们并不关心自然法。河合荣治郎教授在原著讲读课上讲读巴克尔（Sir Ernest Barker）的《英国政治思想》（*Political Thought in England*）时，的确是解说了自然法和自然权，但当时是人为法的全盛时代，大家都不关注自然法。

> 学生的讨论几乎都是围绕案例的解释学论争，……那是属于人为法的解释问题，大家都不把自然法作为论题，马克思主义者当然不会讨论它。这一点正是与欧洲的不同之处，欧洲经历了

---

1 丸山眞男〈あとがき〉，《日本政治思想史研究》新装版，371页。
2 平石直昭在肯定丸山真男此研究的意义时也指出："丸山把经院哲学的阶层秩序观套用于朱子学的秩序观，确实是过于把柏克瑙的观点作为公式来演绎了，以至朱子学的天人相关论所包含的多种侧面和机能遭到了轻视或无视"（平石直昭〈德川思想史像の総合的構成——「日本化」と「近代化」の統一をめざして—〉，《平成6—7年度科学研究費補助金［総合研究A］研究成果報告書》，1996年）。
3 松澤弘陽・植手通有・平石直昭編《定本 丸山眞男回顧談（上）》，岩波書店，2016年，238页。

纳粹，自然法反而迅速复活。但在日本，因为本来就没有自然法的传统，所以战后也没有复活，日本战后复活的是马克思主义。[1]

对自然法岂止是不关心，而且是用历史发展观来摈弃的。丸山后来谈起自己撰写徂徕学研究论文时的情形，反省说：

> 当时我脑海里只有经院的自然法，经院的自然法与儒教的自然法是并行的。受柏克瑙（《从封建的世界像到市民的世界像》）的影响，只关注其解体过程。在这种情况下，自然法毋宁说是负面因素——要解体的因素，进步就是从自然法到人为法的过程。人为法是某些人制作的，而自然法不是由人制作的。要把"规范存在于自然"的思维方式转换成规范由人制造的思维方式，这就是近代。立足于这个观点，就产生出朱子学自然法必须解体的想法了。……论文《日本近世政治思想中的"自然"与"制作"》的第一部分刊登在《国家学会杂志》时，开篇就指出自然法这个东西是发挥使现存秩序正当化的作用的，并引用了汉斯·凯尔森（引用者：Hans Kelsen）有名的自然法批判来做论据，凯尔森只关心法的实证主义。……田中耕太郎教授指出，……这篇论文只依据凯尔森来论自然法，一开始就超越地对自然法进行批判，是不公正的。[2]

总而言之，如果从价值哲学与历史主义的关系来看，丸山的徂徕学研究在动机上把近代思维的自由、平等、民主等理念视为普遍价值，试图以此来对抗近代走向颓废的现实，但在方法上采用历史主

---

1 松澤弘陽·植手通有·平石直昭編《定本 丸山眞男回顧談（上）》，岩波書店，2016年，271頁。
2 同上书，271—272页。

义,将儒教所蕴含的普遍价值视为必然随历史变迁而流逝的东西,将那些使儒教自然法虚无化的倾向视为历史的进步。这个矛盾正是丸山自我反省的首要问题。他直率地承认:"自己陷入了一种机械的偏向,以为把正统意识形态的解体过程翻过来看,就等同于近代意识形态的成熟。"[1]那些论文所预设的"朱子学思维方式的普及和继之而来的逐步解体"及"从自然到制作"的进化论公式,甚至耐不住历史的实证。[2]可见他的反省是深刻的、毫不隐讳的,体现了一位真正学者的诚实和责任。

与上述问题相关,丸山还检讨了早年徂徕学研究的另一个"致命的缺陷",那就是无视日本朱子学的"日本特性",而把江户时代初期的朱子学看成是"最纯粹(从中国)直接输入的朱子学"。[3]但实际上那里已包含德川政权对朱子学的利用,和日本朱子学者为把德川等级身份制正当化所做的理论解释。他带着深刻的反省说:就连声称自己是朱子学正统直系的山崎闇斋学派,都不能说是与朱子学一致的。"这个学派,典型地呈露了日本朱子学与中国朱子学之间的背离。""不仅是闇斋,而且处在江户儒学出发点的林罗山的学问也已经是对朱子学的'修正主义'理解。如果当时自己能具有这种认识,并把此观点推到前面,那么对德川儒教史的全貌,在本书(引用者:指收录了徂徕学研究论文的《日本政治思想史研究》)中就会以非常不同的远近法来把握。"[4]这个反省是因为他后来已认识到,日本

---

1 丸山眞男〈あとがき〉,《日本政治思想史研究》新装版,372页。
2 丸山眞男〈英語版への著者の序文〉,《日本政治思想史研究》新装版,401—402页。
3 同上书,402页。
4 同上书,402—403页。实际上,德川政权起初需要利用儒教把战国时期的流动关系以身份制来凝固化,林罗山等儒者通过运用朱子学中的自然法与人伦道德贯通的思想体系,来把德川体制等级森严的身份制解释为先天固定的自然秩序。这就使"天理"下降到等级制度的层次,在此已将中国朱子学自然法中的超越规范性甩掉了。

对外来思想的接纳方式存在着消弭自然法等超越规范或普遍价值的倾向。他的"古层"论反复谈到了这个问题。论文《历史意识的"古层"》（1972年）指出：如果从日本近世思想史的脉络来理解，可以说那是"对儒教自然法的变容和修改过程"。在1979年关于"古层"的座谈会上他指出："实际上，从林罗山开始就已对朱子学是相当修正主义的。对儒教世界像的修改，经过一个世纪便表现得非常露骨。"在1984年的讲演中他说："儒学史中古学派和国学运动的登场，是在'锁国'等各种条件下'古层'隆起的一个过程。"[1]

不过，即便是在早年的徂徕学研究时期，丸山的思想学术也是多面的。他1938年开始读福泽谕吉的《劝学篇》和《文明论概略》，发现福泽早在明治初年就已指出"日本传统的国民意识中最缺乏的是自主人格的精神"，并提倡"独立自尊"的精神革命。[2] 福泽对日本社会的批判使他共鸣和震撼。不过，"独立自尊"精神靠什么来支撑？如果个人的内面不树立超越"人欲"的理念和普遍价值，能形成"自主人格"吗？关于这些问题，丸山那时的论述是空白的。尽管如此，丸山所面对的严峻历史是，明治维新相距他生活的时代已过了七十多年，但日本民众在自主人格方面依然没有成长。在那个令人窒息的法西斯主义时代，他不仅看到大量知识分子雪崩式地"转向"法西斯主义，同时也看到大量民众自发地协助国家权力去压制反"国体"的言论，并糊涂地追随以天皇为顶点的"国体"去参加侵略战争，表现出一味追随现实大势的倾向，而没有某种内面的超越规范的制约。昭和时代的现实恰恰印证了福泽对日本的批判。因此，丸山首先从福泽那里获得了一个新观点，就是统治者的"制作"并不具有发展成人民

1　丸山眞男〈歷史意識の「古層」〉（1972年），《丸山眞男集》第十卷，48页。〈日本思想史における「古層」の問題〉（1979年），《丸山眞男集》第十一卷，188页。〈原型・古層・執拗低音〉（1984年），《丸山眞男集》第十二卷，150页。

2　丸山眞男〈福沢に於ける秩序と人間〉，《丸山眞男集》第二卷，220—221页。

"制作"的必然性，抛弃了"理"（普遍规范）的统治者操作就更糟糕了。之后他研究福泽的论文，没有再出现赞美统治者操作的"近代性"的说法。

同时，福泽的儒教观还给丸山提供了另一种儒教认识。实际上在两篇徂徕学研究论文完成之后，丸山紧接着在1942年发表了题为"福泽谕吉的儒教批判"的论文，开篇就指出，渗透于日本人精神内面的儒教，并不是儒教的思想体系，而只是一些与封建身份相关的概念，比如诸侯、大夫、庶民等表达上下贵贱的范畴。[1]他还引用了福泽的话："我辈一味排斥儒教主义的原因，绝不是因为认为其主义有害"，而是因为现在的儒教已"改变了原来的本性，达到了腐败的极点"。[2]可见丸山透过福泽的视线，开始意识到日本对儒教的接纳和改变方式存在着致命的问题。这为他后来把日本的儒教与中国的儒教区别开来，把作为日本人思维方式的儒教与作为思想体系的儒教区别开来，并关注日本在文化接纳中的"修正主义"打下了基础。

而且，他在撰写论文《国民主义理论的形成》（1944年）时，也改变了之前那种把"正统意识形态的解体"等同于"近代意识形态的成熟"的历史进化观，计划通过考察明治以后的国民主义的展开，来追究国民主义理论是怎样变成国家主义理论的。不过刚写完作为国民主义"前奏期"的德川末期，他就被征兵了，所以后来改题为"'早期'国民主义的形成"。[3]尽管没能写到明治时期，但他已通过历史实证揭示出，幕末的变动所带来的"早期"国民主义并没有渗透到国民的精神层面，这就意味着德川时代的儒学近代化（解体朱子学），并

---

1 丸山眞男〈福沢諭吉の儒教批判〉，《丸山眞男集》第二卷，140页。
2 福澤諭吉〈儒教主義の害は其腐敗にあり〉，《福澤諭吉全集》第十六卷，岩波書店，1961年，276—277页。
3 这篇论文于1952年收入《日本政治思想史研究》，从那时改题为"'早期'国民主义的形成"（日文原题：〈国民主義の「前期」の形成〉）。

没有带来国民的主体性的觉醒，甚至意味着"超历史的"普遍价值本来就难以在日本扎根。这篇论文的后半部分将会怎样写不得而知，但丸山说收录在《日本政治思想史研究》的三篇文章中，这篇是"与他现在（引用者：战后）的课题最具有连续性"的。[1]

第三节 战后对"超历史的"价值的体悟

战后初期，丸山热切期待日本重新进行国民的精神革命并积极推进之。他看到不少知识分子和市民为了探索新思想而结成各种文化团体，认为那是一个"孕育着多样而又混沌的可能性的民主主义沸腾期"。[2]但同时，他从战后的急剧改革中，看到了很多仅追随大势而没有普遍原理支撑的急剧变化。在这个过程中，他对"超历史的"价值和个人内面信念的关注度逐步增加，然后迅速上升。起初，他认为改革浮于追随大势，是因为"近代思维"在日本还未成熟，但也似乎已感到日本缺乏一种以普遍价值为核心的传统。他1946年写了《近代的思维》一文，指出：

> 我国的知识分子缺乏漱石所说的"内生"文化，总相信时间上后来登场的东西都一定比以前出现的东西进步，依凭着这种流俗的历史主义幻想，曾经在法西斯的"世界史"趋势面前低下了头。而如今面对着原本应被超克的民主主义理念取得了"世界史"的胜利，就不知所措了。这时，哲学者们又开始喋喋

---

[1] 丸山眞男〈おとがま〉,《日本政治思想史研究》新装版, 374页。
[2] 丸山眞男〈民主主義とナショナリズム〉,《丸山眞男座談6》,岩波書店, 1998年, 7页。

不休地叫喊这也是"历史的必然"。[1]

丸山所指出的这种状况背后的思维方式，与战败时日本俘虏的证言在根本上是共通的。据《菊与刀》的描述：在战场上顽抗到底的日本俘虏说，他们是奉天皇的"圣志"而死战，"是天皇主导国民去争战的，服从天皇之命是自己的义务"。但天皇宣布了日本战败，那些否认这场战争和日本此后的征服计划的人又说，"天皇是和平主义信念的来源"。总之，天皇是代表所有人的一切思想的权威。[2]不论日本转向什么方向，都以天皇这个代表一切"转向"的权威为依据。后来丸山还用以下语言来描述这种思维方式：日本战前批判"反国体"的思想，战后批判"反民主主义"的思想。如果割离了背景状况来看，两者分别表达着完全相反的观念，但是，"如果把背景状况纳入视野，就会意外地发现，这两个相反观念是出于同一种状况，并表达同一种要求的。那就是排斥少数的反对意见，强迫其顺从占支配地位的意见。在这一点上两者具有共通性"。[3]换句话说，从"国体"到"民主主义"似乎只是一种"转向"，思维方式仍然是依存以天皇为权威的全体主义，国民没有融入普遍的价值原理，因而还是缺乏自主人格的精神。

万世一系的天皇在"时间"上的永续，绝不能替代思想上"永恒"的普遍价值。丸山指出，日本内生的"神国"观念只有氏族神，皇室的祖神无论怎样上溯也不过是特殊的祖先神，"那里不能产生超越特殊者的普遍者观念"。[4]国民必须从天皇同族集团结构中独立出

1　丸山眞男〈近代的思惟〉，《丸山眞男集》第三卷，3—4页。
2　Ruth Benedict, *The Chrysanthemum and the Sword* (Charles E. Tuttle Company, [1954], 1988), p. 31.
3　丸山眞男〈思想史の考え方について〉，《丸山眞男集》第九卷，62页。
4　〈戰後日本の精神革命〉，《丸山眞男座談5》，29页。

来，才能树立自己内面的普遍价值。然而在战后的精神世界里，不仅民众对以天照大神为祖神的天皇仍怀有对最高家长那样的依存，而且连丸山一直尊敬的学者也免不了这一点。在丸山看来，"对权威的依存性"在自由主义知识分子对天皇的亲近感中也是根深蒂固的，如果任其发展下去，个人的"自主精神"就难以确立。[1]因此他对天皇制产生了一个独特的视点，即不是将之作为一般的君主制来把握，而是作为日本固有的"精神结构"来追究，称其为"天皇制的精神结构"，要谋求将国民从这个魔咒中解放出来。1946年发表的著名论文《极端国家主义的逻辑与心理》就是与天皇制决裂的宣言。他后来回顾说：

> 战败后，我经过了半年苦苦思考，终于得出了我的结论：天皇制，对于日本人的自由人格形成——能根据自己的良心去判断和行动，并对其结果能负起责任的人格，亦即具有不同于依存"家长"的行为方式的人格类型的形成——是致命的障碍。[2]

近代以来的历史无疑证明了这个问题，明治前期的自由民权观念经历了明治、大正、昭和的社会变动，也确实未能在个人的伦理层面内在化。那么在那之前的"近代思维"的成熟究竟给日本近代留下了什么？丸山很快就意识到有必要重新思考江户时代的思想史。继《极端国家主义的逻辑与心理》之后，他在1947年发表了论文《日本的自由意识的形成和特质》，文中出现了反思自己过去对日本"近代思维"萌芽的评价。虽然他依旧认为代表日本封建制度的精神是儒教，但指出那不是作为教义体系的儒教，而只是一种思维方式（人们把握社会关系的"思维范型"）。他曾在早期的德川思想史研究中，高

---

1 苅部直《丸山眞男——リベラリストの肖像》，岩波新书版，2006年，139页。
2 丸山眞男〈昭和天皇をめぐるきれぎれの回想〉，《丸山眞男集》第十五卷，35页。

度评价徂徕学把儒教的规范"政治化"和"外在化",而这时则从相反的观点指出:

> 德川期的思想史用一句话来概括,可以说是儒教规范从人的内面性逐渐变异为他律约束性的过程。在儒教思想内部把这个矛盾推到顶点的是徂徕学,一方面使儒教的规范外化为纯粹公的政治性的东西,另一方面使私人的内面性脱离了一切规范的约束,以致充满了非合理的感性。然后不久,作为一切儒教思维的敌对者而登场的国学思想便喊出了"人欲即天理"(直毗灵)……
>
> 旧制度的规范意识的崩溃只带来了"人欲"的解放,这个过程同时也呈现了那里的近代意识带有难以克服的局限性。仅仅停留在摆脱外部约束的感性自由的层次,是不可能将人的精神导向新规范的树立的。……宣长等国学者如此激烈地揭露儒教规范的表面性和虚伪性,赞美豁达的日本古代,但对现实的统治却采取"今之世唯恭从今之现实,不可为相异之行"的完全被动的态度。这与其说是他们阿世,不如说是因为他们本来的非政治性、对一切规范不关心的态度所致。
>
> ……德川封建体制下的那种缺乏自律约束的感性自由,是没有机会转化为自我决定的理性自由的。[1]

这里点出的问题,不仅是江户时代的朱子学在初期就已被甩掉超越的规范性,而且是在"儒教近代化"(朱子学解体)的过程中,

---

[1] 丸山眞男〈日本における自由意識の形成と特質〉,《丸山眞男集》第三卷,156—159页。

人心内面的伦理规范也随着其外在化而被逐渐抽空，以致日本的传统缺乏一种能融入新规范的载体，即"超历史的"价值。

这一认识使他逐步走向对历史主义（主要是价值虚无主义倾向）的反省，也影响到他对曼海姆的重新理解。本章前面说过，丸山早期的思想史研究主要采用了曼海姆的一个侧面——承认"意识被存在制约"，注重"世界像"这个介于思想与社会存在之间的媒介；而战后则表现出对曼海姆的另一个侧面——"相关主义"的重视。这主要表现为对真理之存在和真理探究方法的关注。他说在战后的笔记中曾写过"一切经验理论……都部分地参与了绝对真理"，这就承认了真理的存在和人可以发现真理。当然，他认为那些经验理论只是真理的一部分。"任何经验理论都不可能把握真理的全部。"作为探究真理的方法，他引用了曼海姆的"相关主义"（从各个部分与真理相关）来解释说，知识分子虽然也是受阶级制约的，但知识分子的本质在于自由浮动，超越自己的出身阶级去理解其他阶级的立场。知识分子的责任，就是通过审视各种不同立场与真理的相关关系，去追求普遍的知识和接近绝对真理。[1]这里的"阶级制约"也可以扩展地理解为民族或国家的制约，亚洲的或西洋的制约，相异领域的制约。这就意味着要超越民族或国家、超越大洋之东西、超越所属领域等的制约，去理解各种探索真理的成果。

不久，丸山发表了《近代日本思想中的国家理性问题》（1949年）这篇论文，承认"朱子学中的那种自然法观念，在日本接受国际规范——于诸国之上平等地约束诸国的规范的观念时，发挥了媒介作用"。丁韪良（William Alexander Parsons Martin）《万国公法》（*Elements of International Law*）的汉译本传入日本后，其自然法思想与宋学那种把正道的根据一方面设定在宇宙"天理"中，另一方面设

---

[1] 松澤弘陽・植手通有・平石直昭編《定本 丸山眞男回顧談（上）》，248—249页。

定在人的"本然之性"中的思想遥相呼应。"国际法、国际道德的意义正因为借助了德川时代教养的共同财产——儒教的范畴做媒介，才得以顺利地被一般知识阶层接受。"[1]不过，他同时质疑道："这种以儒教观念为媒介来把握近代国际关系的思维逻辑，为何不是在儒教的本家——中国，而是在日本首先出现呢？"[2]他还论述了中国难以产生这种逻辑的思想原因。这一观点马上遭到了竹内好的批判，竹内对此评论说，丸山从意识形态的内部法则来追究中国近代化落后于日本的原因，比那些直接把意识形态问题还原于物质的解释要妥当，但丸山"把落后仅仅作为落后来处理，没有看到时间上的差异并不等于质量上的差异"，并指出，"连丸山这样的学者也无意识地带有日本人一向对中国的蔑视观，从而妨碍了他的正确理解"。[3]竹内的批判对丸山是冲击性的，丸山通过学习竹内的中国论和中日近代比较论，对中国有了新的理解，这反过来又使他在日本的自我认识方面获得了新视点。

竹内好认为近代化需要传统与近代的互动，因此，他反而认为日本因缺乏自己的思想传统而难以达到真正的近代化。竹内认为日本和中国分属两种类型，指出日本文化潜藏着"优势感和劣势感并存的、缺乏主体性的奴性感情"。当遇到观念与现实不适应时，日本不是自己去改变和超越之，而是抛弃以前导入的原理而换成别的外来原理。这种奴性的"进步"追求方式，在日本人下意识的心理倾向中表现为："新"就是价值标准，"新"等于"正确"。总之要不断追求"新"的，如果"新"的变成了"旧"的，就得换成别的"新"的。那是不断追赶先进者的"优等生"文化，"转向"现象就是这种特殊

1　丸山眞男〈近代日本思想史における国家理性の問題〉，《丸山眞男集》第四卷，11—14页。
2　同上书，14页。
3　竹内好〈日本人の中国観〉（1949年），《現代中国論》，勁草書房，1964年，18—19页。

性格的产物。问题在于,每个"转向"都没有经过思想交锋来做媒介,在"转向"过程中没有任何失败的感觉和反省的痛苦。[1]与之相对照,竹内指出中国型的重要特征是:"对过去传统的否定,在每个阶段都产生出传统的复苏,成为生命力的新发展。"[2]那里贯穿着传统的批判与继承的辩证关系。

竹内还介绍了曾住在中国三年并亲眼见证了五四运动的杜威(John Dewey)的中国观。杜威承认五四运动具有新精神的萌芽,但认为"那些新精神是从中国固有的传统中自己形成的,因而具有坚固的基础。外来思想的影响只是引出自己内在的本质因素的道具,并没有损伤中国文化的独自性"。在杜威看来,与日本近代化相比,"中国因为传统的抵抗激烈,近代化的时期晚了,但其变革反而能进行得彻底,能立足于国民心理的革新这种根源性基础之上","中国近代化在时间上的迟缓带来了质量上的优势"。[3]从竹内好的学说中,丸山深刻地理解到历史的进步需要有"超历史的"传统价值,并开始反思日本自身的问题——历史上导入的各种具有普遍价值的思想,几乎都没有在日本扎根并形成传统。

以上关于战后初期的考察显示出,在丸山的思想史研究中,历史主义的方法与"超历史的"价值产生了连接。而且从两者的函数比例变化可看出,他对"超历史的"价值和内面信念的关注度在逐步增强。到了"战后期"[4]结束的20世纪50年代中期,丸山对战后改革的失望进一步加深,因而对"超历史的"或"永恒的"价值的关注度迅

---

1 竹内好〈中国の近代と日本の近代〉,《日本とアジア》,筑摩書房,1993年,26、31—34、47—48页(原题为〈近代とは何か——日本と中国の場合〉,曾收录于《現代中国論》)。

2 竹内好〈日本人の中国観〉,《現代中国論》,17页。

3 同上书,20页。

4 "战后期"指战败到20世纪50年代中期的十余年。

速上升。他看到思想领域出现了一种动向,人们把导致20世纪30—40年代战争悲剧的思想病理只当作"一时的出轨"而不再过问。政治领域也出现了修宪、重整军备等倒退动向。而在民众层面,民主社会所需要的人民的自主性和道德水平总不见提高,大众难以形成一种内面的"规范意识"。大众的勃兴并没有使社会向实质性的民主主义靠近,特别是大众文化倾向于低俗颓废,不断吞噬"规范意识",妨碍着民主精神的形成。丸山从自己的亲身经历和思想史研究中感觉到,战后呈露的日本民主精神的脆弱性,其实是日本近代以来就反复呈露的现象。比如,明治初期的启蒙思想的影响力持续了大概二十年,但在《大日本帝国宪法》颁布后就被甩掉了。后来的大正民主主义时代也只持续了十年左右,就转为昭和的反动时代,出现了知识分子的集体"转向",人民则盲目地服从法西斯的"国体"。而战后的"民主主义沸腾期"也只持续了大概十年。这里最令丸山忧虑的问题是,具有普遍价值的思想在日本似乎总是难以持久,不断重复着迅速兴起和迅速衰退的命运。

　　大概正是这种痛切的体验和认识,促成了历史与价值在丸山学术研究中的结合。他一方面继续保持历史主义对历史脉络的严密把握和实证,另一方面突破历史的制约去关注贯通古今的因素,包括负面的病理和通往将来的"永恒"价值。20世纪50年代中期,丸山开始尝试导入超越时代和历史阶段的视点,来把握长期持续的日本思维方式。从1956年起,他大幅度修改了东京大学法学部"日本政治思想史"讲座的构思,把从江户时代讲起,改为追溯到古代(《古事记》《日本书纪》的时代)。[1] 在这个年度讲座的基础上,1957年,他发表了著名的论文《日本的思想》。此文在绪言中阐述了日本"自我认识"的必要性,指出"关键在于我们自身必须知道日本'近代'具有超近

1　松澤弘陽・植手通有編《丸山眞男集 別巻 新訂増補》,岩波書店,2015年,61页。

代与前近代独特结合的性质"。作为外来文化在日本迅速兴起和迅速衰退的典型，丸山以16世纪中期的基督教传播为例："基督教传教后不久，就出现了连传教士都惊叹的迅速传播势头，对神学的理解程度也达到了相当的高度，但又因外在的条件而急速失去影响力，从思想史的河流中销声匿迹。"这个典型例子反映出的问题是，各种思想在历史中不能"结构化"，其内含的普遍或"永恒"的价值在时间的流动中不断消逝，以致不能在日本"传统化"。究其问题的要害，可以说——

（日本）没有形成一种可以给各个时代的观念和思想赋予相互关联性，使所有的思想立场在与其相关的关系中——即使是通过否定的相关关系中——力图定立自己的历史位置的那种核心性的或相当于坐标轴的传统思想。[1]

但从深层原因来看，更是存在着"阻碍思想积累和结构化的诸因素"，亦即在对异文化的接纳中甩掉普遍价值的负面因素。他认为有必要深入分析解剖这些因素。"因为如果不改变那种阻碍思想与思想之间展开对话和交锋的'传统'，就不可能期待思想的传统化。"[2]

鉴于日本自古以来都积极吸收外来思想，又不断抛弃外来思想中的普遍价值，丸山感到研究日本对外来文化的接纳方式，是把握日本思想史的一个关键，于是在1957年度的讲座中导入了"文化接触"的视野，试图通过阐述"开国"的历史经验来探索日本"通向将来的可能性"。当然丸山对此并不乐观，因为他已意识到有一种历史惯性总是在不断消除外来思想的变革要素，所以在此年度讲座讲义的前言

1　丸山眞男〈日本の思想〉，《日本の思想》岩波新书版，1961年，5页。
2　同上书，6页。

中他深刻地指出，日本思想史是难以把握的，日本思想史在"变化"和"不变"这两个方面都很突出，一方面是目不暇接地导入外来思想，另一方面是思想在根本上不发生变革。他认为问题的关键在于，日本自身缺乏原理，却对外来思想具有强大的同化力。因为没有作为"坐标轴"的一贯原理（比如西欧的基督教、伊斯兰文明圈的伊斯兰教、中国的儒教那种超越历史的原理实体），所以同化是通过气氛和情绪来进行的，结果往往甩掉规范性的契机，使外来思想的原理性解体。[1]

随着研究的深化，丸山发现日本对异文化的接纳，无论是对儒教、佛教，还是对西洋思想，在"修正主义"方面都反复呈现出同一种模式，并认识到那是日本自古以来就一直存续的思维方式。那不是什么实体思想，而是贯穿于对外来思想修改之中的习惯性思维模式（pattern），后来丸山将之称为"原型""古层""执拗低音"。总而言之，丸山在历史研究中导入"超历史的"视野，一方面要解剖贯通日本思想史的拒斥普遍价值的思维方式，另一方面要发掘过去曾经出现又被压灭的普遍价值因素。前者是要克服那些追随状况的历史相对主义思维，后者是要救回那些不应随状况而流逝的价值。至此，我们可以看到丸山思想学术中价值哲学与历史主义交互奏鸣的轨迹，其中已贯穿着"永恒与时间"的思考。

第四节 "永恒与时间"的方法化和思路

"永恒与时间"作为丸山思想史学方法的重要范畴，是在1964—

---

[1] 《丸山眞男講義録［別冊二］日本政治思想史1957/58》，東京大学出版会，2017年，9—12页。

1967年度以"原型"为核心概念的系列讲座中开始使用的,并始终贯穿于他的"古层"论。这对词语最早应是丸山青年时从新康德派的文德尔班的著作中学到的,据说后来又受到了波多野精一的著作《时间与永恒》[1]的启发,但作为丸山的范畴,既有与这些学术前辈共通的内核,又有独特的含义,这是他在价值哲学与历史主义的紧张纠结中的提炼升华。具体的内涵和定义,将在本书第Ⅱ卷"'古层'论"的第一章阐述。总之,此范畴既关系到战时和战后在丸山内心日益强烈的实践课题——日本国民树立自主人格(自我内面的价值)的精神革命,又关系到他愈益深化的学术课题——对阻碍日本"思想传统化"的思维方式进行分析解剖。本章前面几节所阐述的丸山思想学术的历程,虽还未正式出现"永恒与时间"的用语,但已显示出他逐步地形成了基于这对范畴的思考框架。之后,此范畴就在"原型"论系列讲座和"古层"论中升华为方法。而面对公众来阐述"永恒与时间",主要是在以下两次座谈会上,那里清晰地展现了丸山关于"永恒与时间"的思路和逻辑。

第一次是1966年由筑摩书房举办的,围绕丸山的论文《幕末的观念变革——以佐久间象山为例》与读者的座谈会,其中谈到了"精神自立的条件"等问题,丸山指出人的内心需要有一种"看不见的权威"。

> 对待从世界动向等大事到周围具体的人际关系等小事,如果心目中只有眼前经验的实感世界,而失去了用超越实感的、看不见的权威——比如神或理性或"主义"等看不见的权威来来缚自己的感觉,那么结果就会轻易地追随那种看得见的权

---

[1] 《时间与永恒》(《時と永遠》)是波多野精一宗教哲学的三大代表作之一,最早于1943年由岩波书店刊行。

威——比如政治权力或舆论或评价。[1]

　　在这个话题里,他回顾了大学时代得知德国社会民主党领袖奥托·威尔斯(Otto Wels)曾有过如下演说时所受到的冲击。1933年德国纳粹夺权后,国会审议赋予希特勒独裁权力的授权法,当时共产党议员已全部被捕,国会周围已被武装突击队包围,旁听席几乎都是纳粹党员,只剩社会民主党是唯一的反对势力。面对纳粹党员的一片奚落和吼叫声,威尔斯勇敢地站起来反对说:"在这个历史的瞬间,我宣告自己皈依自由、人道主义和社会正义的理念,任何授权法都不能破坏这个永远不灭的理念。……我要向全国受到迫害的勇敢的同志送去问候。"丸山说当得知这个演说时,对比日本知识分子雪崩式地"转向"法西斯全体主义,实有切肤之痛。在丸山看来,那个"历史的瞬间"意味着"周围的历史现实"——当时的现实都倾向于错误,但纳粹的胜利已经确定。那些只追随历史现实的人,是不可能选择对自由和社会正义的皈依,并宣告任何历史的现实都不能破坏永远不灭的理念的。威尔斯的态度表现了对普遍价值的内面信念的力量。[2]

　　第二次是1972年围绕丸山的论文《历史意识的"古层"》与加藤周一的对谈。其中讨论了历史主义的问题,作为历史学的方法,丸山一方面肯定了历史主义在摆脱神学目的论的束缚方面的贡献,另一方面指出了历史主义的局限性——偏重个别性和相对性,以致不能做出"严峻的价值判断",并引用了尼采的话:"理解一切也就是允许一切!"这是指一切价值都在时间的流动中被瓦解了。他还介绍了恩斯特·特洛尔奇(Ernst Troeltsch)和弗里德里希·梅尼克(Friedrich Meinecke)克服历史主义危机的努力。丸山认为,"像日本这样超越

---

[1] 〈丸山眞男氏を囲んで〉,《丸山眞男座談5》,315页。
[2] 同上书,315—316页。

者意识非常薄弱的地方,自古以来看待事物的眼光就是历史主义的"。这里所说的"历史主义"是指日本的思维方式。[1]

丸山回顾自己战前的那些深刻感受时说,当时理论上的所谓"历史的必然",在现实中助长了"天下大势不可战胜"的思考方法(主要指日本知识分子集体向法西斯主义"转向"的逻辑)。与之相对照,他再次详述了德国社会民主党领袖奥托·威尔斯的演说,并对其进行诠释:威尔斯所说的"历史的瞬间"就是指"周围的大势",即倾向于错误的那个"历史的时间",而威尔斯不顾自己明日会被强制抓进拘留所的危险,把自由、和平、正义作为"永远不灭的理念"来与历史的现实对峙。[2]当然,威尔斯不一定是有意识地使用了历史与永恒的概念,但丸山通过诠释将其上升到"永恒与时间"的范畴。作为痛切的体悟,丸山感到流俗的历史主义只追随历史的大势,而自我内面的理念则具有超越历史大势的抵抗精神。根据他当时目睹的日本的实际情况,能坚定抵抗法西斯的人并不是受过历史主义洗礼的知识分子,而是那种具有"非历史的"价值的自由主义者。他头脑里萦绕着一个想法:"如果没有对超越历史的某种理念的皈依,个人要坚定地抵抗'周围'的动向也许是很困难的。"[3]这一观点与前面介绍的"精神自立的条件"——人格内面需要有一种"看不见的权威"是一致的。所谓"看不见的权威"就是内在于自己的,由超越的理念来规范自己和审视现实的精神支柱。

丸山就是这样通过战前的事例,向公众诠释了关于"永恒与时间"的思考。在他看来,日本人之所以简单地追随大势——"时间",正因为缺乏内面的信念——"永恒"。这正是他把"永恒与时间"升

---

1 〈歷史意識と文化のパターン〉,《丸山眞男座談7》,254页。
2 同上书,256—257页。
3 同上书,257页。

华到思想史方法的问题意识和思路。

小　结

丸山经历了作为个人内面信念的价值哲学与作为学术方法的历史主义的纠结，从思想史研究与实践课题的矛盾中认识到历史主义的局限性，进而把"超历史的"价值的视点导入学术研究，由此发现了日本思想的深层潜藏着一种拒斥和消弭抽象原理和普遍价值的倾向，并将之视为日本思维方式的特质——"历史相对主义"。他认为这在日本思想史上阻碍着"坐标轴"的形成和思想的"传统化"，在改革实践上构成了日本国民树立自主人格精神的严重障碍。"战后期"过后，随着思想和学术探索的深化，他一方面通过追溯到古代来把握长期持续的日本的思维方式，另一方面则导入"文化接触"的视角来考察日本对外来文化的接纳和改变中"古层"的作用和特性。在这些研究中，"永恒与时间"成了他分析问题的一个重要镜鉴，这是对历史主义的反思和方法升华的结果。

第二章

战后的希望与失望

本章主要阐述丸山真男从战后初期热情投身民主改革,到对日本的战后改革及其走向感到失望的变化过程。

第一节 宁可寄希望于战后民主主义的"虚妄"

在日本,"战后民主主义"一词是在1960年前后,亦即战后初期的民主主义运动走向衰退的时候才出现的,这是带有讽刺含义的用语。随着20世纪50年代后半期日本经济开始好转,特别是20世纪60年代步入经济高速成长时期,人们对政治和思想就不再那么关心了,此时出现了把"战后民主主义"视为"占领民主主义"(占领军强加给日本的民主主义),并将之称为"虚妄"的风潮。而且那些对战时和战后初期缺乏体验的新一代,也倾向于毫无批判地接受这种"占领民主主义"的说法。面对这种情况,丸山真男在增补版《现代政治的思想与行动》一书的"增补版后记"中说:

是否把战后民主主义视为"虚妄",这不是最终可以用经验来验证的问题,而是与论者的价值观紧密相关的问题。关于政治的任何科学认识都是以不可验证的"公理"为基础的,所以我并不否定在那种"虚妄"观上也有使学问劳作开花的可能性。……就我自身的选择而言,与其选择大日本帝国的"实在",我宁可寄希望于战后民主主义的"虚妄"上。[1]

这句话对那些把"战后民主主义"视为外国强加给日本的风潮做出了批判,同时表明了自己坚信作为"公理"的民主主义。他认为不能用20世纪60年代初的民主运动衰退和经济高速成长的事实来证明战后民主改革是"虚妄"的,"公理"是不可以用眼前的现实来验证的。"增补版后记"写于1964年,但这是他在战后改革起始就持有的态度。日本国宪法虽然是在美国主导下制定的,但丸山拥护之并不是因为那是美国主导的,而是因为其体现了人民主权与和平主义。这无疑是立足于自己对普遍的民主主义"理念"的内面确信,在曲折流动的"时间"中坚定地选择"永恒",可见在个人的态度和行动选择上,他采取了文德尔班那种价值哲学的基本立场。但因以上引文的最后一句话有很强的冲击性,加上评论界断章取义的引用和媒体的炒作,丸山被塑造成了一个带有贬义的"战后民主主义"代言人,这个丸山形象是脱离了本人的主体而独自行走的虚像。

"虚妄"论大概肇始于河上彻太郎1945年10月26、27日在《东京新闻》发表的文章《被配给的"自由"》,此时正值对日占领的GHQ(盟军最高司令部)向日本政府发出"宪法自由主义化"的授意之时。河上在文中说:"8月16日以来,我国民不承想遇到了陌生的配给品

---

[1] 丸山眞男〈増補版への後記〉,《現代政治の思想と行動》新装版,585页。

而困惑踌躇，处于饥饿的我们被配给了叫作'自由'的粮食。"[1] 当然，河上的想法是复杂的，他并不是一概反对自由，而是对"舶来"的自由抱有抵触。他不赞成批判和追究战争责任，只主张"作家回归书斋，画家回归画室"那种不过问政治的自由。《被配给的"自由"》发表不久，丸山真男便写了一篇日期为1945年11月1日的手稿《草稿断简》，这大概是对河上论调做出的一种回应。[2]《草稿断简》指出：

> 我们今日不承想地被外国强制了自由。但所谓不承想的自由、被强制的自由其实本质上是矛盾的（contractio in adjectio），因为自由本应是日本国民以自己的精神来决定自己的事情。我们必须获得这种真正的自由，换句话说，就是要把被配给的自由提升为国民内面的自由，为此必须奋不顾身地努力下去。[3]

由此可见，丸山也明确地认识到GHQ占领下的民主化是"被外国强制"的自由，但对其并不抵触或贬斥，而是采取自省和自我变革的态度，主张国民有主体性地参与这场政治改革。他认为日本的状况与1807年柏林被拿破仑的军队占领时的状况相似，当时德国的哲学家费希特在柏林学士院发表"对德意志民族的演讲"。丸山援引了费希特的以下一段话：

> 如果在人民之中或大多数的人民之中已具有对国家之事的

---

1 河上徹太郎〈配給された自由〉,《民主主義と市民社会》（リーディングス戦後日本の思想水脈丛书第三卷），岩波書店，2016年，7页。
2 宮村治雄〈解題〉,《丸山眞男講義録［第二冊］日本政治思想史1949》，202—203页。
3 丸山眞男〈草稿断簡（1945年11月1日）〉,《丸山眞男講義録［第二冊］日本政治思想史1949》，181页。

担当精神，我们今日就不至于落得如此低头交涉的境遇。这表明那种担当精神还未存在于人民之中。从今以后，我们必须让人民在心中树立起对国家有担当的精神。也就是说，我们要通过教育让大多数人民怀抱这样的精神。

丸山认为，这绝不是那种要求人民服从国家权力的国家主义，而是人民对自己的国家负责任的精神，是以国民大众的自由自发性和自主精神为前提的。[1]对费希特敢于揭露和反省本国国民缺点的精神，丸山抱有强烈的共鸣，因为他本人已在战前和战时痛切地意识到日本国民"缺乏主体人格精神"和"对权威的依存性"。正如后来他谈到日本的爱国心时所指出的，有人说战后日本没有爱国心了，战前的爱国心虽然极端但确实有过，现在应重新唤起那种爱国心和国家意识，并接着对之做出批判说："若反过来看，明治以来如此拼命制造出来的爱国心，因为军事失败就转瞬陷入虚脱状态，现出了街娼根性，由服从天皇转为服从麦克阿瑟，其暴露出来的就是这样的爱国心。"[2]

由此可见，丸山之所以接受"被配给的自由"，既不是逢迎美国的事大主义，也不是认为只能无可奈何地追随"历史的必然"。他要立足于民主主义的普遍"理念"来有主体性地接受这种"舶来"的自由，并谋求将之"提升为国民内面的自由"。在他的现实认识中，战败后日本的对外全面开放，使以天皇为顶点的"国体"思想全面崩溃，这恰恰是重启国民"精神革命"的好机会，因此"被配给的自由"反而成了日本自身推进变革的重大转机。对于他来说，"真正的普遍主义无论是内生的还是外来的，真理就是真理，正义就是正义"。[3]

---

1 丸山眞男〈草稿断簡（1945年11月1日）〉，《丸山眞男講義録［第二册］日本政治思想史1949》，181—182页。
2 〈戦後日本の精神革命〉，《丸山眞男座談5》，29—30页。
3 丸山眞男〈近代日本の知識人〉，《丸山眞男集》第十卷，265页。

直面"实然"（存在）而选择"应然"（当为），直面"时间"而选择"永恒"，这就是他对"战后民主主义的'虚妄'"的赌注。

关于20世纪60年代初的民主"虚妄"论的扩散，丸山最忧虑的是，人们以民主改革的挫折这个现实结局来否定民主改革本身的意义。所以在上述"增补版后记"中，他一方面指出那些将战后民主主义贬斥为占领结果的"虚妄"论者是"好了伤疤忘了疼"（习惯于忘却过去的历史主义思维），另一方面又指出，"对战后复杂曲折的历史过程和每个人各自走过的不同道路"不能粗杂笼统地一概而论。[1] 这正是暗示那些复杂曲折的历史过程和多样的个人行动中曾经有过主体的民主主义的可能性，绝不能因民主运动衰退的结局而抹杀曾有过的可能性。实际上，丸山作为战后民主改革的旗手，绝不仅仅是追求一种形式上的民主选举制度，更是要确立支撑这个制度的"理念"和推进国民谋求并捍卫民主主义的自发运动。虽然，伴随有理念和运动的改革情形仅出现在战后初期短暂的"民主主义沸腾期"，但对于丸山来讲，通往真正民主主义的"可能性"确实是存在过的。在战败三十多年后，丸山做了一个题为"近代日本知识分子"的讲演，此讲稿后来修改成论文。文中指出：

> 现今在战后经过了三十多年的日本，对战后初期作为民主主义旗手而奋斗的知识分子进行非难和嘲讽，竟成了一种流行风潮。说他们不正视GHQ军事占领这个严峻现实，对靠《波茨坦宣言》这种"外来"的解放得意忘形，陶醉于玫瑰色的启蒙主义，而对茫然地乞求衣食住而徘徊于焦土的大众，摆出一副先觉者的面孔来说教。这种非难也不是没有一部分真实感，但用这种非难来完全涂抹战后初期的知性状况不仅是夸张的，而

---

1 丸山眞男〈増補版への後記〉，《現代政治の思想と行動》新装版，584頁。

且那本身就是制造一个新神话的广告。这个神话就是要让国民相信：战后民主主义改革是"过火"的，规定了非武装的新宪法是空想的、骗人的，日本优秀的传统都被那些一味说祖国坏话的知识分子践踏了。

但实际上，战败后，使知识分子重新结合于共同的课题和任务，使之重新振作的动机是更为复杂的。不少人为了把"被配给的自由"转化为自发的自由，自己也要与日本国一样，作为知识分子重新出发。这种决心的深处潜流着通向将来的希望和对过去的悔恨——解放感与自责感难以分离的意识。我用"悔恨共同体"这个有点奇异的语言来称呼之。说到底，战后初期的知识分子所共有的感情就是站在各自立场和各自领域的"自我批判"，……这种共有感情是在焦土上展开的。[1]

"悔恨共同体"所包括的知识分子是多样的。既有曾被当局逮捕而提交了"转向"手记的人——他们战后悔恨自己因知性和道德的脆弱性而放弃了原则，也有各领域的专业技术人员悔恨自己对社会政治形势无知，以致盲目相信政府和大本营的说法，战后意识到必须具有更开阔的世界性视野。还有轻信了"圣战"和"神州不败"而上阵的高中或大学的学生兵也觉悟到需要摆脱无知和盲目性。即便是因反对战争而受过迫害的知识分子，也悔恨自己仅仅采取了消极抵抗或沉默隐遁的不协作态度，却没有进行积极的抵抗运动，战后将之作为知识分子的社会责任问题进行深刻反省。总之，不少知识分子觉悟到需要有一种超越专业空间的联合与责任意识，他们超越了专业或职业领域的不同，朝着新知性的建设自发地结成了很多社团组织。[2]

1　丸山眞男〈近代日本の知識人〉，《丸山眞男集》第十卷，253—254页。
2　同上书，255—256页。

显然，丸山所说的"知识分子"并不是日本习惯意识中的职业学者，或作为一个阶层与民众区别开来的身份，而是指具有高度的社会责任感，能打破专业、学派、思想信条的畛域，以共同的知性联合起来的人，就正如曼海姆所说的那种能超越自己所受的"存在制约"而"自由浮动"以探求真理的人。丸山认为，跨领域的知性共同体在社会改革中至关重要，但日本历来缺乏独立于政治之外的"中间团体"，因为横向的知性共同体意识的成长一直都遭到阻碍。即便如此，这样的知性共同体在近代日本出现过三次。第一次是明治维新到明治二十年期间，以"明六社"为代表，并影响到自由民权运动的知识分子结社活动。第二次是20世纪30年代以马克思主义为共同基础的知性运动。第三次是"二战"结束后，知识分子因自己没能阻止那场战争而悔恨，由这种感情而结成了多样的横向联合。[1]

"悔恨共同体"就是由上述意义的"知识分子"在战后自发组成的各种社团。比如丸山举出的"民主主义科学者协会""新日本文学会"，都有一般市民和学生参加。此外还有安倍能成、志贺直哉、武者小路实笃、田中耕太郎等老自由主义者结成的"同心会"，丸山真男和大塚久雄等人结成的"青年文化会议"，清水几太郎设立的"二十世纪研究所"，鹤见俊辅和鹤见和子设立的"《思想的科学》研究会"，等等。而且，在战后初期的知性探索运动中，还有市民自发组织的学习活动，比如静冈县三岛市的市民组织了"三岛文化协会"，并发展为"庶民大学三岛教室"，请一些热心探讨真理的知识分子来讲课，丸山真男也担任了讲师。被请来的讲师并不是"摆出一副先觉者的面孔来说教"的。据丸山回顾，"庶民大学三岛教室"的设立旨趣是"学问的民主主义化"，听讲者中有市长、官吏、商店老板、复

---

[1] 丸山眞男〈近代日本の知識人〉,《丸山眞男集》第十卷，238—239、247—250、253—254頁。

员军人、教师、学生、帅哥美女和老奶奶等，课程内容是尽量按听讲者的关切来设定的，还有与课程相应的研究会和读书会。[1]

对战后出现的这种自发社团的动向，丸山充满了期待，他觉得这是明治初期曾有过的自发结社在战后的重新出现。除了东京大学的教授工作之外，他热情地奔走于各处市民教室，参与各种文化社团的学习研究，与市民一起探索支撑民主制度的"理念"和精神。而且他还作为一个有责任感的市民，不断发表政治评论和讲演，亲自参加捍卫民主主义的运动。可见，他绝对不同于那些缺乏内面信念而只是追随大势——像战前追随法西斯主义一样，战后转为追随"民主主义"，或追随新的"模范国"美国——的倾向。为了戳穿那种讥讽战后民主改革"过火"，非难和平主义宪法的"新神话"，丸山把自己在战后十六年间所写的政治学论文和政治评论，以及相关论述汇集成《现代政治的思想和行动》一书，要通过此书给社会提供"时代的证言"。[2]这就是他对"虚妄"论的回应。

另外从思想脉络来看，丸山这一时期的思想学术出现了与战前既连续又断裂的特征。首先，战后初期丸山依然认为日本国家主义的问题是因为精神上的近代化不彻底，所以在战后最初发表的短文《近代的思维》中表明："我要对至今为止自己的学问关心中最紧迫的研究对象，即日本近代思维的成熟过程更加专心致志地加以研究。尽管客观形势发生了激变，但我的问题意识没有发生任何变化。……在我国，近代思维不是要'超克'的问题，而是还未真正获得的问题，这个事实也渐渐被人们认识到了。"他并且批判那种把近代思想与西欧思想画等号，认定其与日本"无缘"的说法，主张应该"寻找从儒教和国学思想的展开过程中涌出来的近代性源泉"，强调日本的特色是

1　松澤弘陽・植手通有・平石直昭編《定本　丸山眞男回顧談（下）》，69—72、77页。
2　丸山眞男〈増補版への後記〉，《現代政治の思想と行動》新裝版，584—585页。

"思想的近代化不是对封建权力的壮烈反抗，而是通过统治者社会意识的自我解体来进行的"。[1] 可见，他的思考框架还是以近代与前近代对立的历史主义为主轴的。但同样在这篇短文中，他又表现了另一个思考框架，指出日本知识分子缺乏自己的内面信念，"总相信时间上后来登场的东西都一定比以前出现的东西进步，依凭着这种流俗的历史主义幻想，曾经在法西斯的'世界史'趋势面前低下了头"。[2] 这里是批判追随潮流的历史主义，主张确立"永恒"的信念。当然，此时丸山所追求的近代思维的核心，已不是统治者的"制作"，而是福泽谕吉主张的"独立自尊"的人格精神，这个意义上的"近代"与"永恒"信念可以重合。所以在历史主义的问题上，他显然已出现与战前断裂的意识。

而且，战后初期那篇最有代表性和影响力的论文《极端国家主义的逻辑与心理》，也在一定程度上超越了近代与前近代的对立图式。石田雄早已敏感地察觉出此文与战前的研究之不同，石田指出，战前丸山为了对抗"近代的超克"思潮，以德川期到明治期为对象，努力寻找日本近代因素的萌芽，而战后则明显地表现出对近代国民国家的"价值志向"逆转，《极端国家主义的逻辑与心理》让人感觉到丸山开始了对日本精神结构和日本人行动方式的缺陷和病理的诊断。[3]

丸山在此并没有把极端国家主义"思想结构乃至心理基础"的由来限定于前近代（即被称为近世的江户时代），更没有将之归咎于儒教或朱子学。他的诊断对象已超出了近代与前近代对立图示所涵盖的时间段，此文剖析的问题点也表现出其追究的不仅仅是前近代的弊端。他指出，本来由封建体制走向一元化，国家对正义和道德的价值

---

[1] 丸山眞男〈近代的思惟〉，《丸山眞男集》第三卷，3—4页。
[2] 同上书，3页。
[3] 石田雄・姜尚中《丸山眞男と市民社会》，25页。

内容采取中立立场的"中性国家"形态,是近代国家的共同特点。但明治以来的日本在走向一元化的同时,国家却"作为伦理实体而独占了对价值内容的决定",即便是自由民权运动与在朝者的抗争也不是围绕真理或正义等价值内容的,而只是围绕权限等活动范围的纷争。国家成了"真善美"的价值体现者(却没有自然法和公理等普遍规范),国家行为可以无视超越国家的道义准则,"正义必胜"被曲解为战胜就是正义,这种崇尚"势"的强权至上价值观正是日本国家主义的逻辑。还有以天照大神为祖神的日本最高家长即天皇以下的权威等级体系,包括天皇在内逐层依存于上级权威所导致的"无责任"体制,天皇"万世一系"的无限延续和"天壤无穷"的无限扩张,皆由来于日本独特的同族集团观念。不久之后,丸山在《日本的民族主义》一文中指出:"只有打破那个作为发酵地的、强韧的同族集团社会结构以及意识形态,日本社会才有可能从根本上走向民主化。"[1]

文中指出的上述问题,后来几乎都体现在"古层"论的解剖对象中。石田雄说,丸山真男的"古层"论,其实是在剖析日本"极端国家主义"问题的基础上,继续追究"大日本帝国"走向毁灭的深层原因。[2]当然,丸山"古层"论的动机不仅于此,但即便仅从这个意义上看,《极端国家主义的逻辑与心理》跟《日本政治思想史研究》中的两篇徂徕学研究论文(《日本近世儒学发展中徂徕学的特质及其同国学的关系》《日本近世政治思想中的"自然"与"制作"——作为制度观的对立》),并不具有构思和方法的延续关系。而从战后始发的《近代的思维》以及《现代政治的思想与行动》所收的一系列著述来看,战后初期丸山的思想学术呈现出了一个复面状态,或者说是处

---

1 丸山眞男〈日本におけるナショナリズム〉,《現代政治の思想と行動》新装版,168页。
2 石田雄・姜尚中《丸山眞男と市民社会》,31—32页。但石田雄同时也担忧"古层"论会给日本人带来一种"文化决定论"的宿命观。

在基于历史主义的近代与前近代对立图式和基于价值哲学的"永恒与时间"对立图式的并存期，或从前者向后者转换的过渡期。

而从丸山战后初期的改革实践来看，他的活动在客观上确实发挥了在政治学上连接学术界与市民的桥梁作用。当然他本人的意图正如《现代政治的思想与行动》的"增补版后记"所说："并不是像人们误解的那样要充当学界与媒体之间的'桥梁'，而是要将学问的思考尽量从'和尚'（引用者：指职业学者）的专卖中解放出来。"[1]他的著述和讲演不仅分析解剖了法西斯的精神结构以及现代政治的各种问题，而且提出了日本国战后重建的基本理念。他对现代日本政治的基本主张可归纳为：（1）民主主义的本质在于每个国民都具有治者的精神和责任，而不是仅仅期待通过政党去争取特殊人群或集团的利益；（2）鉴于议会民主制已暴露出局限性，他提倡导入直接民主的各种机制，以实现政治多元化（political pluralism）；（3）高度评价宪法第九条，提倡一种不拥有军事国防力的新国家概念（后来还探索多元的国际秩序），总之他坚决反对战争，认为战争是人类最大的恶；（4）冷战中人类分裂成两个世界，他认为日本应该寻求在两个世界之间架桥的可能性，而不应追随一方而与另一方敌对。这些也体现了他身处"时间"而心怀"永恒"的精神。

丸山的一系列努力对战后日本的政治学起了先导作用，奠定了以学问思考为基础的民主精神。作为学者、思想家、舆论领袖，他被视为战后民主主义的精神支柱。所谓"丸山政治学"，主要体现在以《现代政治的思想与行动》为代表的著述中，而"宁可寄希望于战后民主主义的'虚妄'"这句名言，也被认为是"丸山政治学"的象征。不过丸山本人并不认同"丸山政治学"的称呼，他反复强调自己的专业阵地是日本政治思想史，之所以撰写政治学论文以及政治时评，其

1　丸山眞男〈増補版への後記〉，《現代政治の思想と行動》新装版，583页。

原因除了当时缺少政治学者而自己不得不去顶替以外，还有一种自我反省，认为"不闻窗外的风暴，只躲在象牙塔里，反而不能守住学问的自由，而且作为一个市民也有自己应承担的义务"。[1]

第二节 对战后改革的失望

不言而喻，丸山对民主主义普遍理念的执着并不意味着他迂腐和脱离现实。他不仅具有对"理念"的内面确信，也具有洞察现实的眼光。正因如此，他同时对那些只用意识形态的公式去推论现实的倾向展开了批判。战后伊始，美国就成了日本民主主义的"模范国"，但对这个"模范国"，丸山并不是只看其外表的民主主义招牌，而是通过观察现实来判断问题。他清楚地意识到战后期也是冷战期，GHQ的对日占领政策实际上中途发生了巨大变化：战后初期，先是扫除军国主义者和法西斯主义者，但从1950年起就突然转为清洗赤色分子（red purge）。麦克阿瑟在1950年年初的讲话中表明容忍日本的自卫权，朝鲜战争爆发后又指令肃清公职人员中的共产党员。肃清行动先从新闻媒体部门开始，然后对大学教师下手，被肃清的对象还包括共产党员以外的自由民主主义者。而在美国本土则出现了麦卡锡主义的狂潮。据福田欢一回忆，丸山从中看到了一个深刻的问题，那就是"在标榜自由民主主义的美国，煽动共产主义恐怖感的不宽容行为到处横行"。[2]

丸山在《法西斯主义诸问题》一文中指出：第二次世界大战"以无数人的牺牲打败了轴心国，但那并不意味着法西斯势力的终

1　丸山眞男〈原型・古層・執拗低音〉，《丸山眞男集》第十二卷，109页。
2　福田歓一《丸山眞男とその時代》，岩波書店，2000年，43页。

结"。曾在"二战"期间痛批国际法西斯势力的美国著名自由主义周刊《国家》(The Nation)的主笔卡奇薇说:"法西斯即便在战争中失败,也可能还会在和平时代得势。"丸山说:"不幸的是,卡奇薇的担忧成了现实。轴心国失败后,那些反动势力的大本营就转移到了卡奇薇的母国。这无疑意味着不仅《国家》周刊,而且一般的捍卫美国自由主义的势力也被置于极其困难的处境。"他还介绍了《国家》1952年6月28日的"市民的自由"专辑,专辑详细地揭露了包括政界、法律界以及劳动、科学、教育、出版、电影、戏剧等所有领域都遭受麦卡锡主义威胁的真实情况,活生生地描述了政府和私人的间谍组织活动,以及像地痞一样的反共团体的执拗攻势,而一般市民对之的抵抗却惊人地软弱无力等情况。[1]后来,曾经与丸山真男有深交的加拿大外交官、研究日本史的历史学家赫伯特·诺曼(Edgerton Herbert Norman)因被FBI指控有"共产主义者"和苏联间谍嫌疑而反复受到攻击,痛苦到坠楼自杀。此事对丸山冲击甚大,他在给诺曼写的悼念文中指出:"美国的麦卡锡及其追随者持续数年执拗的围追攻击,严重地伤害了诺曼的名誉,并虐待了他的身心。"[2]正因为丸山具有坚定的内面信念,所以能敏锐洞察出"模范国"美国的民主主义向法西斯变质的现实。

1953年,岩波《世界》杂志的主编吉野源三郎邀请都留重人、辻清明、丸山真男一起座谈,以"民主主义招牌下的法西斯"为题来讨论日本当下的危机。会上丸山指出了一个新问题,那就是民主主义被压缩为特定的含义,国民的思想意识被规格化、齐一化。本来民主主义是以尊重思想言论的多样性为前提的,但如今,"在'民主主义'

---

[1] 丸山眞男〈ファシズムの諸問題〉,《現代政治の思想と行動》新装版,248—249頁。
[2] 丸山眞男〈E・ハーバート・ノーマンを悼む〉,《丸山眞男集》第七卷,65頁。

的名义下排斥'民主主义'的敌人，成了最重要的课题"，似乎"排斥异端就是民主主义"，"只允许被同质化了的相同思想有言论的自由"。麦卡锡主义最露骨地表现了这种对自由的"重新定义"，而美国和日本都不同程度地朝着这个方向发展。另一方面，一般大众实际上被限定于"非政治的自由，即非常狭隘的享受私人生活的自由"。[1]

然而，日本也有不少人对这种"民主主义招牌下的法西斯"视而不见，只追随那种"被规格化"的民主主义，单纯地把"是否反共"作为指标来判定谁是民主主义者。丸山在《致一位自由主义者的信》中，披露了K君对他的激烈批判，将那些批判作为知识分子之间真诚直率的相互批评来看待，并给予了回应。关于K君对他不能坚决与共产主义进行斗争而表示的不满，丸山做了如下答复：

> 特别是最近，政治家和新闻媒体趁着浪潮汹涌的内外反共思潮，大肆宣传民主主义与共产主义水火不相容。前不久他们还在叫嚣自由主义和民主主义是共产主义的温床，都是一丘之貉，但现在却以检察官那样的态度来斥责所谓"进步的"知识分子，逼迫其踩踏写有共产主义的画板。把没有高举反共旗帜的自由主义者都一概视为机会主义者或巧妙隐匿的恶劣共产主义者。就好像现有的政治家和新闻媒体从来没有过一次机会主义似的！好像只要举起反共旗帜，就能证明是民主主义者！（若是如此，那么希特勒、墨索里尼、弗兰克、东条英机乃至其亚流都是最大的民主主义者了）。[2]

---

[1] 〈民主主義の名におけるファシズム——危機の政治学〉，丸山眞男手帖の会編《丸山眞男話文集 続3》，みすず書房，2014年，30—31页。
[2] 丸山眞男〈ある自由主義者への手紙〉，《現代政治の思想と行動》新装版，134页。

丸山在这里并不是要争辩民主主义与共产主义对立与否的问题，而是要指出"用抽象的意识形态或公式来推论现实是危险的"。这具体是指，有些人在判断形势时往往忘记了日本的基本事实，而"用美国式民主主义与苏联式共产主义相互斗争的公式来简单地判断日本的政治现实"。丸山批评其"貌似现实主义者，其实是一种天真的自我欺骗"，并指出了日本思想有一个普遍倾向，那就是"无论是美国式民主主义还是英国式民主社会主义，或其他冠有主义之名的东西，一旦进入日本，就会迅速地全部凝固为公式"。而那些民主主义的根本原则，实际上在表面华丽的政治组合背后的线路中已被严重歪曲。丸山举了一个典型事例说，自由民主主义的基本原理是"通过自由讨论来做决定"，是相互说服的平等关系，这与靠暴力或权力强制来决定有着本质区别。然而观察日本的现实可以发现，虽然形式上是民主讨论，但实际上与民主讨论和相互说服相悖的"会议"每天都在日本各种团体中大量进行，并认定这就是"民主"决定。在那里，"往往是由把持强制力的上司作为实质的价值体现者或决定者登场，以致'自由讨论'的原则乃至'法治'本身都被架空"。以此说明，如果只在头脑里用民主主义等"概念"来理解问题，那么对意识形态与现实行动相背离的状态就会视而不见。[1]在丸山看来，日本自由主义者的重要课题不是铲除共产主义者，而是推进民主主义在国民精神中的内面化。

然而，现实的发展令丸山非常失望。随着日本对美国冷战政策的从属化，政治领域出现了修改宪法和重新军备等倒退动向。思想领域也出现了逆转，人们对导致20世纪30—40年代战争悲剧的思想病理只当作"一时的出轨"而不再过问，津田左右吉就是一例。津田认为丸山在《极端国家主义的逻辑与心理》中揭露的天皇制精神结构

---

[1] 丸山眞男〈ある自由主義者への手紙〉，《現代政治の思想と行動》新装版，136—141頁。

"只不过是非常时期的狂乱状态所引起的例外现象",而否认那是贯穿日本历史脉络的根基性病弊。[1]另外,随着社会的保守化,还流行起一个叫作"进步文化人"的新词语,这不是知识分子的自称,而是谩骂和嘲笑他们的称呼。"进步文化人"大体是指积极参与护宪运动、反战和平运动,在美军基地、受歧视"部落"以及企业公害等问题上积极发言,并倾向于批判历代保守党政府的知识分子。丸山认为,这种对"进步文化人"的攻击本身就讽刺性地反映着日本社会厌恶理念的倾向。[2]

而且,以"悔恨共同体"为象征的立足于自我反省的知识分子横向联合,也在这种气氛中走向瓦解,整体倾向是随着对战争体验的淡忘,"悔恨"也跟时间一起被忘却。这种忘却是与整个社会的变迁——战争责任问题含糊化,曾被追究"战犯"责任的人在各个领域东山再起,"民主主义"失去批判精神,人们纷纷嵌入制度中的职务而回避理念和运动等现象——同步发生的。由此,知识分子中大量涌现出韦伯说的那种"没有灵魂的专业人"。[3]在冷战的氛围下,"庶民大学三岛教室"也呈现出排斥"左翼"思想的内部分裂,并走向终结。[4]丸山从这时开始关注日本知识分子难以形成知性共同体的病理。后来他回顾历史说,反观江户幕藩体制的社会——人被区分为士农工商身份,全日本被分割成近三百个封闭的藩,在如此纵横分割的体制下,知识分子还能具有知性共同体的共通成员意识。当时的传统知识分子主要是"儒者",儒者跨越了特定的藩和不同的阶层,围绕朱子学或古学展开激烈的论争。正因为他们超越了在官与在野、此藩与彼藩的屏障,以学习"圣人之道"为共同意识而相互结合,所以能在

---

1 丸山眞男〈追記および補注〉,《現代政治の思想と行動》新装版,496页。
2 丸山眞男〈近代日本の知識人〉,《丸山眞男集》第十卷,258—260页。
3 同上书,261—262页。
4 松澤弘陽・植手通有・平石直昭編《定本 丸山眞男回顧談(下)》,77—81页。

第二章 战后的希望与失望

同一个平台上论争。甚至连反对儒道的国学者也具有作为学者与之共属的意识。庶民社会中则有知识渊博的"万事通"这种共同意识。那些儒者的特征是超越所属而追求普遍文化，这正是近代知识分子的原型。与之相比，近代大日本帝国虽然打破了等级和地区的障壁，但官僚化和专业化的属性却压倒了知性共同体的意识。[1]而他亲历的战后也在重演这种情形。

当然，在丸山追求的民主改革中最重要的是民众，知识分子也是从民众中产生的。1947年他就指出，在现代社会，承担民主的主体已不是近代自由主义者所设想的"市民"，而是"以工人、农民为核心的广大劳动大众"。劳动大众走向民主化的课题，"绝不是单纯的大众在官能感觉上的解放，而是大众如何获得新的规范意识"的伦理性问题。[2]丸山倡导的自由，并不是那种与非理性的动物相通的本能自由，而是洛克主张的、经过陶冶的人所具有的"理性的自主决定能力"。[3]从这个观点看问题，丸山认为，江户时代对朱子学的解构，最终没有达到"从无拘束的感性自由向自主决定的理性自由转化"。而且明治维新也没有带来"自由意识的飞跃性转化"，"当文明开化口号席卷维新后的社会时，呈现出来的则是曾在旧体制下被压抑的人的感性自然的尽情泛滥"。比如当时的画报和大众杂志充满了淫秽猥亵的内容或残暴的插图。那些"对感性自由毫无限制的讴歌"，并没有产生出"自主承担近代国家的精神"。"感性的自由意识一方面栖息于跟社会事情隔绝的小市民生活中（私小说的强韧传统），另一方面又把自我扩充的欲求投射于日本国家的对外膨胀中。"在很多自由民权论者那里，民权论与国权论、感觉至上的快乐主义人间观与主体的自由

1　丸山眞男〈近代日本の知識人〉，《丸山眞男集》第十卷，262—263页。
2　丸山眞男〈日本における自由意識の形成と特質〉，《丸山眞男集》第三卷，161页。
3　同上书，154页。

精神是"无媒介地并存"的。[1] 更遗憾的是，丸山在战后看到的竟是同样的情形——"没有任何被缚感的自我'物理性'爆发和肉体的乱舞"。[2] 所谓"被缚感"是指基于内面信念的自律性。

而且战后日本迅速走向"大众社会化"。丸山认为，一般来讲，"大众社会的进展与民主主义的发展之间往往出现巨大的落差，甚至使民主主义走向形骸化"。[3] 他在《政治的世界》(1952年)一书里对其特征做了分析，指出在现代大众社会中，一方面政治权力的支配领域横向扩大，另一方面政治权力对个人生活的渗透程度也朝纵向深入。但是，恰恰在政治权力以前所未有的规模向纵横扩大的时代，越来越多的人却对政治失去关心，政治态度变得愈益被动和无批判性。不关心政治会导致权力的滥用和腐败，这又会引起国民对政治厌恶和绝望，导致恶性循环。同时，官僚组织以及社会集团变成了愈益精致的"机械"，使附属于组织或集团的个人被撕裂成机械各部分的零件，人格的统一性被解体。人们在相互联合中形成的人格纽带也日渐丧失，造成了人的"原子化"。"原子化"的个人一般缺乏公共精神又不善于联合，对社会政治难以做出自主的整体性判断，加上媒体的操纵，大众要么被导向"齐一化"，反而容易被政治动员起来，要么其关心被引向趣味和消费等琐碎私事，越来越不关心政治。但现代民主政治恰恰是依靠这些"原子化"的大众来行使投票权的，所以在形式上的民主主义制度下，也往往会产生出实质上的独裁政治。[4] 而日本在市民的理性自由还未成熟的情况下就早熟地步入了"大众社会"，

---

1 丸山眞男〈日本における自由意識の形成と特質〉，《丸山眞男集》第三卷，158—160页。
2 丸山眞男〈忠誠と反逆〉，《忠誠と反逆——転形期日本の精神史の位相》，筑摩書房，1998年，136页。
3 丸山眞男〈追記および補注〉，《現代政治の思想と行動》新装版，508页。
4 丸山眞男〈政治の世界〉，《丸山眞男集》第五卷，127、181、183、186—188页。

第二章 战后的希望与失望

实际情况更为不堪。主要是国民的自主性不见提高，难以形成新的规范意识，低俗颓废的大众文化又在吞噬规范意识，妨碍着民主精神的形成。

尤其是在国际上冷战激化和国内肃清赤色分子的高压政治下，丸山认为"民主主义招牌下的法西斯"之特征是，一方面变得更加暴力，另一方面为减弱国民的抵抗，而把大众封锁在醉生梦死的私人生活享受中，将其驱赶到对政治不关心或逃避的境地。[1] 20世纪50年代初，美国为了将日本打造成反共据点而把占领政策改变为扶植政策，对战争赔偿责任网开一面，而且让日本承包朝鲜战争中美军的军需补给（"朝鲜特需"），日本经济由此迅速复兴，当然日本的复兴也饱含着日本人民的辛勤努力。1951年美国还通过对日单独讲和，以《旧金山和约》结束了GHQ的占领，使日本变成了从属于美国的盟友，并使其在国际政治中被固定为与苏联及中国对抗的关系。

在这个背景下，日本在20世纪50年代中期就早早地迎来了"战后期"的结束。1956年7月经济企划厅（2001年编入内阁府）公布的《经济白皮书》中明确地写着："已不是'战后'。"白皮书这句话本来是含义颇多的，但因其后日本出现了持续近二十年的经济高速增长，这句话就作为赞美战后复兴奇迹和象征高速增长启动的名言而流行起来了。另外，冷战高潮期（20世纪50—60年代）盛行的"近代化论"也反映出社会科学蒙上了浓厚的政治意识形态色彩。与美国企图阻止发展中国家"赤化"的战略相应，其"近代化论"侧重于把产业化作为评价近代化的主要指标，将日本树为亚洲近代化的榜样。[2] 此时的

---

[1] 〈民主主義の名におけるファシズム——危機の政治学〉，《丸山眞男話文集 続3》，49页。

[2] 美国发起"近代化论"的意图，是探讨如何推进从殖民地独立出来的国家发展成欧美那样的国家，以阻止这些国家赤化。其理论把明治维新后迅速实现了工业化的日本视为正面形象，以图将日本树立为发展中国家的榜样。作为（转下页）

日本渐渐恢复了自信，并拥有作为亚洲佼佼者的自豪感，而丸山真男则被视为"充满欺骗的战后民主主义"的象征。[1]

总之，日本社会对活跃在战后民主改革前沿的知识分子的看法是复杂的，除了"充满欺骗的战后民主主义""进步文化人"等谩骂嘲讽语言之外，还有"近代主义者"的称呼，丸山真男也被视为其代表者之一。"近代主义者"这个词在日本基本上是贬义的，但出于不同的立场有不同的含义。平石直昭从马克思主义者、保守主义者、后现代派三个方面归纳了"近代主义"的含义。在马克思主义者看来，"近代主义"只不过是资本主义末期的颓废现象之一，是那些跟不上工农主导的社会主义革命运动的小资型知识分子的意识形态。在保守主义者看来，丸山那种对日本近代的批判，使年青一代因对明治、大正时代的好传统无知，而把昭和时代军部和右翼专横跋扈的一时性现象视为日本的一般情况，因而缺乏历史的客观性（这主要是津田左右吉针对丸山论文《极端国家主义的逻辑与心理》的批判）。在后现代派看来，"近代主义"是以带有帝国主义和法西斯主义倾向的欧洲近

（接上页）这个研究的准备，1960年8月在日本箱根举行了国际会议。会上美国学者避开民主主义、自由主义、社会主义等价值判断，而提出了以工业化为特征，并包括城市化、商品化、官僚制化、媒体发达、社会参与以及识字率和收入提高等项作为评价"近代化"的指标。但以丸山真男为代表的一部分日本学者则认为不能无视日本极端国家主义和军部独裁体制的问题，主张国民主体性的形成也应是重要的指标，从这个观点来批判日本近代化偏重产业和科技，压抑国民自主人格成长的问题。结果意见不相投，讨论没能深入。

1　20世纪60年代末日本发生了"全共斗"（全学共斗会议）运动，其背景是日本的大学已步入大众化时代，但大学体制依然保持旧态，没能应对好这种新形势，加上学生管理和学费上涨等问题，使学生的不满日益上升。1968—1969年大学生蜂拥而起，很多本来对政治漠不关心的学生大批集结，斗争的中心组织就是各大学的"全共斗"，高峰期有165个学校参与，1969年1月东京大学的学生还占领了著名的安田讲堂。在这场大学纷争中，学生当然有各自的诉求，但也正是在"全共斗"中，丸山真男也成了要打倒的对象，他被作为"充满欺骗的战后民主主义"的象征，遭到了学生的猛烈批斗。

代为模式，来批判落后的日本的，所以其在出发点就已意味着破产。[1]这里呈现了一个悖论性的场景：随着"战后期"的推移，一方面奋斗在战后民主改革前沿的知识分子被贬为"近代主义者"，另一方面日本社会又重新讴歌日本作为近代化"优等生"的成功。

不过，如果说丸山是"近代主义者"，那他显然不是上述三种含义的"近代主义者"。平石认为，丸山所说的"近代"是从历史现实中抽象出来的作为"理念"的近代，旨在"以作为理念的欧洲近代为标准来批判日本的近代，从根本上追求民主化，同时以此标准来批判在对外侵略上狂奔的战前日本的极端国家主义，谋求健康的国民主义"。[2]平石还专门对"作为理念的近代西洋"进行了详细的历史脉络分析和意义考察，指出这个"理念"是丸山对日本进行批判和自我认识的方法，"其一方面在对日本近代做总体批判方面发挥了原理性的机能，同时又为认识近代西洋现实中的僵局提供了可能性"。而那些批判"近代主义"的人，因为把"作为理念的近代西洋与作为现实的近代西洋"混同了，所以反而看不到对近代现实的批判。[3]平石所说

---

[1] 平石直昭《福澤諭吉と丸山眞男——近現代日本の思想の原点》，北海道大学出版会，2021年，199页。其举出三种含义的根据是：关于马克思主义者的看法出自日本共产党机关杂志《前衛》30号（1948年）；关于保守主义者的看法出自津田左右吉〈明治維新史の取扱ひについて〉（《世界》1947年10月号）；关于后现代派的看法出自山之内靖《日本の社会科学とヴェーバー体験》（筑摩書房，1999年）。

[2] 平石直昭《福澤諭吉と丸山眞男——近現代日本の思想の原点》，199页。

[3] 同上书，231、257页。有人可能会质疑：同一个"近代"为什么会产生出正面价值，又孕育出颓废形态呢？对于青年期就领会了价值哲学的丸山来说，理念与存在并不是同一个层次的，前者绝不仅仅是后者的反映。在大学时期的论文中，他就已经意识到近代在市民革命中产生出来的自由、平等、民主等理念属于思想理念层次，而近代所诞生的社会存在（"欲望的体系"）属于现实层次。有普遍价值的理念都是在历史中产生（呈现）出来的，但所有历史现实都有可能孕育出颓废。丸山是赞同"存在与当为"之二元论的。

的作为"理念"的近代,正是支撑丸山"宁可寄希望于战后民主主义的'虚妄'"的内面确信。这时,丸山在学术方法上虽仍是历史主义的,但他个人的思想态度则是面对"存在"而选择"当为"。这种思想素质来自他青年期对新康德派的信服,又决定了他后来的反思和方向转变。

第三章

在迷惘中探索

本章主要阐述丸山从战后的政治学回归本行的政治思想史学，和从追求"近代思维"转为反思日本"传统"问题的探索过程，并阐明他对传统的新认识和新发现。

第一节 "战后期"的结束与反思

上一章说过，1956年7月日本经济企划厅《经济白皮书》中"已不是'战后'"的名言，成了"战后期"结束的象征。但对于知识分子来讲，"战后期"结束的意义不一定是战后复兴的奇迹和经济成长的启动。实际上在经济企划厅发表《经济白皮书》之前，中野好夫在《文艺春秋》1956年2月号发表了一篇社论，题目就是"已不是'战后'"，但所论的是社会和思想意识的状况。中野认为在人类历史上，战后十年似乎具有共同特征，大体都经历了价值和信念崩溃的状态。比如第一次世界大战这场人类史上的首次大规模战争几乎完全践踏了人的"社会联合意识"，以至于战后人们失去了信念，出现了一种虚无颓废、只顾眼前快乐的享乐主义倾向。而第二次世界大战结束的

"战后"十年又在重复类似的倾向。在中野看来,"已不是'战后'"意味着要迎来新的十年,不能让"战败冲击所引起的激剧乱象"在"战后"的名目下持续。对"战败的教训"不能停留于感情上的反应,而应以更为深沉的思考,将历史的伤痛活用于探索新的未来。[1]当然,知识分子对"战后"的事实认识和关于未来的想法不一定跟中野相同,但"已不是'战后'"这个认识是共有的,丸山真男也不例外。

"战后期"对于丸山来说,是一个从希望到失望的过程,而"战后期"的结束则意味着从失望中开始新的探索。在这个时期,丸山对自己的研究"战线"做了整理。如前所述,战后初期他曾一度越过日本政治思想史的范畴,把研究扩展到政治学,尤其是分析现代政治问题的领域。这是因为一方面当时政治学者不足,另一方面他是要在民主改革中从学术角度来履行一个市民应承担的义务。但他强调政治学不是自己的本行,所以将之称为"夜店"(副业)的工作,说日本政治思想史才是自己"作为职业的学问",将之称为"本店"(专业)。[2]20世纪50年代中期以后,丸山就逐渐把学问的主要领域从政治学转回到本行——日本政治思想史。但回归"本店"绝不是单纯的领域转换,他是要通过"本店"的政治思想史研究,来深入解剖"夜店"揭示出来的问题。而且这个回归也不是原原本本地复归思想史学开创期的学问,因为他在问题关心和学术方法上都做了重大的转换。

当然,这些重大转换并不仅仅是因为遇到战后民主改革的挫折而突然发生的,丸山对"战后期"的反思其实也是战争时期以来不断反省的继续。所以,要了解"战后期"结束后他在迷惘中探索和转变的轨迹,需要稍微追溯到其更早的问题意识。早在战争期间,特别是

---

1 中野好夫〈もはや「戦後」ではない〉,《文芸春秋》第34卷第2号,1956年2月,56—58页。
2 丸山眞男〈原型・古層・執拗低音〉,《丸山眞男集》第十二卷,109—110页。

经过福泽谕吉研究之后,他已痛感日本并不是在亚洲率先形成"近代思维"的先驱,现实反而是处处表现出日本难以形成"近代思维"的困境。因此他在战后发表的第一篇文章中指出:"在我国,近代思维不是要'超克'的问题,而是还未真正获得的问题。"[1]也许丸山的脑海里一直萦绕着这样一个问题:为何在日本先进思想的积极引进与现实的发展总是南辕北辙?

1942年他曾发表一篇书评《读麻生义辉〈近世日本哲学史〉》,对日本的"欧化"提出疑问:"明治以后日本的'欧化',究竟是在完全领会了欧洲的思考和感觉的意义上推进的呢?还是看起来'过火'的现象其实是对欧洲东西的最庸俗肤浅的模仿甚至歪曲呢?"[2]并指出明治初期的启蒙哲学家虽然为消化欧洲哲学做了很多努力,但"即便在这个似乎已被启蒙思潮覆盖的明治初期,国民的内在思考和感觉并没有经历任何本质上的革新,灵魂深处依然沉淀着习惯的传统'精神'"。从欧洲引进的思想并没有进入接纳主体的内面来改变主体,只是外在地附加于主体,而内面沉淀的东西依然与欧洲的东西毫无关系地并存着。他还引用了战时曾在日本任教的德国哲学家卡尔·洛维特(Karl Löwith)的批评,洛维特说,研究欧洲学问的日本人没有从研究中导出培育日本自身的自我的任何结果,就好比在两层楼里,一楼住着日本的思考,二楼住着欧洲的学问,一楼和二楼之间找不到楼梯。也就是说,传统习惯上的感觉与欧洲的学问处于"无媒介的并存"状态。那时丸山已意识到,"我国还未在真正意义上跟欧洲的精神交锋过"。[3]这是较早时期丸山对日本的外来文化接受方式的质疑。

到了战后初期,丸山在政治方面奋斗在民主改革的前沿,同时在学术方面把真正获得"近代思维"作为国民精神革命的主要课题,

---

[1] 丸山眞男〈近代的思惟〉,《丸山眞男集》第三卷,4页。
[2] 丸山眞男〈麻生義輝「近世日本哲学史」を読む〉,《丸山眞男集》第二卷,180页。
[3] 同上书,191—194页。

尤其关注"如何才能使大众获得新的规范意识"的问题。1947年发表的论文《日本的自由意识的形成和特质》，正是要通过考察历史来探索实现这个课题的途径。此文一方面把儒教看作"近代思维"成熟的障碍，另一方面又对江户时代的朱子学解体进行反省，无意中呈现了他这时自身的内在矛盾。也就是说，他依然认为日本近代意识的成熟过程需要与儒教做斗争，特别指出朱子学以同一理法贯穿自然和社会秩序的思想体系是支撑封建社会基本观念的纽带（五伦）的理论基础，德川封建等级制赖此得以固化。这里表达了他一方面认定朱子学是必须被解体的，因而继续肯定徂徕学解体朱子学的近代性，另一方面又尖锐指出，徂徕学把儒教政治化（"公"化）导致了规范被外在化，同时又使"私"的个人内面脱离一切规范的约束，继而国学又将之发展为"人欲即天理"，指出"那种缺乏自律约束的感性自由，并没有转化为自我决定的理性自由"。[1]当然，他在此批判江户时代的儒教近代化导致人心内面的伦理规范被抽空，也不是为了重新评价儒教，只是将之视为近代化不彻底而已，其基本立场是历史主义的。

然而问题是，即便明治维新大量引进了西方思想，也没能改变这种状况。战后西方思想如洪水般涌入，依然没能改变之。本来在丸山看来，日本战败后对外全面开放，所有国民都能接触多样的外来思想，这应该非常有利于国民的精神革命——培养自主独立的人格。在这种条件下，人们也确实曾广泛地热心接受各种外来思想。但其结果并没有使国民"获得新的规范意识"。而且仅仅过了十年，政治界和知识界的倒退不用说，日本民众在从属于美国的冷战政策下又重新凝固起来，在稀里糊涂的私人生活享受中追随新的齐一化。那种对"理念"的厌恶和只随经验感觉或强力"大势"而起舞的习惯在执拗地重

---

[1] 丸山眞男〈日本における自由意識の形成と特質〉，《丸山眞男集》第三卷，155—156、158页。

复着。丸山痛感到，无论解体朱子学还是大量引进西方思想，都难以使国民树立起自主的人格精神和内面的普遍规范。战争期间他曾质疑的外来文化接受方式为何反复呈现？问题的症结究竟在哪里？显然，他要扫除儒教旧思想的障碍和追求"近代思维"的历史主义方法，在实践上和在学术上都陷入了迷惘的困境。大概是这个时期，价值哲学开始进入他的学术方法。

也许丸山在反思中渐渐意识到，日本历史中或曾有过支撑独立自尊精神的普遍规范，甚至连他一直以来激烈批判的儒教也包含曾经存在但已被消弭的普遍价值。他后来思想变化的轨迹正显示了这些认识。其实，他在战后较早时期写的论文《近代日本思想中的国家理性问题》（1949年）中，已表现出对儒教自然法的正面评价。他承认近代国际法传入日本后，其自然法思想与宋学那种把正道的根据一方面设定在宇宙"天理"中，另一方面设定在人的"本然之性"中的思想遥相呼应，朱子学中的自然法观念，在日本接受国际规范时发挥了媒介作用，以此肯定朱子学"天理"思想的积极意义。[1]也就是说，他承认了儒教的自然法也能成为一种通向普遍规范的思想资源。而且再往后，他又撰写了论文《忠诚与叛逆》（1960年），试图从日本武士的传统中抽取出抵抗精神的积极因素。在那里他也承认，江户时代的武士虽然变成了"家产官僚"，但"儒教世界像的渗透绝不是仅仅发挥了使'封建忠诚'静态化和固定化的作用。实际上一般来说，在日本思想史中，不仅维持了对人格的或集团的'忠诚'，而且还学会了与之相区别的对原理的忠诚，这正是中国传统范畴的道或天道观念渗透的结果"。[2]

---

[1] 丸山眞男〈近代日本思想史における国家理性の問題〉，《丸山眞男集》第四卷，11—12页。

[2] 丸山眞男〈忠誠と反逆〉，《忠誠と反逆——転形期日本の精神史の位相》ちくま学芸文庫版，28—29页。

后来，丸山在谈到"精神自立的条件"时指出，人的内心需要有一种"看不见的权威"，比如他举出了西乡隆盛说的"不以人为基准，而以天为基准"，认为这与基督教的"不服从人而服从神"虽信仰不同，但精神志向相通。还有佐久间象山对"天道"普遍性的信仰里也有同样的精神志向，但日本没能保留住这种精神志向。[1]这里反映出他承认了儒教"天道"思想也是一种支撑独立精神的普遍理念。当然，他对儒教普遍性的评价是有所保留的，认为（宗教的）超越者比（儒教的）普遍者更有普遍性。在这个前提下，他评价"江户时代也有过天或天道意识，在超越现实经验感觉的意义上说，那也是一种普遍性意识。……但随着明治时代的发展，儒教的天或天道意识也减退了……没有了能超越日本国体的'道'"。[2]另外如前所说，丸山在慨叹日本社会难以形成知性共同体的时候，从江户时代的儒者中找到了超越所属而追求普遍文化的共同意识，认为这是日本知识分子横向联合的原型。这也表明他逐渐认识到，树立新的规范意识和个人的独立精神需要继承传统的资源，其中儒教的"天道"思想也是不可抹杀的。

从上述思想转变过程可知，不仅"超历史的"价值已成为丸山学术的重要关注点，而且他所寻求的国民内面的价值信念，已不再限定为近代的或西方的思想了。促成这些思想转变的原因，除了丸山自身的价值哲学思想根基和战时战后的实践经历以外，最重要的契机可以说是对日本战前"转向"的反思和与竹内好的交流。

首先关于对战前知识分子集体"转向"的反思，本卷第一章已介绍过德国奥托·威尔斯的演说给丸山带来的震撼。还有他承认，"转向"的现实正如南原繁所说，从世界范围来看，持历史主义观点

---

[1] 〈丸山眞男氏を囲んで〉,《丸山眞男座談5》,315页。
[2] 〈歴史意識と文化のパターン〉,《丸山眞男座談7》,250—251页。

的知识分子几乎都投入了法西斯主义阵营，能坚持抵抗的人都是"非历史的"康德主义者或天主教自然法论者。而反观日本的知识分子，"转向"者的逻辑也是认为"天下大势不可战胜"，要顺应"历史的必然"。那些坚持抵抗的少数人主要是自由主义者和康德主义者，比如他多次谈到的河合荣治郎就是自由主义者中的一个典型。但对丸山的人格和思想产生了最大影响的还是他的恩师南原繁。丸山回顾说，南原先生对时代的批判非常严厉，而且坚决不追随时代的潮流，其态度的坚定性与其他一些左顾右盼的自由主义者是不同的。即便是自由主义者，也有些人最初虽认定自己的信念正确，但周围的多数人都追随潮流时就觉得自己不正常了。丸山自己也曾轻率地批判南原强调的要严格区分"存在与当为"的主张，但讽刺的是，那些力主"存在与当为"合一的黑格尔派（包括京都学派）都追随了法西斯主义的时代潮流，而信奉康德思想的南原先生则岿然不动。[1]

这一切使丸山体悟出俗流的历史主义只追随历史的大势，而自我内面的理念则具有超越历史大势的抵抗精神。身边的恩师南原繁以及能抵抗时代潮流的知识分子虽各自持有不同的主义，但都是立足于"超历史的"信念的。这些事实表明，人的内面需要有基于超越性普遍原理的"被缚感"，才能坚定地判断现实，突破存在对意识的制约。南原是康德主义者，同时又承认朱子学的优点。这里的关键不在于其所信是否"近代"，而在于自我内面是否具有超越"存在"的"当为"，或超越"时间"的"永恒"。正是通过这样的反思，丸山由认定近代化必须打破自然法的观点，转变为重新评价自然法。

---

[1] 松澤弘陽・植手通有・平石直昭編《定本 丸山眞男回顧談（下）》，37—39页。在这个回顾谈中丸山还说，自己最初是作为南原的批判者成为其弟子的，但渐渐开始敬慕南原并被其学问所吸引。在1974年东大举行的追悼南原繁纪念讲演会上，丸山也谈了很多这方面的回忆（〈南原先生を師として〉，《丸山眞男集》第十卷）。

另外关于丸山真男与竹内好的思想交流，本卷第一章也做过一些介绍，这里再做若干补充。丸山与竹内在20世纪40年代末就已认识，相互熟知对方的作品，并有直率的思想交锋。丸山说"他（竹内好）批判我写的东西，是我跟他成为朋友的开端"，并把竹内看成"畏友"。[1]竹内的日中近代比较论不仅使丸山对中国有了新的理解，而且对传统的重要性有了痛切的认识。福田欢一曾在丸山真男文库举办的讲演会（2000年）上说，竹内好的《现代中国论》是痛击"先进的日本与落后的中国"这种偏见的作品，丸山先生从中受到了很大冲击。自己有一天偶然去吉祥寺的丸山家拜访，遇上丸山先生刚读完此书，那时先生非常兴奋。由此可推测，竹内的书"大概是成了先生重新思考发展阶段论的契机"。[2]竹内所论的对象虽然是近代，但他认为近代化需要传统与近代互动，而日本恰恰缺乏"思想传统"。这里不是说日本传统中没有思想，他所说的缺乏思想传统，是指日本没有"思想交锋"的文化基础，因而也没有思想性。

竹内指出："日本只是从外国借来了现成的观念，但没有发生创造出自身思想诞生基础的运动。这正是日本的近代史与中国的近代史相比较时最显著的不同。"比如他说日本共产党输入马克思主义的方式没有思想性，只把马克思主义理解为单纯以生产力这个物质来判断历史和衡量价值的公式，按此公式"科学地"证明中国的近代化比日本落后，这不仅没达成自身的"思想革命"，反而以"科学的理论"助长了日本对中国的蔑视。他认为日本和中国的近代化是两个不同的类型，中国型的特征是，"对过去传统的否定，在每个阶段都产生出传统的复苏，成为生命力的新发展"，其中贯穿着传统的批判与继承的辩证关系，但那些"把历史还原为图式的公式主义者并没有看到这

1　丸山眞男〈好さんについての談話〉，《丸山眞男集》第九卷，337、339页。
2　福田歓一《丸山眞男とその時代》，46页。

一点"。竹内指出日本对马克思主义或对外来思想的这种庸俗的输入方式,正是导致与中国的近代化质量之差异乃至社会结构之差异的问题所在。[1]他还援引了杜威对中国五四新文化运动的评价:"那些新精神是从中国固有的传统中形成的,因而具有坚固的基础。"杜威在很多论述中将日本与中国的近代做了比较,认为"日本因为传统的压力少,所以在汲取欧洲技术方面容易成功,但根底里的旧东西反而保存下来了。而中国因为传统的抵抗激烈,近代化的时期晚了,但其变革反而能进行得彻底"。在杜威看来,中国与日本的近代化差异的背后原因是"固有文化之有无"。[2]

在与中国比较时竹内还指出,日本文化潜藏着"优势感与劣势感并存的、缺乏主体性的奴隶感情",那里有一种流俗的"进步观",即认为"新"就是价值基准,"新"等于"正确",总之要不断追求"新"。"转向"现象是这种日本特殊性格的产物,不能"转向"就不是"优等生"。日本的近代本来就起始于"转向",从近代转折点开始就对西洋抱有决定性的劣等感,要做模仿和追赶西洋的"优等生"。具体的还有幕末维新时攘夷论者瞬间转向开国论,明治时期的启蒙者加藤弘之从民权论转向进化论,昭和时期共产主义转向法西斯主义,"战后期"又转向民主主义。日本文化是在结构上与"转向"不可分的。每个"转向"都没有经历抵抗和反省等思想交锋,就这样不断地"进步"。为了说明此特征,竹内把日本文化称为"转向文化",把中国文化称为"回心文化"来进行比较,说"转向"与"回心"的方向是相反的,"转向"是向外的运动,"回心"是向内的运动,"回心"是以抵抗为媒介的,"转向"是无媒介的。由此他指出:"日本文化没有经历过革命性的历史断绝,没有通过与过去切断来更新,从而使旧

---

1 竹内好〈日本人の中国観〉,《日本とアジア》,63、65、67—68页。
2 同上书,69页。

东西复苏。"[1]

竹内的论述显然已超出近代化的视野而深入日本文化的结构性了。这与丸山在书评《读麻生义辉〈近世日本哲学史〉》中的问题意识——看起来过急的"欧化"其实是对欧洲东西的最庸俗肤浅的模仿甚至歪曲，从欧洲引进的思想只是外在地附加于接受主体的表面，而主体内面沉淀的东西与欧洲的学问处于"无媒介的并存"状态——不谋而合。而且，竹内把"转向"视为日本特殊性格的产物，这大概也使丸山意识到，日本的"转向"既有与20世纪30年代世界向法西斯"转向"重合的地方，又有日本文化结构的独特原因。世界经历过法西斯之后，欧洲能反省历史主义并重新评价自然法，但日本却没有这种反省，而是出现新的"转向"。这显示出历史主义在日本与其说是一种主义，不如说是一种惯性的思维方式。也许正是这种思维方式，致使日本史上曾有过的内包普遍性的思想不能通过"思想交锋"扎根为"传统"，而是被不断"进步"的历史逐一荡涤。支配这种惯性的首因也许就隐伏在日本文化结构的深层。

竹内的观点无疑给丸山的思考提供了重大启发。比如竹内所指出的，把外来思想仅仅作为公式来套用的流俗输入方式，没有通过思想交锋而"创造出自身思想诞生基础"的运动，因缺乏传统而对外来新思想毫无抵抗地接受并使之与旧弊端并存等问题，以及倡导传统的批判与继承的辩证法观点，几乎都出现在丸山后来的论文之中，并有效地运用于日本思想的分析。总之，通过对"转向"的反思和跟竹内好的交流，丸山不仅痛感国民自主人格的形成需要树立内面的"永恒"价值，而且意识到阻碍"永恒"价值在日本扎根的深层原因不仅仅在前近代，或许在更久远的历史之中。由此可见，丸山在迷惘的探索中经历了从追求"近代思维"转为反思日本"传统"问题的过程。

1　竹内好〈中国の近代と日本の近代〉,《日本とアジア》, 26、32、43、47—48页。

第二节　传统问题与传统概念

当然，对传统的反思在当时并不是个别知识分子的现象。其实在20世纪50年代初，日本文化界已出现对传统问题的关注。其背景主要是：一方面由于对美国民主主义的过热追随引起了反弹，出现了"回归传统"动向；另一方面由于马克思主义阵营开始反省"运动不能深入精神风土"的问题，即拘泥于意识对经济结构的单纯反映论，而忽视了革命理论与日本精神风土的结合。[1] 这种讨论达到高潮的一个象征，是1951年左翼文化团体"历史学研究会"召开的以"历史中的民族问题"为题的年度大会，他们之所以讨论民族问题，是因为"要应对严峻的现实要求，即被置于殖民地危机中的日本民族为争取独立必须动员民族的传统"。[2] 其中有一些马克思主义史学家注重"从草根（民众）层面发掘革命传统"。比如远山茂树认为："在民族意识的树立方面，历史的遗产＝传统具有巨大的力量。……过去曾认为传统是历史的沉重包袱，但今日的亚洲民族主义的新生革命力量反而是以传统为基础的，不屈不挠的前进活力正是根植于传统的。这种场合的传统，就是民众所具有的革命传统。"[3] 但这类文化团体的讨论有一个特征，就是把"民族与传统"的课题作为党的民族独立革命战略，把传统作为动员和组织民众运动的实用手段。

丸山真男的关心与之不同，他是要推进国民自身的精神革命——树立独立自尊的人格和内面的普遍价值信念，为此一方面要深

1　丸山眞男〈ヨーロッパ思想史との基本的ちがい（五六年度講義の「まえがき」にあたる）〉,《丸山眞男講義録［別冊一］1956/59》，7—8頁。
2　歴史学研究会《歴史における民族の問題——歴史学研究会一九五一年度大会報告》，岩波書店，1952年，170頁。
3　遠山茂樹〈二つのナショナリズムの対抗〉,《中央公論》1951年6月号，后收录于《遠山茂樹著作集》第五卷，岩波書店，1992年，215頁。

挖那个不断消弭思想中的普遍价值的负面传统，另一方面要发掘和创造真正的传统。前者的问题意识出现得比较早。丸山在1956年收录于《现代政治的思想与行动》第一卷的"追记及补注"（1956年执笔）中指出：

> 即便把问题限定于政治领域，机构论的把握与"精神"层次的把握也未必是一致的。更何况精神结构和行动方式的内部还有多重层级，其最深层几乎完全属于下意识的领域，这些人对"世界"所抱有的……认识、评价以及由此而来的行动，会构成一种先验的坐标轴。那里有最强韧的历史惰性在发挥作用，是难以受到环境和制度变革的冲击所触动的。……因此，在论述战后日本的意识和行动方式是否发生了变化时，需要确定我们考察的是哪个层次或层级的问题，如果无视了层次的区别，那么研究将是没有意义的。[1]

在此他还谈到当时连载于《群像》中的Kida Minoru的文章《潜在于日本文化根底的东西》，Kida认为"部落共同体的精神结构以近乎超历史的强韧性给日本文化打下了特殊的刻印"，主张要从最深层来把握日本人的思考和行为方式。丸山从Kida的这个观点受到启发，认为不能光看表层的经常变化的政治意识，还需要把最具"历史惰性"的难以改变的深层也同时纳入视野，研究各层级之间的相互作用，这样才能全面立体地把握现在日本政治的思想状况。[2]这句话表现出早在50年代中期，他就已经意识到必须对最深层的下意识的思维方式进行病理分析，克服那些具有强韧历史惰性的病症，才能从根

---

[1] 丸山眞男〈追記および補註〉，《現代政治の思想と行動》新装版，529页。
[2] 同上书，529—530页。

本上构筑日本真正的思想传统和树立扎实的民主精神。这大概就是他后来创出"古层"论思想史的起点。

而关于后者——发掘日本真正的传统方面，丸山与同时代的知识分子虽共有一个平台，但关注点是不一样的。所以丸山在确立思想史学中的传统概念时，对同时代或历史上日本的各种传统论做了整理和批判，大致区分为以下四种。

第一种是"博物馆的传统"，主要是指过去的制造物中值得保存于博物馆的文化遗产。他认为这种传统虽有保存价值，但作为对现在的规范力或面向将来的创造源泉不一定具有生命力，在思想史上难有继承价值。[1]

第二种是以时代划分来定义的传统，即在历史的某个时间点社会发生了全面的巨大变化，而将变化之前的文化定义为传统，比如以明治维新划分时代，把江户时代及其以前的思想视为传统，这样大陆传来的儒教、佛教都被列为传统思想。但这种定义是与时代划分者的问题意识相关的。而按国学者本居宣长以内生与外来为标准的区分，儒教、佛教渗透日本以前的日本固有思想才是传统。[2]丸山承认按时代划分的方法有一定意义，但不赞成宣长区分内外的方法。

第三种是把历史中长期占支配地位的潮流或倾向视为传统。这与第二种也有相似之处，但其重点不在时代划分，而在于区别主流与支流。比如儒教讨伐暴君的易姓革命思想在中国是传统，但在日本就不是。又如和辻哲郎说的"献身道德"在日本的国体观念中被视为传

---

1 《丸山眞男講義録［第四冊］日本政治思想史1964》，30—31页。〈伝統と現代をめぐって〉，《丸山眞男座談8》，280—281页。〈丸山眞男教授をかこむ座談会の記録〉，《丸山眞男集》第十六卷，94、97页。

2 《丸山眞男講義録［第四冊］日本政治思想史1964》，25—26页。〈伝統と現代をめぐって〉，《丸山眞男座談8》，289页。〈丸山眞男教授をかこむ座談会の記録〉，《丸山眞男集》第十六卷，96页。

统。传统复活论者几乎都是把占支配地位的主流思想看作传统的。丸山不赞成这种定义，认为"传统是我们创造力的源泉，把什么作为源泉来发扬，这是由我们在历史长河中自由选择的。仅把过去曾占支配地位的东西视为传统，是依存于既成之过去的最没有创造性的想法"。[1]在这个意义上，他也很重视那些处于非支配地位的支流思想。

第四种是"植物主义"的传统定义。这是以内生与外来为标准区分传统与非传统的两分法，认为生于日本这块土地上的东西才是传统。本居宣长就是典型，宣长认为儒教和佛教都是外来思想，他要排除"汉意""佛意"，重新找回日本人固有的传统。丸山明确批判这种传统定义，他以基督教为例证，说基督教是欧洲的传统，但基督教并不生于欧洲，它是通过与希腊合理主义激烈交锋而成为欧洲传统的。[2] 但丸山的这个传统观在日本遭到了多方批判，特别是来自吉本隆明、色川大吉、安丸良夫等把民众等同于原住民并将之视为传统的传统论者的批判，这些批判影响甚大。由此丸山意识到原住民主义在日本相当有市场，并对之投以思想史的关心。丸山认为区分内与外的两分法是把内发性误解为主体性了，并强调"传统是由我们主体地从人类过去的遗产中选择，使之变成我们的营养并化为血肉的东西"。[3]后来，他还引用了德国法哲学家古斯塔夫·拉德布鲁赫（Gustav Radbruch）的话："所谓民族个性就如人格的个性一样，并不是追求的目标"，"靠追求民族个性是不能获得民族个性的"，并指出，"有意识地把传统作为追求目标，反而不能产生出传统"。贝多芬忘我地追求普遍妥当的课题，意外地呈现了德国的个性。"忘我地投身普遍课题时，……

---

1 《丸山眞男講義録［第四冊］日本政治思想史1964》，28页。〈丸山眞男教授をかこむ座談会の記録〉，《丸山眞男集》第十六卷，94—95页。
2 〈伝統と現代をめぐって〉，《丸山眞男座談8》，281—282页。
3 〈丸山眞男教授をかこむ座談会の記録〉，《丸山眞男集》第十六卷，96页。

民族的个性反而会刻印出来。"[1]

那么丸山主张的"思想传统"究竟是什么？从他的一系列传统论来看，那首先是需要有成为现在的规范力或面向将来的创造源泉的文化因素，比如说"超越时代的变化，并能约束人间关系的共通良知或根本规范"。[2]总之是需要有那种具有"永恒"和普遍价值的传统思想。这些传统思想是既超越文化空间的不同，又超越时间上的断绝，蕴含深远的创造性的。他援引欧洲和中国的事例说，在欧洲，"亚里士多德的思想到了13世纪通过圣托马斯被组入经院哲学，并经过一千几百年的断绝之后，再与基督教结合成神学的传统"。在中国，"朱子学自称继承了子思、孟子之后成了'绝学'的圣人之道，被后世称为道统之传。朱子是12世纪的人，而孟子是公元前4—前3世纪的人，其间也有一千几百年的断绝"。[3]古希腊的思想不仅跨越了一千几百年的断绝而被新思想继承，而且跨越文化圈与基督教融合。朱子学也跨越了一千几百年的断绝而继承孔孟，并与佛教融合。不言而喻，这些跨越与融合是经过激烈交锋来使传统复苏，并以新的姿态使之传承下去的。[4]这种"永恒"和普遍的思想正是丸山在论文《日本的思想》中说的思想的"坐标轴"，或者说是"思想上的正统"（orthodoxy）[5]。这种"坐标轴"以及由此发挥出来的传承精神，应该就是丸山与竹内所理解的"思想传统"，但他们都感到这正是日本缺乏的。

---

1 〈伝統と現代をめぐって〉,《丸山眞男座談8》, 277—278页。
2 〈丸山眞男教授をかこむ座談会の記録〉,《丸山眞男集》第十六卷, 88—89、97页。
3 丸山眞男〈文学史と思想史について〉,《丸山眞男集》第十一卷, 339页。
4 〈伝統と現代をめぐって〉,《丸山眞男座談8》, 291页。
5 〈丸山眞男教授をかこむ座談会の記録〉,《丸山眞男集》第十六卷, 90页。丸山在此指出："在日本，无论是神道还是儒教、佛教，其作为正统性的力量都很弱，……日本没有思想上的正统（orthodoxy），而只有作为政治秩序的正统（legitimacy）。"政治秩序的正统具体是指以天照大神为祖神的"万世一系"的天皇正统性。

与之相关，丸山还认为上述那种思想的"坐标轴"也是"知性共同体"形成的核心。比如他在论文《关于思想的状态》（1957年）里创造了一对用语来表达社会文化的两种形态：一是"竹刷子型"，二是"捕章鱼的陶罐型"（简称"陶罐型"）。"竹刷子型"是指一根竹子分叉成很多细条，就像手掌那样，从同一个根源中分出几个指头。"陶罐型"是指各自孤立的陶罐相互毫无联系地并列着。他说欧洲文化是"竹刷子型"的，欧洲的学问尽管从19世纪后期就已专业化、分科独立化，但各门学科之间依然有共同的文化传统做根基来支撑共通的知性。与之相比，近代日本的学问和文化以及各种社会组织几乎都是"陶罐型"的，各种思想文学或社会组织都处于各自孤立和封闭的状态。[1] 换句话说，"竹刷子型"是曼海姆所说的"相关主义"，"陶罐型"是没有共通"坐标轴"的"相对主义"。可见此时他已认识到，日本"知性共同体"最需要也最缺乏的正是产生"竹刷子型"的思想"坐标轴"。

以上是丸山构筑的传统概念的正面含义，也就是其思想史学要追求的传统。当然，丸山在历史研究和改革实践中，痛切地认识到日本不仅缺乏能成为思想"坐标轴"的实体思想，而且历史上导入的各种具有普遍价值的思想也总是难以扎根，难以由那里产生出新的思想"坐标轴"，其背后存在着阻碍普遍思想扎根和创出"坐标轴"的深层惯性契机，所以他的传统研究不乏与负面契机对决的课题。因而其传统概念包含着两个方面：第一是上述那种正面的"思想传统"，第二是负面的阻碍普遍思想扎根的契机。前者提出了日本思想史的追求目标，后者导出了日本要自我认识和克服的对象。

宫村治雄用C传统和P传统来表述丸山传统概念的双重含义。C传统就是正面的"思想传统"，即能对各种思想的普遍价值进行融

---

[1] 丸山眞男〈思想のあり方について〉，《日本の思想》岩波新書版，129、132頁。

合会通（commitment），或能成为思想"坐标轴"的传统；P传统就是上面所说的负面契机，因为那不是实体思想，而是一种思维方式的模式（pattern）。[1]鉴于丸山自身的传统概念具有双义性，在此还需阐述一下P传统是什么。P传统是指阻碍日本"思想传统化"的契机，用丸山的话说，就是"思想不能通过交锋和积累而在历史中形成结构的那种'传统'"。他认为这个问题应扩大到作为"日本思想史的一般模式"来把握。[2]因为P传统不是像基督教和儒教那样以实体思想的形式贯穿于历史的，它只是一种下意识的执拗的思维方式，但在历史中却不断阻碍思想的普遍价值在日本扎根，是隐伏在思想运动深层的、超个人的文化潜意识。这种"模式"是很难作为单独的具体思想来把握的，需要考察日本历史长河中各种思想背后的共同特征才能发现。日本人应该认识和克服之，"如果不变革那种妨碍思想和思想之间进行真正对话或交锋的'传统'，就不可能期望'思想的传统化'了"。[3]

丸山的传统论给日本知识界带来了冲击，也引来了很多非议。就连与其素有深交的梅原猛也不能容忍丸山说日本没有形成"思想传统"，批评丸山不了解《法华经》等古典以及日本美术、文学、风俗。[4]梅原的批评固然有一定的理由，但丸山并不是说日本没有优秀的普遍思想，而是说那些优秀思想在历史上总是被压灭，以致不能通过思想交锋而得到"传统化"，难以发展成"思想上的正统"或"坐标轴"。而且，丸山同样珍爱梅原所说的那种优秀思想，比如他对镰仓新佛教的珍爱。这个侧面在《忠诚与叛逆》等一系列论文以及日本

---

1 宫村治雄《丸山眞男「日本の思想」精読》，岩波书店，2001年，180页。我认同宫村这两个名称的合理性，故本书也采用之。
2 丸山眞男〈日本の思想〉，《日本の思想》岩波新书版，6—7页。
3 同上书，6页。
4 梅原猛《美と宗教の発見》，筑摩书店，1969年。

政治思想史讲义中也表现得很突出。正因为爱惜那些有可能发展成"坐标轴"的普遍思想，所以要严厉剖析和克服那些压抑其发展的思维方式。

本章通过考察丸山在迷惘中的探索，已揭示出他的思想和学术关心经历了一个重大的转变过程。所以在结束本章时还须提醒读者，上述转变也反映在东京大学法学部丸山担任的"日本政治思想史"讲座的讲义之中。1998—2000年东京大学出版会出版了《丸山真男讲义录》全七册，其中包括战后初期的1948、1949年度日本政治思想史讲义，和丸山在法学部仅上了一学期的1960年度政治学讲义，还有1964—1967年度的日本政治思想史讲义。[1]这些虽然都是丸山的日本政治思想史讲义，但如前所述，以"战后期"的结束为转折点，丸山的问题意识和学术构思发生了颠覆性的变化，因此1948、1949年度讲义的观点和方法，与1964—1967年度讲义有重大的不同。1948和1949年度基本上沿袭了收录在《日本政治思想史研究》一书中的战时论文，主要是以历史主义观点看问题，而1964—1967年度则导入了"永恒与时间"的范畴，是以"古层"论的新视点来分析问题的。所以读者在阅读《丸山真男讲义录》时，有必要区分其前后变化。

---

[1] 《丸山眞男講義録》全七册（東京大学出版会，1998—2000年）。丸山真男担任的讲座是东京帝国大学法学部开设于1939年的政治学政治学史第三讲座，名称原是"东洋政治思想史"。丸山从1942年起担任此讲座，其间除了因战争被征召以及战后因病或外访等几年没任课以外，一直担任到1967年。"东洋政治思想史"讲座的名称从1967年起改为"日本政治思想史"，所以《讲义录》统一采用了"日本政治思想史"之名称。《讲义录》的编辑起初是按照丸山生前的意愿，录入1948年度、1960年度以及1964年度和1967年度的内容，委托饭田泰三、平石直昭、宫村治雄、渡边浩四位门生进行编辑。编委考虑到战后初期是连续两年从近世讲到近代的，宜将1949年度的内容一并收录，还有从1964年度到1967年度的讲座是按通史构思的连续四年系列讲座，宜将1965和1966年度的也补充进去，所以构成了《讲义录》全七册。

另外还需注意《讲义录》全七册中有一个空档期，正好相当于"战后期"结束时丸山在迷惘中探索的时期。为填补这个空缺，平石直昭、宫村治雄、山边春彦三位学者组成编委会，对20世纪50年代后半期丸山讲义的相关手稿进行收集整理和严谨分析，基本上还原了1956—1959年度日本政治思想史讲义的内容，编成了《丸山真男讲义录》的两本"别册"，2017年由东京大学出版会出版。[1]由此判明，1956年度讲座一改过去从江户时代讲起的构思，直接追溯到古代，以超越历史发展阶段的视野来把握日本深层的思维方式。关于丸山是如何在这个探索时期走向大转折的，就留给下一章来详述了。

1　《丸山眞男講義録［別冊一］1956/59》《丸山眞男講義録［別冊二］1957/58》，東京大学出版会，2017年。此两册以1956和1957年度的讲义为中心，并插入了1958和1959年度的一些补充内容。

第四章

大 转 折

前两章已阐述丸山对战后改革的失望以及在迷惘中的探索，通过理解其艰难前行的过程，可以看到他的问题意识发生了颠覆性的变化，特别是在学术上渐渐摆脱历史主义的窠臼，进一步关注"永恒"的价值。本章主要阐述丸山思想史学向大转折迈进的助跑阶段，和由此产生的崭新课题、范式转变以及与之相应的方法论。

第一节　助跑阶段的讲座和论文

丸山曾在早期的徂徕学研究中，高度评价日本在江户时代已产生"近代思维"的萌芽，认为正因有了这些思维方式的变化，才出现了明治维新这样迅速的近代改革。但"战后期"结束后，他则主张应该清醒地认识到日本近代具有"超近代与前近代独特结合"的反向性质。[1]这是提醒人们不要光看到日本社会的发展貌似日新月异，更要看到在不断"进步"的虚像背后掩盖着的旧弊不断重复的"真实"情

1　丸山眞男〈日本の思想〉,《日本の思想》岩波新書版，5页。

况，如果只用一般的发展阶段论的公式来衡量表面的"进步"，就难免会忽视那种"真实"而陷入自我欺骗。实际上在日本学界的历史论争中，对日本近代的评价总是在"已近代化"与"还在前近代"两者中循环往复。丸山认为这是囿于发展阶段论的公式，而缺失了考察思想深层的视点。他提出要总体地把握导致上述那种反向性质的深层结构，亦即阻碍思想在历史上积累并形成传统的负面结构。[1] 为了深挖那些"真实"下面隐藏着的精神结构的病理，他尝试着从全新的视野来展开对日本政治思想史的重新构筑。不过在飞跃到"古层"论之前，他还经历了一个助跑阶段，主要体现在1956—1959年度讲座和《日本的思想》《开国》等论文中。尤其是这一时期的讲座，正如《丸山真男讲义录》（别册）的编者所说，与"'原型'视点的萌生和'文化接触'等横向契机的自觉导入"有重要关系。[2]

（一）讲座

1956年度讲座从根本上改变了过去从江户时代讲起的"近代化"构思，通过追溯至古代的长期视野，来考察长期左右日本人的思考与行为的P传统的病理。这个讲座首先在方法上表达了两个问题意识。第一个是起源于欧洲的发展阶段论史观对于理解日本等亚洲各国的发展有局限性，"不能用欧洲的思想史来类推东洋的思想史"。而且日本和中国以及东南亚的历史进程也各自相异，亚洲各国的发展也不能简单地类推。[3] 强调有必要把日本作为特殊个体的问题来考察。第二个是需要把握思想的"层叠结构"（stratification）[4]，必须考察"层叠

---

[1] 丸山眞男〈日本の思想〉,《日本の思想》岩波新書版，5—6頁。
[2] 〈刊行の辞〉,《丸山眞男講義錄［別冊一］日本政治思想史1956/59》, ii頁。
[3] 《丸山眞男講義錄［別冊一］日本政治思想史1956/59》, 3頁。
[4] 日文原文是"成層"，相当于英语的stratification。

结构"中不同层级的思想及其相互作用方式,才能把握思想对社会产生影响的真实情况。比如近代学问的形成所面对的状况是,共同体的"情绪统一性"总是独占正统的地位,对"情绪统一性"以外的思想往往抱有不信任或猜疑,"思想如果作为思想出现就会被视为危险的东西",所以各门学问虽然做得很精致但缺乏思想性。这种问题由来于"日本帝国特殊的精神结构",反映了其思想的上下层级相互作用的机制。[1]

丸山试图通过分析神道来深挖那些隐伏在"进步"虚像背后的执拗的东西,但那些东西不是抽象的思想,而是某种价值体系和思维方式,在思想的"层叠结构"中属于下意识的层级。所以他认为这种东西不宜直接从作为政治意识形态的神道去寻找,而应该从"原始神道"中寻找。[2]而要了解神道的原初形态,必须考察日本史上最早的统一政权(大和政权)的形成和发展,所以他第一步就对这个政权的形成历史进行了梳理。这些成果在后来的"古层"论中被归为"古层"所包括的"社会结合方式和政治行为方式的原初形态"。其内容非常重要,本书将之放在第Ⅱ卷"'古层'论"里详述。

另外,丸山思想史学的一个特色是运用比较的手法来分析问题。正如他后来所说,即便是自国历史的研究也不能只看自国的历史,"如果只是从纵向的时间轴来看自国的历史,是不能充分把握其特征的,需要同时做横向的世界比较研究"。[3] 1956年度讲座就尝试了从思维方式的类型化入手,通过与基督教、中国文化做比较,抽取出日本"原始神道"的思维方式,并用来考察古代到近世的思想史。通过

---

1 《丸山眞男講義錄[別冊一]日本政治思想史1956/59》,6页。
2 同上书,29页。丸山说,一般所说的神道其实是日本受了中国的儒教和佛教影响之后,神社的神官为了对抗儒佛,以《古事记》《日本书纪》《祝词》中的神话为素材,并借用儒教和佛教的思想而制作出来的,所以不同于原初的"神道"。
3 《丸山眞男講義錄[第六冊]日本政治思想史1966》,7—8页。

第四章 大转折

这种比较手法和长期视野的历史考察,他发现"原始神道"的思维方式不仅牢牢地沉淀着,而且不断改换形式存续于后来的思想之中。同时还发现"原始神道"本身对外来文化是开放的,它的存续和运动几乎都是在"文化接触"中进行的,但往往由于其对普遍性的消弭作用又使外来文化被日本的"情绪统一性"同化,从而导致社会的旧有本质顽固地持续。这些研究成果都是向"古层"论飞跃的重要基础。

1957年度讲座侧重于阐述"文化接触"和"开国"问题,给纵向的思想史导入了横向的异文化接触的分析视角。这是在1956年度讲座基础上产生的新视点,其构思与1956年度讲座形成了一纵一横的交叉关系。

丸山在1957年度讲座讲义的前言"日本思想史的难以把握之处"中说:思想史研究一般需要关注"不变同一的东西"和"随时代变化的东西"这两个要素,但日本思想史恰恰在这一点上很难把握,因为其在"变化"和"不变"两方面都很突出,一方面在各个时代积极吸收外来思想却依旧不改变自己旧有的传统,另一方面又因目不暇接地导入外来思想而发生惊人的变化。更深刻的是,日本的"不变同一"不是原理的同一。一般来讲,思想上"不变的东西"是指原理的持续同一性,或是贯穿于历史的原理实体。那里包含着存在于历史又超越历史的绝对者,比如像西欧的基督教、伊斯兰文明的回教、中国的儒教中贯通古今的东西,在那些文化圈里,"变化的东西"是通过与永恒的原理实体交锋来获得发展的。但日本传统中并没有这种原理实体,日本的"不变的东西"只是国体思想中的万世一系、天壤无穷的神话等历史叙事。这里的要害问题是,日本缺乏原理实体但对外来思想却具有强大的同化力。那些同化是通过"实感"的气氛和情绪来进行的,结果往往甩掉规范性的契机,使外来思想的原理性被解体。[1]

---

1 《丸山眞男講義録[別冊二]日本政治思想史1957/58》,9—12页。比如(转下页)

实际上，依存于"实感"的传统习惯对具有超越性的原理实体是很不宽容的，比如"国学"者认为日本不需要"当为"的信念，他们拒斥儒教抽象的伦理思想和普遍价值，固执于实感主义。[1]

上述认识是1957年度讲座把着眼点投向"文化接触"问题的重要原因。在此讲座中，丸山采用了"开放社会"（open society）和"封闭社会"（closed society）这对概念作为核心范畴，这对概念来自亨利·柏格森（Henri-Louis Bergson）的《道德与宗教的两个源泉》和卡尔·波普尔（Karl Popper）的《开放的社会与其敌人》。他指出："文明的飞跃发展，无论在哪里都是由封闭的文化圈与其他文化圈接触，并转变为开放社会时出现的。在封闭社会里，传统的权威和纪律都被神圣化，要打破禁忌并从咒术性思维解放出来，就要通过与异质的东西接触来扩大视野。不是像封闭社会那样一切行动都被神圣化的习惯所规定，而是转为由个人的责任自主决定，从多样的方法、思想、伦理中自由选择。这就是走向'开放社会'的方向。"[2]

但丸山并不是把从"封闭社会"走向"开放社会"这个一般规律直接应用于对日本的分析，这是因为讲义前言所指出的问题。他引用了英国外交官、日本文化研究者乔治·圣索姆的话："任何国民都没有像日本国民那样总是热心地接受最新的思想，同时又那样顽固地停滞于自己旧有的思维。"[3]以此说明，日本的特异性质是"封闭社会"与"开放社会"并存和双向运动的。封闭和开放两个方向都是民

（接上页）丸山谈到了中国和日本的自然观不同：中国的"天人合一"的"天"是具有伦理性质的；而日本的"天"则是人和自然融合的审美观，人与自然的结合只是情绪性的，在这里规范的契机被消弭。

1 《丸山眞男講義錄［別冊二］日本政治思想史1957/58》，13—14页。
2 同上书，31页。
3 George Sansom, *The Western World and Japan*, New York: Knopf, 1950 p. 169.

族或集团的同质性志向的表现，亦即不仅封闭的倾向是出于集团同质性，而且向新东西集体倾倒也出于这种同质性。一旦异质的思想文化冲破了同质性的堤坝，就反而会因高度的同质性而毫无抵抗地迅速渗透，但当政治权力禁压特定的思想或追随"世界大势"时，又会骤然集体转向，刚刚还流行的外来思想文化就消失殆尽了。[1]如何才能克服这个习性？在这一点上丸山从格奥尔格·齐美尔（Georg Simmel）的"社会分化论"中得到了启发，认为一般来讲，如果能频繁地与异质的社会圈接触，那么随着视野的扩展，人们会从对自己直接归属的集团的全人格同一化中解放出来，渐渐觉悟出自己与"他者"不同的个性，并产生出对更广阔的抽象社会的归属感。[2]因此他想出了一种悖论性战略，那就是从集体追随新潮的同质性中寻找打破同质志向的可能性，也就是说，鉴于日本的上述特性，也只有通过横向的文化冲击来求得变革了。

1957年度讲座的一大特色就是导入"开国"的视点来重新把握日本思想史。作为一部"开国"经验的思想史，丸山一方面对阻碍形成"开放社会"的因素展开分析，另一方面寻求克服那些阻碍因素的可能性。后者突出地表现在对16世纪后半叶到17世纪前半叶的基督教传播的高度评价上。他把这个时期的基督教传播视为之前的没落时代与其后的"锁国"时代之间的"间奏曲"，认为尽管其持续的时间不长，而且是急速地被彻底消灭了，但它给日本带来了突破封闭性的冲击，在日本史上具有文化思想的划时代意义，将之看作向文明飞跃发展的一个重要实践。对江户时代思想史的叙述，也一定程度地改变了早年徂徕学研究的写法。而关于明治维新的叙述，他一方面尖锐指出日本的同质性在新时代变换成一起追随近代思潮的形式而存

1　《丸山眞男講義録［第六冊］日本政治思想史1966》，20—21页。
2　丸山眞男〈開国〉，《丸山眞男集》第八卷，66页。

续，比如与西洋文明接触虽扩大了视野，但由权力中心选择的文明开化政策，根本上是从属于日本同族集团的民族主义的，比如《五条誓文》是"大振皇基"的手段，公议思想变质为"大政翼赞"；另一方面强调知识分子在政府刮起的文明开化旋风下得以摆脱束缚，引领了前所未有的启蒙时代。其中作为知性共同体的"明六社"尽管在较短时间内就被压制和抛弃了，但它创出了自立与自发联合（voluntary association）的最初模式。

（二）论文

《日本的思想》（1957年）和《开国》（1959年）这两篇重要论文，是以1956和1957年度讲座为基础撰写的。因其象征着丸山思想史学的转换，故将其要点归纳如下。

论文《日本的思想》于1957年11月发表在《岩波讲座 现代思想》全12卷的第11卷《现代日本的思想》中，是作为此卷各篇微观研究之前的导论，阐述"战后思想的历史和逻辑的背景"。[1]丸山说自己在此所做的工作是，"试图对直接连续到我们现在的、日本帝国的

---

[1] 丸山眞男〈あとがき〉，《日本の思想》岩波新书版，183页。《岩波讲座 现代思想》全12卷的第11卷《现代日本的思想》的责任编辑（清水几太郎）在序言中指出："战争一结束，那些久已没机会被介绍和讨论的外国思想以迅猛的势头风靡了整个日本，那是为打破战时的精神僵化状态所需要的一个启蒙时代。人们似乎觉得在某个时代或某个国家完成的各种思想里，包含着克服日本现实困难的特殊魔力。但没过多久，人们就意识到这种期待是徒然的。……不过随之又出现了极度尊重经验的倾向。"但即便经验也是需要高度体系化才能有积极意义，这就不可避免地需要思想（当然不是那种现成的思想）。这个讲座旨在倡导人们自己创造扎根于日本现实的思想（《岩波講座 现代思想》第11卷《现代日本の思想》〈はしがき〉，岩波书店，1957年，i页）。丸山正是在这种时代认识和讲座意图中撰写《日本的思想》的。

思想史结构做一个尽量整体的把握,将我们在实际中面对的各种问题……曾在那个结构中发酵和编入轨道的过程,以及这些问题在'传统'中的配置关系勾勒出来"。[1] 显然,这些工作是1956和1957年度讲座积累的成果。这篇论文以日本近代为考察对象,将明治维新视为日本史上最初的"开国"。此论文很重视"开国"的横向冲击带来的积极意义,认为日本以明治维新为转折,无论在国民的精神状况方面,还是个人的思想行动方面都发生了显著变化,但更侧重分析其暴露出来的病理,指出"开国"又像一面镜子,映照出了精神结构层面的一个惊人现象,那就是传统思想对维新后的各种新思想不能产生交锋,也不能对其内在的条理化发挥整合作用,其结果是新思想不能"传统化",反而"前近代"沉淀于"近代"之中。[2] 文章追溯了这些病理在长期的历史中的逻辑结构。

丸山指出:日本没有形成一种"核心性的或相当于坐标轴的传统思想"。其原因在于思想运动诸现象的背后隐伏着阻碍"思想传统化"的负面"传统","如果不变革那种妨碍思想和思想之间进行真正对话或交锋的'传统',就不可能期望'思想的传统化'了"。他告诫日本人要"敢于正视这种现实",对自己所处的状况不能"悲叹或美化",要将之彻底地"对象化"来认识清楚,从而由我们所处的位置出发。[3] 这里的负面"传统"就是宫村所说的P传统。对P传统本身的解剖是到了后来的"古层"论才展开的,在此他只是把P传统产生出来的思想现象勾勒成一个病理结构示意图,可把它归纳为以下五点。[4]

第一,"传统"在纵向的历史中的积累方式是无结构的。新的东西被与过去毫无冲突地摄取,所以新事物的胜利往往快得惊人。旧的

---

1 丸山眞男〈あとがき〉,《日本の思想》岩波新书版,188—189页。
2 丸山眞男〈日本の思想〉,《日本の思想》岩波新书版,10—11页。
3 同上书,5—6页。
4 同上书,11—25页。

东西只是被推至一旁，暂时从意识中消失进而被"忘却"，因而它又会在某种时候以"回忆"的形式突然迸发出来。比如在所谓国家危机时，"皇国"的古道就蹦出来了。20世纪30年代发生的知识分子集体"转向"中，出现了民主主义和共产主义突然返回"皇国"古道，并跟法西斯相结合的现象。

第二，"传统"在横向的外来文化吸收方式上也是无结构的。比如，外来的哲学思想所具有的历史结构性和抽象原理性被不断地瓦解，仅仅作为零件被吸收进来。性质相异的思想或原理相互矛盾的哲学、宗教被简单地黏合起来，"无限地拥抱"在一起，形成一种精神的"杂居性"。"杂居性"听起来很宽容，而实际上是很不宽容的。因为当其遇到强烈要求原理性的思想时，那些思想的原理性和普遍价值就会被甩掉。

第三，所谓内生"传统"的"固有信仰"也是无结构的。本居宣长试图把儒佛传来以前的日本"固有信仰"在学术上复原起来。但是在他复原的固有信仰里，无论是人格神的形态，还是理和形相[1]这种非人格神的形态，都不存在终极的绝对者。世界上具有普遍性的宗教都有始祖和经典，但日本的"固有信仰"里没有始祖和经典。"神道"就像一个毫无内容却不断延长的空白布筒，它是通过装入每个时代强有力的宗教来充填其教义内容的［这叫"习合"（折中调和、杂合）］。神道的"无限拥抱性"和思想杂居性，集中地表现了日本思想的P传统的特征。

第四，对抽象的原理性抱有厌恶和抵抗。这种厌恶感表现为，在抵抗原理性强的思想时，不是从思想的内在价值、逻辑整合性的观点来进行批判，而是从"外在的"作用来批判，或揭露其背后的动机

---

[1] 形相（希腊语为eidos）是亚里士多德的哲学用语。形相与质料是对应概念，形相指对质料进行限定，使之成为现实的东西的本质原理。

意图。比如日本"国学"的代表者本居宣长对儒教的批判方式就是一个典型。宣长说所谓"道"和"天命"无非是灭君夺国的圣人为开脱罪责而捏造出来的。他把道、自然、性等抽象的、规范化的范畴都视为"汉意"一律加以排斥，只追求纯感觉上的事实。

第五，用"进化论"的思维方式评价思想的价值。本来日本就缺乏用某种永恒的真理来评价事物的思维方式。在这种文化背景下，19世纪后期导入进化论的观念时，其渗透速度快得惊人，但其意义和内容变得空虚和庸俗化。在那个意义上，进化往往只被理解为从一个过程到另一个过程的平行移动。所以，对各种西洋思想的优劣区分，不是基于其在现实中是否有意义，而是按西欧史上那些思想产生的时代之先后来决定的（先产生＝落后，后产生＝先进）。例如，比起近代初期的自由平等理念，"近代超克论"和法西斯主义被认为是更先进的。这是进步阵营和反动阵营共通的思维方式。

无论是纵向和横向的无结构，还是像神道那样聚拢各种教义的"习合"，或是进化式地向新潮流转向，其共通点都是以拒斥思想原理性和普遍价值为特征的"无限拥抱性"。在日本的近代政治中，这种"无限拥抱性"集中表现为"国体"的"思想杂居性"。那绝不是近代国家那种对真理和道德的价值内容采取中立态度的"中性国家"，也不是通过多样的思想相互交锋而产生出新个性的文化"杂交性"[1]。

丸山指出，近代日本在应对"国家生活的秩序化与欧洲思想的'无秩序'流入"的矛盾时采取了由"国体"来充当精神基轴的解决

---

[1] 加藤周一把日本文化定义为本质上的"杂交文化"，提议从"杂交性"中抽取积极的意义。但丸山认为日本文化的要害问题是"精神的杂居"，即异质的思想毫无交锋的同居。"杂交"是多样的思想经过内面的交锋产生出新的个性，与"杂居"不同。要把"杂居"上升为"杂交"，需要确立具有强韧的自我驾驭能力的主体，这个主体的确立正是精神革命的课题（丸山眞男〈日本の思想〉，《日本の思想》岩波新書版，63—64、66頁）。

方式。但"国体"本身就是体现思想杂居性的实体,在意识形态上继承了国学的"固有信仰"以来的"无限定的拥抱性",极力避免用特定的学说或定义来解释国体。但当遇到反国体的思想时,国体则明确地发挥权力体的作用,呈现出其作为精神"基轴"对人的内面进行无限同化的机能。它所产生的"魔术般的力量"让数代人都感到"痛切"。那绝不是在昭和的集体"转向"以后,或日本法西斯主义肆虐化以后才突然冒出来的,即便是在日本自由主义或"大正民主主义"思潮达到最高潮时,每逢遇到"极限状况"也常常露出其惊人的咒缚力。[1]这种"无限定的拥抱性"还发挥了"回避把决断主体(责任归属)明确化"的作用,丸山称这种结构为"无责任体系"。[2]而且,也正因为根基于同族集团的天皇制意识形态的"包容性"和"无限定性","国体"最大规模地代表着日本的思想"转向"。战败时的国体"转向"典型地表现了这个特质,昨日才刚刚宣称自己是"德国和意大利都还未学够"的真正全体主义国家,而今摇身一变又声称日本"国体"本来就是民主主义的,"八纮一宇"的皇道本来就意味着"universal brotherhood"。[3]丸山把战后定位为继明治维新后的第二次"开国"。同时,基于上述思想病理在战后的连续性,他产生了新的危机感。

论文《开国》(1959年)主要是1957年度讲座的结晶,着力于发掘积极的因素。如果说《日本的思想》侧重于从历史的纵向视野来考察,那么《开国》则对"文化接触"的问题展开了横向视野的考察。这篇论文与讲座一样,是以"开放社会"和"封闭社会"为核心范畴的。柏格森和波普尔虽然立场不相同,但都承认从"封闭社会"向"开放社会"发展"并不是过去只发生一回的过程,现在任何地方都

---

1 丸山眞男〈日本の思想〉,《日本の思想》岩波新書版,30—31、33页。
2 同上书,38—39页。
3 同上书,35页。

不存在完全的'开放社会'"。关于"封闭社会"的特征,他们都是以"人们的行为方式完全受咒术和禁忌束缚的部族社会"来概念化的,但认为这些特征的契机并不一定归属于特定的历史阶段,即便是在他们居住的西欧社会,这也依然是现在的课题。柏格森说:"我们的文明社会还处于封闭社会。"波普尔说:"那场从封闭社会向开放社会变迁的大革命是由希腊人启动的,但今日仍处于刚开始的状态。"[1]

丸山运用了这个超越历史阶段的观点,把"开国"提升为一个具有普遍含义的概念,指出:"'开国'可以理解为表达某种象征性事态的用语,也可以理解为表达一定的历史事实的用语。所谓象征性事态,是指从'封闭社会'向'开放社会'的相对变迁。所谓历史事实,是指19世纪中叶以后,东亚地区诸民族,特别是日本、中国和李氏朝鲜被强行编入'国际社会'的一系列过程。"[2]这篇论文主要以幕末维新期为对象,但从"象征性事态"的意义着眼,还把日本历史上的"开国",由近代"开国"扩展到中世和现代。他说:"从象征性来看,日本有过三次'开国'的机会。室町时代末期到战国时代的基督教传播是第一次,幕末维新是第二次,战败后是第三次。"他认为日本正处在第三次"开国"当中,不应把历史上的开国仅仅固定为一次性的过去,而有必要从那里汲取与现在共通的问题和意义。[3]也就是说,他运用了上述"超历史的"范畴,从"历史事实"中剥离出某种"象征性事态",从而找出日本的横向"文化接触"的特征,及其对纵向的思想史所产生的作用。此论文一方面关注"开国"的异文化冲击带来的"视圈扩大",和由此引起的变革和发展的可能性,另一方面又关注异文化冲击后产生的混乱和变革因素被逐渐甩掉的历史惯性。

1　丸山眞男〈開国〉,《丸山眞男集》第八卷,46页。
2　同上书,45页。
3　同上书,46—47页。

丸山把德川幕藩体制视为典型的"封闭社会"，但指出其特征是：通过冻结战国期的领主分国制而形成，德川幕府掌握了压倒性的优势和最高权力，却依然维持了三河武士以谱代为核心的主从结合，隐喻其发端时就潜存着双向的可能性。他认为那是一个人为造出的封闭社会，整个社会实行世袭身份制，武士内部也分成多个等级，此种森严等级关系还扩展至庶民，日常生活中的衣食住行言论举止等一切按等级被格式化，形成了无数个封闭的社会圈，这些都是为了使社会状况和精神静态化（固定化）。而这个封闭社会得以维持的最重要的条件，是实行了几乎完全对外部隔绝的"锁国"。然而一旦对外发生国际接触——"开国"，那么国内被冻结的因素就会重新流动化，被固定的社会就会发生溶解。

同时，他承认"开国"也是双向性的：一方面是固定化的东西解体，产生出走向"开放社会"的思维；另一方面是使对外厌恶和警戒等"封闭社会"的思维复活。在两者的互动中，代表"封闭社会"的攘夷论迅速走向变质。他非常关注其间对国际法观念的接受过程，特别阐述了横井小楠通过把儒教的天理、天道观念从现实体制中剥离出来，使其内含的超越规范性彻底化，以此来接受超越于各国之上并约束各国行动的国际规范。评价横井把"天地公道"解读为"宇内公道""万国公法"，是使之带上了近代化的新含义。实际上，当时的水户学者以及不少国学者也是承认并共有了儒教的普遍天道思想的规范性的。但遗憾的是，明治中期以后儒学教养急遽衰退，天道的普遍主义观念没能扎根，以致传统的神国思想走向极端化。[1]

另外，丸山还运用齐美尔的"社会分化"理论来解释人心的变化，他认为通过与异质的社会圈接触而开阔视野，人们有可能从过去自己的人格完全埋没于归属集团的状态中解放出来，一方面对同一集

---

[1] 丸山眞男〈開国〉，《丸山眞男集》第八卷，62—64页。

团内部的"他者"有了自觉意识，同时随着"他者"意识的产生也开始觉悟到自己的个性，另一方面对更大的"抽象的"社会也开始产生自己的归属感。但在对日本史的实证上他遗憾地指出，从个人层次来看，对"他者"的宽容和对"自己"主体性的觉悟并没有得到发展，对外国和"自己"的认识几乎都是在国家的层次进行的，因此所谓"自己"往往是与日本国同一化的"自己"。在生活样式方面，起初人们对外国的生活样式抱有不相容之感，而后又急转为文明开化生活样式的普及流行，这是一种追随时流的"集体转向"。不过这些都无疑是德川社会的定型性解体的反映。[1]

此论文作为对"开国"经验的发掘，尤其注重事物发端时的各种可能性。比如在谈到文明开化的风暴带来的经济和道德混乱时，丸山关注的是，庶民对开化社会的感受和士族对自己被政权抛弃的"悲愤"产生合流，并与"人民自由权利"等观念混合，之后发展成自由民权运动。虽然这些人的抵抗能量随着帝国议会的成立而被排除和镇压了，但他认为，"至少维新后最初十多年的历史状况，带有更加黏糊的液体性，那里包含着向各种方向发展的可能性"。[2]

关于社会进步的可能性，丸山特别阐述了两个新现象。一是民间新闻媒体的发达。这使思想的传播超越了第一次集团的范围，扩大到相互没有接触的公众这种抽象的关系中。其带来的积极结果是，"打破曾在禁忌中被神圣化的习惯和行为方式，使人们有可能自己判断社会从何处来又向何处发展，在多种进路面前做出自主的选择，内在的理性取代外在的权威而成为判断和选择的基准"。[3] 二是自由讨论和自发联合。"开放社会"区别于"封闭社会"的最大标志就是自由讨论和自

---

1 丸山眞男〈開国〉，《丸山眞男集》第八卷，66—69页。
2 同上书，75页。
3 同上书，79页。

主性集团的多样形成及其相互间的竞争。[1]这方面他介绍了福泽谕吉等洋学者创造的"讨论、演说、会议、通过、否决、竞争等译语",还列举了一些民间的慈善事业团体,评价其意义在于不依赖政府,是立足于民间自立性的自发联合。其中给予最高评价的是明治初年的"明六社",认为那是日本最早的"自由浮动的近代知识分子"的知性共同体。"明六社这样的出于非政治目的自发结社,是从自主立场出发对包括政治在内的重要时代问题不断进行批判的。正是根植于这种传统,才有可能期待打破政治主义或文化主义的二者择一的思维习惯,培育出那种从非政治领域来做政治发言的市民社会的日常伦理。"[2]

而关于对进步可能性的消弭,首举"明六社"诞生仅一年多就因政府的《谗谤律》和《报纸条例》而被迫解散的事例,将之视为近代日本"开放社会"思维发展过程的一个象征性事件。他指出,此后的自主结社几乎都局限于纯政治团体(比如政党),但当这种政治团体成了自主集团的代表,社会就很难独立于国家而充分发展,因为"政治团体本来就是斗争集团,不可缺少权威性和凝聚性,难以发挥通向开放社会的垂范作用"。政党无非就是像政府这种最大最强的政治团体的小型版。所以如果"明六社"那种非政治层面的自主结社不能成为传统,那么自主集团就都接近政治团体的模式,以致形成一种磁场——使一切社会集团简单地被国家这个巨大怪兽吞并或吸收。[3]论文最后指出:"通过破除无数'封闭社会'的障壁而产生出来的能动因素,不久就又逐步转变成天皇制国家这个'封闭社会'的集合能源,这里存在着'万邦无比'的日本帝国形成的历史秘密。"[4]

由此可见,论文《开国》对明治时代最初十年的各种可能性因

1　丸山眞男〈開国〉,《丸山眞男集》第八卷,80页。
2　同上书,82—83页。
3　同上书,84页。
4　同上书,85页。

素是不遗余力地发掘，同时也坦承这些因素在明治二十年代以后几乎被压抑和消灭殆尽。作为日本的"开国"经验，丸山所揭示的不是一个单纯走向开放的过程，而是孕育出变革因素和抛弃变革因素的两种状态并进，或者说是走向"开放社会"和复归"封闭社会"的双向过程。通过从历史中抽取的价值和问题，他为战后的第三次"开国"提供了积极的参考和严肃的告诫。

第二节　范式的转变和方法的确立

由上可知，丸山经过1956—1959年的艰难探索，不仅摆脱了发展阶段论的窠臼，以追溯至古代的长期视野来考察近代思想的问题，而且突破了历史主义的窠臼，通过考察"开国"经验来寻求与普遍性融合的可能性。他说自己后半生的思想史学在方法论上的重大转换，就是"把文化接触带来的思想变容问题导入了日本思想史的考察之中"。[1] 在向"古层"论飞跃的助跑阶段，丸山的学术已初步具有"永恒与时间"的思考框架。

（一）"近代化"的范式转变

丸山曾在战后初期（1946年）的第一篇论文中表明，"要继续专心致志去研究自己一直以来最迫切的关心对象，即日本近代思维的成熟过程"。[2] 这是继承了他早期学术研究时的反封建（近代化）课题，而《极端国家主义的逻辑与心理》以来的"战后期"论文及讲座，也

---

[1] 丸山眞男〈思想史の方法を模索して〉，《丸山眞男集》第十卷，342页。
[2] 丸山眞男〈近代的思惟〉，《丸山眞男集》第三卷，3页。

基本上是从日本近代化不彻底性的历史主义观点来解剖"作为精神结构的天皇制"的。但到了50年代中期,丸山就明确意识到光靠克服封建性的"近代化"处方,是难以解决这个问题的。经过1956—1959年的反思和探索,他已深深感到,"天皇制的精神结构"绝不仅仅是反封建和谋求近代化的特定历史阶段的问题,其病理存在于更为深层和久远之处。总的来说,问题的症结是日本文化缺乏普遍价值的意识。比如,世界宗教进入日本后往往被碾碎;像佛教这样的世界宗教在日本沦落到从属于以部族信仰为基础的皇室信仰;明治以后日本确实已相当西欧化,但战争中那种荒唐无稽的思想与权力一结合就广泛蔓延,人们对之毫无抵抗。[1]"天皇制的精神结构"背后隐伏着阻碍普遍思想扎根的契机。这个负面契机是跨越时代且不断变换形式而存续的,其要害虽然跟封建的残余有关,但并不仅仅由来于封建社会,而是有更久远的历史根源。所以丸山对自己过去只采用一般的"近代化"处方来解决问题产生了疑问。[2]

1957年度讲座和论文《开国》提出的"开放社会"的方向,并不属于特定的历史发展阶段,那是从古代至现代一直在进行着并且还将进行下去的方向。而且从丸山对柏格森、波普尔、齐美尔理论的理解和运用来看,他所说的"开放"绝不单纯是打开国门吸收外国文化,而是要融入人类的普遍价值。显然,这已不是从封建社会走向近代社会的历史目标,更不是历史主义的价值虚无的大势推移。正因如此,他用"文明的飞跃发展"来表述之,"开国"就是向文明飞跃发展的试验。可见,这时他所称的"近代化"既不是历史发展阶段的一个纵向进化,也不是横向的西欧化,而是"文明化"。据此可以说,

---

[1] 丸山眞男〈普遍の意識を欠く日本の思想〉,《丸山眞男集》第十六卷,59—60页。
[2] 飯田泰三〈解題〉,《丸山眞男講義錄[第四册]日本政治思想史1964》,329—330页。

丸山思想史学的课题转变，并不是从一个研究内容向另一个研究内容的转移，而是彻底的范式转变（paradigm shift）。

当然，丸山没有因此而抛弃一般的"近代化"课题，依然承认世界史具有普遍的发展阶段，确实存在从封建走向近代（资本主义或近代国民国家）的历史。但最重要的是，他继续承认历史发展观念，是因为相信人类会走向进步。所以他对"近代化"的含义做了重新定义：一方面将之看作历史阶段的一个前进（封建→近代）；另一方面将之看作从"封闭社会"走向"开放社会"，即融入人类普遍价值的文明化过程，这个文明化是指古今东西全人类一直以来追求的理想。就后者而言，"作为'理念'的近代"在内容上已扩展为更有普遍性的"开放社会"，在"时间"上追溯到古代又扩展到将来，因而是"永恒"的。在这个意义上，他把"近代化"延伸为"永久革命"的课题。实际上自此以后，丸山所说的近代化，除了作为历史事件来表述之外，多数场合是指"作为永久革命的近代化"。

在丸山看来，这个意义的"近代化"既内在于历史，又超越历史。因为普遍价值都是人类在历史的实践中体悟出来的，但其蕴含的普遍性是超越历史而永恒的，比如作为历史阶段的近代革命把"人权""自由""民主主义"等理念普及于世，这可以说是"时间"中出现的"永恒"。然而，这些普遍价值不一定在历史阶段的近代就能完全实现，柏格森、波普尔都承认他们居住的西欧社会仍处于"封闭社会"。丸山也指出，经历了明治维新的激烈变革后，日本的知性在"魔咒般的禁忌面前"依然非常脆弱，所以主张"必须把那种咒术式的思维从我们下意识的世界里驱逐出去"。但人们往往把他叫作"近代主义者"，对此他反驳道："我认为只有这样的'近代化'才可称为'永久革命'。"[1]可见，他的"近代化"课题既属于历史阶段中的近

---

[1] 丸山眞男〈普遍の意識を欠く日本の思想〉,《丸山眞男集》第十六卷，60页。

代,又不仅仅属于那个近代。

当然,丸山并不是全盘肯定作为历史时期的近代所产生的一切,而是从那个时代里抽取出"永久革命"的价值。他认为,民主主义的意义不应仅仅理解为一种制度,而应将之视为从"封闭社会"走向"开放社会"的不断文明化的过程,那是以个人的"人格自立"为核心的,亦即"要融入具有普遍性的东西,比如人作为人诞生于这个世界本身就有价值,无论多么卑贱也不可能有第二个相同的人,应站在这种个性的终极价值的立场来不断批判政治、社会的各种运动和制度,这就是'永久革命'"。[1]在这里,作为"永久革命"的民主主义是区别于在各种历史状况中形成的制度的。他说:

> 只有民主主义值得称为"永久革命"。资本主义和社会主义都只是一个历史的体制,而民主主义不是历史的体制。古希腊时代就有民主主义,近代欧洲也有民主主义,现代也有,现代的社会主义诸国也在走向民主化。
>
> 再看美国和英国,民主主义完成了吗?众所周知,并没有完成。有多少非民主的事发生在欧美诸国,不用举例大家都明白。[2]

可见,近代史中出现的民主主义等普遍价值,可追溯到古代,也延续至未来。融入全人类普遍价值的"永久革命"是一个纵贯古今、横跨东西的文明化过程,在空间上超越"内"与"外"的隔阂,在文化上超越"内生与外来""内发与外发"之争,在史学上超越

---

[1] 丸山眞男〈普遍の意識を欠く日本の思想〉,《丸山眞男集》第十六卷,60页。
[2] 丸山眞男〈儒学・近代化・民主主義〉,丸山眞男手帖の会編《丸山眞男話文集4》,みすず書房,2009年,243页。

近代以来的传统主义与欧化主义之争。正因为体悟到"文明化"是全人类都追求的，丸山反而承认在实现过程中会有各种不同形态的"近代化"。并不是只有"the 近代化"，日本型和中国型是不一样的，跟欧洲型也不一样。他同时还认为"用内发与外发对峙、传统与外来对峙的观点来看问题是危险的，那样会忽视自国的特殊性"。[1]他认识到各国都是在各自不同的文化条件中探索人类共有的普遍价值，所以在思考"近代化"问题时，不再拘泥于单线发展阶段论的那种"传统与近代""亚洲与西洋"的先进落后框架，而能够自如地穿越于两者之间。

同时在"文化接触"的考察方面，"开国"的定义范围也随着上述范式的转变而发生变化。论文《日本的思想》是以幕末维新为最初的"开国"，以战败为第二次"开国"的；而论文《开国》把日本历史上的"开国"扩充为三次：第一次是室町末期到战国时代的基督教传播，第二次是幕末维新，第三次是战败带来的"开国"。这三次都来自西洋文化的冲击，并没有包括亚洲国家之间的"文化接触"。但随着新范式的形成，丸山关于"文化接触"的眼光也投向了与隋唐的文化交流，他指出："7世纪从大化改新到律令制建设等一系列过程，可以说是与明治维新相并列的日本史上的两大转机。"[2]并强调说："如果没有与隋唐帝国的接触，大化改新和律令制的建立是不可想象的。大化改新和明治维新同是日本的两大变革，而且两者都是急剧的、与非常优秀的外国或外来文明的接触。在与隋唐文化接触的冲击下出现了大化改新，产生了模仿唐律的律令体制。幕末在西洋的冲击下，幕藩体制走向瓦解，出现了维新。……总之，律令体制和大日本帝国的国家体制在这个意义上是同等的，完全异质

1　丸山眞男〈普遍の意識を欠く日本の思想〉，《丸山眞男集》第十六卷，54、57页。
2　丸山眞男〈原型・古層・執拗低音〉，《丸山眞男集》第十二卷，124页。

的文化接触在其中发挥了巨大作用。"[1]这个视野扩大不仅超越了以近代克服传统的发展阶段论史观，而且超越了以西洋克服亚洲的思考框架，"文化接触"的考察对象也从"西洋"扩展到包括儒、佛、西洋在内的多种文化。

（二）课题和方法的重新确立

关于课题和方法，首先要从其学问精神谈起。丸山思想史学早在开创期就已显示出以"超学问的动机"来推动学术研究的特点。他在1952年出版的《日本政治思想史研究》的"后记"中说过，此书收录的三篇论文"并不是网罗近世期的政治思想或政治学说的通史"，而是以当时的问题意识为主轴的"问题史"。[2]这个学问态度来源于恩师南原繁的影响，与追随时代潮流的态度恰恰相反，这是立足于现实批判精神的。比如在20世纪30年代后期的"国体明征"时代，东京帝国大学文学部迎合政府的指令开设了"国体明征讲座"，而法学部南原教授的方针正好与之相反，要给最时局性的讲座导入非时局性的内容，开设了"东洋政治思想史讲座"。后来，当战后改革出现反动倒退，学问受到权力压抑时，丸山也是以"视野宽阔并具有自由构思和精密理论的研究论文"来与之对决。[3]

1959年南原繁的著作《费希特的政治哲学》[4]出版了，这是从战争时代开始并积累了约30年努力的力作，其特色是直面现实（存在）而立足于真理（当为）。丸山在《图书》杂志上为此著写了书评，首

---

1 丸山眞男〈日本思想史における「古層」の問題〉,《丸山眞男集》第十一卷，180頁。
2 丸山眞男〈あとがき〉,《日本政治思想史研究》新装版，368頁。
3 福田歓一《丸山眞男とその時代》，40頁。
4 南原繁《フィヒテの政治哲学》，岩波書店，1959年。

次论述了思想动机与学术操作的关系。他认为，南原对费希特政治思想的历史和逻辑发展过程进行了绵密追踪，使之展现为一个井然的体系，这样的综合研究是罕见的。在如此艰难的工作中，南原"进入了费希特极其错综复杂的思辨森林，追踪到那被繁茂草木遮盖着的小径"，这股执拗的耐性来源于什么精神？那正是南原"在透彻分析背后燃烧着的那股殊死战斗的气魄"。这本书"对认识论到宗教论的考察甚至让人感到抽象得近乎迂阔，但其字里行间却涌流着激烈的紧迫感，体现了时代与历史波浪起伏的搏动"。丸山从这里抽取出其学问精神的特征，说这是"由超学问的动机来推动严密的学术性操作，让现代的深切问题意识与纯粹的历史研究达到深度契合"，认为"这正是思想史这门学问在本质上承担的课题"。[1] 通过对南原著作的书评，丸山用精辟的语言阐明了思想史的学问精神。在那里，"超学问的动机"是研究构思的推动力，"严密的学术性操作"是研究过程必须坚守的原则。对现代问题的痛切意识与纯学术的历史研究，是在推动力和操作原则的关系下达成"深度契合"的。[2]

1. "超学问的动机"与学术关心

自战争时期以来，丸山日益强烈的实践课题是国民树立自主人格的精神革命。而经过"战后期"的挫折以及后来的反思和探索，他痛感日本缺乏思想的"坐标轴"，思想运动的背后隐伏着惯于甩掉

---

[1] 丸山眞男〈南原繁「フィヒテの政治哲学」を読んで〉,《丸山眞男集》第八卷，106—107、109页。

[2] 丸山曾反省他早年的徂徕学研究在学术操作上带有历史发展阶段论的先入观念，无意中把自己的一些思想观念投影到历史中了。后来他在谈"他者感觉"时，主张要把历史也看作"他者"，强调要尽可能从"他者"的内部去理解，或者说"内在地"理解，这是历史研究"必需的前提"（〈日本思想史における「古層」の問題〉,《丸山眞男集》第十一卷，173页）。

各种思想的普遍价值，阻碍"思想传统化"的思维方式，以致国民难以树立具有内面信念的自主人格精神。正是从这些问题意识中，他产生了与过去不同的"超学问的动机"，那就是追求思想的"传统化"。由这个动机所推动的学术课题具体包括两个系列的工作：一是深入解剖阻碍"思想传统化"的负面"传统"，二是发掘那些因被压抑而未能实现的"思想传统化"的可能性，以图创出相当于"坐标轴"的真正传统。对这两个系列的关系，学界有不同的理解。石田雄是纵向把握的，认为丸山战前的论文主要是发掘日本近代思维的萌芽，战后主要是剖析日本精神结构的缺陷和病理，前后发生了价值志向逆转的断裂。[1]松泽弘阳则是横向把握的，认为丸山的学问和思想一直贯穿着两个主题，"一个是对近现代的批判，另一个是通过批判负面的传统来创出真正的传统"。丸山追求"思想传统化"课题是两个系列并进的。[2]

按丸山自身的说法，上述两个系列应是同一个课题的双重工作。1961年当《日本的思想》以及相关论文被收录于单行本《日本的思想》时，丸山写了一篇后记，谈到在论文《日本的思想》中实际上已做了两个方面的尝试：一方面揭示出日本没有形成一种能对各种个别思想发挥"坐标轴"作用的思想传统，他把这种传统的缺乏看作是日本精神结构的主要病症；另一方面又阐述了"从古到今上千年来世界的重要思想财富几乎都在日本思想史库存之中的事实"。他把这两个方面作为"同一个过程"来把握，对那里出现的各种思想史问题从结构关系上进行了分析解剖。[3]简而言之，那就是同一个过程的两个系列的工作，即第一是对日本的精神结构的病理做出诊断，第二是从日

1　石田雄・姜尚中《丸山眞男と市民社会》，25页。
2　松沢弘陽〈丸山眞男における近・現代批判と伝統の問題〉，大隅和雄・平石直昭編《思想史家　丸山眞男論》，274、311—312页。
3　丸山眞男〈あとがき〉，《日本の思想》岩波新書版，187页。

本自身的历史中发掘优良的传统思想。换句话来表述，也可以说是同时推进P传统的解剖和C传统的发掘。两者是从正反两个完全不同的侧面切入，又具有辩证关联的双重工作。

值得注意的是，两个系列并非平铺进行的，第一系列是通向第二系列的途径。丸山在谈到写完《日本的思想》后的感受时说："作为我自己来讲，通过从现在的立场出发，尝试了把日本思想的过去加以结构化的工作之后，才感到一种从未有过的'轻松'。因为我已经把至今持续地拖曳在背后的那个'传统'推到了面前，觉得自身已站在可以从那里'自由'地探索通往将来可能性的位置。"[1] 可见，探索将来可能性的出发点也是建立在总体把握过去精神结构的基础上的。宫村治雄在对《日本的思想》的解读中说，丸山真男通过"自我批判的思想史"抓到了"可能性的思想史"的头绪。[2] "自我批判的思想史"就是解剖P传统的第一系列工作，"可能性的思想史"就是发掘C传统的第二系列工作。宫村的理解正反映了前者是通向后者的途径。

丸山首先着力于第一系列，并不是因为轻视第二系列，而是基于上述思考。他强调，如果不把日本思想史上的思想继承方式，以及"外来"思想的移植与"传统"思想的对应形态作为总体问题来把握，不把具体的思想放在总体问题中考察，就直接把适合于自己好恶的或政治需要的东西作为传统捞出来用，那么，其现实效果也只会是给明治末期的"国民道德论"所派生的各种"变奏曲"再增添一个"变奏曲"而已。[3] 在这方面，他的态度是冷峻的，但并不是一部分民族主义者所指责的"自虐"，其意图是要从病理上医治那些弊端，这个系

1 　丸山眞男〈あとがき〉，《日本の思想》岩波新書版，187頁。
2 　宮村治雄《丸山眞男「日本の思想」精読》，217頁。
3 　丸山眞男〈あとがき〉，《日本の思想》岩波新書版，186—187頁。

列后来发展为"古层"论。而在通向第二系列的研究中,他的态度是热切的,但鉴于日本史上曾出现过的优良思想后来几乎都被压抑或消灭的事实,他提出了一个辩证法的战略:"所谓把握可能性就是,比如,即便那些已经完结的思想,甚至作为实践的结果是'反动的',那里面也会有'革命的'契机;在教人'服从'的思想里也会产生'叛逆'的契机;在达观的思维中也会产生能动的契机,或可以从如此种种的思想观念中找出其内包的相反方向。就是这么一种思想史的方法。"[1]这里已初步表达了他的方法论。

2. 方法论的形成

20世纪50年代中期以后,丸山在各种场合展开了关于方法论的阐述。他并不认为预先就有一种最正确的方法。当然他也积极地参照前人已实践的各种方法,但主张要根据自己的问题意识及其课题来探索和创造。他指出:"一般说来,一切学问的所谓方法论,都不能说具有通用于任何场合的最好的方法。特别是我们学习思想史的时候,要警惕那种'陆上练游泳'的做法。实际上,只有在进入思想史的茂密森林,融进对象内部,遇到各种问题的过程中,才能思考思想史的方法。"[2]丸山正是在进入日本思想史的茂密森林,从内部深处发现问题与课题时探索出相应的研究方法的。

首先谈谈丸山关于思想史整体的方法。如前所述,由"超学问的动机"推动的学术课题,是要靠"严密的学术性操作"来保障的。但这并不意味着小心翼翼、畏首畏尾的态度,正因为确立了"严密的学术性操作"的原则,研究者反而能更大胆地"冒险"。1959年,丸

---

1 丸山眞男〈あとがき〉,《日本の思想》岩波新書版,187—188页。
2 丸山眞男〈思想史の考え方について——類型・範囲・対象〉,《丸山眞男集》第九卷,47页。

山在一个座谈会上谈了"创造思想史的道路",这个座谈会的主题就是"思想的冒险"。丸山说:"人们一般对思想史问题的关心,要比专家对'作为一个学术领域的思想史'的考虑要广泛",这是因为人们期待"叙述历史的人发挥主体的契机",期待他们"不仅把思想作为历史来写,而且用思想去写历史"。丸山认为这种期待是有意义的,因为如果"仅仅把思想作为客体,搞清楚 A 思想在某种历史和社会的条件中产生,如此如此地发展,然后对 B 运动产生了如此影响,也就是说仅仅做出对象性的分析,是不能完全达成思想史所肩负的课题的"。[1]

当然,"用思想去写历史"一方面要有创造精神,另一方面要遵守学术操作的严密性。所以丸山对人们最容易混同的"思想论"与"思想史"做了区分。他说,虽然两者同样都是把过去的思想作为对象,但"思想论"往往是单纯地以过去的历史遗产为素材,完全脱离其历史的来龙去脉,随着主观的关心来自由操作,或者说是"假借历史"而与历史脉络毫无关系地去议论思想。这种"思想论"不能与"思想史"混同。[2] 但思想史学不仅要叙述,还需要有创造性,所以他把思想史同一般历史学的事实史做了比较,指出两者既有相异性,又有共通性。事实史注重事件本身的时间关联,而思想史则注重赋予事件意义。当然,思想史也是要经过对史料的严密考证来印证的,在斟酌和操作史料方面,与一般历史学具有共通性。不过在判断史料价值的方面,思想史与事实史不同。比如有一种史料是后世造出来的伪书,这在事实史的叙述上几乎没有史料价值,但在思想史上,即便是伪书也有可能反映当时的思想状况,伪书的出现本身就具有思想的意

---

1 〈思想の冒険〉,平石直昭編《丸山眞男座談セレクション》(上),岩波書店,2014年,135—136頁。

2 丸山眞男〈思想史の考え方について——類型・範囲・対象〉,《丸山眞男集》第九卷,69頁。

义，因此思想史也重视这种象征性之物的实在意义，将之作为对象来考察其价值。然而即便如此，也是要受到历史的考证制约的。[1]

那么，如何才能既创造又严谨呢？丸山用精妙的音乐语言提出了一种解释学的方法。德国有一位音乐指挥家，叫威廉·富特文格勒（Wilhelm Furtwängler），他的演奏特色是让被封锁在乐谱中的观念和情感活化起来。他的演奏理论认为，作曲就是作曲家把自己深层心理的"混沌"提升为"形象"的过程，而演奏家必须"追体验"（重新体验）这个过程。所以"忠实于乐谱"不是演奏家的最终目的，而只是前提条件，乐谱对于反映作曲家的创造成果是不完全的。丸山在一个评论富特文格勒的座谈会上说："富特文格勒与他常常讥消的'忠实于音符'（notengetreu）是正好相反的，在某种意义上甚至有点任意性，似乎音程也不太准确。但实际上是更准确地抓住了乐曲的本质，将其核心剜出来了。"[2] 他从富特文格勒的演奏理论中获得了启发，并把它运用于思想史的解释学。

在《思想的冒险》以及有关方法论的学术讲演中，丸山都以音乐演奏家对乐谱的解释来比喻思想史家的解释学。他说："音乐是一种再现艺术，这是与美术、文学极其不同的一大特征。换句话说，如果是绘画等作品，人们可以直接欣赏它。若是音乐作品，人们即使面对乐谱，也不一定能感受其妙处。不通过演奏，作品无法给人们传达自己的艺术神韵。从这个意义上说，演奏家是再现艺术家。演奏家与作曲家乃至画家、文学家不同，他们完全不能自由地创作，不能随心所欲地任凭幻想飞翔。他们基本上是要受到所要演奏的乐谱制约的。就是说，他们的工作是通过对乐谱的解释来再现作曲家的灵魂。在这

1　丸山眞男〈思想史の考え方について——類型・範囲・対象〉，《丸山眞男集》第九卷，69—70页。
2　〈フルトヴェングラーをめぐって〉，《丸山眞男座談9》，12页。

种解释中,他们不能无视作品自身的形式结构以及过去的形式和后来继承的形式,还有其中所体现的理念及其时代背景,等等。"在这一点上他们是受对象拘束的。"但对于演奏家,或者说对于作为艺术家的演奏家来讲,绝不是单纯机械地反映乐谱,或机械地再现乐谱。完全客观地反映乐谱的事,实际上根本不可能有。既然演奏本身是艺术,就必然包含演奏家自己负责的创作契机。当然,这绝不是随心所欲的创作。如果说作曲家的作曲是第一次创作,那么演奏家的工作就是二次创作,亦即忠实于原本的再创作。"思想史家的工作与之类似,一方面要严格遵守历史考证的制约,另一方面又要积极对历史对象发挥能动的解释学作用,在这种辩证的紧张关系中再现过去思想的灵魂和神韵。"这就是思想史本来的课题,也是思想史之妙趣的源泉。"[1]

除了对思想史整体的方法定位之外,丸山对自己"超学问的动机"所推动的学术课题也做了方法的阐述,可分为"自我批判的思想史"和"可能性的思想史"两个部分。

在"自我批判的思想史"(第一系列的对日本精神结构的病理诊断)中,丸山要克服的对象是持续地阻碍"思想传统化"的思维方式。因为那不是具体的思想,而是一种思维方式的模式(pattern),它甚至几乎是属于下意识层次的,所以他认为,仅仅把思想作为上层建筑来把握,不一定能阐明思想史。[2]早在1956年度讲座时,他就已经表达了对把握思想"层级结构"之必要性的认识,后来的"古层"论就是从这个着眼点发展起来的。"古层"论的方法本身是一个复杂的创造性体系,将留在本书第Ⅱ卷里集中详述,在此主要介绍有关

---

[1] 丸山眞男〈思想史の考え方について——類型・範囲・対象〉,《丸山眞男集》第九卷,70—72頁。

[2] 丸山眞男〈原型・古層・執拗低音〉,《丸山眞男集》第十二卷,121頁。

"可能性的思想史"的方法。

在"可能性的思想史"（第二系列的发掘日本优良传统思想的工作）中，由于丸山痛切地认识到，日本史上曾出现过的具有普遍性的优良思想后来几乎都被压抑或消灭了，所以他着力于从那些因被压灭而未能发展为传统的思想中，寻找通往将来的可能性。在此，丸山所说的"可能性"主要是指还未达成结果的，或者说在被扭曲、被消灭之前的思想。因而《日本的思想》"后记"中说过的思想"库存"并不直接等同于"可能性"。比如丸山指出，佛教刚输入日本时曾充满思想的生命力，特别是镰仓佛教出现了非常优秀的思想，但都因隶属于俗权而发生变质，以致失去了思想的生命力。尤其是德川政权镇压基督教时利用了佛教寺院，全国民众被强制以户为单位登录为各寺的施主，寺院沦落为像今日区政府那样的基层行政机构。此后佛教被彻底礼仪化，成了葬礼和法事的专业户。[1] 可见，并不是从"库存"中随意捞出来的都是"可能性"。

同时，丸山的方法也是应对日本学界的"思想匮乏论"的。他指出，日本历史中有一个不争的事实，就是"具有高度抽象性的理论、主义、世界观等，过去几乎都是从中国，明治以后都是从欧美输入的"。由于这些思想的原物全部都在外国，所以人们往往去追究外国思想在输入时其观念和概念所发生的含义变化。本来发生变化是自然的，关键是如何变化，在这个意义上，这种研究也是重要的。但如果只认为"真东西"在外国，日本这边都是变形和误解，那么日本思想史就都成了对"真东西"歪曲的历史了。问题在于日本人偏重于从结果来看问题，这导致思想史研究出现两种倾向：一是"思想匮乏论"，认定过去只是把外国有而日本没有的东西收罗起来；二是对"思想匮乏论"产生一种逆反的抗拒动向，力图从日本的"固有"思

---

[1] 〈丸山眞男教授をかこむ座談会の記録〉，《丸山眞男集》第十六卷，92—93页。

想中寻找西欧思想在日本的"对应物"。[1]他认为这都是没有建设性的。

鉴于上述日本思想和日本学界的情况,丸山在"可能性的思想史"方面采取了《日本的思想》"后记"中提出的那个辩证法战略,如果用论文《忠诚与叛逆》的结尾一句来表达,那就是"从'消极'的图像中读出'积极'的图像"。[2]此战略突出了两个要点:一是关注过去的思想在到达结局之前的发端或发展期蕴含的价值,二是关注那些在历史上不占主导地位的、没能成为传统的、非主流的思想。

关于第一个要点,丸山认为思想史不应把历史仅仅固定为一次性的"已完成的过去",特别要注重过去的思想在发展过程中曾蕴含的双面价值(ambivalence),避免受历史结局所呈现的单面价值束缚。在1959年"思想的冒险"座谈会上,丸山介绍了本杰明·史华兹(Benjamin Schwartz)的见解,他说:"研究中国近代思想的美国学者本杰明·史华兹曾谈过'知'的历史(intellectual history)的方法问题。他认为对思想的评价不能仅仅从思想所到达的结局来判断。把握其出发以及每个进行时的可能态,是思想史的重要任务。虽说历史有因果关系,但问题绝非那么简单。如果仅仅把思想所经历的过程作为因果而绝对化,那么'知'的历史反而不能成立。"[3]丸山强调:"在发掘过去的传统思想时,与其关注那些思想到达的结局,不如说更需要关注其发端或孕育期所具有的双向性……所谓关注思想创造过程中蕴含的双向性,就是要着眼于某思想在发端时,或还未充分发展的阶段所包含的各种要素,以及那些要素里包含的、会朝不同方向展开的可能性,等等。"假如其中的某种可能性在后来的历史阶段或时代没

---

1 丸山眞男〈思想史の考え方について——類型・範囲・対象〉,《丸山眞男集》第九卷,73—76页。

2 丸山眞男〈忠誠と反逆〉,《忠誠と反逆——転形期日本の精神史的位相》ちくま学芸文庫版,136页。

3 〈思想の冒険〉,平石直昭編《丸山眞男座談セレクション》(上),138页。

有出现，当然就可以追究那些思想或思想家的内在原因。但如果仅从结局来判断问题，就会因为结局中没有出现某种可能性，而认为其思想本来就不存在那种可能性。这种"结果论"，很难在真正意义上从过去丰富的思想中吸取有益的营养。[1]

所谓双向性或双面价值是什么？丸山解释说："比如从进步或反动的角度来看，某思想作为结局对于社会是反动的，但在其发端时也会包含着进步的契机，反之，作为结局形成了非常革命的运动，或对那些运动产生了影响的思想，其发端时也会孕育着与结局完全相反的可能性。"面对输入了大量现成的外来思想，同时又是"各种思想只杂乱并存而不能作为传统形成完整结构"的日本思想史状况，他特别重视上述观察视点。反复强调为了能建设性地发掘出形成思想传统的积极要素，尤其不能放过思想在孕育过程中所包含的双重方向的可能性。[2]还有，他曾在1957年发表的《反动的概念》一文中论述过"进步与反动的辩证法"，认为科学社会主义的创始者并没有单纯地把进步与反动固定为单线的对立概念，其进步的辩证法是"把内在矛盾视为进步之原动力"的。他还指出，"矛盾的积极意义"也可以从"抵抗"的视点把握，也就是说，"如果'进步'不包含'抵抗'的话，'进步'就会停滞，制度就会物神化"。而福泽谕吉在倡导"日本国民的抵抗精神"时，恰恰是从"反动的"西乡隆盛率领的西南战争中发掘抵抗精神的。[3]

论文《忠诚与叛逆》（1960年）就是运用这个方法的典型。丸山说，他用封建武士的主从关系中"君即使不君，臣亦不可不臣"这

---

[1] 丸山眞男〈思想史の考え方について——類型・範囲・対象〉，《丸山眞男集》第九卷，76—78页。

[2] 同上书，78页。

[3] 丸山眞男〈反動の概念〉，《丸山眞男集》第七卷，95、107、109—110页。福泽谕吉论述抵抗精神的代表作是《丁丑公论》。

个"最屈从于权威的命题"进行论证,"是想说明连这样的命题都可以抽出对权威的屈从与反抗的双向可能性"。[1]日本的君臣关系"都是一贯强调随从、臣下、臣民的单方面无条件忠诚",这常常被指责为导致盲目服从或奴隶般服从的契机,但这些毕竟是思想所到达的现实结果。他同时注意到,日本君臣关系的逻辑在历史上也曾有过不一定盲从的事实,表现过双向的可能性。比如纵令主君不仁,却仍须侍奉主君,这是一种穷途末路的宿命感,会从中产生出强烈的"谏诤"因素。事实上在德川体制走向崩溃的时候,下级武士中出现了逼主君改革的"忠义的逆焰"。[2]此文作为"可能性"的探索,与早期注重发掘近代思维萌芽的徂徕学研究不同,追溯到中世武士的原初特性,来发掘那些内在于自我的忠诚和谏诤精神,同时阐述这些精神在德川时代的武士文官化和近代的官僚化中被压抑和消退的过程,表达了对近代化的反思。当他把"抵抗"精神作为普遍性因素来追寻时,就超越了发展阶段范畴的进步与反动关系,而获得有可能成为与当今问题对决的"进步原动力"因素。

第二个要点与注重思想发端或发展期蕴含的双向性的方法紧密相关。在发掘通向将来的"可能性"方面,丸山尤其注重历史上不占支配地位的、没能成为传统的非主流思想。他指出,现在的"传统复活论者"往往只把主流的思想或实际在某个时代中具有支配地位的思想看作传统,而不承认非支配的或支流的思想也是传统。但是"即便那些在任何时代都没有支配地位,仅停留于少数者的思想,对于我们今日提炼思想也会有值得汲取的源泉。……把过去的什么思想作为我们的传统而使之扎根,这是现在的选择。传统是我们创造力的源泉,

---

[1] 丸山眞男〈思想史の考え方について——類型・範囲・対象〉,《丸山眞男集》第九卷,81页。
[2] 同上书,79—80页。

而发掘和发扬哪些源泉，是由我们在历史长河中自由选择的。……我们完全可以从过去那些非支配的、没有成为过某时代主流观念的思想中自由地织出新传统。在回顾传统的时候，我们绝不能拘泥于它是不是过去具有支配地位的思想"。[1]

实际上从论文《开国》起，丸山的论著就非常重视那些不占支配地位的思想。《忠诚与叛逆》所发掘的武士传统与其说是思想，不如说是武士的气质特性及其贯穿于后世非主流思想中的"谏诤"和抵抗精神。《闇斋学与闇斋学派》（1980年）既有解剖"古层"的一面，又有发掘"可能性"的一面，后者阐述了崎门（山崎闇斋学派）弟子佐藤直方和浅见絅斋为坚持程朱道统而敢抵抗其师的"垂加神道"，以致被逐出师门的事迹。又如对镰仓佛教的珍视，虽然镰仓佛教的思想光辉在历史上乍现即逝，但1964年度讲座将之作为"普遍者的觉悟"给予高度评价。还有被忘却的思想家安藤昌益、被处死刑的儒学者山县大弐等人物也多次出现在其论著中。尽管作为历史的结果，那些思想几乎都已被压抑或变质、衰退，但也要通过解释学的方法将其普遍性因素发掘出来。当然丸山并不是摈弃主流思想，但正如论文《幕末的视座变革——以佐久间象山为例》（1965年）所示，他关注的不是思想作为主流的意义，而是佐久间象山从儒教范畴中抽取出"圣贤之道和格物穷理"等普遍性因素的"重新解读"。论文《开国》也高度关注横井小楠和佐久间象山从儒教中抽取的天理人道等超越规范因素和格物穷理的经验方法。丸山自身也继承了象山和小楠这种"重新解读"的方法，注重发掘儒教在被体制固化之前的普遍主义，试图将其活性化。

总而言之，无论是对非主流思想还是对主流思想，丸山都立足于重新创造"思想传统"的课题，努力从过去的历史中寻求具有超

1　〈丸山眞男教授をかこむ座談会の記録〉，《丸山眞男集》第十六卷，95页。

越的规范性和普遍性的思想因素。为此他不拘泥于那些思想是否占支配地位,是否已经变质或衰退,都将之视为过去的思想资源来主体地自由选择。在方法上充分发挥解释学手法,着眼于思想的发端和演化的脉络(context),在那里把握思想(text)的双向可能性。换句话说,就是从历史的"时间"中抽取出"永恒",以此"自由地织出新传统"。

第 II 卷

"古层"论

导　言

"古层"论是丸山思想史学的最后到达点,也可以说是对P传统进行剖析的一个方法上的崭新创造,其目的是要把那个拒斥普遍价值、阻碍"思想传统化"的病根揭露出来。在此先简述"古层"论的形成过程。大体上说,那是经历了孕育期、阵痛期,才飞跃到诞生期,并走向完成期的。孕育期应是丸山1956年度把日本政治思想史追溯到古代的讲座和论文《日本的思想》成稿的时期;阵痛期应是1957—1959年,他在日本政治思想史讲座中确立了"开国"和"文化接触"的视点,并发表《开国》等论文的时期。这两个时期的思索情况,已在第Ⅰ卷第四章关于丸山思想史学大转折的"助跑阶段"做了具体阐述。1957—1959年的阵痛期虽然还未使用"原型"这个用语,但讲座的构思已显示出类似于"原型"论的视点,不过,飞跃到诞生期还经历了一个深化的过程。

为了寻找从根源上剖析日本思想"病理"的概念工具,丸山一直苦苦思索。1961—1963年他经历了一段在欧美的海外研究时间[1],

---

1　1961年10月,丸山真男应哈佛东亚研究所所长费正清的邀请,作为特别客座教授赴美访问研究。1962年7—9月利用暑假游历了欧洲各地,同年10月又转到牛津大学远东中心访问研究。1963年4月回到日本。

其思索得到了进一步的深化。其中大概在1960—1962年，他琢磨出了"原型"（prototype）这个概念（后改称为"古层""执拗低音"）。因为丸山从日本对外来文化的接受和改变方式中发现了一个执拗的特征，那就是虽然积极吸收外来文化，但却倾向于消弭思想的原理性和普遍性，那背后似乎有一个修改外来思想的"铸模"。他指出：外来思想进入日本后几乎都产生了一定的变化，甚至是"大幅度地被修改……从对外来文化的'修改'情况来看，其改变方式有着惊人的共通特征"。[1] 无论对儒教、佛教，还是对西洋思想，在"修正主义"方面都反复呈现出同一种形态，那不是什么实体思想，而是自古以来长期存续的一种思维方式的模式（pattern）。所以不能光看到日本引进了很多先进思想就断定日本已是近代的先进国，日本思想史至少是由主旋律（外来思想）和"执拗低音"（古层）两个方面构成的。

  在日本思想史中构成主旋律的，都是那些作为教义的意识形态，具体地说，是从儒教、佛教开始，然后到"自由主义""民主主义""马克思主义"等等，可见包括"儒教""佛教"在内，全部都是外来思想。也就是说，日本思想史的主旋律是外来思想。那么日本的东西在哪里？具有教义的意识形态体系进入日本时，都几乎偏离原样，被一定程度地修改，那些改变方式就体现着日本的东西。比如儒教被日本化的过程，佛教被日本化的过程，欧洲的思想被日本化的过程及马克思主义被日本化的过程，通过对这些过程做一一观察，会发现其中存在着一种共通的模式，具有惊人的类似性，那就是"古层"的问题。所以"古层"不是主旋律，而是使主旋律变化的契机。[2]

---

1 丸山眞男〈原型・古層・執拗低音〉,《丸山眞男集》,第十二卷, 146页。
2 丸山眞男〈日本思想史における「古層」の問題〉,《丸山眞男集》第十一卷, 180—181页。

"原型"("古层""执拗低音")就是分析外来文化变化方式的概念工具，用以表达"使主旋律变化的契机"，或对外来文化进行修改的"铸模"。1963年春丸山结束海外研究回国后，就在1963年度讲座中首次以"原型"概念为主轴来讲授日本政治思想史，这就是"古层"论的诞生期。经过1963年度讲座的尝试之后，他正式展开了1964—1967年度连续四年的系列讲座，实现了以"原型"为核心概念的日本政治思想史的构筑，提供了一部具有体系性的"问题史"。[1]另外，20世纪70年代以后丸山还就历史意识、政治意识、伦理意识的"古层"发表了三篇论文[2]，这些系列讲座和论文都是完成期的成果。本卷主要阐述丸山"古层"论的方法和"古层"的具体内容。

1　东京大学出版会1998—2000年出版的《丸山真男讲义录》全七册中，第四册至第七册就是1964—1967年度以"原型"为核心概念的系列讲座的讲义。(其中第六册已有中文版：唐永亮译《丸山真男讲义录［第六册］》，四川教育出版社，2018年。)

2　第一篇为〈歴史意識の「古層」〉，1972年作为《日本の思想6 歴史思想集》(筑摩書房)的〈解說〉而发表。第二篇为〈政事の構造——政治意識の執拗低音〉，这是经过1974年以来约十年在海外和日本反复讲演而定稿的，1985年刊载于《百華》第25号。第三篇为〈日本における倫理意識の執拗低音——そのいくつかの側面〉，这是1976年访美期间在哈佛东亚研究所做的讲演，原题为"Some Aspects of Moral Consciousness in Japan"，此讲演稿后来由平石直昭翻译成日文，2015年收录于《丸山眞男集 別集》第三卷(岩波書店)。

第一章

作为方法的"古层"论

丸山真男的"古层"论因其具有独特的魅力,不仅给日本的知识界带来了震撼人心的猛烈冲击,而且吸引了不少日本以外的研究者。在中文世界里也有越来越多的论文或论著直接使用"古层""执拗低音"等概念来解释日本思想,或借用之来解释中国思想。但其中有些用法也反映出对"古层"论的误解,特别是把丸山本来作为解剖日本思想病理的概念工具"古层""执拗低音",理解为丸山本人要主张的哲学。这样的理解反而会消弭"古层"论在日本思想史学中的重大意义。如果要真正借鉴丸山的研究成果,还是应该先了解"古层"论的概念体系和方法构架,那里蕴含着丸山据以判断问题的价值观。

第一节 据以评判问题的概念群

"古层"论作为方法,主要运用于解剖P传统的"自我批判的思想史"研究,当然,在东京大学法学部的日本政治思想史讲座以及丸山后期的论文中,也同时与"可能性的思想史"研究相互交织,力图从受"古层"压迫的思想中发掘出形成C传统的可能性。本节阐述的概念群，是贯穿于这两个系列的共通理论。主要包括三个相互紧密关联的概念组，那是支配其分析逻辑和价值判断的重要支柱。

第一组概念是"永恒与时间"。如前所述，这是丸山在价值哲学与历史主义的紧张纠结中提炼升华的分析方法，是把握日本思想特性的重要镜鉴，因而是贯穿"古层"论的核心范畴。如果结合丸山在讲座和相关论著中的用法来做个简要的定义，可以说，"永恒"是指"应然"的普遍价值，比如自然法、基督教的神、佛教的佛陀、儒教的天·大道、常驻不变的真理和规范理念，总而言之是指贯通历史且普遍妥当的价值。"时间"是指"实然"的经验存在，亦即过去、现在、将来的流动的现实，或者说在流动中不断变化和生灭的具体或个殊事物。

第二组概念是"脱咒术化"。马克斯·韦伯的《宗教社会学》里，有一个关于宗教合理化的核心概念，就是"脱咒术化"（Entzauberung），指"从咒术中解放出来"的合理化过程。它大致包括两层含义：一是世界观的进步过程，由咒术的世界观转化为宗教的世界观，再发展为科学的世界观；二是文化的进步过程，使压埋于咒术里的各个文化领域从咒术中摆脱出来，并形成独自的原理。其根本点在于摆脱依存鬼神之力的咒术思维，走向合理性、普遍性、真理性，在这个意义上，它跟"永恒与时间"关联。丸山的"古层"论是依据韦伯这个理论来思考问题的，那是对"脱咒术化"梗阻因素的分析解剖。

第三组概念是"普遍主义与特殊主义"。在"古层"论的分析逻辑中，"普遍主义与特殊主义"这对概念和"永恒与时间"处处相呼应，在丸山的相关论述中高频率出现。但众所周知，"普遍主义与特殊主义"这对概念在各种研究或日常生活中不仅被广泛运用，而且表达着多种含义。为了避免与各种含义的混同，在此将之作为丸山自己的范畴，较详细地阐述一下。

这对概念的英文原语是"universalism"与"particularism"。前

者指完全以超越的规范为准则的"普遍主义",后者指以特定的人格、集团、地域为最终价值的"特殊主义"(特定关系主义)。丸山早在1957年度讲座中,就开始运用此概念分析问题了,而在为罗伯特・尼里・贝拉(Robert Neelly Bellah)的著作《德川时代的宗教》写的书评(1958年)中则对之进行了详细论述。贝拉是社会学者塔尔科特・帕森斯(Talcott Parsons)[1]的学生,其著作运用了帕森斯的社会系统理论来分析日本的价值体系。"普遍主义与特殊主义"概念就是帕森斯社会系统理论中的一个构成部分。

帕森斯的社会系统理论有一个关于价值志向的"模式变项"。简言之就是,社会系统主要具有四种必要功能(AGIL):(A)适应(adaptation)、(G)目标达成(goal attainment)、(I)整合(integration)、(L)潜在模式维系(latent pattern maintenance and tension management)。这四种功能则由社会系统所包括的政治体系、经济体系、社会共同体体系、宗教和文化体系来分别执行,正是这些执行体系的函数比例构成了价值志向的"模式变项"。作为分析各个社会"模式变项"的工具,帕森斯提出了两对代表相反两端的概念:一是普遍主义与特殊主义;二是属性主义(quality)与业绩主义(performance)。丸山运用了"普遍主义与特殊主义"这对概念,来把握各个执行体系不同的价值志向,认为政治体系的价值是以特定的集团为前提的,倾向于特殊主义,而宗教和文化体系的价值则是以整个人类为前提的普遍主义。1957年度讲座在谈"封闭社会"和"开放社会"的问题时就说过,政治集团一般持"特殊价值",因而倾向于"封闭"。社会的"开放"是靠重视"普遍价值"的文化社团支撑的。他明确指出:"政治集团本来就是封闭的组织……具有普遍主义目的,或非政治目的的自发社

---

[1] 塔尔科特・帕森斯是继承马克斯・韦伯谱系的社会学者,他的问题意识和方法论的重要来源之一就是马克斯・韦伯。

团（voluntary association）才是独立于权力的自由的堡垒。"[1]

贝拉的《德川时代的宗教》指出，在日本的整个价值体系中，政治体系的价值始终占据核心位置，优越于经济体系、社会共同体体系、宗教和文化体系的价值，后三者都基本上受到政治价值的动机影响。政治价值占优势，在"模式变项"中意味着：特殊主义优越于普遍主义；业绩主义优越于属性主义。前者表现出"对自己所属的特殊体系或集合体（家、部落、行会、藩、国家等）的关心，高于对法、永恒、真理、正义等普遍主义价值的参与"。后者表现出以做出成果为价值，而这一点与政治优先的价值相结合，集团目标的达成就成了最高的动机选择。[2] 但贝拉倾向于认为日本的价值体系在客观上推动了近代化（这主要是以产业化为指标的），评价日本的特殊主义发挥了疑似普遍主义的作用。丸山并不赞同之，特别指出，"实际上连佛教这种'普遍主义'的拯救宗教在日本化过程中也广泛地与咒术的因素妥协"。"儒教的'天'这个超越的契机，因与'世袭卡里斯马'黏合，而变得比中国稀薄。佛教的戒律的拘束力也显著地比印度和中国弱得多。普遍主义基准处于低位的状况是需要正视的。"[3]

可见，1958年对贝拉著作的书评已反映出丸山的一个重要认识：在日本的价值志向中，政治体系的价值始终占据核心的优势位置，而其他三者尤其是宗教和文化体系的价值则处于从属位置，总的倾向是特殊主义优越于普遍主义。日本思想史上虽然也有对普遍主义的觉悟，但往往被"咒术"型的特殊主义压灭。所以在他看来，日本"文明化"的重要课题，就是要提高"普遍主义"在价值志向中的比例和

---

1 《丸山眞男講義録［別冊二］日本政治思想史1957/58》，44—45页。
2 丸山眞男〈ベラー「德川時代の宗教」〉，《丸山眞男集》第七卷，263—264页。
3 同上书，285—286页。"卡里斯马"（Charisma）是马克斯·韦伯的宗教社会学的概念，指神赐的或超群的能力，"世袭卡里斯马"是其能力的血统化。丸山所说的日本"世袭卡里斯马"主要是指血统化的咒术权威。

优势,这正是融入人类普遍价值的途径。基于这些认识,他把上述三组概念运用于"自我批判的思想史"和"可能性的思想史"相互交织的研究。1964—1967年度的系列讲座基本上是在"永恒"与"时间"、"普遍主义"与"特殊主义"的相关关系模式中推进的,展现了一部"普遍者的觉悟"与"原型"交互鸣奏的思想史。这两者的交互鸣奏是一个"脱咒术化"的过程,同时又是"脱咒术化"一直受到"原型"阻碍的过程。

第二节 "层叠结构"模式——"古层"论的方法

"古层"论在方法上与"可能性的思想史"是根本不同的。如果说"可能性的思想史"要从过去的历史中发掘出曾被消弭的蕴含普遍价值的思想因素,那么作为"自我批判的思想史","古层"论则是要解剖倾向于甩掉普遍价值的"执拗低音"。"古层"论的方法就是要将那些下意识的"执拗低音"上升到自觉的意识,从而使人们能自主地克服之。那么,使"主旋律"变化的"执拗低音"应从哪里寻找?或者说,"古层"论所考察的对象属于思想史的哪个环节?

实际上,对这个问题丸山已思考了数年。早在1956年度讲座讲义的导言中,他已表明需要把握思想的"层叠结构"[1]及其层级间的互动,不过那时丸山对"层叠结构"中的思想层级还未做出仔细区分,只是大致从思想家和民众这两个层次来考虑思想史的对象。到了1959年度其区分开始具体化,丸山认为观念形态里面也有上层结构和下层结构的区别,进一步把"层叠结构"分为四个层级。他指出,一般来说越往上越抽象,越往下越具体,学者的理论学说是从下层结

---

[1] "层叠结构"(stratification)本来是一个地质学概念。

构中汲取能量，然后将之体系化的。但在亚洲的近代化中，历史的导向却有从上层往底层下降的特征。在受到近代欧洲冲击的亚洲各国，一般表现为知识分子通过传播先进国的思想来推动本国的革新，因此思想的变化基本上是从上层向下层波及的。但先进而抽象的外来思想被引进之后，会在上层结构产生激烈的变化，却不一定能带来下层结构（生活意识）的变革。所以丸山认为不能光看引进的思想，"整个观念结构都应成为思想史的对象，其中连续性强的部分，尤其是下层结构的连续性应该成为重要的课题"。因为即使观念的上层结构看似瞬息万变，但下层构造的变化却缠绕着执拗的传统要素。"对日本现代思想的理解，如果只从近代开始研究是不正确的。"正因如此，他要从古代以来的长期视野来深挖潜藏于时代底层的连续性的东西。[1]

在这里，丸山已给思想的"层叠结构"导入了横向的"文化接触"视野。到了60年代初，他就明确地将日本思想史作为外来文化输入史来把握，指出日本古今"文化接触"的思想运动大致由两大部分构成：第一是在日本思想史中构成各时代主旋律的、作为教义的意识形态，那全部都是外来思想；第二是对外来思想进行修改、使之变化的契机。这个契机对任何时代的外来思想都发挥着同一形态的修改作用，但基本上属于观念结构的下层，特别是下意识的层次。所以他通过"层叠结构"的模式来把握其所在，将之称为"原型""古层""执拗低音"。在1964和1965年度的讲座中，丸山把"层叠结构"按ABCD四个层级进行了详述。下面以1964年度讲座的内容为主，结

---

[1] 《丸山眞男講義録［別冊一］日本政治思想史1956/59》，22—23页。1959年度区分的"层叠结构"四个层级是：（1）最底层是未被意识化的看法、气质、情绪等生活意识或感情，是不成型的；（2）底层之上是意见（opinion），那是人们对具体问题的反映，是单个的、碎片型的；（3）意见之上是政治的和社会的意识形态，虽然不是体系化的，但有一定的系统关联性；（4）最上层是思想家或哲学家的有体系的理论学说。

合1965年度的图示,简单介绍一下这个"层叠结构"的模式。

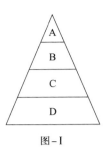

图-Ⅰ

在ABCD的"层叠结构"中,A是最顶层,指学者、思想家、政治指导者的学说、理论、世界观,具有最高度的体系性和抽象度,因而刺激与反应之间的距离也最大。B是下一层,指对时代的具体问题的一般社会意见(舆论),有相当的自觉意识,但体系性和抽象度低于A。C是再下一层,指时代精神、时代思潮一类,自觉意识度低于A和B,但不一定是非理性的。D是最底层,指价值意识、生活感觉、生活感情、气氛等,是几乎紧贴着生活的情绪或感觉,本质上是非理性的,自觉意识度也最低。因而刺激与反应之间的距离也最小,可以说是直接的。[1]参见图-Ⅰ＝1965年度勾画的示意图。[2]

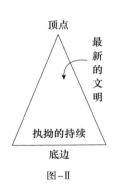

图-Ⅱ

大致可以说,日本思想史的主旋律属于最顶层A,"古层"属于最底层D。在"文化接触"中,两者的关系体现为从A到D和从D到A的上下运动。在日本历史里,D沉淀在社会底层的生产方式以及共同体(村落和家)的规制、宗教意识之中,A是后来叠加累积的更高程度的文化。其相互作用表现为,底层几乎不发生根本的变革,而顶层则不断接触各时代最先进的文化,使技术、政治经济制度发生变化,其整体特征呈现出"执拗的持续性与急剧的变化性的双重结构"。[3]参见图-Ⅱ＝1965年度勾画的示意图。[4]

---

1 《丸山眞男講義録［第四冊］日本政治思想史1964》,20页。
2 《丸山眞男講義録［第五冊］日本政治思想史1965》,15页。
3 同上书,46、48页。
4 同上书,32页。

第一章 作为方法的"古层"论

1965年讲座还阐述了A层与D层的性质和互动特征，指出：A层目的意识性最强，不仅能反映时代，而且具有超越时代的预见性和创造力，能洞察未来，对世界进行重新定义。D层是自然生长性的，最贴近日常生活。A是形态鲜明的，与之相比，D是形态模糊的，但D驱动人的力量和能量比A强得多，因为D是跟情绪、感觉等"非理性"的要素紧密结合的，所以力量很强。当然，丸山并不是要说明各个层级的价值之高低，而是关注ABCD各层之间的相互作用。他特别提到后进国有一个特征，那就是外来的学说和理论顺着A→B→C→D下降到生活感觉中，是由意识形态来改变现实的。[1]可见，丸山是积极评价后进国通过吸收外来意识形态来改变现实的，但就日本的情况而言，他又强调最底层的D对人的驱动力最强，特别关注其对外来意识形态所发挥的"铸模"作用。

第三节　用语变更的意义
——"原型""古层""执拗低音"

　　本卷在导言中已介绍过，丸山从1963年度讲座开始使用"原型"概念，之后的1964—1967年度的四年系列讲座也一直采用"原型"这个用语，但自70年代起就改变了用语。具体地说，是在1972年发表的论文《历史意识的"古层"》中正式改用"古层"，其中也偶尔使用"执拗低音"。1974年之后，在海外和日本反复讲演时正式采用了"执拗低音"（basso ostinato）一词，这些都体现在论文《政事的构造——政治意识的执拗低音》和《日本的伦理意识的执拗低音——其中的几个侧面》之中。三个用语实质上都是指同样的东西，

---

[1]　《丸山眞男講義録［第五冊］日本政治思想史1965》，16—17页。

用语的改变一是为了避免各种误解，二是为了寻求更妥当的表达。尽管丸山最后把用语改成"执拗低音"，但学界一般把这个方法称作"古层"论。

这些用语变化与"层叠结构"模式的思路有密切关系。关于改变用语的意图，丸山在《日本思想史中的"古层"问题》（1979年）和《原型·古层·执拗低音》（1984年）中做了详细说明。按他的说明，把"原型"改为"古层"，一是为了避免给人一种宿命感，二是避免与历史发展阶段论混同。经过1963年以来的讲座，他感到"原型"一词无论理解成prototype还是archetype，都难免给人以宿命论的感觉，似乎日本人的世界像早在古代就已固定。[1]而他采用"古层"一词是从地质学获得了启发，这是与思想的"层叠结构"模式一致的。"'古层'本来就是地质学的比喻"，就好比地层的最底层。"'古层'之上不断叠加佛教、儒教、基督教、自由民主主义等外来思想，但最底的'古层'一直持续着。"他认为，"古层"这个用语能表达出超越时代而持续发生作用的"层叠结构"底层的性格，从而避免被误解为亚细亚生产方式论所指的最"古"阶段，以免被组入历史发展的系列中。[2]而且"比'原型'少一些宿命论色彩"，还可以表达"古层"因大地震被翻倒，或"某个时代深层隆起到地上"等多种可塑性，适合于把握历史上思想的变形或变种。[3]

那么为何后来又改为"执拗低音"？丸山说，那是因为有不少读过《历史意识的"古层"》的人，把"古层"理解为马克思主义中决定上层建筑的"经济基础"。但马克思主义的"经济基础"是最终决定上层建筑的，而丸山所说的"古层"不是这种最终决定因素，

1　丸山眞男〈日本思想史における『古層』の問題〉，《丸山眞男集》第十一卷，181頁。
2　丸山眞男〈原型·古層·執拗低音〉，《丸山眞男集》第十二卷，150頁。
3　丸山眞男〈日本思想史における『古層』の問題〉，《丸山眞男集》第十一卷，182頁。

"古层"是一些碎片型的思维，在历史上只有在与具有体系性的外来世界观结合时才出现。为了避免上述误解，所以改成音乐用语"执拗低音"。[1]

当然，这也是为了求得更妥当的表达。"执拗低音"是音乐用语，但与地质学的"层叠结构"模式也类似，是高中低音重叠，"低音部"的持续不受历史发展阶段影响。另外为了避免新的误解，丸山还指出，音乐的持续低音中也有"通奏低音"（basso continuo）与"执拗低音"（basso ostinato）的区别，"通奏低音"只是对应高音部主旋律的和声（贝斯），是没有独自音型的，而"执拗低音"则具有独自旋律（音型），是在低音部执拗地重复的同一个音型，与高音部、中音部共鸣。丸山之所以采用"执拗低音"，关键就在于它有一个固定的音型，但不成为主旋律，也不同于配合主旋律的和声。他说："如果用此语来比喻思想史，就好比中国大陆或欧洲传来的思想构成日本思想史的主旋律，但主旋律不会原原本本地鸣响，低音部有一个音型在执拗地发挥着修改主旋律的作用，与之形成混合鸣响。"[2]丸山反复强调，"执拗低音"具有一个相对不变的模式（pattern）。修改外来思想的契机也正如"执拗低音"的这个特性一样，"儒教被'日本化'的模式，与自由主义被'日本化'的模式是有共通性的"。[3]就这样，他把顶层的时代变化的新主题和底层隆起的"古层"，比喻为音乐的"主旋律"与"执拗低音"的关系。

---

1 丸山眞男〈原型・古層・執拗低音〉，《丸山眞男集》第十二卷，151—152页。
2 同上书，152—153页。
3 丸山眞男〈日本思想史における『古層』の問題〉，《丸山眞男集》第十一卷，183—184页。中文世界有些学者借用"执拗低音"用语来发掘中国历史上被埋没的优秀思想，但如按丸山的解释，这种用法是对"执拗低音"的一种新的误解。

第四节 "古层"研究的文献和实证操作

"严密的学术性操作"是丸山的学问要坚守的原则,那么他是依据什么文献和实证操作来揭开"古层"之真面目的呢?在1964年度讲座中,丸山将"原型"定义为:"社会结合方式和政治行为方式的原初形态,以及神话、古代故事中表现出来的思维方式和价值意识",并指出它是在思想的D层持续发生作用,由此产生出一定的"铸模",造成一种文化继承和发展的模式(pattern),以及"政治的东西"作用于实际历史的方式。[1]依据这个界定的领域范畴,丸山把《古事记》、《日本书纪》(简称"记纪")、《祝词》、《古语拾遗》、《宣命》、《风土记》、《新撰姓氏录》等日本现存的最古历史文献,作为研究"原型"的对象文献,还以"记纪"为典型论述了这些文献的性质,指出"记纪"虽然是8世纪初的作品,是日本人了解了儒教、佛教等思考和世界观之后,按照特定目的意识来编撰的政治意识形态的产物,但它同时反映了长期的政治社会形成过程,因此可以通过它来追寻弥生时代以来远古的生活意识和宗教意识。而且那些政治神话里潜藏的价值体系,也可以成为了解其行为动机的线索。鉴于文献的这个性格,他提出了一种实证操作方法,那就是从"记纪"等古代史文献的神话、故事、传说中,把明显属于儒教、佛教、道教等大陆思想影响的诸观念消除掉,然后参照后世的民间信仰和民间传承等文献,来重新构成古代以来持续发生作用的宗教意识。[2]

---

1 《丸山眞男講義録[第四册]日本政治思想史1964》,41页。
2 同上书,53页。丸山曾在1956年讲座中说:"记纪神话的根本目的,是对以氏姓制度为基础的大和政权赋予自然产生的历史根据,从而给以天皇家为最高统治者的正统性提供意识形态的基础。"但同时指出,"记纪"中的神话和历史是广泛涉猎地方的民间传说并以之为素材的,"那里反映着朴素的民间信仰,可窥见古代人的生活方式和思维方式"。(《丸山眞男講義録[別册一]日本政治思想史1956/59》,36—37页。)

首先丸山认为，"无论在哪个世界，宗教都是一切思想的原型"，"古代史的基本史料中体现出来的古代日本人的宗教意识，可成为考察日本人思想深层的线索"。[1]早在1956年度讲座中他就指出，"记纪"中的那些政治神话本来就是把地方的神话统合起来，并将之体系化的东西，那里反映出来的国民底层的共同体传统信仰，总是跨越上层的制度变革而持续存在着。尤其是日本在文化思想方面，新的东西只是叠加在旧的东西之上形成，而不是在与旧的东西的对决中产生的。因此神话总是沉淀在国民意识的底层，时而会迸发出来。在集团（民族）遇到危机时，神话往往发挥出强烈的统合力，那些咒术思维以超出寻常想象的威力征服人心，即便是在20世纪这个科学发达的时代。所以，不能认为日本的神话荒谬无聊而轻视之。[2]在这个意义上，他特别重视"记纪"神话作为文献的意义，认为那是寻找日本思想史的"原型"的重要素材。

同时他认为，从古文献抽取"原型"的实证操作就是做剥离的工作，把这个剥离工作称作"消去法"。因为6—7世纪日本神话成形时已渗透了中国大陆的各种文化，日本神话不是"原型"本身的表现，那里面包含着儒教、道教、诸子百家等古代中国的观念，所以只有用"消去法"把基于那些观念的思维和范畴消去，才能找到"原型"。消去后不会是一片空白，还残留着某些东西（something），那就是"原型"，它们是以碎片的形式显现的。"原型"本身不能形成教义，但那些碎片型的思维具有惊人的执拗的持续力，是使具有体系的外来教义发生变化和"日本化"的契机。[3]不过，学界对这种操作方法的妥当性是有疑问的。丸山也坦然承认这个"消去法"有"循环论

1　《丸山眞男講義録［第六冊］日本政治思想史1966》，26页。
2　丸山眞男《丸山眞男講義録［別冊一］日本政治思想史1956/59》，59—61页。
3　丸山眞男〈原型・古層・執拗低音〉，《丸山眞男集》第十二卷，148—149页。

证"之嫌，但认为"这也是不得已的"。[1]

关于古代以后的思想史，其考察思路也是同样的。如前所述，思想史的发展正如"层"的叠加，好比"原型"在三角形的底边，上面叠加了儒教、佛教、马克思主义等外来的教义体系。"底边的原型与上面积累的外来思想不断发生交互作用，因而不是单纯空间上的积累。但由于原型不是某种教义，所以抽取原型的具体方法宜采取消去法，亦即把那些明显表现为儒教、佛教、民主主义、基督教等外来教义或世界观的范畴消去。"反过来说，就是要找出"那些超出意识形态性质的、可探索日本思想史'个体性'的贵重素材"。[2]以近世儒教史为例，丸山说他早年的徂徕学研究曾把中国传来的朱子学看作"直译"的朱子学，但"实际上从林罗山开始，那些朱子学就是相当修正主义的，对儒教世界像的修正经过一个世纪已非常露骨地显示出来。……那个修改过程并不是单纯的近代化过程，而是近代化和'古层'隆起的双重过程"。可见，日本思想史并不是单纯地跟外来思想黏合，其中有"日本的东西"在发挥独特的作用，就好比在音乐的低音部执拗重复的同一个"音型"，发挥着修改外来思想的作用。如果能找出这个低音音型，那么明治以后自由主义的变化、马克思主义的"转向"等现象也都可以得到某种程度的系统性解释。[3]

总之，丸山认为，"日本思想中的'日本的东西'作为实体的形态是无法抽取出来的。而且外来思想已渗透到底层，它们杂乱无章地混合在一起，所以终究也只能采用消去法，从具体存在于历史的思想

---

1 丸山眞男〈原型・古層・執拗低音〉，《丸山眞男集》第十二卷，149頁。"循环论证"就是把要论证的结论作为论证的前提的论证方法。在逻辑学上，属于前提和结论互为依据的虚伪论证法。

2 同上书，147—148頁。

3 丸山眞男〈日本思想史における『古層』の問題〉，《丸山眞男集》第十一卷，188—190頁。

中，将显然属于儒教或佛教的思想一个一个地消去。消去之后不会变成零，定会残留某些东西，这些东西并不是能与儒教或基督教相并列的世界观，而只是某种思维倾向或感觉之类的东西。但那正是解剖执拗低音的素材"。[1] 可见，他的剥离工作与"国学"追求"日本的东西"有着本质的不同。日本国学或日本主义试图在实体思想或意识形态的层次做分离，扫除外来思想，找出日本内生的实体思想，而丸山则是要通过消去意识形态的东西来寻找非实体的思维方式。国学是为了寻求日本内生的传统，而丸山则是要挖出阻碍各种思想在日本"传统化"的病根，在价值判断上与宣长国学是相反的。但在剥离工作方面，丸山承认本居宣长等人排除"汉意"的国学研究成果能成为考察"古层"的宝贵素材，所以积极活用之。[2]

第五节　日本政治思想史的构架

1964—1967年度连续四年的、以"原型"为核心概念的日本政治思想史系列讲座，是活用上述一系列方法的典型。本节主要阐述在这个思想史的构架里，那些据以评判问题的概念群，尤其是"普遍主义与特殊主义"这对概念，是如何贯穿于对政治思想的分析的。

首先值得关注的是丸山对"政治思想"所下的定义。在1963年度讲座的序言"何为政治思想"中，他论述了政治的性质，指出"所谓政治，就是以特定的共同体为基础，在与其他的特定共同体以及内部的特定集团的关系中，权威性地决定社会的诸价值和诸作用的配置

1　丸山眞男〈日本思想史における『古層』の問題〉，《丸山眞男集》第十一卷，190页。
2　丸山眞男〈原型·古層·執拗低音〉，《丸山眞男集》第十二卷，151页。丸山认为国学试图找出原住民的实体思想是失败的，但其剥离外来思想的研究成果，对于他解剖"古层"有重要的参考价值。

或分派,以及将社会资源(resources)组织化的活动"。其中包括三个特征:(1)由来于地域、血缘、身份等基础共同体的特定性和封闭性;(2)集团追求的价值是非限定的,其追求的不仅是权力,还包括财富、尊敬、知识、威信等全盘价值,因此政治关联到人活动的所有领域;(3)存在着统治组织,是通过组织化而权威性地配置社会价值和社会作用的。他还强调说:"所谓'集团的特定性',就是与其他集团相区别,把自己归属的集团意识看成最重要的,以人类整体为视野的单位并不进入政治的领域。"鉴于政治倾向于特殊主义的性质,丸山对"政治思想"并不是单从政治层面来把握,而是从政治与社会的双向运动来把握,因此做出了以下定义:(1)从狭义看,政治思想是政治体系波及社会的思想,亦即政治体系对社会的out-put(输出);(2)从广义看,那是以非政治的文化、宗教、经济等活动反作用于政治体系的思想,亦即社会对政治体系的in-put(输入)。[1]也就是说,"政治思想"包含政治体系对社会的out-put和非政治体系对政治的in-put这两个方向的张力作用。

丸山在阐述政治与政治思想时,运用了帕森斯关于"特殊主义与普遍主义"的概念,明确指出,政治体系的价值以特定的集团为前提,倾向于特殊主义,而宗教和文化体系的价值则是以整个人类为前提的普遍主义。"政治思想"是两者交互作用的运动,或者说是"时间"与"永恒"的交互运动。与这个思考框架相对应,他还提出了"秩序价值"和"正义价值"两个概念,用以表达"特殊"和"普遍"两个因素在政治体系中的作用。因为他一方面承认政治的性质是特殊主义的,另一方面又认为如果只有特殊主义就不可能是好的政治,所以指出:"秩序价值是政治体系所必需的构成要素,政治不可能没有秩序,但秩序价值并不是政治的一切。……康德所说的正义价值,也

---

[1] 《丸山眞男講義録[第四册]日本政治思想史1964》,33、35—37页。

应是与秩序价值并列而构成政治体系的重要因素，政治的技术在于正义价值与秩序价值的平衡。"[1] 在日本政治思想史讲座中，"秩序价值"和"正义价值"也是多次出现的重要概念。

四年的系列讲座在叙述的构架上正体现了上述 in-put 与 out-put 的交互运动。在那里一方面阐述文化和宗教的普遍主义从社会层面对政治的特殊主义展开挑战，另一方面阐述政治的特殊主义（日本主要是由下意识的"原型"）发挥作用，使社会层面的文化和宗教从属于政治。在用语上表述为"普遍者的觉悟"对"原型"的挑战，和后者对前者的修改或消弭。据丸山回顾，1963年度讲座在谈完"原型"问题之后，还设了"普遍者的觉悟"一章，然后追寻日本最初觉悟到"普遍者"的思想史大事件，比如作为世界宗教的佛教传来时如何发生变化的踪迹。[2] 之后四年的系列讲座也贯穿着"普遍者的觉悟"与"原型"相互作用的命题。用饭田泰三的话来说，系列讲座的构思是一方面谈"原型"，另一方面谈"普遍者的觉悟"——内在于历史而不断突破"原型"的可能性，整个讲座是以"原型"与"普遍者的觉悟"的对抗轴为中心来展开的，主要描述了这样一种过程：日本曾出现过否定"原型"的"普遍者的觉悟"，但由于日本社会的封闭性重新强化，结果把"普遍者的觉悟"压制下去了。在那里，"原型"是阻碍"普遍者的觉悟"的契机，"普遍者的觉悟"则是对"原型"进行突破的契机。[3]

由此可见，以"原型"为核心概念的讲座并不是只谈"原型"，而是讲述"普遍者的觉悟"与"原型"对抗的历史。在"古层"论方法的运用中，可以看到丸山的第一系列和第二系列的工作是互相

---

1 《丸山眞男講義録［第四冊］日本政治思想史1964》，314页。
2 丸山眞男〈原型・古層・執拗低音〉，《丸山眞男集》第十二卷，149页。
3 饭田泰三〈解题〉，《丸山眞男講義録［第四冊］日本政治思想史1964》，334页。

交织的。如果将之模式化，可得出如下构图。用A表示"古层"（"原型"），用B表示其对立物"普遍者的觉悟"，那么考察A完全属于第一系列的工作，即剖析日本思想结构的病理，A绝无颂扬的意思。而在第二系列所要挖掘的优良思想，正是与"古层"对抗的普遍价值因素B。他所描绘的运动是双向的，B要突破A，在思想融入普遍价值的战斗中向A挑战，但A对B进行"日本化"的修改，使B发生变化，破坏了普遍思想在日本的"传统化"。而其结果并不完全是B的失败，B在突破A的战斗中也会产生出"新层"。也就是说，日本思想史不仅有"古层"的隆起，还有克服"古层"的"新层"出现。不过在日本历史上，那些"新层"几乎都被"古层"消灭掉了。因此，丸山认识到，更大的危机是，如果不克服那个阻碍普遍思想扎根的负面契机，那么即便再出现能把普遍价值内在化的创造性思想，也还会继续被消灭。所以他更着力于解剖"古层"，强调如果不正视"古层"，那就只能一直被囚于"古层"的思维方式中。

可见，丸山连续四年的系列讲座是在严密的概念和方法下构筑的，具有明确的价值判断立场。那不是像一般事实史那样纯粹按时序来叙述事件的思想通史，而是一部由叙述者的问题意识来构成的"问题史"。从丸山的问题意识展开视角，透视出茫茫史海中的一个连续的脉络，并使之浮现出来，成为一部有体系的思想史。这部作为"问题史"的思想史就像一部雄浑的交响乐，强烈地表现出冷峻解剖和热切探求的交互鸣奏。

第二章

"古层" I
——空间和历史的所与[1]

小 引

近年在中国的日本研究中，出现了一些随意使用所谓历史意识或政治意识的"古层"等说法来论述日本问题的著述，这反映出一部分研究者并未了解丸山所说的"古层"是什么，或者是颠倒地理解了丸山对"古层"的价值判断。所以，本书有必要对"'古层'是什么"做出具体的阐释。

"古层"论在1964—1967年度的系列讲座阶段，还属于从探索走向完成的时期，所以关于"原型"（"古层"）的论述在四个年度中也是经过多次调整而逐步深化和完善的。具体地说，1964年度以"思维方式的原型"为题做了概论性的尝试，1965年度没有专门论述"原型"，1966和1967年度把"原型"问题分别放在"所与和前提""历史的前提"等题目里论述，而关于价值意识、历史像、政治观等内容的构成方式在各个年度都不一样。"古层"论的深化过程不仅分散于

---

[1] 日文的"所与"，指先于事物发展变化的、自然或历史的前提条件。

不同的年度，而且延续至最后的三篇关于"古层"的单独论文，所以在此需要将四年讲座的"原型"论归纳起来，并结合三篇单独论文来介绍。

另外，本研究经过反复考察和梳理，认为丸山的"古层"论可以大致分为两大部分，即"空间和历史的所与"与"思维方式和价值意识"（包括历史意识、政治意识、伦理意识这三方面的"古层"），本章先论述前者，后者将在下一章详述。由于其内容相当庞大，而且丸山的语言也比较难懂，所以作者需要对之进行简化归纳，抽出精要，并用作者自身的语言向中文世界的读者进行阐释。

第一节　空间的所与

（一）日本的"个体性"

"个体性"（"个性"）一词本来是中性的，基本上没有贬义，甚至在使用上还带有些褒义，比如说要"尊重个性""发扬个性"等等。但丸山的日本政治思想史中所说的"日本的'个体性'"，则主要是指P传统的特性，不仅没有褒义，而且其内涵多是负面的。

如前所述，P传统是指日本那种惯于甩掉规范性和普遍价值的外来思想接受方式，对强烈要求原理性的思想表示不宽容的文化"杂居性"，阻碍形成思想"坐标轴"和"思想传统化"的思维方式。在《缺乏普遍性意识的日本思想》一文中，丸山痛切地指出，明治维新后已非常欧化的日本，在战争中则表现为人们向荒唐无稽的"国体"意识形态集体倒戈，日本的知性在魔咒般的禁忌面前极其脆弱。[1]他

1　〈普遍の意識を欠く日本の思想〉，《丸山眞男集》第十六卷，60页。

所面对的课题是，怎样才能抓住这个魔咒般的束缚日本人思维方式的东西，并将之从人们的下意识中驱逐出去。他认为如果只用一般的发展阶段论来看问题，日本近代以后为何依然顽固持续上述特性的问题就无法解释了，所以必须把日本视为一个独自的东西来整体地认识。从这个立场出发，他提出了"个体性"（又称"个性"）的概念作为分析工具。

这绝不是要主张日本主义，而是要确立一个分析解剖日本特性和思想病理的视点。因为丸山发现，在大量外来思想"杂居"的日本文化中，如果只看各个具体要素，那是其他国家也有的。只有将日本文化作为一个整体来把握，着眼于其中各要素的相互构成方式和继承变化的模式（pattern）这种日本独有的特性，才能从根本上解剖日本思想的病理。基于这个认识，他还强调"个体性"概念与"特殊性"不能混同，"特殊性"是"普遍性"的下位概念，如采用之就难免会把整体的问题解消于个殊的问题之中。丸山所追究的不是这种"特殊性"，而是作为整体结构的日本精神史的"个体性"，是要用这个视点来把握"外来文化的压倒性影响"与"日本的东西"的执拗持续——这两个相反物共存的日本思想史。[1]

关于日本的"个体性"，丸山是以客观所与的空间条件为前提来把握的。1964—1967年度系列讲座在各自的序论部分，都设有"所与和前提"等命题的章节来阐述地理风土等环境对日本文化的规定性，其中包括谈亚洲文化跟欧洲文化的相异，日本的"岛国"特性跟亚洲其他各国的相异，空间的"所与"对日本思维形态的影响。丸山试图以此解释日本既区别于欧洲，又区别于亚洲其他国家的"个体性"。"原型"（"古层""执拗低音"）的分析是在这种"个体性"的框架内进行的。1964年度讲座讲义在第一章中设有"底座"一节，论

---

[1] 丸山眞男〈原型・古層・執拗低音〉，《丸山眞男集》第十二卷，138页。

述了"日本思想史展开的'场'的条件＝空间和自然之所与，以及日本思想史从那里出发的各种历史前提"，并指出"原型"产生于这个"底座"，并在思想的底层持续发挥"铸模"作用，造成一种文化继承和发展的模式（pattern），以及"政治的东西"在实际中作用于历史的方式。[1]这就勾画了日本"个体性"的前提和独有的运动特征。

丸山重视空间所与或地理条件对日本人意识的规定作用，无疑是出于"思想受存在制约"的认识论，但这与历史主义那种直接把意识形态视为时代或阶级立场之反映的观点不同，倒有点类似于地理环境决定论。1967年度讲座讲义首章设了"日本文化形态的地理和风土契机"一节，指出除了历史发展阶段的一般规律之外，"一国的思想文化特质"，"尤其是思想史中的持续形态"，都是不同程度地受领土大小、空间位置、气候土壤等作用影响的。当然丸山并不是宿命的"地理环境决定论"者，他也明确地说，那些自然地理条件的作用和影响不是固定不变的。但他要强调的是，对于日本的文化思想来说，"那些空间和风土的条件至少在相当长的历史中，发挥了我们在现代难以想象的重要作用"。[2]关于风土，他参照了和辻哲郎《风土》中的观点，指出日本既有四季和农耕的规则性循环，又多有地震、海啸、火山爆发、洪水、暴风雨等突发性变化，这种"季节性与突发性"的二重性在认识中沉淀和遗传，凝成日本人的一种气质，和辻称之为"变化中的持续感情"。关于空间的地理位置，丸山尤为关注日本的"岛国"特性。这并不仅仅因为它是"岛国"，而是因为日本既不同于英国那种能跟欧洲紧密交流并一体发展的岛国，也不同于南洋上那种孤离的小岛。日本作为欧亚大陆东端的飞地，其"岛国"的特性在于它虽与大陆分离，但又靠近具有高度文明的中华帝国。

---

1 《丸山眞男講義録［第四冊］日本政治思想史1964》，41页。
2 《丸山眞男講義録［第七冊］日本政治思想史1967》，14页。

丸山1964年度讲座指出："日本文化发展的'场'，与代表世界性文明的世界帝国为邻，但其距离不至于近到被其文明完全压倒，又不至于远到完全与其无关地维持封闭性。这里就存在着日本文化和思想出发点的独特性。"[1]受这种空间所与的影响，历史呈现了三个特征：第一是自古代以来保持了"高度的民族同质性"，没有经历异人种的征服和大规模的人种混合；第二是社会底层的生产方式、共同体规制、宗教仪式的持续性很强；第三是后来引进的相对高度的文化不断重叠积累，但基底不发生根本变化，而上层则随着先进文化发生变化，呈现出"持续性与变化性的双重结构"。[2]

丸山1967年度讲座又将之归纳为两大特征，并指出这些特征本身也是双重性格的。第一是人种、语言、领土、生产方式、宗教意识的同质性和历史持续性。比如国土、日本人、日本语三者的重合度极高。日本语本身兼有同一性和外来性，虽与东亚诸国语言有类似点，但体系上没有亲缘关系，同时又易受外国语言的影响，"外来语"中有大量的汉语和欧洲语言。领土以自然境界为"国境"，自最古文献记载的"大八洲"以来，"国境"至今没有变化（除了近代对外侵略期占领的土地）。正因如此，日本在追随近代西欧时，能迅速凝合成国民国家（nation state），但作为国民国家却只有古来的自然归属意识，而没有国民的主体意识，也缺乏国际意识。第二是接受来自西方的高度文化的适当刺激。日本的特异性在于，一方面不断接受世界最高文化的适当刺激，另一方面又执拗地保持同质性。从世界通常的情况来讲，外来文化的接受一般是通过文化"接触"而展开的，就是说对异文化是自然接受的，并非有意识的。但日本不是通过自然的"接触"，而是有意识地"摄取、采用"，而且其特征表现为自上而下（由

---

1 《丸山眞男講義録［第四冊］日本政治思想史1964》，45页。
2 同上书，45—46页。

统治者决定）的选择和修改。[1]

因此，丸山认为日本不是完全的"封闭社会"，而是"开放社会"与"封闭社会"两种要素并存。也就是说，"日本在地理位置上，难以维持完全的封闭自足性，因其处于易受高度外来文明刺激的位置。但又难以破坏古来的民族同质性，因其处于与外面世界较远的距离"。因为日本自古以来就具有这双重性质，所以仅用亨利·柏格森的"open society"与"closed society"的分类是难以定位日本文化的。"从整体来看，一方面日本是对外'开放'的，但另一方面日本内部集团间关系极其封闭，而且由于文化的同质性，集团的封闭性又从观念上扩大为对日本外部的封闭性。这种社会性质甚至在通信交流已发达的今日，依然影响着人们的思考方法。"[2]

（二）空间的所与对思维的烙印

丸山认为，地理（空间）的条件以各种形式给日本思想史打下的烙印，"不仅表现在对儒教、佛教、自然法思想、进化论等抽象度高的教义或学说的接受和解释上，而且从根底上深深地制约着我们（日本人）不一定自觉到的思维方式和构思方法"。[3] 关于前者，他在各年度讲座的论述部分做了具体阐述，而关于后者，他通过梳理各种惯性思维的典型事例，将其特征归纳为三个"两分法"。[4]

1　《丸山眞男講義録［第七冊］日本政治思想史1967》，21—26页。
2　同上书，27—28页。后来在讲解"古层"论的座谈会上，丸山还把中国、朝鲜、日本三国的儒教思想史做了比较，说在引进儒教的文化接纳中，跟大陆接壤的朝鲜是"洪水型"，跟大陆分离的岛国日本是"漏雨型"。日本对外来文化的接纳不同于一般自然的文化接触，是有目的意识的"摄取"。（丸山眞男〈原型・古層・執拗低音〉，《丸山眞男集》第十二卷，185—186页。）
3　《丸山眞男講義録［第六冊］日本政治思想史1966》，15页。
4　同上书，15—21页。

第一是日本与"外国"的两分法。就是把作为"内部"的日本与作为"外部"的世界截然分开,"世界是在日本外面的"。当近代民族主义形成时,日本对"内部"有牢固的归属感,即便内部也包含多样性和对立,但对"外部"来讲日本是极度同质的。虽然近代国家迅速形成,但日本人只有同族的归属感,而没有人民主权意识。面对国际社会,日本人则缺乏"日本在世界之中"和"世界在日本之中"的普遍主义感觉,没有作为世界公民的责任意识。不过因为善于"摄取"外部的高度文明,日本有一种"拜外主义",所以古代学习中国文明,近代转为学习欧洲文明,但同时伴随着夜郎自大的"排外主义",比如只认同生于日本"内部"的东西为"传统",而不认为外来文化可以成为自己的"传统"。

第二是"土生与外来"的两分法,这与第一点紧密关联。日本国学就是代表这种思维的典型,比如佛教和儒教,在近代化论中是被列为传统而与近代输入的西洋思想相对置的,但在国学那里则被视为"汉心",与"土生"的日本古人信仰相对置,国学要通过清扫"汉心"来找出纯粹日本的东西。丸山认为这是非生产性的,指出"从日本思想史整体来看,可以说凡具有普遍性的(抽象的)概念或多少具有体系性的教义,自儒佛以来都是外来思想。如果用'土生与外来'的两分法来寻找纯粹日本的东西,结果只会像掰菖头那样"。

第三是"内发与外发"的两分法,这是从第二点延伸出来的。"内发"是指在内部有机生长的东西("植物主义"的传统定义),是连续不变的,被认为是民族的"主体性"。"外发"是指从外部流入(移植)的东西,是非连续的、可轻易变换的。比如认为近代日本的文明开化是"外发"的,但作为命运也不得不忍受之,因为日本对"世界的大势"(外部的变化)非常敏感,将之视为客观的"所与",断定"日本不能落后于那个大势,必须适应和追随之"。也正因如此,日本历史上反复地出现"集体转向":宏观上有从摄取中华文明向摄取西欧文明的轻易转换；微观上有基督教的快速传播和快速灭绝，维新期从国内自由民权转变为对外争夺殖民地，大正期从民主主义和马克思主义转变为法西斯全体主义。这些急剧的方向转换并不是经过省察的，而是对世界优势潮流的适应和追随。

在对近代化的把握上也贯穿着这种两分法。关于幕末以后的文化史和思想史，日本人往往以传统主义与欧化主义，或传统主义与近代主义相克的观念来理解[1]，认为传统主义是"内发性"的，欧化主义或近代主义是"外发性"的，加上价值判断的导入，"内发性"被误解为民族的"主体性"。但丸山指出，"内部能源的爆发并不是主体性"，那种"植物主义"的"主体性"，实际上"只依赖着历史所与的环境，是最没有主体性的态度"。[2]

* * *

当然，丸山承认随着交通技术和通信手段的发展，空间（地理）的"所与"对日本思想的影响会发生变化。但他认为一般来讲，思想史比事实史连续性强，而日本因具有"持续性与变化性的双重结构"，变化性和连续性都特别强。日本自古以来就是"开放的"，在思想的"层叠结构"中，不断引进的外来文化从上层向下层渗透，累积重叠。但同时，由空间"所与"制约下产生的思维方式执拗地沉淀在思想的底层，并反过来作用于上层，下意识地修改外来思想。正因如此，日本历史上划时代的两大变革——引进唐朝律令制的大化改新和明治维新的"部分开国"（意识形态的锁国与技术的开国），都没能改变底层连续的东西。而到了战后的"全面开国"，一般国民都确实得到了从

---

1 《丸山眞男講義録［第四冊］日本政治思想史1964》，49页。
2 《丸山眞男講義録［第六冊］日本政治思想史1966》，19页。

多样的异文化中做主体性选择的条件，但如果人们对内在于自身的下意识的思维方式不能有自觉的认识，那些思维方式还会随着制度和意识形态的变化而派生出新的形式，继续左右现代日本人的思维。所以作为日本人的自我告诫，丸山指出："过去长期以来环绕着日本人的自然条件，也因技术的飞跃发展正在快速变化，现在已到了我们去体悟'日本在世界之中'的时候了。如果我们对内在于自身思维方式中的被规定性不能有自觉的认识，那么我们自认为主体性的那个东西，就可能成为变形的锁国主义或绝望的悲观主义。"[1] 可见，丸山并不是抱有宿命观，而是要号召日本人认识那种空间和历史的所与，并打破其制约带来的习惯。

第二节　历史的所与——社会结合方式的原初形态

在丸山的构思里，"历史的所与"跟"空间的所与"一样，也是"古层"产生的一个重要前提。1956年度讲座在研究"原始神道"时，就对日本史上最早的统一政权（大和国家）的形成和发展做了考察，这些成果在1964年度讲座中被作为历史的所与，以"社会结合方式和政治行为方式的原初形态"这个范畴归入"原型"定义之中。丸山在1964年度讲座讲义第一章的"底座"一节中说，以欧洲历史为模式的发展阶段论是难以解释日本历史的。他举出了一个日本独有的特征，即政治社会成立的始点不确定，历史中体制的断绝或时代区分也不明确，实际上是随着政治社会的成立，统治权力从血缘以及祭祀共同体中产生并超越时代而存续。"正如邪马台国到大和国家的发展过程所示，从血缘以及祭祀共同体向政治权力的发展是连续的（引

---

[1] 《丸山眞男講義録［第四册］日本政治思想史1964》，52页。

用者：指没有发生断绝和飞跃），同时统治形态的变化——从祭祀共同体的首长到政治权力的主体的发展也是连续的。即便其后受大陆的影响进行了大化改新并发展为律令制，也不能从根本上推翻'氏姓制度'。"后来的武士团也基本上是以氏的结合（血缘或拟制血缘关系）而构成的。因而，他指出，日本社会结合的特征是"同族集团的结合"。到了近代国家的时代，同族集团结构依然以多样的变种形态重新出现。[1]这种历史的所与给历史意识、政治意识、伦理意识的"古层"刻下了深深的烙印。

日本的"同族集团社会结构"自古代以来就执拗地沉淀于社会意识的深层，它超越时空一直延续到现代并扩展至海外。从日本历史上已出现的事实来看，"同族集团社会结构"的最大规模是"二战"时期达到的以天皇为顶点的"国体"，并在"八纮一宇"的皇国观念下，横向地扩张到被日本侵略和殖民的国家和地区。当然"同族集团"内部不是平等的，那是由金字塔型的等级关系构成，以"同族"（血缘或拟制血缘的结合）形式来维持"和"的秩序。就好比一个同心圆，以天皇为中心，中心向周边的展开是垂直贯通的纵轴，万民由各自与天皇相距的位置（自身的等级）来翼赞天皇。与天皇的距离是决定价值高低的标准，中心流出的价值是以"天壤无穷的皇运"来担保的。这个逻辑扩张到世界时便产生了如下世界政策，即"日本作为'万国的宗国'，将各国排列在其身份秩序中，那就是世界和平"。[2]

1951年丸山在《日本的民族主义》论文中指出，曾高度凝聚全国向心力的"国体"因战败而崩溃之后，国民的国家意识出现了"社会的分散化"，回流到其"古巢"——家族、村落、地方小集团之中，但这并不是"同族集团社会结构"的消灭或本质上的变化，而只

---

1 《丸山眞男講義録［第四冊］日本政治思想史1964》，47—48页。
2 丸山眞男〈超国家主義の論理と心理〉，《現代政治の思想と行動》新装版，27页。

是"量的分散化"。"只有打破那个作为发酵地的、强韧的同族集团社会结构及其意识形态,日本社会才有可能从根本上走向民主化。"[1]这些论述反映出,日本的社会结构发酵于"同族集团",其规模能大到整个国家,甚至扩张到海外(殖民地或"大东亚共荣圈"的皇民化),又能缩小到地方小集团、村落乃至家族。它不仅有很强的伸缩性,而且伸缩幅度非常大。需要注意的是,这与中国的"国族"根本不同。孙中山讲民族主义时,并没有把宗族混同于国族,而是主张通过宗族相互团结以联合成国族,"国族"是包括众多宗族和民族(族群)在内的复数性概念。而日本的"同族集团社会结构"则以单数的同质性为特征,丸山将其渊源追溯到古代的社会结合方式,称之为"原初形态"。对这方面的考察主要是在1956年度讲座中展开的,通过分析日本历史记载中最早的大政治集团(大和政权)的由来、形成及其特征,阐明了日本社会结合方式的"原初形态"。1964—1967年度系列讲座没再详述之,而是运用其成果来分析"原型"。下面就1956年度讲座的论点做个归纳阐释。

据丸山的考察,在大和政权统一北九州和畿内之前,日本曾有过很多小型的族长国家,邪马台国就是这种国家的典型。它是以卑弥呼为顶点的族长国家,内部又包含数十个小族长国,其社会结构性质是相同的,都是同族集团构成的农业共同体,由驱使咒术袚除恶灵、祈求降雨和五谷丰饶的祭祀者来做共同体的体现者。卑弥呼就是以施行咒术来统治的巫女,作为司祭者在共同体中拥有最高权威。整个族长国家以血缘和祭祀的结合为特征,构成一个同族的信仰共同体。在其内部,不仅族长(氏上)对共同体成员(氏人),而且大族长对小族长都具有压倒的优越性。而对这些族长国家进行征服的大和政权本来也是一个族长国家,它与被征服的氏族集团具有同质性。在大规模

---

[1] 丸山眞男〈日本におけるナショナリズム〉,《丸山眞男集》第五卷,73—74页。

统合的征服过程中,大和政权并没有打破地方豪族原有的同族集团关系,也没有击毁其原有祭祀者的权威,只是通过迫使各族长归顺自己来扩大权力范围。这种统合并不是各地方豪族在大和政权之下的相互联合,而是各氏族以原有的同族结构与天皇拟制血缘关系,形成以天皇为顶点的"同族集团"的上下等级关系。在这个拟制血缘结构中,天皇是大和国家"同族集团"中最高贵的宗家,也是最高祭祀者。大和国家的统治形态仍然是以施行咒术的祭祀者为最高权威的祭政一致。[1]

当然,这种统合方式在古代社会亦非罕见。比如中国的殷王朝,就是王室与各氏族拟制血缘关系,使各氏族将殷王的祖先视为自己的祖先来祭祀,以此达到对王室的服从。而且殷王的血统还经由先王连接到上帝,其统治通过占卜先祖的神意来决定行为选择,这种政治结构是以血缘谱系为原理的。日本大和国家的情况与之相似。但正如平石直昭所说,中国的政治观经过殷周的易姓革命发生了根本的变化。[2] 周王朝没有采取殷王朝的血缘谱系方式,而是打出"天"这个超越同族关系的普遍理念,开放地包容其他氏族。在周的观念中,神与人并没有血统关系,统治也不是依靠占卜先祖的神意来决定。"天"超越于"天子"之上,"天"的理念是制约统治者的客观规范。周王只是奉"天命"而成为"天子",必须以仁德来行安民之政。王一旦失去了天子应有之德,就失去"天命"的正统性。

而丸山认为,日本没有发生这种革命性的断绝。大和政权虽然在成长为律令国家的过程中有了高度的发展,意识形态也受到了儒教、佛教的影响,但与这些发展并行,"政治权威的司祭者性质,政

---

1 《丸山眞男講義録［別冊一］日本政治思想史1956/59》,30—31页。
2 平石直昭〈前近代の政治観——日本と中国を中心に〉,岩波書店《思想》792号,1990年6月号,153—154页。

治团体与祭祀团体的一致，以咒术进行统治等原始要素，一直贯穿于天皇统治的传统之中"。在古代国家形成后的8世纪初，天皇政权为了确立自己对地方豪族统治的正统性而编纂了《古事记》和《日本书纪》，编纂者利用地方政权依存于氏神信仰的精神基础，将豪族的氏神与天皇的祖神设定为上下等级关系，造出了天皇为最高司祭者的政治神话，但其素材确实反映了地方的民间信仰和大和政权的成立过程。[1] "记纪"把神话时代（神代）和人的历史（人代）用血缘连接起来，天照大神成了天皇的祖神。天照大神既是关系农耕命脉的太阳神，又是司祭的巫女，所以天皇同时兼有天照的最高贵神统和最高司祭者的权威，故此位于大和国家"同族集团"的顶点。这就是天皇永久统治日本的正统性。所以，虽说世界古代的政治里也有拟制血缘的现象，但像日本那样规模遍布整个社会并延绵上千年的情况，是非常独特的。这种独特性究竟有什么玄机？丸山主要从"氏姓制度"入手来剖析之。

在此需先说明一下，日本的"氏姓制度"与中国的"姓氏制度"完全不同，不能混淆。丸山指出，"氏姓制度"是随着大和政权的政治统一而完成的。所谓"氏"，就是以血缘关系为基础的同族集团，但不同于一般意义上的古代氏族共同体，它由复数的家和拥有家长制的整个氏族构成，还有奴隶。具体地说，是由势力强的家族之长来当氏族全体之长，被称为"氏上"。其成员称为"氏人"，氏人包括氏上的直系和旁系的血族，以及拟制血缘（本无血缘关系）的家族。氏人之下还有"隶民"，亦即属于各家的"奴"和属于氏族全体的"部"[2]。由于这是血缘和祭祀结合的信仰共同体，氏上不仅是农业生产的统率

---

1 《丸山眞男講義録［別冊一］日本政治思想史1956/59》，31—32页。
2 "部"是指在皇族、豪族支配下为其氏族提供劳力和贡品的集团，担任各种不同的职能。其称呼是在"部"字前面加上皇族或豪族的氏名，比如"苏我部"。

者，而且是祭祀"氏神"的司祭者，他以其咒术职能而拥有最高权威，并世袭化。但"氏神"祭祀不同于中国的祖先崇拜，"氏"所重视的是家系的特权地位，一般都把当地神社的神奉为共同体的祖神，冠之以氏名作为"氏神"，以此来拟制族长的祖先与神之间的血缘关系。[1] 大和政权征服地方豪族时，就利用了地方政权对氏神的信仰，把天皇的祖神与豪族的氏神拟制为血缘的等级关系。因此豪族并非横向联合，而是转化为大和同族集团中天皇下属的氏族。日本大规模的拟制血缘正发端于此，这不是真正的纯血同族。

所谓"姓"，本来是有势力的氏上的尊称，比如"臣"（おみ）、"连"（むらじ）、"造"（みやつこ）等。后来被编入大和国家的政治制度时，随着地方豪族转变为大和政权的官僚，这些"姓"有的成为宫廷贵族，有的成为独占某种职能的世袭官僚，职责都是侍奉最高宗家的天皇。大和国家的氏姓制度与一般的官僚制不同，那是世袭的特权地位，其原理依然是自然成长的同族结合。虽然"姓"所支配的部民已没有血缘关系，但其阶级统治还是采取氏族结合（包括拟制血缘）的形态。[2] 后来丸山谈政治意识的"古层"时，指出了日本政治体现着上述同族结合的原理，具体地说就是，天皇作为最高贵神统和最高司祭者主掌祭祀，通过驱使咒术来获知皇祖的神托（ミコト），而臣、连、造等豪族官僚则遵循天皇传达的神托，各掌其职以侍奉天皇。由此构成了日本"祭政一致"的特征。

当然，同族结合的关系并不仅限于天皇与豪族的层次。丸山指出"在日本的原始神道里，神与人是血缘关系，这种关系也下降到臣下"。他所说的"臣下"包括所有臣民，在民的层次也同样是以拟制

---

1 《丸山眞男講義録［別冊一］日本政治思想史1956/59》，34—35页。
2 同上书，35—36页。"臣"是大和政权中最高地位的豪族，"连"是大和政权成立时功劳最大的豪族，"造"是大和政权中分掌各部司的豪族。

血缘的原理大幅度地"扇形"扩展,以至整个日本构成一个"扇形"的同族结合体。神与天皇、天皇与臣民之间都是生与被生的血缘关系,那里没有超越的自然法或客观的规范,保持和发展血缘关系就是对日本社会正统结构的维系。丸山说这是日本的"基本关系",称之为"扇形"逻辑。他还通过与西欧、中国比较,凸显出日本这个逻辑在政治上的行动方式。比如在西欧,"神的创造"是基督教世界观的价值根源,造者和被造者是主体与客体的关系,每个人都具有与神连接的理性,故能以主体性对客体世界做出创造或质疑。在中国,"天"是绝对的非人格的自然法,是普遍规范的终极原理,人和自然等宇宙万象都在"天道"规律中运行,君主如果破坏了天道的运行就会被推翻。而在日本,"神的生殖"就是正统性的根源。但皇祖神的天照也是被生的,生者可无限追溯,因此没有终极的绝对者。国家统治是靠天皇对神祇祖灵进行祭祀,臣下按天皇占卜的神托进行施政,被生的臣民只有从属性而没有主体性。这个逻辑也是决定对外来文化宽容与不宽容的基本标准。因为日本没有终极的规范原理,所以不会与外来文化交锋,外来文化只要不危及血缘的"基本关系",就会被积极引进并推行改革。但若是对"基本关系"有破坏作用的文化,就会遭受残酷压制。[1]

* * *

以上通过阐释丸山1956年度讲座对日本社会结合方式"原初形态"的论述,可以看出日本的"同族集团社会结构"不仅根深蒂固,而且有惊人的扩张性。但它虽然延绵上千年,也只是血缘增殖在"时

---

[1] 《丸山眞男講義録[別冊一]日本政治思想史1956/59》,50—53、56页。丸山在此特别提到了基督教徒和共产主义者被视为破坏"基本关系"的危险分子而遭到迫害。

间"中的延续，与普遍规范的永恒性根本不同。它虽然扩张至殖民地，但那是通过以天皇为最高家长的拟制血缘来同化的，对不能同化者便作为外部的东西来排斥压制，凸显了其特殊主义，这绝不是对异族开放的普遍主义。小熊英二在《单一民族神话的起源》一书中，阐述了日本随着近代化和帝国的状况变化而先后出现过"纯血论""混血论"等主张。[1]如果从丸山的观点来看，那都是上述同族集团原理的变奏。无论是"万世一系"的国体，还是"八纮一宇"的殖民地扩张，其本质都是拟制血缘的同族集团结构。殖民地被"皇民化"并不意味着得到平等待遇，那只是构成宗家对"养子"的上下等级关系。

丸山在1966、1967年度讲座中，关于社会结合方式的"原初形态"，主要是以1956年度已述的内容为前提，强调其执拗的持续性。丸山所说的"持续性"不是纯粹"原初形态"的持续，而是"变化中的持续"。1966年度讲座指出，"日本历史上体制变化的转折点不清晰，生产关系和上层建筑的变化都是在含混模糊中进行的"。"理解日本的精神结构时，绝对需要同时把握执拗的持续和急剧的变化之双重性。"[2]1967年度讲座特别举出日本历史上的大化改新与明治维新这两个划时代的变化，分析其"变化中的持续"。丸山指出，在大化改新前的那些族长国家中，"氏族"本来就不是通常讲的clan（一家一族的血缘团体），不是纯粹血缘的共同体。6世纪以后的氏姓国家更不是单纯的氏族社会（clan society），那是靠拟制血缘来扩大的氏姓国家，其形态在社会结构中非常强韧。"氏"的表象直到19世纪依然在日本政治史上发挥重要作用，比如武士社会的"栋梁"从源氏、平氏到德川氏，都是以"氏"为中心的统治者，而江户时代各藩虽已是官

---

[1] 小熊英二《単一民族神話の起源――「日本人」の自画像の系譜》，新曜社，1995年。中译本为《单一民族神话的起源》，生活・读书・新知三联书店，2020年。
[2] 《丸山眞男講義録［第六冊］日本政治思想史1966》，13—14页。

僚化的政治社会，但同时也是"御家"。[1]

丸山还通过勾勒出日本古代到近代的过程，论证了那个社会结合方式的原初形态在变化中的执拗持续。按照他的论述，大化改新本来是要建立以天皇为中心的中央集权国家的，要模仿唐代确立律令制，废除豪族的私地私民，建立"公地公民"制，实施地方行政、班田制、租庸调等等，这些无疑都是划时代的变革。但改新前后的连续性之强超出了想象。首先，关于"公"的观念，在唐代是"天下为公"和"天下乃天下之天下"，但在日本，那主要被用作打倒畿内"大氏"的意识形态，而且"公"是指"キミ"（主公），"天下"是指"御家"。也就是说所谓"公地公民"，其实只是在氏姓国家的私有"屯仓"观念下，把天皇的支配地扩大到全国范围。还有作为地方行政的国司郡司，基本上是由旧的豪族或国造担任。到了养老年间，班田制就开始崩溃，以世袭的"摄关"贵族[2]为基础出现了庄园制，国司等官员私占所辖地为庄园，重新成为地方豪族。庄园主任命"庄官"来守护庄园，这些庄官便建立起自己的武装集团，武士由此产生，武士团也是采取以"氏"为轴心来拟制血缘的同族集团形态。到了平安时代末期，出现了很多源于地名的氏名，这是以地缘来进行氏的统合，即不同的氏通过祭祀共同的氏神来形成拟制血缘的同族集团（内部设定本家和分家），以这种同族集团形态，把不同的地域群统合成更大的拟制血缘共同体。在丸山看来，这些变迁过程里并没有发生从血缘共同体到地缘团体，再到国家（统治团体）的"进化"，几乎都是"为了当前的需要而重新把过去的形态作为统合手段"。[3]

---

1 《丸山眞男講義録［第七冊］日本政治思想史1967》，32—33页。
2 "摄关"是"摄政"和"关白"的简称，指代天皇执政的重臣。天皇幼小时称"摄政"，天皇成年之后称"关白"。
3 《丸山眞男講義録［第七冊］日本政治思想史1967》，34—36页。

明治维新是以西欧文明为模范来建立近代国家的大变革，但丸山认为，那是近代化与拟制血缘共同体（皇国）的逆向结合。新权力对末端的实质性统辖和忠诚动员都是利用传统形态来进行的。比如行政村虽然是废除了自然村而人为划定的，但原有的地方名流统治和地主佃农关系都被作为对末端人民的统合手段而组入"地方自治制"。明治后期的"家族国家观"正是在这种近代化中拟制出来的血缘共同体意识形态，而在资本主义企业组织发达的大正期又拟制出"企业一家"论。这些都是从同族集团社会结构的"古巢"发酵而来的，可谓是"持续性与变化性的逆向结合"。具有这种文化结构的日本，在形成极端全体主义的"国体"时，就不需要像纳粹那样去制造"神话"了。[1]

---

1 《丸山眞男講義録［第七冊］日本政治思想史1967》，36—37页。

第三章

"古层" II
——思维方式和价值意识

小　引

　　本章主要阐释"古层"论的另一部分，即"神话、古代故事中表现出来的思维方式和价值意识"，具体包括历史、政治、伦理三个方面，将分三节来叙述。关于"思维方式和价值意识"这个部分的考察，丸山是到了以"原型"概念为核心的1964—1967年度系列讲座时才开始具体化，而且是通过各年度的修改整理而逐步深化的。其考察的范畴起初总括为：沉淀于思想深层的"思维方式和世界像"，最终才将之区分为历史、政治、伦理三个领域。不过实际上，系列讲座从1964年度到1966年度都还未做这种区分，1967年度也只是出现了区分的雏形。[1]直到70年代先后发表的三篇研究"古层"的论文时，才明确了"古层"在历史意识、政治意识、伦理意识三方

1　1967年度讲座在第一章"历史的前提"中设了三节：第一节讲地理风土等契机；第二节为"思维方式和世界像的'原型'"，这里面包括了伦理意识和历史意识，但"伦理意识的'原型'"和"历史意识的'原型'"这两个标题都是后来写入讲义稿（栏外）的，当时的讲座并无此题；第三节为"政治诸观念的原型"。

面的区分。

这三篇论文固然是"古层"论完成期的结晶,但也可以说是丸山在对现实极度失望的背景下迸发出来的。当系列讲座到了最终年度的1967年,日本经济的高速成长迎来了最盛时期,但丸山对日本国民精神革命的期待却跌落至低谷。正如饭田泰三所说,当时丸山透过物质繁荣的景象,看到了世间愈益丧失内面的"普遍性感觉",颓废到尼采所说的"世界已丧失意义"的虚无主义状态。他曾经期待日本人能摆脱一味追随大势的思维习惯,在民众中出现对"超越的普遍者"的内面觉悟,从而突破那个与"古层"的咒术世界相类似的、当代的"商品物神性"世界,但现实离他的期待越来越远,致使他陷入了失望甚至绝望。[1] 系列讲座完结以后,丸山经过了数年学术上的沉默,就像激流奔涌似的接连发表了一系列关于"古层"的演讲和论文。

首先,他于1972年推出了论文《历史意识的"古层"》(作为《日本的思想6 历史思想集》的"解说",筑摩书房)。接着,1974年在九州大学法学部菊池勇夫学术交流基金的研究会上做了报告《"政事"的结构——日本政治意识的"古层"》。然后,在1975—1976年外访期间,分别在英国牛津圣安东尼学院和美国的哥伦比亚大学、耶鲁大学、普林斯顿高等研究院、宾夕法尼亚大学、华盛顿大学做了七场关于日本政治意识的"古层"或"执拗低音"的演讲。围绕同样的题目,1980年又在名古屋大学法学院做了连续讲座,1982年在北海道大学法学部做了学术报告,最后一场是1984年在新日本奖学会的百华会研讨会上的报告,此报告的内容提炼成论文《政事的结构——政治意识的执拗低音》,1985年12月刊载于《百华》第25号。另外,1976年访美期间,丸山还先后在普林斯顿大学、哈佛东亚研究所做

---

[1] 飯田泰三〈解題〉,《丸山眞男講義錄［第四冊］日本政治思想史1964》,343—344页。

了关于"日本伦理意识的执拗低音"的报告。[1]哈佛东亚研究所的报告后来由平石直昭翻译成日文,以"日本伦理意识的执拗低音——其中几个侧面"为题,收录于2015年出版的《丸山真男集 别集》第三卷。从历史意识、政治意识、伦理意识的视点来考察"古层"的三篇独立论文就是这样诞生的。

这三篇论文的内容主要是对"记纪"等日本最古的文献进行详细实证,从中抽取出与儒佛道等中国思想不同的、日本独特的核心范畴和基础用语,考察其含义和用法及其在文献中的构思和逻辑,并结合日本后来的史论、伦理观、政治形态中反复出现的模式,来把握"古层"对外来思想的"铸模"作用。之前的系列讲座是先讲伦理意识,再讲历史意识和政治意识,但从"古层"论的逻辑结构来看,历史意识是根基性的,其根本的思维也贯穿于政治意识和伦理意识之中。所以本章按照最后三篇论文的发表顺序来阐释。

第一节 历史意识的"古层"

如前所述,"永恒与时间"这对概念是贯穿"古层"论的核心范畴,它们首先集中体现在历史意识的分析中。在此先概括地介绍一下其思路和运用方法。

(一)"永恒"与"时间"的相关关系

丸山认为,"历史意识的根本就是永恒与时间如何相关的问题"。[2]

---

1 《丸山眞男集別卷 新定増補》,80、82—85、87—89、91页。
2 丸山眞男〈日本思想史における「古層」の問題〉,《丸山眞男集》第十一卷,190页。

在不同的民族文化中，两者的相关形态各有不同。所以丸山在对历史意识的分析中，导入了"永恒与时间"的概念，将日本的"原型"历史像与世界其他民族的历史像做比较。在1964年度讲座中，他就明确地把"永恒与时间"作为基础范畴，采取类型化的手法，勾画出基督教、古代中国、古代印度的"永恒与时间"相关方式的"理念型"[1]，以此为镜鉴来凸显出日本历史意识的"原型"，接着在1966和1967年度讲座中也继续论述了这个问题。这些年度讲座都初步地做了几个类型比较的示意图。后来，1979年，丸山在庆应义塾大学研究课上谈"古层"问题时，更完整地归纳了"永恒与时间"在基督教、古代中国、古代印度的世界像中各自的特征，将之与日本做进一步比较，还按那些"理念型"画了比较完善的示意图。所以在此将几个年度的讲座和1979年庆应义塾大学研究课的内容结合起来，并采用1979年完成度最高的示意图[2]，来阐述丸山关于"永恒与时间"的类型化比较。

1. 基督教的世界像

在基督教里，永恒与时间是交叉的。神是连时间都创造的、超时间的永恒。历史（时间）是神的计划的实现过程，每个瞬间都包含着永恒，是有目标的。历史又是人参加实现神的计划的舞台，人带着罪生于这个世界，在仅有一回的有限人生里必须执行神的计划。所以时间和永恒构成十字交叉型。[3]

---

1 "理念型"（德：Idealtypus）是马克斯·韦伯的社会科学方法的概念。其方法是从复杂多样的现象中抽出本质的特征，构成一个理论上的模式，用以测定、比较、理解和解释现实。
2 为了对应1979年庆应研究课的示意图，在此按1979年的讲述顺序来介绍。
3 《丸山眞男講義録［第四册］日本政治思想史1964》，68—69页。《丸山眞男講義録［第七册］日本政治思想史1967》，80页。

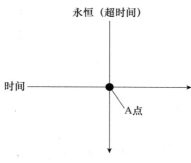

图-Ⅰ 基督教的世界像

基督教的世界像见图-Ⅰ，纵线是永恒，横线是时间，交叉点A就是耶稣基督，他既是神也是人，永恒通过人的生命介入历史的时间。[1]

2. 古代中国[2]的世界像

在古代中国，永恒就是"天道"，即宇宙秩序的规则性（自然法）。天道以一定的秩序循环不息，就像个完整的圆形。人的历史在理想状态下构成与天道同轴心的圆圈，即"天人合一"。这个世界像是以天道的自然法来判断历史的，要通过"调和"使历史的时间与天的法则相一致，属于规范主义历史观。但现实中，人的历史（人道）会出现偏差背离，与天道难以成为完全的同心圆。而且离古代越远，其偏差就越大，所以也叫"堕落史观"，由此产生尚古主义。儒家和道家思想中都有这种思维。[3]

古代中国的世界像见图-Ⅱ，在这几个同轴心的圆圈里，A表示永恒的"天道"，兼有自然法和道德规范双重意义，B表示社会和人的理想境界"天人合一"（圣人的典范模式），

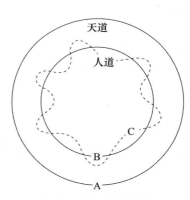

图-Ⅱ 古代中国的世界像

---

1 丸山眞男〈日本思想史における「古層」の問題〉,《丸山眞男集》第十一卷，190—191頁。
2 1964年度讲座把古希腊和古代中国归为同一类型。
3 《丸山眞男講義録［第七冊］日本政治思想史1967》，81頁。

172 第Ⅱ卷 "古层"论

C表示时间中普通人的历史。[1]

3. 古代印度的世界像

在古代印度，时间是在轮回中把握的。人有前世的"业"（karma），以业为因被规定了今世，并在轮回的世界徘徊下去，这里万物没有任何绝对的价值。涅槃的世界才是永恒，涅槃是无时间的。人需要悟出真正自我（婆罗门教）或"无"（原始佛教），从轮回中"解脱"出来，才能飞跃到涅槃的世界。在这里，永恒（涅槃的世界）与时间（业和轮回的世界）是不相交叉的并行线。[2]

古代印度的世界像见图-Ⅲ，A线表示永恒（涅槃），B线表示时间（轮回），两者并行不相交。[3]

图-Ⅲ 古代印度的世界像

丸山从上述三个文化类型中，找出了各自不同的时间与永恒结合的契机：在印度是"解脱"；在基督教是神意志的"履行"；在中国古代是与天道的"调和"，这个"和"是带有规范性质的。日本也最重视"和"，但那个"和"是指（共同体）心情的自我同一性。[4]可见，日本的"和"不是与永恒（绝对者）相关的契机。在这种比较中丸山

1　丸山眞男〈日本思想史における「古層」の問題〉,《丸山眞男集》第十一卷，192頁。
2　《丸山眞男講義録［第七冊］日本政治思想史1967》，78—79頁。
3　丸山眞男〈日本思想史における「古層」の問題〉,《丸山眞男集》第十一卷，193頁。
4　《丸山眞男講義録［第七冊］日本政治思想史1967》，81頁。

阐述了日本的类型。

4. 日本"原型"的世界像

1964年度讲座就已指出，日本"原型"的世界像带有浓厚的历史相对主义特性。日本神话并不像世界一般的神话那样注重讲宇宙和人类的起源或隐喻某种精神信仰，关于天地开辟的叙述空洞贫乏。日本神话所关心的不是宇宙和人类的始源，而是叙述国土生成和统治者诞生的由来，而且"神代"（神的时代）和"人代"（人的时代）是直接以血缘谱系接续的。

> 神代和人代在历史和时间上是连续的，神代本身也是历史的时间。天孙降临以后（舞台移到人的世界以后），就没有再谈高天原的神了。
> 它所显示的时间像的特征，是以现在时间在同一线上无限延长来表象永恒。因此，一切都是历史的、时间的，那里没有离开时间（与时间本质对立）的超越的绝对者或这个意义上的永恒观念。"无穷"的生成发展替代了永恒，但无穷是与现在时间同层次的。
> 如果说，一切都听命于自然的时间经过的思维方式是历史主义（的相对主义），那么，历史主义如此浓厚的世界像确是罕见的。它是现世（现在中心主义）的，但并不是在每个瞬间里看永恒，而是把每个瞬间只作为瞬间来享受，同时无休止地去迎接下一个瞬间。生活在不断变迁的时间上，而对每一个现在瞬间都是肯定的。[1]

1　《丸山眞男講義録［第四册］日本政治思想史1964》，67页。

在1979年庆应研究课上，丸山还对《古事记》中的"天地初发"一语做了论述，指出那是对中国神话的"天地开辟"思想做了下意识的修改。他认为"开辟"与"初发"的思维有根本上的不同。"开辟"是盘古故事等神话所表现的宇宙创造论，那里先有天地未分化的混沌，清者上升为天，浊者下降为地，由此产生出天地、阴阳的二元论。"记纪"的编撰者深受中国影响，《古事记》的序文也用了"天地开辟"等表述，但一进入正文就突然变成"天地初发"了。所谓"发"意味着从某个时空发出，是单方向的。[1]也就是说，"天地初发"并不是从根源中分化出对立的二元，而是由灵力发出能量，单方向地不断生成或生殖，就像一条无限延续的直线。

见图-Ⅳ，A点表示"天地初发"，然后就是一条无限延续的直线。[2]

图-Ⅳ "原"日本的世界像（a）

在"天地初发"之后依靠初发之"势"，化生出国土和泥沙山川草木，化生或生殖出一个又一个神，然后天孙降临，从神代连续到人代。人代的血缘增殖也是在同一方向的直线上发展，呈现出扇形。也就是说，其延续扩展为包括直系和旁系以及拟制血缘的血统关系，由此形成整个日本规模的同族集团结合体。见图-Ⅴ。[3]

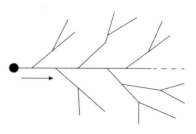

图-Ⅴ "原"日本的世界像（b）

---

1 丸山眞男〈日本思想史における「古層」の問題〉,《丸山眞男集》第十一卷，195—196页。
2 同上书，198—199页。
3 同上书，199页。"八纮一宇"也是扇形逻辑，因为日本的扩张是借以天皇为宗家的拟制血缘思维方式推进的。

第三章 "古层"Ⅱ——思维方式和价值意识

"记纪"虽然在中国思想的影响下也出现了天（阳）、地（阴）的思考，但已发生了变化。"天地化育万物"的思想在中国意味着阴阳交合而"生"，但在日本却意味着像植物有机生长那样的"生成"。比如高天原的主神天照大神，既是女神（阴），又是太阳神（阳）。在《古事记》中，天照大神不是伊邪那美与伊邪那歧的生殖行为所生，而是通过伊邪那歧做祓禊（咒术行为）而生成，是单性生殖的，这种生成并没有理法和目的意识。丸山指出这正是日本"执拗低音"的音型。这个低音音型修改了作为主旋律的中国阴阳思想的鸣奏。[1]

以上特征归纳起来，便得出图–Ⅵ的形态。即A点积蓄着"无限"的"天地初发"的能量，这些能量像火箭发射一样飞到B、C等各个时点，并一直作为新的能量向未来的各个时点发送。因为"天地初发"的能量可发射到每个瞬间，所以每个瞬间的"现在"都是"天地之始"。只要通过祓禊洗净过去，每个"现在"都是新的出发点。日本的"未来志向型"思维，就是把每个瞬间的"现在"作为天地之始。那只是从今日走向明日，并没有目标设定，既没有中国那种基于古典规范的复古主义，也没有西洋那种乌托邦的理想目标。[2] 由此可见，在这种思维里，历史不会给现在或将来留下任何具有规范的价值。

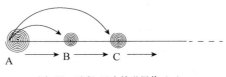

图–Ⅵ "原"日本的世界像（c）

（二）历史意识的"古层"与历史相对主义

通过上述类型化比较，丸山勾画出了"自然时间就是历史"的

---

1 丸山眞男〈日本思想史における「古層」の問題〉，《丸山眞男集》第十一卷，199页。
2 同上书，199—201页。

日本"原型"思维[1]，论证了其特性是缺乏作为绝对者的"永恒"。1967年度讲座进而把"原型"的时间像归纳为五个特点：①历史以现在为中心，由过去向未来的无限推移；②没有超越时间的永恒和"绝对者"，永恒的替代物只是时间的无穷延续，与时间在同一个层次；③现在是过去生成的结果，亦即过去不断地变成现在（re-present）；④但过去没有自身特定的性质（故而没有尚古主义）；⑤未来是由满含过去能量的现在喷射出来的（故而没有目标和终点）。作为历史意识，它是一种追随"流动推移"的时势史观。在这种以现在为中心的思维里，既没有过去的绝对规范，亦没有未来的理想，所谓"现实主义"只不过是乘"势"而行的现状追随。日本思想史上几乎没有乌托邦思想，只由"模范国"来替代乌托邦。地上的模范国先是中国，然后改换成欧美，日本近代史也可以说是模范国转移的历史。[2]

丸山通过考察日本最古的历史文献，论证了"永恒与时间"在"古层"中的相关形态，特别是以"记纪"神话为分析对象，勾勒出那里的思路始终贯穿着自然生成的思维。为了阐明这种思维，他从世界各地的宇宙诞生神话中抽取出三个概念，将之从左到右排列为：生成—生殖—创造，以此来区分各种神话的类型，认为其构思越倾向于左边，自然（有机生成）的契机就越强，越倾向于右边，主体制作的契机就越强。由唯一神创造天地的基督教宇宙观是倾向于右边的典型。日本则倾向于左边，生成生殖的自然有机性质很强。由此抽出了日本历史像的"原型"，那就是靠"势"（いきほひ）来"生成"和

---

1 关于"自然时间"的含义，波多野精一说："时间及时间性的最基本性质，亦即自然时间乃至自然时间性，是在自然的'生'的不断流动推移中成立的。"（波多野精一『時と永遠』，岩波書店，2012年，23页）丸山所说的"自然时间"也是这个含义。
2 《丸山眞男講義録［第七冊］日本政治思想史1967》，82—83页。

第三章　"古层"Ⅱ——思维方式和价值意识　　*177*

"流动推移"（なりゆく）的世界。[1]

丸山指出，"记纪"的编纂虽然深受中国王朝的历史编纂影响，但没有采取中国正史的本纪、列传、志、表、论纂（史论）等体裁，而只以编年体来叙述，把历史仅仅视为"自然时间的经过"，只跟随时间顺序来把握生成的过程，没有规范主义（劝善惩恶）的历史意识。[2]实际上，《古事记》对宇宙的创造及其法则并不关心，共同体的生成才是其着力点。《古事记》的天地创始神话里出现的"天"，只有"高天原"，那是日本的祖先神居住的地方，那里出现的"地"，只有以"苇原中国"为中心的日本国。天和地都是日本的，高天原与日本国构成垂直关系和自然时间的延续关系。先叙述诸神化生的"神代"，然后将"神代"直接连续到以天皇为顶点的"人代"。共同体的国土、人民、山川及其统治者（君主）都是靠自然的灵力之"势"由同一个系统生成或生殖的。"神代"里的诸神都是同一个血缘，其中天照大神是"人代"天皇的皇祖神，其他诸神后来成了"人代"各氏族的氏神，由此形成"扇形"展开的增殖和不断延续。

在论文《历史意识的"古层"》中，丸山阐述了"记纪"的论述特征，比如《古事记》最初登场的天神是"因苇芽萌生而成神"的，之后的神也都是由自然灵力生成的。神的历史就是一个接着一个地生成，其叙述使用了很多"然后"做接续词。"'从海蜇般漂荡'的创世阶段到天照大神的诞生，实质上没有任何不自然的中断，是一直连续展开的。"接着又生成人的历史。祖神的灵力是蓄于子胎内的能量，生成的延续是靠其灵力之"势"来推动的。每一个新的生成的出发点，都蓄有"天地初发"的巨大冲量，给每一次新的生成补充能量。丸山由此抽出了三个基底范畴，并将其体系化。这三个基底范畴

---

[1] 《丸山眞男講義録［第七冊］日本政治思想史1967》，73页。
[2] 同上书，77页。

就是：①"形成"或"生成"（なる），②"延续"（つぎ），③"势"（いきほひ）。因为"生成"是自然而然地接连发生的，故延伸为"流动推移"（なりゆく）。"延续"是无穷的，故延伸为"不断延续"（つぎつぎ）。而这些都是靠祖神的灵力之"势"推动的，所以丸山将之顺次连锁地归纳为一句话："つぎつぎになりゆくいきほひ"，意为"生成"和"延续"的不断"流动推移"之"势"。[1]

丸山认为，以"势"推动的"生成"和"延续"的历史意识，与"同族集团社会结构"的血统延续和增殖的价值观最亲和。过去—现在—未来的线型连续，在血缘谱系或世代继承上表现得最典型，因此，"氏""家"的无穷延续作为替代"永恒"的表象最受到重视。[2] 谱系的延续性按本居宣长的解释，就是包括"纵横"（嫡系和旁系、本家和分家）关系而扇形扩展的皇室血统延续性和时间的"无穷"性。人们在这个意义上看重"一系"，正是表达对一族不断扩展增殖的无穷性的赞美。这种赞美谱系延续的观念实际上延伸为覆盖整个日本的价值观。先是扩展到朝廷重臣的"家"，又延伸到摄政关白的"家"、武将的"家"和本愿寺的"一家众"（以血脉相承来传持法流的同族集团），并且还延伸到江户时代的艺能、工匠、商贾的"家元"（掌门人传承）。总之，谱系延续作为重大的价值意识普及于社会。"万世一系"的意识形态之所以具有优势，是因为皇室作为"贵种"中的最高"贵种"，具有受到广泛拥戴的"社会"基础。在难以容纳宗教超越者和自然法超越者的日本文化中，是通过"不断延续"的无穷性与"万世"的表象相结合，来发挥替代"永恒者"的作用的。[3]

1　丸山眞男〈歷史意識の「古層」〉，《丸山眞男集》第十卷，12—19、23—24、37、45页。
2　《丸山眞男講義錄［第七册］日本政治思想史1967》，85页。
3　丸山眞男〈歷史意識の「古層」〉，《丸山眞男集》第十卷，24—25页。作为丸山的价值判断，他并不是否定"时间"而追求"永恒"，而是否定以"时间"取代"永恒"。

在赞美"同族集团"无穷增殖的价值意识中，沉淀着一种对"自然之生"（生成和生殖）的乐观态度。总之就是肯定出生数一定会多于死亡数，认为生比死优越，但生的胜利并不是生神与死神战斗的结果，而是自然生成。[1]这在历史观中表现为对自然时间的推移及倾向抱乐观主义，对现实的"流动推移"持肯定和追随的态度，并且认定自然时间是靠"势"（momentum）推动的，历史中寓宿着灵力的能量，现实的发展都是灵力之"势"的必然性所致。故而在行动选择中尤为关注"时势""情势""世界大势"，呈现出追随世间"流动推移"的倾向。丸山称之为"势的必然史观"。这种史观认为，历史不是人创造的，历史的状况是人之外的原因引起的，那就是"势"的作用，人对之无可奈何。这个思维还与区分"内"与"外"的观念相结合，把国际社会看成外面的东西，倾向于"按世界大势决定自己的态度"。"大东亚战争肯定论"就是对"势"（当时的法西斯主义潮流）的肯定，可见唯物史观在上述思维方式的制约下发生了如此变化。[2]当然在对"势"的赞美中，心情的纯粹性也是受到尊崇的，但那是一种没有永恒规范，只有时间无限推移的感情自然主义。"这种思维不能产生出主体的选择态度。'原型'思考的所谓主体性，仅仅意味着自身的内部能量的向外流露。虽然内部能量向外爆发时，也隐含'变革'外部世界的可能性，但不会产生出对不同的目标做出自主选择，或在歧路面前做出自主抉择的主体性。"[3]

总而言之，"原型"历史观影响到社会行动，表现为缺乏自然法的思考，不以"永恒"规范为根据来判断事物的善恶是非。这也许有利于不断适应每个瞬间的状况，但这种"状况适应"的行为方式，往

1　《丸山眞男講義録［第七冊］日本政治思想史1967》，71页。

2　同上书，74—75页。

3　《丸山眞男講義録［第四冊］日本政治思想史1964》，66页。

往使现实主义堕落为机会主义。本居宣长有一首和歌写道:"今之世唯恭从今之现实,不可为相异之行。"其意是:只管被动地服从每个时期的权力;时代的体制不应靠自己的行动去改变,而应该顺从之;服从现在的权力"仅仅是因为那是现在"。这典型地体现了日本的"原型"思维方式。[1]

这种把历史只看作"自然时间"的流动或"势的必然"而缺乏普遍规范的思维方式,不仅长期沉淀在日本思想的深层,而且一直影响着对外来文化的接受。关于日本历史意识的"原型"在引进外来历史观时发挥的"铸模"作用,丸山做了如下论述:日本在摄取中国、印度、西欧等异质历史观之后,"原型"历史观依然沉淀在下意识里,不断使外来历史观发生变化。例如,实证主义被甩掉"主体地构成历史"的因素,变化为史料主义。进步观被理解为单纯从一个过程到另一个过程的无限连锁的变化,无视过去的价值积累和经验对于现在的意义。进化论被消弭了原理,从而发挥了使进步观脱离目标和理想的机能。马克思主义被甩掉驱使乌托邦理想去构筑未来社会的本来意义,一方面变化为追随历史趋势的世界大势主义,另一方面变化为追随"模范国"先进模式的学习主义。[2]1979年丸山在阐述"古层"问题的座谈会上指出,日本古代长期以来把中国作为"模范国",明治维新时,又轻易地把"模范国"换成了西欧。因为有可以追赶的"模范国",所以历史没有乌托邦也照样行进。可见,日本设定目标的能力最弱,而追赶"模范国"的能力最强。[3]不过在70年代末丸山已借

---

[1] 《丸山眞男講義錄〔第四冊〕日本政治思想史1964》,74页。

[2] 同上书,71—73页。丸山所批判的是把进步观变成直线进步(线性)的"原型"思维,但他并不是反对启蒙主义的进步史观。

[3] 丸山眞男〈日本思想史における「古層」の問題〉,《丸山眞男集》第十一卷,202—204页。丸山认为,"模范国"可以轻易地更换,是因为那些模范对于日本来说都是外国的,而且日本自身没有永恒真理的观念。

此隐喻出，现代日本一旦没有了"模范国"，就会陷入迷惘或走向反动的危险状态（指泛日本主义[1]）。

丸山把日本历史意识的"原型"又称为"历史主义"的思维方式。他在1972年围绕论文《历史意识的"古层"》与加藤周一的对谈中指出："像日本这样的超越者意识非常薄弱的地方，自古以来看待事物的眼光就是历史主义的。"[2]《历史意识的"古层"》结语中的以下一段话，可以说是他对这个研究的精辟归纳。

> 光有超越时间的永恒者的观念，或光有对自然时间的继起延续的知觉，都不能产生历史认识。历史认识是无论何时何地都要通过永恒与时间的相交才能被自觉化的。而正如以上所述，在日本的历史意识的"古层"中，一直占据永恒者位置的是谱系延续的"无穷性"，由它构成日本型的"永远的现在"。这个无穷性并不是对于时间的超越者，而是在时间的无限的线型延长上被观念化的。在这个意义上，它与真正的永恒性是根本不同的。但当受到来自汉意、佛意、洋意的永恒像触发时，历史意识的"古层"通过与之摩擦和倾轧，又正好成了滋生历史的因果认识或变动力学的土壤。到了现代，家系无穷连续的观念

---

[1] 在座谈会上，内山秀夫对丸山的"模范国"说法表示赞成，同时又指出了一个更可怕的问题，就是"日本一旦达成了（所追随的模范），便将之作为下一个'初发'的能量，推出自己是模范国的泛日本主义"（丸山眞男〈日本思想史における「古層」の問題〉,《丸山眞男集》第十一卷，204—205页）。关于泛日本主义，丸山在1984年的讲演中也指出，日本不断"习合"外来思想，其走向反面时就膨胀为泛日本主义（pan-Japanism），主张"世界的文化皆出于日本"。比如，平田（笃胤）神道的一个流派就力主耶稣基督和释迦牟尼都生于日本，战争中的皇道主义者、日本主义者也有这种倾向（丸山眞男〈原型・古層・執拗低音〉,《丸山眞男集》第十二卷，145页）。

[2] 〈歷史意識と文化のパターン〉,《丸山眞男座談7》, 254页。

在我们的生活意识中所占的比重已不能与昔日相比，另一方面，约束人们经验世界的行动和社会关系的那个看不见的"道理感觉"也显著地丧失了拘束力。这时，本来就有利于历史相对主义繁生的那些日本土壤，就有可能化为"流动推移"的流动性和"不断延续"的变迁这种深不见底的泥沼。[1]

通过以上考察可知，所谓"古层"（"原型""执拗低音"），无疑是丸山真男用来分析解剖日本思想病理的概念工具，但有一部分人却将之误解为是丸山本人的哲学[2]，甚至颠倒了丸山对"古层"的价值判断，把"古层"理解为具有褒扬意义的东西，因而将这个时期的丸山视为日本主义者。而且《历史意识的"古层"》起首和结语的两段话，也往往被这些人引用来证明丸山所说的"古层"是好东西。[3]丸山在这篇论文的起首引用了本居宣长《古事记传》的话："观察从古至今世间善恶之事的变迁状况，皆无违背神代的趣旨，可以说今后万代亦如此（三之卷）"，以此说明宣长是主张包括未来的一切"历史之理"都凝缩于"神代"。[4]这被误解为丸山的立场是赞同宣长这个观点的。然而，丸山在解剖"古层"时虽然常常引用本居宣长的说法，但那只是采用宣长对事实的解释，但在价值判断上与宣长的观点恰恰相反，宣长正是丸山要打倒的最大敌人。还有，《历史意识的"古层"》结语最后的以下一段话，也被用来证明"古层"是好东西。

1　丸山眞男〈歷史意識の「古層」〉，《丸山眞男集》第十卷，63页。
2　川崎修〈解说〉，丸山眞男《忠誠と反逆——転形期日本の精神史的位相》ちくま学芸文庫版，491页。
3　在中国学界，比如有李永晶的论文《在历史与民族深处思考东亚的近代：丸山真男日本思想史研究方法的视角》，《丸山真男：在普遍与特殊之间的现代性》，江苏人民出版社，2021年。
4　丸山眞男〈歷史意識の「古層」〉，《丸山眞男集》第十卷，3—4页。

> 一切都被历史主义化了的世界认识（越来越短的"世代"观就是一种表现），反而会唤起把非历史的、现在的每个瞬间绝对化的倾向。而且如果把目光投向"西欧"世界，那么就可以看到尼采贸然说出"上帝已死"之后过了一个世纪的光景，那里的状况好像越来越类似于日本的上述情形了。或许，作为我们的历史意识特征的"变化的持续"，在上述侧面也成了让现代日本处于世界最先进国位置的原因。[1]

这里所说的"现代日本处于世界最先进国位置"是丸山运用反语的讽刺，他认为世界因失去"普遍性感觉"而愈益颓废到尼采所说的"已丧失意义"的虚无主义状态，而日本历史意识的特征或许会使日本走在这种颓废的前沿。丸山本人在回忆森有正时，也谈到《历史意识的"古层"》中的这句话曾被森有正误解为赞美之词，并明确地说，这句话其实是带着讽刺而写的。[2]

不过，我们不能忘记丸山在发掘可能性方面，强调要关注任何要素所包含的双重方向性，对日本的"原型"思维亦如此。1967年度讲座在"历史意识的'原型'"一节最后，出现了近似于诡辩的论述。那里设了"原初的再生与状况适应"的命题，说"日本的天神没有特定性质，都是历史性（引用者：时间流动中生成）的，所以能比较容易地从现在的立场出发自由地唤出历史的过去"。在"原型"思维中，世代交替是以祖灵为媒介的，是神代与现在的连续，这就"有可能产生出把对新形势的适应和变革，作为又一轮'原初'的再生来理解的特异思维方式"。也就是说，只要祭祀天神（祖灵）就可以采取改革行动，大化改新和明治维新这种从未有过的大改革，都是通过祭祀天

1　丸山眞男〈歷史意識の「古層」〉,《丸山眞男集》第十卷，63—64页。
2　丸山眞男〈森有正氏の思い出〉,《丸山眞男集》第十一卷，97—98页。

神地祇而断然实行的。他反复引用北畠亲房《神皇正统记》中所说的"天地之始以今日为始之理",试图从中抽取出一种与本居宣长肯定一切现状的态度不同的、具有主体实践性的历史观,那就是把变革视为从天地初发的混沌中重新出发。他说"'原型'的乐观主义,在最悲观的状况下支撑了亲房的改革主体性"。[1] 在1965年度讲座关于《神皇正统记》思想位置的论述中,丸山也说过,亲房的"天地之始以今日为始之理",体现出日本古代的时间像也有可能产生出"每个瞬间进行创造的逻辑"。[2]

可见,丸山一方面严厉地解剖"原型"缺乏永恒观念和普遍规范的致命病理,另一方面明知"原型"虽目不暇接地引进外来文化却总是在根本上不改变,但也要把"变化中的持续"反转为"持续中的变革"。这也许是在日本现有条件下的一种"以毒攻毒"疗法。

第二节 政治意识的"古层"

关于政治意识的"原型"("古层"),丸山最初只是在1966年度讲座中谈了日本"统治结构的持续形态",主要阐述"无责任的体制"在日本政治中的持续性。但到了1967年度,就以"政治诸观念的原型"为题对其本质性问题进行了详细追究。之后又经过数年的研究积

---

1 《丸山眞男講義録[第七冊]日本政治思想史1967》,90—95页。
2 《丸山眞男講義録[第五冊]日本政治思想史1965》,299页。北畠亲房是一个在政治上失败的思想家。在律令制的天皇亲政和公地公民制度被庄园制蚕食,庄园制产生出武士团,武士权力登场的历史变迁过程中,亲房强烈主张复古天皇亲政,并以仁政安民的规范主义与现实对抗,但其思想抗不过现实的大势。尽管如此,他坚持了自己的内面信念。"天地之始以今日为始之理"就是他在悲观状态下对改革主体性的理论化。

累，1974年丸山在九州大学法学部做了题为"'政事'的结构——日本政治意识的'古层'"的报告，并围绕同样的题目又在访问英美期间做了七场学术演讲，1980年以后在名古屋大学、北海道大学分别做了讲座，还在百华会研讨会上做了"关于日本思想史诸问题"的报告。通过这些报告的不断提炼，最后以百华会研讨会的内容为底本，1985年12月在《百华》第25号发表了题为"政事的结构——政治意识的执拗低音"的论文（以下简称《政事的结构》）。本节拟把讲座的内容和《政事的结构》归拢起来阐释。

丸山所说的"政治诸观念的原型"，并不是指"记纪"里出现的、深受中国古代思想的教义影响的政治意识形态，而是日本接受那些教义时使之发生变化的"铸模"——包括非自觉的思维方式和政治集团形成的原初形态。在有关政治范畴的古代日本语词中，最重要的用语是"まつりごと"，汉字通常写成"政事"，"政事"一词从古代一直沿用到江户时代（"政治"是以后的新用法）。因为"政事"和"祭事"的日文假名都是"まつりごと"，所以长期以来人们以此为根据，主张"まつりごと"既是"政事"，又是"祭事"，将之解释为一般的政教合一。但本居宣长认为，"まつりごと"要从下位者侍奉上位者的关系来理解。丸山赞同本居宣长的这种解释[1]，认为政事与祭事是不能等同的，并指出："政事与祭事是通过'まつる'这个表示'侍奉''服从'的观念做媒介来联结的。"[2]这里包含着两个要点：一是"政"与"祭"的双重结构，二是"政"对"祭"的侍奉关系。

其思维方式可追溯到日本政治集团形成的原初形态。丸山指出，"大和国家的军事征服是作为祭事的统合来进行的"[3]。本书在阐

---

1 关于日本古文献的解释，丸山在事实认识方面对本居宣长的研究成果多有继承，但在价值判断上对本居宣长的观点持批判态度。
2 《丸山眞男講義録［第七冊］日本政治思想史1967》，99页。
3 同上书，99页。

述"社会结合方式"的原初形态时曾介绍过,日本最古的政治单位是"氏","氏"既是政治团体,又是由氏上统领的祭祀共同体。大和国家统一以前的地方豪族都是以血缘和祭祀为支柱的族长国,而作为征服者的大和政权也是同质的族长国。其征服方式是让各族长国保留原有的结构来归顺,具体是以天皇的祖神与地方豪族的氏神通过拟制血缘的方式来形成上下等级关系。天皇统治的正统性在于具有天照大神的最高贵血统和最高司祭者的权威,以此成为大和国家"同族集团"的最高"氏上"。氏上是作为同族集团的司祭者而拥有权威的。天皇立于人与神的中介位置,通过执掌"祭事"来侍奉神祇和祖灵,通过咒术来获知神托而发出敕命。豪族群臣则遵照神托之敕命,通过执掌"政事"来侍奉天皇。这种侍奉关系体现了日本独特的"祭政一致"。

丸山就这些政治统合与统治方式背后隐伏的思维问题,对古文献做了详细的实证。发现在关于大和政权的记载中多处出现"まつらふ"这个用语,意为"侍奉",实际上指"归服"或"归顺",亦即"归顺"是以"侍奉"形式来推进的。大和国家统治关系的一个重要特征,就是站在归顺者的立场作为"侍奉"来表述。[1]而论文《政事的结构》还谈到,"まつりごと"更早的含义是"献上",原意是对神或对人献上各种物品,这些献上的行为后来抽象为"侍奉"。[2]但值得注意的是,臣下对天皇的"侍奉"并不是通常所说的服从,实际上是执政,在这个意义上称为"政事"。丸山指出,在"记纪"的大量叙述中,"政"的含义大都体现为"复奏""奏上"。"政"这个用

---

1 《丸山眞男講義錄［第七冊］日本政治思想史1967》,100页。丸山指出,皇室与地方豪族以拟制血缘的方式形成同族集团,可以使政治统合过程中的支配形象温和化。而"氏"也以此将自己的氏神与皇室的咒术权威联结,从而提高"氏上"作为世袭咒术权威的地位(同上书,125页)。
2 丸山眞男〈政事の構造——政治意識の執拗低音〉,《丸山眞男集》第十二卷,215—216页。

语，基本上是在皇子完成天皇委任的任务后向天皇述职的文脉中使用的，"从这个意义上看，'政'的第一含义是对上面政治权威委任的政事履行职务侍奉"，其基本形态可追溯到天照大神对皇孙的委任关系。"'政'的观念通常伴随着奏上或复奏，那里必然有上级统治者的存在。因而，'政'的内容即便是采取'自上而下'方向的国家平定、叛逆讨伐、对外征伐，但都同时伴随着'自下而上'侍奉的方向性。"[1]

那么，最高地位者的统治是以什么用语来表达的呢？丸山举出了"しらす"这个重要用语，汉字写作"知"，又转写为"治"。历史记述中多出现"治（知）天下之政"或"闻看天下之政"等表达，天皇的统治形式是发布"神托"的敕命，把具体的政事执行委任给臣下，而自己只做"知"或"闻看"。可见，统治的含义是听和知。另外，"しらす"一词的汉字又写成"君临"。所谓"皇孙君临之国"，主要表达皇孙（天照的子孙·天皇）对其国统治的正统性（legitimacy）。"君临"区别于对土地的事实领有，领有的主体依然是地方神或国造、县主等。具体的领有和支配以"うしはく"一语来表达，此语不用于天皇。天皇作为最高统治者主要是"闻"政事，"听"臣下的奏报。[2] 也就是说，最高统治者的权威性在于驱使咒术，即天皇作为最高祭主与皇祖神以及各神祇联结，依凭神托而发出敕命。具体的"政事"只不过是臣下对其的"侍奉"，天皇对之只需听和知。

这种"祭政一致"显然与中国的"政教一致"不同，那里没有"教"（以"天道"为核心的普遍教义），那是一种以血缘为谱系的侍奉关系。大和国家在形成过程中，为了使天皇对日本的统治正统化，摄取了中国的"天"观念，但"天"观念发生了日本化的变质。在中

---

1 《丸山眞男講義錄［第七冊］日本政治思想史1967》，103—104页。
2 同上，104—108页。

国，那是作为天之中心的太阳与地上的皇帝结合，即皇帝受命于天而成为地上的绝对者，获得"天无二日，地无二皇"的地位。在日本，那是以太阳神的观念（农耕的谷灵信仰）做媒介把天照大神置于"天"的中心，并将之定为天皇的祖神，从而使天皇处在"天无二日，地无二皇"的地位。这与日本政治以血缘谱系为正统的习俗有重要关系。正如丸山所指出，中国的皇帝是受托于天命而成为天子的，所以对天负有责任。皇帝只是在地上行使最高政治权力者，"在天的神圣性和超越性面前，任何皇权都是被相对化的"。天子归根结底不能等同于天，必须受天道的客观规范制约。而日本天皇是高天原最高神的子孙，带有与天等同的性质，万叶歌人把天皇称为"现人神"。不过，天皇只做地上统治的最高君临者，政事全部由群臣来"侍奉"，亦即天皇不受任何规范制约，也无须对天负责任。在中国，天子要对天负责任，天是对天子统治的审判者，天的审判通过人民的向背体现出来，人民可以对天子实行"革命"。在日本，天皇与太阳神血缘连续，作为"天之日嗣"是地上当然的中心统治者。[1]因为血缘谱系的正统性只靠"万世一系"的代代延续来维系，所以不能接受中国那种以民本主义为核心的德治正统。这里反映出日本在接受中国"天"观念的过程中，出现了"时间"对"永恒"的消弭。

中国有些学者认为，日本"祭事"和"政事"的分离与西欧近代的"政教分离"相类似，但这完全是误解。丸山认为，"祭事"和"政事"的分工贯穿着自下而上的"侍奉"观念，天皇通过"祭事"侍奉于神，群臣通过"政事"侍奉于天皇。"神—天皇—群臣"的关系与"氏神—氏上—氏人"的关系是同一个原理。[2]可见，"政"与"祭"的双重结构并不是"政教分离"，而是无教义无规范的"祭政一

---

1 《丸山眞男講義録［第七冊］日本政治思想史1967》，116—117、120，128—129页。
2 同上书，121页。

致"。这种双重结构的一大弊害就在于它是"无责任的体系"。首先，敕命只是通过咒术手段获知的神托，而不是天皇的主体意志，天皇对此不需负责任。群臣也只是遵循神托的敕命，也不需负责任。而且，神也是没有责任的。因为正如丸山指出，即便皇室有天照这个祖神，但从天照大神往上还有很多代神，"记纪"神话并没有谈及终极的祖灵。可见，受天皇祭祀的客体不是特定的，可以无限追溯。[1] 这个体系是没有责任主体的。

而且，以上所述的"政治诸观念的原型"没有停留于古代，它随着时代的变化而以新的形式存续着，延绵上千年又遍布社会各层面。丸山认为，那是日本政治史上"统治结构的持续形态"，指出其特征是："最终权力"之所在不明确，"统治"的主体和客体不明确。由此产生出贯穿于各种统治结构的"间接统治或双重统治的形态"，亦即"政治决定过程中的权威源泉（しらす）与权力行使者（うしはく）的分工"。[2] 论文《政事的结构》将之称为"正统性"（legitimacy）与"决定"（decision-making）的分离。丸山解释说，所谓"正统性"是指臣下和人民赖以服从其统治的观念性根据，这不能等同于伦理意义（或教义）上的正当性。所谓"决定"指政策决定，那是包括上下各个层次的，在国家层级就是最高层次的决定。总而言之，"正统性之所在与政策决定之所在是截然分离的，这是日本'政事'的第一个执拗低音"。[3]

作为"统治结构的持续形态"，丸山认为其最初体现为一种摄政制，将之上溯到《魏志·倭人传》记载的邪马台国，指出卑弥呼女王是卜知神意的咒术者，其弟是辅其治国的执政者，这在实质意

---

1 《丸山眞男講義録［第七冊］日本政治思想史1967》，123页。
2 《丸山眞男講義録［第六冊］日本政治思想史1966》，40—41页。
3 丸山眞男〈政事の構造——政治意識の執拗低音〉，《丸山眞男集》第十二卷，216—218页。

义上已是摄政制。还举出《隋书·倭国传》中记载的倭国（大和国）情况——倭王是驱使咒术的司祭者，其弟是执政者，以此佐证司祭与执政的双重统治。还说到后来，这种近亲的摄政由王弟发展为皇太子，推古天皇与圣德太子的双重统治就是最初的摄政制。[1]"记纪"等史书的记载表明，皇太子摄政的具体方式，基本上是皇太子与大臣、大连、大夫等重臣合议来执行最高政治。[2]如前所说，大和国家统一后形成了以"氏姓制度"为基础的统治机构，地方豪族的"臣""连""造"等姓变成了各种职务的世袭爵位，掌管大和政权各部司的职务，摄政皇太子与豪族组成重臣合议，以此"侍奉"天皇。就这样形成了权威和权力分离的模式，即天皇代表权威，豪族掌握权力的双重统治结构。除此之外，后来的"院政"也属于这种双重统治或间接统治。但院政不同于皇室与豪族官僚的关系，那是皇室内部的双重统治，而不是摄政型的。在院政时代（1086—1185年）的全盛期，"院"（上皇）也掌握了政治实权，事实上不仅是双重统治，而且出现了"二王制"。[3]

　　早在大化改新前，那种双重统治的摄政制就已出现了僵局，大化改新和律令制就是要打破氏姓制度的弊端。在丸山看来，律令制的形成可谓与明治维新相提并论的、大规模摄取外国的法政经体系的国家体制改革，但连这样的大改革也不能改变上述状况。从大化改新走向律令国家，无疑是以"天皇亲政"为目标，实行由天皇把全国的人民和领地作为公民、公地来统治的大改革。其推进以天皇为中心的官僚中央集权化，是以隋唐的皇帝制为模式的，但日本"原型"的基本模式却存续了下来。问题在于，"原型"的结构不仅没有被打破，反

1　《丸山眞男講義録［第六冊］日本政治思想史1966》，42页。
2　《丸山眞男講義録［第七冊］日本政治思想史1967》，115页。
3　《丸山眞男講義録［第六冊］日本政治思想史1966》，44—45页。

第三章　"古层"Ⅱ——思维方式和价值意识　　**191**

而与改革并存,甚至得到进一步明确化。律令制虽然以唐制为模式,但设立了中国没有的"太政大臣"和"太政官"制度。太政官是为了实现"天皇亲政"而设的最高合议体,但太政大臣并不是中国的三公那种名誉职,而是最高合议体之首。"太政官制就是大化改新以前皇太子与大臣、大连合议政治的结晶。"实际上,"在统治机构内部,天皇成了单纯权威的归属点,被进一步神圣化,而与之成反比,天皇渐渐被从实质的政治决定权中隔离开来"。可见中央集权化的过程,也就是皇太子摄政制习惯化和太政官制度确立的过程。这里的奇异逻辑是,"天皇需有臣之翼赞才能君临,而臣按天皇之诏以合议来决定政策实行统治,则是对天皇的侍奉"。[1]通过分析那种靠豪族合议来翼赞(辅佐)天皇的体制在律令改革中的连续性,丸山找出了"原型"修改外来文化的执拗低音。

众所周知,律令制下皇太子和太政大臣合议的摄政权后来落入宫廷贵族手里,演变成由重臣替代天皇执政的"摄关"制,衍生出藤原氏的摄关时代。而这种模式又在武士统治的时代通过改头换面被继续沿袭。丸山指出,"武家政治是政治体制中权威与权力分工的极限化形态"。武家政治在其发展过程中也受到过朝廷等势力的制约,但到了德川幕府时代,政治决定权的最高所在就明确地归属于幕府。但另一方面,"武家的栋梁"是靠皇室的任命才获得"日本国总守护职"或"征夷大将军"地位的,亦即皇室的"大政委任"是幕府掌握全国统治权的正当性根据。就这样,权威与权力分立的双重统治模式,以幕府充当"摄关"的形式沿袭下来了。[2]丸山认为,更有趣的是,这种模式还以各种名目派生于幕府政权内部的各个层级。在幕府内部,将军是权力的权威来源(sovereignty),与实际的执政者(government)

---

[1] 《丸山眞男講義錄[第七冊]日本政治思想史1967》,115—119页。

[2] 《丸山眞男講義錄[第六冊]日本政治思想史1966》,45—46页。

是分立的。执政者在各个时代不断改换职名：镰仓幕府时叫"执权"，室町幕府时叫"管领·执事"，江户幕府时叫"老中·若年寄"。这样的分立关系，无疑是沿袭日本"原型"的模式——统治权的归属者与实际权力的行使者的双重统治。此模式还派生于藩（大名领国）的统治结构，"藩主"是权威，"家老"是执政者。[1]

而且作为第一个执拗低音的延伸，丸山指出上述模式还派生了第二个执拗低音。那就是，实际上的政策决定者也不是正统委任的"摄政""关白"，那里出现了"政权的下降倾向"和"政权的近亲化、私人化倾向"。比如藤原氏的摄关时代，是由藤原家的家政机构"家司"以摄关的名义行使决定权的。如果说摄关是天皇的"监护人"，那么"监护人"背后又有"监护人"，而且背后的"监护人"是非官方的私人家政机构。这个模式在武家政治中又被完全复制。比如，镰仓时代的北条"执权"，实际上是由北条家的私家统领得宗来执政的，实为得宗政治。而在得宗政治里，其下属家臣又掌握了极大的权力。后来这些执掌一方权力的家臣被称为"奉行"，所谓"奉行"在语源上和"侍奉"同根。政权的下降化和近亲化状态就这样一层层地向下复制。[2]

之所以普遍出现决定权向臣下层层下降的情况，其根源的思维方式在于，"政事"是对上级者的"献上事"（侍奉），是由臣下做的，君主只需听"复奏"，"闻见天下之政"。而"政权的近亲化、私人化倾向"，也是由来于同一个思维方式中的那种没有普遍规范（比如天道民本等）的"祭政一致"，或者说是以同族集团的血缘（包括拟制血缘）为谱系的侍奉关系。丸山还从贯穿于皇室和社会各层面的同族

---

1 《丸山眞男講義録［第六冊］日本政治思想史1966》，46页。《丸山眞男講義録［第七冊］日本政治思想史1967》，112—113页。
2 丸山眞男〈政事の構造——政治意識の執拗低音〉，《丸山眞男集》第十二卷，232—236页。

集团原理来分析此问题。他指出，天皇的神圣性和权威并不是靠个人的人格，而是靠皇祖皇宗的血统而拥有的。这个模式也被复制到各种"家"共同体的内部，比如臣·连的"氏"、摄关家、将军家、大名家、家臣的家，此外还有宗教教团教祖的家、各种艺道掌门人的家等等。那些家长、家督的权威也是靠世袭而拥有，它内在于血缘谱系的连续性之中。共同体的最高权威是作为"保持集团的同一性和成员行动的一致性"而被神圣化的（不能负有责任），这是权威源泉决定主体分离的重要原因。这种形态对保持统治体的连续性和应对变化两个方面都发挥了作用，但其病理是把最终权力之所在和政治决定的责任模糊化。[1]

论文《政事的结构》指出，"政事"由下层者的侍奉来定义以及决定权层层下降等倾向，"作为一种病理现象，体现为'决定'层面的无责任体系"。[2] 即便到了近代天皇制，虽然已建立中央集权体制，但政治权力很快就下降到重臣或重臣群手中，日本近代的"多头"型、"翼赞"型政治基本可以在上述病理中找到"原型"。关于昭和时代"无责任体系"的典型事例，丸山在《军国支配者的精神形态》一文里做了详细论述，尤其是他指出，面对"二战"后的东京审判，日本表现出没有对在那场战争中犯下的罪行承担责任的主体，所有战犯几乎都认为那些战争行为只是"势"所使然，是不得已的。[3]

---

1 《丸山眞男講義録［第六册］日本政治思想史1966》，47—48页。丸山在谈到一些有意识地把"原型"应用于统治制度的情况时，指出其中有一种策略意图就是，"避免把错误决定的责任归咎于最高政治权威，以防止统治体系的同一性和连续性遭受破坏"（同上书，41页）。

2 丸山眞男〈政事の構造——政治意識の執拗低音〉，《丸山眞男集》第十二卷，238页。

3 丸山眞男〈軍国支配者の精神形態〉，《丸山眞男集》第四卷，98—102、112—113页。

另外，在没有普遍规范的同族集团"祭政一致"原理中，政治侍奉于以咒术获知的神托，这使政治的特殊主义一味强化。比如，"记纪"赞颂神功皇后遵照祖神命其征韩的神托，获神灵附体而征服了三韩（新罗、百济、高句丽）。《古事记》记述：神功皇后的丈夫仲哀天皇获得了征韩的神托，理由是新罗国有很多灿烂的宝物，必须使其归属于天皇。但仲哀天皇对此神托表示怀疑，结果被鬼魅缠身而暴亡。于是大臣重新驱使咒术，又得到与之前一样的神托，继而问是哪位大神之托，神灵回答说那是天照大神的旨意。因此神功皇后遵此神托出征，全身获得了强大的神力，征服了新罗国。这是一个具有典型意义的故事。这种侍奉祖神的特殊主义穿越上千年延续至近现代日本，没有"永恒"只有"时间"的"祭政一致"给政治行动打下了深深的烙印。丸山在《法西斯主义的历史分析》一文中描述了其在昭和国家表现出来的"家族利己主义"特征。

> ……家族利己主义在国际方面表现为这样的想法，当然是只要日本国家（家族的国家！）能好，邻国的民族会怎样、世界会怎样都毫不在乎。……那些作为战犯被判了死刑的人，在被行刑前煞有介事地说，"希望日本国民能从不幸中站起来"，还向日本国民道歉。但关于中国人民所受的无可言表的痛苦，他们没有一个人对中国人民或者世界人民表示道歉。至于自己的行为如何给世界人民带来了危害，那都是他们完全不关心的。这就是家族式意识形态的典型的病理现象。[1]

丸山在1964年度讲座中指出："政治本来就是以特定的地域或集

---

1 丸山眞男〈ファシズムの歴史的分析〉,《丸山眞男集 別集》第一卷，岩波書店，2014年，394—395页。

团为前提的，内包着与其他地域或集团对抗和斗争的可能性。可以说，那是以单位社会的特殊性为政治行动的基础的。……与之相对照，宗教和文化的价值是以整个人类为前提的普遍主义，与所属集团的特殊性没有关系（真理是对于万人的真理）。"[1]所以，政治行动需要在"普遍主义"与"特殊主义"相互牵制的平衡中推进。但在日本的政治行动上，集团功利主义成了最重要的行为动机。以单位社会的特殊性为前提的行动优先于以超越特定集团的价值为目标的行动，这往往导致宗教、学问、艺术被用来服务于所属集团的实用目的。集团的效用占优势，"人类、个人、真理、正义"等普遍价值低于特殊集团的价值。这种难以融入普遍价值的倾向削弱了普遍规范对政治行动的制约，不仅让政治手段能比较自由地被使用，还让"反道德"的决策在内的奇袭和谋略得到称赞。[2]

第三节　伦理意识的"古层"

关于伦理意识的"古层"，丸山也是以"永恒与时间"这个核心范畴为镜鉴来分析问题的，"永恒"在这里主要表象为普遍的道德规范。

丸山从宗教的形成和发展入手，全面地以马克斯·韦伯的宗教社会学理论为依据，尤其注重"脱咒术化"（Entzauberung）的问题。

---

[1]　《丸山眞男講義録［第四冊］日本政治思想史1964》，76页。
[2]　同上书，76—77页。当然，丸山并不是一味强调普遍主义而无视特殊主义，而是主张两者的平衡。认为"政治都是以特定集团为基础而成立的，但必须具有超越于特殊集团的全体展望。……无视特殊主义的普遍主义，不可能有政治的存在，但缺乏了普遍主义的特殊主义，只能产生出仅限于一定状况下的政治作用"（同上书，79页）。

他认为："无论在哪个世界，宗教都是一切思想的原型。它是教给我们抽象思考从而对世界赋予意义的原型。"¹1964年度讲座的讲义第一章在谈日本"原型"的世界像时，就首先介绍了韦伯的"宗教社会学"。根据其理论，任何社会都具有关于超自然的秩序、精灵、神灵、非人格之物等的宗教观念，但那些超自然的秩序观念并非一开始就具有"超越的"（彼岸的）目标。就原始人而言，求助于超自然的力量是为了健康、长生、打败敌人、保持自身团体内部的凝聚等此岸的世俗关心。而个人的心灵拯救等追求，是宗教意识经过相当的发展以后才产生的。所谓世俗关心是指共同体的集体需要，因而在农耕社会，宗教（祭祀）作为共同体的整体活动具有重大意义。在这个意义上可以说，政治思想和道德思想的根基都存在于宗教意识之中。²而关于普遍宗教的形成和发展，韦伯提出了一个"宗教合理化"的模式，那就是宗教意识在发展过程中"脱咒术化"，亦即由靠咒术回避灾厄的思考向人的罪意识（自己责任）的伦理观发展的合理化过程。用丸山的语言来表达，那是从"灾祸观"向"罪观念"，或"吉凶观"向"善恶观"的转变过程。

讲座分别以"灾祸观与罪观念""吉凶观与善恶观"等题目来论述这个问题。丸山指出，任何宗教意识，在其发展初期都是在面对非日常事件（如地震、洪水、暴风等灾害）时用于举行镇抚或驱除精灵（demon）的仪式的，这是"咒术阶段"。此阶段的特征是咒术师和精灵相比处于高位，因为那是用咒术对鬼神施行强制力。这种"靠咒术师驱除外来的灾祸和招来福祉"的观念是"吉凶观"。而随着宗教意识的发展，人们渐渐认识到"是因为人违背神的秩序才惹来灾祸，顺从于神才会得到福祉"，其观念便上升为"善恶观"。也就是说，人们

---

1 《丸山眞男講義録［第六冊］日本政治思想史1966》，26页。
2 《丸山眞男講義録［第四冊］日本政治思想史1964》，55—56页。

认识到祸福的原因在于人对神的秩序是违背还是服从，这种观念产生出了"罪意识"，人开始正视行为的人格责任。在此变化过程中，人们意识里的精灵（demons）转化为神（gods），宗教形态也随之变化，由对精灵的"强制"转变为对神的"祈愿和崇拜"，这是信仰神的"祭仪阶段"。丸山特别强调，"咒术阶段"没有"罪意识"，到了"信仰"神的阶段才产生出人格责任、罪意识和道德意识。[1]"脱咒术化"的重要特征，就是从自然的世界中分化出超自然的神的世界，从咒术思维中脱生出道德意识。

在这个理论框架下，丸山通过考察日本的神话来分析日本的"罪意识"。当然，以"记纪"为代表的日本神话中已渗透了大陆儒教、佛教的影响，也表现出从纯粹咒术向祭仪的发展。但丸山在那里发现了一个重大问题，那就是本来不同阶段的咒术和祭仪在日本是重叠在一起的。也就是说，以灾祸观为前提的"祓除、洗净"观念，和以人格责任意识为前提的"罪"观念长期混同。比如《延喜式》《大祓词》就表现了"来自外部之灾祸和人所犯之罪"的混同，"大祓"意味着同时对灾祸和罪进行祓除。"记纪"所表现的日本古代宗教意识，是吉凶观与善恶观的混淆，灾祸和罪都被视为来自外部的污秽，所以"祓除、洗净"的咒术仪式对两者同时通用。这种思维方式沉积在伦理层面，表现为"清心赤心"与"秽心邪心"的对应关系。[2]因为连罪都可以通过咒术来祓除，所以伦理上就只有"清洁"与"污秽"的区别，而缺乏善恶的判断以及内面的忏悔和反省意识。

对日本的这种"罪意识"，著名历史学家石母田正也做了类似的分析。石母田说，《源氏物语》是相对来讲比较多使用了罪恶意识题材的作品，但《源氏物语》的"罪意识"也只是把"罪"视为

1　《丸山眞男講義錄［第七册］日本政治思想史1967》，53—54页。
2　同上书，54—56页。

偶然的过失，并没有主体的内面意识和伦理反省。他并指出，这种"罪意识"可追溯到《古事记》和《日本书纪》，在日本固有的意识里，"罪"只是污秽不净之物，来源于黄泉（阴间），可以靠共同体的祭祀行为来祓除。祓除的方法，是用咒术把人身上的污秽之物转移到人形物质中，然后将其流入河川或大海。这里对"罪"完全没有观念的或抽象的思考。即使佛教传来后，"罪"也只被理解为前世的因缘，并不出于自己的责任行为。总而言之，"罪"的原因都是在人的外部或前世，完全没有自我的内面性，所以通过咒术来祓除就清洁了。这种"罪意识"与佛教、儒教以及中国的法意识都极其不同。基督教的传入和明治维新也没有改变这个特性。[1]可见石母田也与丸山一样，指出了韦伯说的"脱咒术化"在日本受到严重梗阻的问题。

另外，丸山还从特殊主义与普遍主义的观点来论述宗教意识中的伦理问题。他认为一般来讲，人类史上的普遍宗教是随着个人从共同体的有机结构中分离出来而成立的。在此过程中，个人通过与普遍者的意识结合，摆脱作为共同体之有机分子的状况。从这个意义上说，宗教意识的合理化是"非连续"（与过去发生断绝）的过程，亦即"以共同体为前提的民族信仰"与"以个人为信仰主体的普遍宗教"之间是产生了飞跃的。而日本的特点却是，祭仪合理化之后依然带着浓厚的咒术性质，而且"共同体的咒术制约着普遍宗教的方式"。比如日本佛教，与其说是个人的信仰，不如说是"家"（同族集团）这种共同体的宗教。[2]还有，"记纪"在叙述宇宙开辟的神话方面内容极其简单，这反映出那些编撰者虽受过高水平的中国文化的影响，但

---

1 石母田正〈歷史学と「日本人論」〉（1973年岩波文化讲演会），《石母田正著作集》第8卷，岩波書店，1989年，301—311页。
2 《丸山眞男講義録［第七冊］日本政治思想史1967》，58、60页。丸山在叙述众多拟制血缘的事例时，也谈到了连佛教寺院都与天皇或贵族结成了拟制血缘关系。

对统一的宇宙和世界关心度很低。他们所注重的是高天原或苇原中国等具体的国，以及神与神之间的血缘关系和统属关系。"记纪"中天照大神与其弟须左之男围绕高天原进行对决的故事反映出，对心情是否"邪恶"的判断，是以是否侵害特定国为标准的。那是一种共同体功利主义，"绝不是普遍意义上的善恶"。[1]

丸山指出，上述宗教意识构成了独特的行动价值基准，表现为伦理意识"原型"的三个特征。第一是特定共同体的祸福（集团功利主义），亦即给自己所属的共同体带来福祉的就是善，带来灾祸的就是恶。"特定集团的相对的功利被视为善恶的基准，却没有超越特定共同体的绝对伦理规范"。[2]丸山认为，"以个人为基础的功利主义立足于普遍妥当的苦乐基准，是普遍主义（universalism）；集团功利主义以共同体的福祉和灾祸为基准，是特殊主义（particularism）"。[3]第二是心情的纯粹性（纯粹动机主义）。关于招来灾祸之事，在人心内面只关注动机，以"心情的纯粹性"为价值，用"清心""净心""清明心"与"邪心""黑心""秽心"等对应语言评价问题，而不以"客观的伦理规范"来衡量之。即便违反客观规范，但只要动机纯粹就能得到好评。第三是活动和作用的神圣化。一般来讲随着宗教意识的合理化发展，拥有超自然性质和能力的精灵被作为实体从自然现象中分离出来，抽象为神观念。但在古代日本人的宗教意识里，即便到了精灵被抽象为神而成为祭仪对象之后，依然把各种精灵的活动及其生成过程的作用神圣化，而不重视神的"本质"（善或恶）。这也表现为把咒术行为及其过程神圣化，因而司祭者的神圣性依然高于祭祀对象，天皇（氏上）作为祭祀的统率者具有最高的神圣性。[4]

---

1 《丸山眞男講義録［第七冊］日本政治思想史1967》，63、65页。
2 《丸山眞男講義録［第六冊］日本政治思想史1966》，29页。
3 《丸山眞男講義録［第七冊］日本政治思想史1967》，65—66页。
4 《丸山眞男講義録［第六冊］日本政治思想史1966》，29—30页。

1967年度讲座把第一点和第二点归拢在一起论述。因为丸山认为，心情的纯与不纯本应属于普遍基准，但在"记纪"神话中，心情的纯粹性是与共同体功利主义结合在一起的。因此，那些"清心""明心"的标准实际上受着共同体功利的特殊主义的制约，以致阻碍共同体规范向超越共同体或具体社会关系的普遍伦理规范升华，或者说，致使其难以向"超越的唯一神之命令、超越的天道、普遍的达摩（dharma）等基于'自然法'的观念"升华。这正是使儒教和佛教发生变化的一个"铸模"。在日本，以"清明心"对特定共同体做"纯粹的服从和献身"是受到最高评价的，因为这最符合第一和第二个基准。在这里，心情的纯粹性并不是真理和正义，而是一种美感。在非政治的层面，心情纯粹性的美感往往形成一个封闭的感觉世界，无条件地将自身绝对化。[1]

而关于活动和作用的神圣化，丸山在1966年度讲座中还围绕善和恶的范畴展开了论证。比如他阐述了"记纪"中伊邪那歧从黄泉国回来后进行祓禊（清洗污秽的咒术仪式）的情形——在那个咒术行为的过程中，黄泉国的污秽化生出招惹灾祸的祸津日神，之后又化生出纠正凶事和罪恶的直毗神。丸山指出，其问题在于，祭祀活动并没有呼出本质上的恶神，而且也不是预先就有本质上的善神，善恶两者都是咒术活动及其作用的结果，直毗神的诞生正体现了咒术行为的神圣性。可见虽然有善恶观，但善恶不是内在于本质的，而是通过作用来体现的。又如"记纪"神话所描写的须左之男，他的行为被视为对高天原不利，故在高天原神话里是恶，而他的行为对出云国有利，故在出云神话里是善。对同一事物可以有善和恶的相反评价。但如果具有客观伦理的明确标准，善恶评价就不会出现这样的双重标准。还有关于雄略天皇，他在伦理上是恶的，但因其"势"强大而受到积极评

---

[1] 《丸山眞男講義錄［第七冊］日本政治思想史1967》，66页。

价，而且是用"德"这个词来评价暴虐天皇的"势"的。[1] 丸山在论文《历史意识的"古层"》中也指出，《雄略记》中"有德天皇"的赞词并不含有与中国古典共通的那种规范性。"在那里并不是因有'德'而有'势'，正相反，对有'势'者的赞词就是'德'。"[2] 总之，善恶的判断不是基于普遍妥当的客观伦理，而是基于活动的具体机能，所以对诸神的善恶评价可以有双重标准。

丸山后来在美国做的关于"伦理意识的执拗低音"的学术报告，是在讲座内容的基础上调整补充而成的。这里也再次强调了日本的善恶范畴没有普遍妥当的规范性和客观标准。他指出，伊邪那歧在被禊过程中化生出直毗神，是以先有了祸津日神为前提的，亦即直毗神是作为纠正凶事的机能而出现的。直毗神不是本来就具有善之本性的神，"善"只是其活动的机能。总之，《古事记》中有关善恶诸神登场的段落里，善与恶并不是对立关系，而是两者之间的机能关系，其中隐伏着一种重视两者相互转移的思维方式。若将中日思想做比较，在古代中国，孟子与荀子围绕人性本质是善还是恶的问题有过著名的论争，但在日本的伦理思想中，自古以来这个问题就没有成为认真思考的对象。[3] 另外，关于心情的纯粹性与共同体功利主义的关系，丸山列举了日本伦理用语中"清心""净心"与"秽心""不净心"等对应概念，指出其没有道德规范的含义。虽也出现过"邪心"一词，但实际上是指污秽心，而不是与"正"对应的。更重要的是判断"净心"与"秽心"的标准，从"记纪"的故事中可知，那是以对自己所属共同体有利与否来判断的。他根据本居宣长对《古事记》的考察指出："判断人心之纯净与污秽的标准，完全没有普遍主义，一切都根据其

---

1 《丸山眞男講義録［第六冊］日本政治思想史1966》，30—31页。
2 丸山眞男〈歷史意識の「古層」〉，《丸山眞男集》第十卷，32页。
3 丸山眞男〈日本における倫理意識の執拗低音——そのいくつかの側面〉，《丸山眞男集 別集》第三卷，岩波書店，2015年，204—206页。

立场是敌方还是我方来决定……究竟是清明心还是污秽心，这是站在自己所同一化的特定共同体的立场来定义的。这个标准在政治上表现为极度的特殊主义。"[1]

上述执拗低音一直不断地使外来思想发生变化。丸山以江户时代为例，考察了伦理意识的执拗低音在思维深处对儒者的理论学说的影响。他具体以自诩为朱子学正统的山崎闇斋学派为例，分析了崎门三杰的思想。他首先举出了佐藤直方。直方在《佐藤先生学话》中讲"仁"，说"看到他（或她）就情不自禁地说出'可爱（可怜）'并流出眼泪，这就是仁"。直方赞美伯夷、叔齐的谏言是真正的仁，因为那里完全没有经过关于规范的思考。他认为，对"仁"的实践进行思考是不纯的，仁是从心里自然流出的。这在丸山看来是很不寻常的，因为在崎门学派中，直方代表着儒教合理主义的侧面，但他的"仁"说显然背离了宋学的立场。直方把"仁"的本性解释成"知'物哀'"，这正是半个世纪后宣长国学的关键词。可见，崎门儒者的某个侧面已站在国学这个儒教的最大敌人的近旁。[2] 丸山还分析了崎门三杰的另一人浅见絅斋的忠诚观。絅斋认为，"如果忠不是出于对主君的真实爱情，亦即那种难忍的爱，那就不能说是真正的忠"（《拘幽操师说》）。这里的关键概念也是与直方相通的"可爱（可怜）"。而絅斋最出色的弟子若林强斋则发展了其师关于主从关系的"由衷爱情"之说，把人伦的五个基本道德完全纳入"恋爱"的范畴。[3]

另外，关于心情的纯粹性与集团功利主义的结合，丸山还引用了武士道修养书《叶隐》的作者山本常朝的话：即便是释迦和孔子，只要不侍奉于锅岛家（藩主），就与自己毫无关系（《闻书第一》）。丸

---

[1] 丸山眞男〈日本における倫理意識の執拗低音——そのいくつかの側面〉,《丸山眞男集 別集》第三卷，岩波書店，2015年，207、212頁。
[2] 同上书，221—223页。
[3] 同上书，223—224页。

第三章 "古层" II——思维方式和价值意识

山说这个极端特殊主义的典型人物,在强斋之前就已把"真正忠节"与"恋爱感情"混同起来了。这些都是用"心的自然纯粹性"来淡化规范性的表现。[1]通过上述丸山的考察可知,连最热衷于宋学的儒教学派,其"仁"说和忠诚观也消弥了天道等普遍伦理规范的制约性,《叶隐》所描述的武士道就表现得更为突出了。丸山曾在1957年度讲座中指出,日本自身缺乏原理,却对外来思想具有强大的同化力,其同化是通过气氛和情绪来进行的,结果往往甩掉规范性的契机。这一点在伦理意识"执拗低音"的研究中也得到了证实。

日本国学正是继承了江户儒学拒斥普遍规范的侧面,进而彻底甩掉一切普遍主义的。本居宣长依据他对古代日本人思维的理解,把那种从本质上区分善恶的观点斥责为"汉意",要彻底扫除之。国学对日本固有精神的还原工作,恰好反证了伦理意识"执拗低音"的性质。丸山在对国学思维方法的分析中指出,国学对"汉意"最抵触的核心点,就是反对"万事都要分辨是非善恶的中国思维方法"。在国学者看来,"汉意"的方法就是"带着先天的价值意识和主观成见(prejudice)来看待对象,这是用死的抽象观念来判断活生生的对象的复合性和多面性"。因此他们要用"大和心"来排除之。[2]这种理解本身正反映了中国的伦理观在日本的变化。因为正如黄俊杰所说:"在中国传统文化中,生命的意义与价值在于领悟并学习历史上存在过的道德典范,并将这些典范接引、召唤至人们所生存的时代。……抽象的'超时间'概念实淬取自'时间'。"[3]反过来说,中国"经典世界"的普遍规范是从人创造的历史中寻绎出来的,并不是日本国学所指责的那种先验的或主观臆造的价值标准。所以与其说是中国的伦理

---

1 丸山眞男〈日本における倫理意識の執拗低音——そのいくつかの側面〉,《丸山眞男集 別集》第三卷,岩波書店,2015年,225頁。
2 《丸山眞男講義録[別冊一]日本政治思想史1956/59》,212—213頁。
3 黄俊杰《儒家思想与中国历史思维》,34—35页。

规范无视了活生生的历史，不如说是日本的历史观中本身没有抽象的"永恒"价值，与之相应，其伦理观也表现为厌恶"万事都要分辨是非善恶"的思维方式。国学提倡的"大和意"就是纯真地肯定感情的自然流动，这里只有流动的"时间"，而没有常驻的"永恒"。

结　语

"古层"论的冲击

　　以上从历史、政治、伦理三个方面阐释了丸山的"古层"论。经过整体的考察可以看到,在日本的"古层"中,历史意识是最根底的东西。不论是伦理意识还是政治意识,都沉淀着同一个世界像:"历史只是自然时间的经过",是靠灵力之"势"而不断"生成""延续"乃至"流动推移"的,那里没有超越"时间"的"永恒"。每个瞬间的"现在"都是"天地之始","过去"是曾经流逝的"现在","未来"是下一个"现在",过去、现在和未来之间毫无价值意义上的关系。这个思维方式渗透在政治意识中,体现为咒术性的"祭政一致",乃至理念规范的缺乏和"无责任的体系"。渗透在伦理意识中,体现为心情纯粹性与集团功利主义的结合,倾向于消弭超越的永恒价值和规范理念。

　　而在历史意识、政治意识、伦理意识三个方面的"古层"研究论著中,也是《历史意识的"古层"》对日本学界的冲击最大。或许因为这篇论文是最先推出的,而且1972年发表时,大多数读者不了解丸山日本政治思想史讲座的内容(《讲义录》1998—2000年才出版)。但除了这些客观原因,更重要的原因无疑是此论文的内容本身。《历史意识的"古层"》是经过长期探索和深思熟虑,并在60年代末对日本社会甚感失望的状态下撰写的，其对日本思想深层结构的严厉解剖具有很强的针对性和感召力。这篇论文通过解剖日本的"古层"世界像，揭露出一种使历史中的价值意义被无限相对化甚至消弭的"历史相对主义"思维方式，深沉地逼向读者。川崎修说，此论文"带有对日本思想史做出几乎整体性定罪的色调"，是丸山的论文之中"充满着最高度的神奇魅力的作品之一"，它以"揭露出日本思想史中隐藏的秘密"而扣动人心，同时又给人一种"宿命论的绝望"。[1] 这些评语也许能代表很多日本读者的感想。有不少人难以接受这个"古层"论，认为丸山把"古层"实体化，将之视为日本的"个性"，带有"本质主义"的意味。[2] 但也有不少读者坦诚地接受丸山视作日本"自我认识"的"古层"论，认为需要把那个修改外来思想的下意识的思维方式上升到自觉意识，从病理上克服之。

加藤周一是丸山"古层"论的共鸣者，他读过《历史意识的"古层"》后感到非常有意思。1972年加藤在与丸山真男对谈时做了如下评价：

> 丸山先生说的"古层"是指持续的低音，而主旋律是随时代变化的，那是外来的冲击，简而言之就是佛教、儒教、西洋思想。"古层"是在与之接触中隆起的，作为持续的低音一直维持同一个调子。这个解说虽是用于对历史意识的分析，但我认为这是非常巧妙的比喻，也可以运用于日本文化史的所有方面。[3]

---

1 川崎修〈解説〉,《忠誠と反逆——転形期日本の精神史的位相》ちくま学芸文庫版，490—492页。
2 实际上，丸山一直强调"古层"不是实体思想，这正是他的"古层"论与日本国学的区别。
3 〈歴史意識と文化のパターン〉,《丸山眞男座談7》, 243页。

关于持续低音是否依然持续着的问题,加藤问:"即使有了外来的冲击,丸山先生所说的历史意识的'古层'至今也还未消失吗?"丸山回答:"我认为是的。要注意持续低音不会原原本本地成为乐曲的构思,那是让主旋律的鸣响变化的契机,这一点很重要。"[1] 实际上,丸山的"古层"论并不像一部分人所理解的是那种消极的宿命论。在1964年度讲座的讲义第一章,丸山就提醒听众注意,"原型并没有宿命的规定性,其铸模本身也会受到历史变化的影响"。他之所以要毫不留情地对"古层"进行解剖,是为了把那些下意识的执拗东西意识化,从而克服之。正如他在1963年讲义手稿中写的,"有必要把沉淀于深层意识的东西揭露出来,否则我们就会不自觉地受其束缚"。[2] 这显然充满着积极的改革性。

在对日本人深层意识进行改革的构思上,石母田正与丸山真男不谋而合,他早在战争末期就产生了类似丸山"古层"论的思考。1944年石母田写了《中世纪世界的形成》(1946年初版),60年代初他回顾这本书时谈道:

> 对于我来说,最大的课题是天皇制的问题。……这绝不同于探讨作为近代政治形态的天皇制究竟是属于绝对主义国家还是其他权力类型的问题,这是如何跟受天皇制的魔咒束缚的众多日本人民进行对决的问题,同时也是跟自己的对决。以前学习马克思主义时,认为历史的进步和变革的原动力在于人民,当然现在也是这种认识。但如果从消极的侧面来理解这个正确原则,可以说人民的力量和意识若是停滞或落后,也会使历史的发展停滞或落后。……正如国家权力典型地表现出来的那样,

---

[1] 〈歴史意識と文化のパターン〉,《丸山眞男座談7》,244页。
[2] 《丸山眞男講義録[第四冊]日本政治思想史1964》,41、43页。

虽然常常是由强大的机构统治人民，但如果光是赤裸裸的强大力量，任何政治权力都不可能持久存续。其权力之所以存续，是因为允许那种权力存续的人民的特殊条件与之相适应。……我要追究的问题，是光靠对天皇制谴责和定罪而不能解决的那种更为根本的基础，就是要探索如何才能根除这些基础。[1]

或许正因如此，石母田正对丸山的"古层"产生了非同一般的共鸣。当丸山发表了论文《历史意识的"古层"》后，石母田在题为"历史学与'日本人论'"（1973年）的讲演中说："谈起这种古层的问题，大凡搞日本史的人谁都会感觉到的。"他从法制史的领域谈了日本引进中国的律令法典及其变化的情况，尤其指出到了战国时代，"丸山君说的古层就隆起到表层，中国的东西几乎在法律上消失了。……古层或执拗低音并不是不能找到其所在的，在战国时代的法典中，就能看到日本固有的东西露出来了。这类现象在法的历史中可以说是存在的"。[2] 在讲演的最后，石母田还说：

在我们的现代日本社会中，非常广泛地存在着丸山君所说的古层，那是在欧洲难以想象的古层。因此日本的民主主义，有必要同时解决欧洲人所不能想象的各种问题，我认为这是日本的特征。比如天皇制禁忌的问题就是其中之一。……文明国家难以想象的各种问题是确实存在的。面对这样的事实，我们谈日本人论……应该考虑：日本人要如何改变或变革自己？要

---

[1] 石母田正〈「国民のための歴史学」おぼえがき〉，《石母田正著作集》第14卷，岩波書店，1989年，357、359页。石母田要对决和根除的东西，正是沉淀于国民思想深层的文化潜意识，比如"在长期的天皇制支配下完全浸透了奴隶性思维的人心"和"默默地支持或承认天皇制的大众意识和思想"（同上书，351—352页）。

[2] 石母田正〈歴史学と「日本人論」〉，《石母田正著作集》第8卷，291—292页。

创造怎样的明天？在这些问题意识下，去分析广泛存在于日本人之中的旧东西。[1]

当然，丸山真男相信随着世界和时代的变化，"古层"的持续条件也会逐渐消失。但他更为忧虑的是，隐伏于精神结构底层的思维方式具有执拗的惯性，不会简单地随着客观条件的改变而消失，反而会以各式各样的变种形态存续下去。从这个意义上看，"古层"论反而是具有建设性的。正如他在关于"古层"论的自序中所说："如果能把自己对象化，认识清楚'自己是什么'，就可以把自己内部的那些没有自觉意识的东西上升到有自觉意识的水平，那么，一旦那些没有自觉意识的东西喷发出来，自己所受到的报复就会少一些。换句话说，就是要搞清楚'到目前为止的日本是什么'，把它上升到总体的认识，这样我们才能控制那些思维方式，从而找到克服那些缺点的途径。……所以，从总体结构来认识过去，这本身就是变革的第一步。反之，如果只抱着向前看的未来志向，那么下意识的东西在某个当口突然喷出时，我们就难以控制。……所以要努力把下意识的世界不断地意识化。所谓意识化就是使之成为被认识的对象，而不是使之正当化、合理化。"[2]

---

[1] 石母田正〈歴史学と「日本人論」〉，《石母田正著作集》第8卷，311—312頁。
[2] 丸山眞男〈日本思想史における「古層」の問題〉，《丸山眞男集》第十一卷，222—224頁。

第Ⅲ卷

以"原型"为核心概念的日本政治思想史

导　言

　　以"原型"为核心概念的日本政治思想史,具体是指1964—1967年度丸山真男在东京大学法学部讲授的连续四年的系列讲座。这套讲座讲义基本上是每个年度都先论述日本思想的"原型"("古层"),然后具体分析,各个学年谈不同的时代,从外来思想如何受到"原型"的修改而变化这个观点来讲授日本政治思想史。[1]本卷主要阐述讲座的具体分析部分。这个系列讲座是继"古层"论探索阶段(1957/1959年度讲座)的"开国"视点而展开的,其特色可以归纳为三点:第一是把横向的"文化接触"视点导入纵向的思想史;第二是用"原型"论所解剖的思维方式,来分析"原型"对外来文化的"铸模"作用和修改情况;第三是以"普遍者的觉悟"与"原型"的对抗轴为中心来论述,体现了"自我批判的思想史"和"可能性的思想史"的相互交织。在发掘通向将来的"可能性"方面,丸山尤其重视那些居于非支配地位的支流思想。在对中国思想的理解上,他也明显地改变了早年那种倾向于负面评价的态度,着眼于普遍规范等"永恒"的因素,来肯定中国思想的正面意义。

---

[1]　丸山眞男〈原型・古層・執拗低音〉,《丸山眞男集》第十二卷,147页。

自2013年到2019年，我曾作为伊藤隆穗教授共同研究团队的一员，数次参加（中国）台湾以黄俊杰教授为中心的"东亚思想交流史"研究活动。这一活动所关注的问题是：包括东亚与欧美之间以及东亚各国不同地域之间的经典或思想的交流之中，常出现的"脉络性转换"（contextual turn）[1]现象。其间通过学习东亚各国研究者所阐述的、关于中日韩三国以及东南亚之间的思想交流情况，我切实感到了引进外来文化时发生"脉络性转换"是必然的，不可能有原原本本的引进，问题在于转换的方式。比如儒教的传播，东亚各国多数是融会了儒教的普遍价值，从而在本国的文化习俗中进行创造性重构，这种脉络性转换显然给儒教带来了多样化和建设性的发展，用严复的话说，就是"理"融入"俗"的发展。然而，并不是所有脉络性转换都是建设性的，比如丸山真男所说的"古层"，其作为"铸模"对儒教发挥了修改作用，但倾向于弱化甚至消除儒教的普遍价值，这种情况就不是建设性的。所以不能一概地肯定受制于本国逻辑的脉络性转换。

　　不过，中国有一些学者误解了丸山的价值判断，反而认为弱化普遍价值的"古层"是日本走向进步的路径，或认为丸山"发掘"出修改外来文化的"古层"，为"'非西方'的可能性"提供了启示。[2]

---

1. 按黄俊杰的解释，"脉络性转换"包括两个步骤："去脉络化"（de-contextualization）与"再脉络化"（re-contextualization）。所谓"去脉络化"是指思想概念或文化价值进入异域之后，就剥离或脱却了其所原生的政治社会经济情境、脉络或语境，成为独立的存在而被传入地的人所解读。所谓"再脉络化"是指思想概念或文化价值，被传入的异域的接受者重新解释之后，融入异域的特殊情境、脉络或语境之中。（黄俊杰、伊藤隆穗编《东亚思想交流史中的脉络性转换》，台湾大学人文社会高等研究院东亚儒学研究中心，2022年，3—4页）。
2. 比较有代表性的论文有，李永晶《在历史与民族深处思考东亚的近代：丸山真男日本思想史研究方法的视角》，《丸山真男：在普遍与特殊之间的现代性》，江苏人民出版社，2021年。邱静《"非西方"的可能性：丸山真男的日本政治思想史研究方法及启示》，《日本学刊》2019年第4期。两者都也许因持有要"超克"西方或历史相对主义的立场而误解了丸山的本意。

故在此先指出,1964—1967年度系列讲座的日本政治思想史,一方面是从"开国"的观点来高度评价16世纪中期基督教传播的重要意义,另一方面讲座的大部分内容都是讲日本在引进亚洲大陆的儒教和佛教时发生的执拗修改,那里的"文化接触"论并没有把"古层"视为进步的契机或"非西方"的可能性。丸山力图推进日本人精神革命的方法是"通过横向冲击来变革"。平石直昭指出:"这是由韦伯关于'脱咒术化'的宗教社会学、卡尔·波普尔的'封闭社会'与'开放社会'对比的理论、格奥尔格·齐美尔的社会分化论组合起来的。在此尤为重要的是提出了一种'回心'理论,亦即生活在封闭文化圈里的个人通过与异质的文化接触,从咒术思维中解放出来,提高作为'个体'的自觉,自主地从多元的价值观中做出选择。"[1]在这里,应该受到横向冲击并需要解体的咒术思维就是"古层"。当然这时他对作为横向冲击的"开国",已不仅从明治维新上溯到16世纪中期的基督教传播,而且还追溯到古代日本与隋唐的交流,包括了亚洲大陆范围内的文化接触,亦即把来自东方和西方的异文化冲击都纳入了解剖"原型"("古层")和发掘"可能性"的研究视野。

丸山思想史学的一贯风格是以"超学问的动机"来推动严谨的学术研究。早年的《日本政治思想史研究》就是一部以高度的问题意识为主轴的"问题史",而随着50年代中期以后丸山"超学问的动机"的重大变化,其学术风格更发挥得淋漓尽致,在他严谨的分析考察背后燃烧着一股战斗的精魂。四年的系列讲座并不是叙述古代至近世的思想通史,而是以"永恒与时间"为主轴,考察日本在外来文化接受中"普遍者的觉悟"与"原型"相互摩擦和冲突的一部宏大的"问题史"。

---

[1] 平石直昭〈解题〉,《丸山眞男講義録[第六册]日本政治思想史1966》,238页。"回心"是与"转向"相对应的概念,首先出现在竹内好的著述中。在丸山的思考里,"回心"是指经过内面思想交锋而产生的变革,"转向"是追随大势和集团风向的方向转变,是没有内面性的。

在进入"原型"系列讲座的具体阐述之前，还要先介绍一下这个系列讲座的内容构成。丸山在1967年度的"开讲辞"中谈了四个年度讲座的内容构成：1964年度从古代开始以佛教思想为中心讲到室町时代；1965年度主要讲武士的精神特性的发展；1966年度讲基督教的传播，并阐明作为理解江户儒教所需的基础范畴；1967年度以江户时代的政治思想为中心，讲了儒教和国学。[1] 东京大学出版会刊行的《丸山真男讲义录》第四至第七册（1964—1967年度讲义）正反映了他实际上讲授过的内容。也许是由于当时日本的政治背景等客观原因，整个讲座还未讲到近代就结束了。另外，因丸山在系列讲座时期一直是采用"原型"一词，而之后发表的论文则采用"古层""执拗低音"等概念，故本卷主要使用讲座中的"原型"概念，同时也按情况参用"古层"和"执拗低音"。

　　这套系列讲义的内容相当庞大，而且中文世界的读者一般不容易读到整部系列讲义。但如果只知"古层"论，而不知丸山对日本政治思想史的具体构筑，仍是难以理解丸山思想史学的真正意义的。所以无论多么辛苦，我还是要把丸山这部宏大的作品写成简缩版来阐释给读者。这就需要从中抽取出其脉络和基本观点，以较短的篇幅展示出来，使读者一目了然，所以只能将丸山用于实证的大部分丰富史料略去，但还会根据需要适当地加进一些历史背景和理论的说明。同时为了便于读者能通过我的简缩版去查找原著的详述，拟在注释上标出与每个内容相关的跨度较大的页数。另外，在当今中国学界高度关注丸山真男的背景下，为了把丸山学说相对化，我在阐释中会导入一些不同的观点。

1　《丸山眞男講義録［第七冊］日本政治思想史1967》，8页。

第一章

儒教统治伦理和佛教的变化
（1964年度讲座）

小　引

　　1964年度讲座的论述部分讲了"古代王制意识形态的形成""统治的伦理""王法与佛法""镰仓佛教中的宗教行为的变革"四个题目，其重要特征就是勾画出"原型"与"普遍者"的紧张摩擦，以及由此带来修改变化的各种模式。

　　而关于"普遍者"，丸山又是将之分为两个层次来把握的。据饭田泰三的考察，1963年度讲座所设的"普遍者的觉悟"一章，原来预定的题目是"普遍者和超越者"，"普遍者"又称作"内在的普遍者"，"超越者"又称作"超越的普遍者"，两者是有区别的。[1] 从1964、1966、1967年度讲座对此概念的具体运用来看，可以说"内在的普遍者"是指内在于世俗政治秩序中的普遍者，比如儒教中的"普遍者"；"超越的普遍者"是指超越于世俗的普遍者，比如佛教和基督教等宗教的"超越者"。总的来说，在政治体系对社会的out-put和社

---

[1]　飯田泰三〈解題〉，《丸山眞男講義録［第四冊］日本政治思想史1964》，334页。

会对政治体系的in-put相互交错的日本政治思想史中，丸山更着力于从"超越的普遍者"中发掘"永恒"价值的可能性。因为他认为政治秩序本身带有较强的"特殊主义"倾向，"与之相对照，宗教和文化的价值是以整个人类为前提的普遍主义"。[1]基于这个观点，他更重视宗教的"普遍者"。当然，这并不意味着丸山忽视"内在的普遍者"。在实际的历史考察中，他发现在日本不仅"超越的普遍者"难以扎根，连"内在的普遍者"也受到排斥或抛弃。所以他不遗余力地发掘包括两个层次在内的"普遍者的觉悟"的可能性契机。

第一节　古代王制意识形态的形成

关于"古代王制意识形态的形成"，丸山并不是着眼于日本的国内生产力发展和国际关系等原因来考察，而是聚焦于日本古代国家的社会结合方式和王权的正统性根据，以勾画出"原型"对政治思考的"铸模"作用。具体是通过从邪马台国到大和国家的统治规模的扩大，和以氏姓制度为基础的大王政治权威的确立，乃至古代天皇制的正式形成的历史过程，来分析天皇统治正当化的原初形态。也就是说，从天皇权威的思想缘由来看"原型"的问题。所以，这个题目宜结合第Ⅱ卷第二、三章所阐述的"社会结合方式的原初形态"和"政治意识的'古层'"来理解。

按韦伯的理论，一般来讲，共同体的政治权力是其首长经过从伙伴到统治者的转化而产生的，而统治的正统性（legitimacy）则以统治者与被治者之间的彼此承认为前提。所以必须了解统治者权威确立的根据，亦即其正统性的来源。丸山在此以世界的一般规律为镜鉴来

---

[1]　《丸山眞男講義録［第四冊］日本政治思想史1964》，76页。

考察日本的特殊性。按照韦伯关于权威的理论，政治权威的来源有三种形态。一是传统型，即血缘共同体的家长权威及其世袭化（长子继承制），此形态由来于日常生活的要求。二是卡里斯马型，卡里斯马指神授的或超凡的能力。此形态由来于非日常事态的要求，体现为首长在应对自然灾害或其他集团的威胁等斗争中表现出来的超凡能力。应对自然灾害主要是咒术者的权威，与其他集团的斗争主要是战争指导者的权威。三是法理型，指近代社会根据一定的选举程序而确定的权威。

丸山主要参照上述的第一和第二形态，从五个方面来分析日本的古代天皇权威累积过程的特征：（1）作为咒术司祭者的卡里斯马；（2）作为军事指导者的卡里斯马；（3）天照大神（日神）的卡里斯马；（4）血统的卡里斯马；（5）血缘共同体的拟制。丸山认为政治团体一方面需要统治者超群的特异性，另一方面需要统治者与被治者结合的同质性。而（1）至（4）是天皇优越于其他族长的要因（特异性），（5）是天皇与领土及臣下（包括臣民）结为一体的意识形态要因（同质性）。[1] 通过这些分析勾画出"原型"与中国思想的摩擦。

（1）作为咒术司祭者的卡里斯马。天皇权威的重要源泉是由来于古昔的以巫师权威为基础的族长联合。"记纪"所记载的天皇谱系表明，靠咒术来统治比德治有效，所以来自中国的德治观念在价值上从属于"原型"的咒术统治。祭祀（司祭者）的至上价值还发展出了精神权威与政治权力分离的双重统治结构。而在中国，"天"是超越天子的至高无上者，皇帝之所以成为政治统治的最高决策者，是以"天意"（德治主义）为正统性的第一根据的，在这个意义上皇帝拥有祭天的资格。但在日本，"原型"的宗教意识是司祭者的神圣性高于祭祀的对象，天皇作为"天之皇"（"现人神"）优越于诸神。又由于

---

[1]《丸山眞男講義錄［第四冊］日本政治思想史1964》，84—88页。

大和国家是通过祭祀的统合（豪族的祖神编入皇祖神的血缘谱系）来统一的，所以天皇的权威凌驾于除了皇祖神之外的全国各神之上。这是天皇作为最高祭祀者拥有权威的基础。[1]

（2）作为军事指导者的卡里斯马。日本的"原型"思维重视"势"，因而道德规范对武力行使的制约性非常低，倾向于肯定崇拜战斗精神和军事英雄的自然感情。天照大神有身着男装迎战须佐之男的军事英雄形象，神功皇后有身着男装领军征讨新罗的"棱威"。超常的武勇是神的象征，又是皇位正统继承者的资格。神武天皇作为大和的征服者和军事统一者被认知为第一代天皇，反映了天皇权威的军事起源。这既是世界一般君主制的共同倾向，又是"记纪"时代的明确意识。但军事英雄并不是天皇正统性根据的主要来源，那是在与由来于天照大神的血缘和最高祭祀者的身份相结合的前提下，才成为正统性根据的因素的。实际上，军事行动的价值从属于祭祀的统合，这也是武家政权不能取代天皇权威的原因。[2]

（3）天照大神的卡里斯马（日神的神圣性及其神敕正统性的渊源）。天皇家之所以能使地方豪族集团臣服，绝不仅仅是因为天皇作为咒术司祭祀者的神授能力，王权正统性意识形态的根据在于，天皇的祖神天照大神优越于其他诸神。在以水稻耕作作为农业生产方式的地域都有日神信仰，据推断，把日神视为守护神的小族长集团在大和国家形成之前就已广泛分布。按本居宣长的说法，天照大神就是太阳神，她具有两重象征性：一是万物的化育者，二是宇宙（高天原）的中心。这样"天孙降临神话"就带有双重意识形态的意义：一方面把天皇家的最高权威性正当化，另一方面把以日神为守护神的大和族成功征服地方豪族的过程正当化。天照大神的神圣性是天皇统治正统性

1　《丸山眞男講義録［第四冊］日本政治思想史1964》，88—93页。
2　同上书，96—99页。

的最重要根据。因为第一，天皇的神圣性来源于他是宇宙中心的太阳神天照大神的子孙；第二，来源于天照大神对其孙赐下的"天壤无穷"的神敕，故此天照的皇孙对日本国拥有"永久无穷的统治权"。[1]

（4）血统的卡里斯马。本来神授或超凡的能力属于个人的资质，但韦伯的理论还有个逆转概念叫"世袭卡里斯马"（Erbcharisma），指超凡能力转化为可继承的资格，亦即卡里斯马型与传统型结合。在卡里斯马型的共同体里，为了使君王的卡里斯马机能永续化，以维持日常的安定，往往通过血统纽带把卡里斯马世袭下来，这是远古世界的一个常见现象。在日本，皇室和豪族族长的权威源泉都有这个特征，皇室的权威源泉由来于司祭者的权威与天照大神血缘的结合。这样，卡里斯马的归属主体就不是个人，而是皇室这个家，天皇只有作为天皇家的代表才具有卡里斯马。不过，皇家卡里斯马的世袭性与皇位的继承问题密切关联，因为皇位继承人的选择有时牵涉到个人资质的判断，这时也参考了中国的以德为正当性原则的有德者君主思想，这是一个思想的飞跃。但中国皇帝的权威是"天命"授权的，皇帝负有伦理责任，是否能保证人民安居乐业和正确应对自然灾害，这是对皇帝的评判标准，由此导出了讨伐暴君的"易姓革命"的正当性。丸山指出天命的正统性虽然与人民主权论不同，但因其蕴含着君主对人民的责任理论，所以在日本受到了血统卡里斯马占优势的"原型"思维压抑。[2]民本主义的规范在此不能成为正统，天皇家特殊的血统卡里斯马在世袭上的延续性才是"万世一系"意识形态的源泉。

（5）血缘共同体的拟制。为了减少卡里斯马权威的不安定性，除了以血统卡里斯马来保持"万世一系"之外，还通过拟制血缘共同体（同族集团）来确立"忠孝一致"观念。按史学研究的推断，到

---

1 《丸山眞男講義録［第四册］日本政治思想史1964》，100—102页。
2 同上书，105—108页。

了4世纪末，天皇的政治权威虽然已基本确立，但大和国家依然兼有原初共同体的特征。尽管那时已从中国输入了德治的正统性根据和官僚制的组织原则，但这些异质原理在"原型"的作用下发生了各种变化，其中，同族集团的拟制是导致特殊政治结构形成的意识形态要因。一般来讲，政治集团的统治者一方面需要有作为最高权威的超凡性（特异性），另一方面需要与政治集团"同一化"（同质性）。而在日本，同族集团的拟制正是构成同质性的基础。天皇作为家长的性质不仅是最高权威的基础，而且是使政治集团与最高权威"同一化"的基础。所谓"同一化"，就是把主要世袭官僚的祖神纳入皇室的血缘谱系。把臣服的豪族设定为皇室的亲族，皇室就能得到豪族对自己的忠诚，而豪族又能借天皇的血统卡里斯马来提高自己氏族的权威性。就这样通过拟制同族集团的扩大，形成了以天皇家为顶点的豪族统合的等级制。这种形态不同于一般的"君主制"，并不是由主体与客体构成的政治关系，而是由过去—现在—未来的单向展开的扇形增殖关系，其政治观念是"忠孝一致"。以上反映出"原型"对政治秩序形成的"铸模"作用，那里的"永恒"（实则是"永续"）与"时间"属于同一层次，"万世一系""忠孝一致"都缺乏永恒观念和"绝对者"，正因如此，"万世一系"的血缘谱系连续性本身就成了权威正统性的象征。[1]

总而言之，丸山在这里运用了与中国比较的手法，凸显出日本古代王制的特殊主义倾向，同时承认由于儒教的"介入"，皇位继承人的选择等方面产生了一些思想的飞跃，但中国儒教的有德者君主思想、民本主义思想、君主对人民负有伦理责任的思想，以及"易姓革命"等思想的普遍主义契机，最终还是受到压抑而没能突破"原型"。

---

1 《丸山眞男講義錄［第四冊］日本政治思想史1964》，88—116页。

第二节　统治伦理

"统治伦理"一章主要谈以儒教为中心的中国思想的"普遍者"——"天道""民本主义""禅让""讨伐暴君"等思想与"原型"紧张接触的状况。关于"儒教"与日本古代的文化接触，1956—1959年度讲座都没有谈及，1964年度是首次阐述。[1] 这时丸山改变了早年看待儒教的态度，以"永恒与时间"的观点对儒教做出包括正面和负面的事实叙述和价值判断。

首先丸山从两个方面对中国的"统治伦理"做了定义。一是制约政治首长与臣下关系的伦理，亦即制约官僚制内部关系的伦理，古代中国称之为"君臣之伦"。二是制约政治首长以及包括官僚在内的统治者对人民实行统治的伦理，"仁政思想""德治主义"就属于这种君民之间的统治伦理。但丸山好像没有意识到君臣伦理也是贯穿民本主义规范的，只将之理解为下对上的服从伦理，这个片面认识也反映在他对武士主从关系的研究中。尽管如此，他承认君臣伦理和君民伦理都是制约统治关系的规范意识，日本的"原型"思维中没有这种规范意识，而是受到中国思想触发以后才出现的。[2] 也就是说，关于中国的统治伦理，丸山所注重的是规范（sollen）与事实的明确区别，以及规范对事实进行制约的性质。并且，他指出"原型"思维是"永恒"与"时间"不分层次的，不能产生出与事实区别的规范意识。外

1　据丸山1979年的回顾，他经过1961—1963年的海外研究后，意识到在与异文化接触中擦出火花的并不只是幕末维新，古代还有与隋唐帝国的文化接触（《日本思想史における「古層」の問題》,《丸山眞男集》第十一卷，180页）。
2　《丸山眞男講義錄［第四冊］日本政治思想史1964》，117—118页。近代通过市民革命，主权者由君主转为人民之后，"统治伦理"就不太受关注了。但这并不意味着统治者自我约束的"统治伦理"对现代的民选政治家没有意义。

国思想的传来才唤起了日本这种规范意识。[1]不过"统治伦理"在他看来，毕竟是内在于世俗政治统治中的规范，所以他把儒教的天道仅仅视为"内在的普遍者"（以此区别于"超越的普遍者"）。[2]

在上述认识的前提下，丸山承认中国的儒教对日本统治伦理的形成带来了最初的决定性影响。早在5世纪中叶，日本最高知识层已知道汉字和儒教古典，后来在律令制下，仿效中国对官吏进行儒教教育，最高层的知识教养给君主及其官僚提供了一定的伦理意识。这在思想的抽象化方面带来了飞跃的发展，产生了规范对现实的"看不见的拘束力"。[3]不过问题是，儒教的统治伦理被嫁接到"原型"思维时发生了摩擦和微妙的变化。他主要从人民的教化、民本德治主义、禅让、易姓革命思想等方面分析了那些摩擦和变化。

关于对人民的教化，丸山将儒教与柏拉图的哲人政治做了比较，指出柏拉图的哲学是超越经验实在的最高真理（逻各斯），哲学者的独裁是真理的独裁。而儒教所教化的是伦理，那不是人类普遍的道德，而是先王之教的"五伦"，属于特殊关系的伦理，以"孝"为核心，使人民恭顺于统治权力，以维持政治秩序。当然，他将儒教伦理仅仅视为特殊主义的政治秩序时，大概没有意识到这个解释已包含了经日本过滤的因素——把天道与现实秩序、规范与事实混同。不过在此暂且不讨论丸山的解释是否正确，总之这就是他批判儒教特殊主义的重要论点。尽管如此，他承认其意义不仅是维持政治秩序，更重要的是有统治伦理，认为教化人民的政治本质要求统治者必须是有德

---

[1] 《丸山眞男講義録［第四册］日本政治思想史1964》，120页。丸山把中国的规范观念分为伦理、法、宗教三个方面来把握，伦理的规范观念是广义的儒教思想，法的规范观念是法家思想，宗教的规范观念是以佛教和道家思想为支柱的。

[2] 同上书，118—119页。但丸山在此也说到，儒教与宗教还未分化，在中国宗教和伦理都被称为"教"，两者的区别不明确。

[3] 同上书，120—123页。

的君子，君主的资格与儒教的"天命"（民本）的正统性观念是不可分的。这一点跟日本基于血统卡里斯马的世袭正统性产生了摩擦。还有，"天人合一"在规则上是天道与人道的一致，在机能作用上是由作为"天子"的君主为实现"天道"而辅佐天地化育，这里就包含着天与天子非连续的契机，亦即天是高于天子的。这种"天子"观念与强调天照大神血统谱系连续的"天孙"观念相违背。而且君主辅佐天地化育的任务是通过"仁政安民"来完成的，"仁政安民"效果的测定基准是人民的向背，包含着天与人民相连续的契机，人心叛离意味着君主失去有德统治者的资格，君主的道德资格问题引申出"禅让"和"讨伐暴君"的易姓革命思想。这一点与日本血统连续性的观念在逻辑上相矛盾。[1]

关于民本德治主义，《日本书纪》中也有作为统治方针的明确记载。这是因为编纂者意识到要表达国家组织和体系的统一性，光靠原型思维是不够的，所以他们把中国的普天率土思想嫁接到祭祀的统合和咒术权威上。民本思想就是在这种政治统一性意图下表述的一般政治方针，但只停留于抽象方针的层面。当然，《书纪》的论述中也有仁政与暴政相对峙的语言表达，可见善与恶的伦理规范意识在高级知识层也有所渗透。禅让思想主要表现为德治思想与血统原理的结合。在长子继承不能实现而需从复数的同格继承人中选择的情况下，就要求皇位的道德资格，这时德治思想便以禅让的形式被采用。而且"记纪"也有关于皇位继承资格丧失等记载。不过，"禅让"意味着背德君主的血统断绝，如果将之原则化，就会与要求血统连续性的日本传统发生矛盾，为了调和此矛盾，有德君主思想被嫁接到世袭卡里斯马的观念里了。本来在中国的有德君主思想中，天命天道对皇帝是具有

---

[1] 《丸山眞男講義録［第四册］日本政治思想史1964》，123—127页。围绕"天""天道""天命"的解释在日本思想史上成了特有的主题。

超越规范性的，但通过上述嫁接，世袭卡里斯马的观念压倒了规范主义，所以皇位的继承也只能靠拟制血缘连续性来正当化。而关于讨伐暴君的"易姓革命"，丸山的评价是有保留的。他引用了韦伯的"秩序合理主义"观点，指出儒教的自然法没有超越世俗秩序，"易姓革命"只是为了恢复传统的秩序，所以不同于启蒙主义的革命自然法。尽管如此，他还是承认儒教的自然法原理与日本的血统卡里斯马思维是相冲突的，因此君主的道德资格问题，在日本没能发展为承认"讨伐暴君"这种使王朝更替正当化的传统。[1]

丸山还阐述了大化改新到律令制的过程中，中国的规范观念与"原型"思维的嫁接情况。在那里，"讨伐暴君"思想虽然不能适用于天皇，但被用来作为打倒重臣和豪族的正当化根据，以此拥立王族中的有德哲人，而且出现了听取臣下和人民批判忠告的"意见箱"等制度，这是"谏诤"思想的一种反映。当然"谏诤"思想成为实践伦理是武士主从关系结成以后的事，但大化之诏是此观念的最初表现。又因为大化改新是根据一定的政治理念进行的划时代改革，制度"制作"的意识唤起了人们对大陆法治思想的关心，也就是说，伦理规范意识的自觉化促进了法的规范意识的形成。但这个过程又恰恰体现了"原型"的双向性，即"原型"的性格一方面使日本自主地摄取大陆的知识和制度，另一方面又使非人格的（客观的）规范体系难以贯彻。比如，天皇亲政和公地公民的原则不断被摄关制和庄园制侵蚀，

---

[1] 《丸山眞男講義録［第四冊］日本政治思想史1964》，128—138页。丸山对韦伯的观点几乎是毫无批判地接受，而且对儒教也往往是在日本的环境中理解，比如江户时代确实是把朱子学自然法套入了身份等级制，使之内在于世俗秩序，大概因此，他一直认为儒教的自然法没有超越世俗秩序。但在中国的儒教里，天道的自然法又何尝不是超越现实秩序的呢？在不同的时代，它既表现为恢复传统秩序，又表现为打破旧秩序，比如孙文的"天下为公"、康有为的"大同思想"就是要打破和改革旧秩序的。丸山似乎看不到这一点。

并随着各地武家势力的发展而走向形骸化。结果，作为原则的天皇的"公"传统，在现实中逐渐被"私"的摄关贵族政治取代，以致无法抵御作为私党的武士集团的抬头。[1]

在以上关于从中国传来的"统治伦理"与"原型"紧张接触的论述中，丸山采取的用语是"介入"，而不是"突破"。也就是说，儒教作为异质思想只起了"介入"的作用，而没有突破"原型"，虽然它遭受了被修改的命运，但与"原型"保持了一定的共存性。

第三节　王法与佛法

在阐述"王法与佛法"一章的内容之前，先来看看丸山在"普遍者"概念中对儒教和佛教的不同评价。如前所述，比起"内在的普遍者"（儒教的天），丸山更重视"超越的普遍者"（宗教的神）。当然，这时他已不是用历史主义的眼光看待儒教，而是从双向可能性的观点来把握儒教的价值。

首先，丸山认为儒教不是宗教，儒教没有对个人永恒拯救的关怀，也不懂得超越政治或社会价值的神圣权威（天人合一、天道在本质上是内在于人伦的）。在这个认识的前提下他承认，儒教对人生的终极意义和价值有自己的回答，"道"就是终极价值，实现"道"是人生的最高意义。"道"绝不是单纯感觉或经验的实在，而恰恰是经验的实在必须遵守的规范，是作为天道来支配宇宙的永恒不变的自然法。因而可以说，儒教的规范主义是包含着超越特殊或具体的人与人、人与自然之关系的普遍客观的理念，或者说是包含着超越血缘共同体和特殊政治共同体而普遍妥当的真理和正义的理念。它蕴含着以

---

[1]　《丸山眞男講義録［第四册］日本政治思想史1964》，138—145页。

客观基准来裁判一切个别或具体的政治人格及其行动的逻辑，有德者的"德"就是以universal基准为依据的普遍主义。这是儒教双向可能性中的一个方向。[1]

但丸山同时又指出，儒教的普遍主义蒙受着伦理中的特殊主义侧面的严重限制，因为构成"道"的具体内容的礼乃至五伦，都是社会特殊形态的规范。这些规范的适用对象没有超出朋友之外的关系，既缺乏对普遍人类的思考，也缺乏作为个体的人的感觉（朋友关系是封闭的，邻人爱是开放的）。而且作为基本道德的孝，亦只是家共同体的伦理。天道自然法思想的普遍要素，就这样渗透在社会结构底端的血缘共同体之中，故难以突破其制约。反过来说就是，那里缺少突破血缘共同体而觉悟出自己是独立个人的契机。[2]这种特殊主义性质，是儒教双向可能性中的另一个方向。不过，这毕竟是丸山自己的理解。至于是否可以说儒教的礼和五伦都是血缘共同体的特殊秩序，是否天道自然法和民本主义对这种特殊秩序没有制约性，这些问题还需读者自主判断。[3]

因为丸山认定儒教的普遍性是内在于政治秩序的，所以将之定义为"内在的普遍者"；而与之相对照，他将佛教的普遍性定义为

---

[1]　《丸山眞男講義録［第四冊］日本政治思想史1964》，151页。

[2]　同上书，153页。

[3]　丸山认为儒教的天道在本质上内在于政治秩序的人伦，所以其普遍主义因素受到严重制约。但在中国文化里，具体的人伦秩序是圣人根据古代社会的状况而制作的，不能等同于永恒的天道，天道是超越其上的。正因如此，统治者不是绝对的，在天道面前只是相对的存在。把天道与具体的人伦秩序混同一气，是儒教在制度中被固化的结果，江户时代的儒教把朱子学自然法套入了身份等级制就是一个典型。还有，丸山认为儒教的规范主义缺乏普遍人类或个人的观念，这个认识也许跟日本儒教对《礼运大同篇》那样的普遍思想采取漠视态度有关。丸山这时还没有关注儒教由家族伦理推广至人类爱的"天下为公"和"大同"思想。

"超越的普遍者",即完全超越世俗权力的"超越者"。基于这个立场,他指出:"儒教的思想逻辑虽然包含着与'原型'的思维方式和价值体系相矛盾的要素,但在上述问题中又具有与'原型'内在连续的一面。所以,能彻底突破'原型'的世界像,向古代日本人展示全新精神层次的思想,是作为世界宗教的佛教。"[1]这正是他在突破"原型"特殊主义的问题上更重视佛教的理由。当然,关于日本对佛教的接受状况,他也承认,"日本佛教的历史存在形态,比起原始佛教和中国佛教都具有更强的世俗性质"。[2]"如果通观日本全史中的佛教思想史,甚至可以说那是在'原型'的制约下发生变质的历史。……但思想史的考察不能仅仅溯及结果,而且需要探索历史中每个时点新思想所孕育的可能性,并从各种可能性之中,考察那些可能性接下来是发展了还是崩溃了。"[3]所以他不遗余力地发掘佛教推动日本进步的可能性,首先关注像圣德太子那样的"日本佛教史中的例外"。

在"王法与佛法"一章中,丸山以圣德太子为例阐述了佛教对"原型"的突破。高度评价圣德太子制定的《十七条宪法》,将其视为日本思想史上最早的思想作品。认为《十七条宪法》不仅采用了大量中国古典的范畴和观念,而且能把以儒教为核心的大陆思想有机地统一起来,这种体系性正是根基于对佛教普遍主义性质的高度觉悟。那与儒教对"原型"仅仅停留于"介入"不同,因其精神根底贯穿了对神圣"绝对者"的觉悟,所以从根本上与"原型"的特殊主义发生了断绝。日本由此学到了超越的思想,即统治者在绝对者面前只是相对的存在,在普遍者面前只是特殊的个别者,要站在这种自我限定的立

---

1 《丸山眞男講義錄[第四册]日本政治思想史1964》,154页。
2 同上书,120页。
3 同上书,154页。如果说儒教天道的普遍性被混同于现实的人伦秩序,是在体制中固化的结果,那么儒教也可以跟佛教一样,追溯到其结果之前的可能性。但此时的丸山对儒教没有这个视点。

场上来尊崇绝对的普遍者授予的统治权和统治机能。正因为这一点，《十七条宪法》更超越了从"原型"到儒教或法家规范主义的逻辑发展，产生了一大飞跃。[1]这里的关键是，他强调了对"超越的绝对者"这种神圣存在产生了宗教性的觉悟。

那么佛教在圣德太子的统治伦理中处于什么位置呢？丸山是立足于"普遍主义"和"特殊主义"相互平衡的理论来分析此问题的。如前所述，他对政治思想的定义包括了政治体系的out-put和非政治因素对政治体系的in-put，或者说特殊主义的out-put和普遍主义的in-put。"王法与佛法"的主题就是基于这个视点来设定的，以表达世俗政治秩序与超越的绝对者的二元张力关系，尤其注重佛法对王法的制约，或者说正义价值对秩序价值的制约。丸山把《十七条宪法》的精神归纳为三点：（1）意识到"地上权威必须从属于普遍真理和规范"；（2）意识到"要把自然的直接的人际关系与公共组织严格区别开来"；（3）"在政策决定和施行中强调普遍的正义理念"。他评价其突破了"原型"，飞跃地达到了高度的政治理念。遗憾的是，面对日益强大的苏我氏势力，此精神难以发挥作用，随着氏姓国家的矛盾和腐败的深刻化，圣德太子对政治万念俱灰，走向"脱政治化"。[2]丸山以此阐述了"原型"把"普遍者的觉悟"压制下去的历史过程。

当然，丸山同时还指出，《十七条宪法》在古代日本佛教中并不具有代表性，以下特点才是当时统治者接受佛教的一般情况。经过崇佛与排佛的抗争之后出现了三个阶段。（1）氏族佛教。佛教变成苏我氏的氏族信仰，带上共同体宗教的性质，并与"原型"的咒术性黏合，主要进行对死者的葬仪，祈祷、读经；伽蓝注重的是咒术

---

1 《丸山眞男講義録［第四冊］日本政治思想史1964》，149—150页。
2 同上书，163页。

和审美的效果，而不关心精神拯救和佛典解释。（2）国家佛教（天皇皇室佛教）。佛法与王法黏合而带上"镇护国家佛教"的性质，失去了对"看不见的权威"的皈依，只重视大佛带来的咒术效果（除厄消灾和现世福利），而且僧侣和寺院与政治权力结合而导致生活的世俗化和腐败。宗教仪礼一方面与"原型"的咒术信仰结合，另一方面以庄严的伽蓝、金碧辉煌的佛像、伴随钟声的读经来享受美感效果。（3）贵族佛教。随着律令制演变为摄关贵族政治，佛教甚至失去了国家宗教的"公"的性质，成了摄关贵族的佛教而走向"私"化，并延续了"原型"的咒术性，同时与美感价值的沉溺相融合。[1]这个分析凸显了氏族佛教、国家佛教、贵族佛教中的同族集团特殊主义和咒术性。[2]

后来，在平安末期到镰仓时代的转换期，佛教出现了一些转机。随着摄关贵族政治的崩溃和武士的抬头，旧秩序走向解体，人们普遍地产生了悲观意识，在佛教"末法观"的影响下，"末法之世"一词在各阶层的时代认知中广泛扎根。末法思想是佛教的历史观，它设想了三个时代：第一是"正法"时代，人们按释迦的教义修行并能达到证果；第二是"像法"时代，人们虽按教义修行但得不到证果；第三是"末法"时代，只有教义而无人修行，亦无人得到证果。这种末法思想促使日本的历史观产生了一定的飞跃。本来"原型"的历史意识是自然生成的乐观主义，但生活在那个崩溃时代的人们通过末法思想的启迪，意识到了永恒普遍的真理与时间性（相对性）

---

1 《丸山眞男講義録［第四冊］日本政治思想史1964》，166—167、171—172、193页。
2 1959年度讲座反复指出，"作为世界宗教的佛教在日本的接受方式是特异的，它对于统治者来说是为了镇护国家，对于民间（包括统治阶级）来说是为了日常福利的加持祈祷，这两重意义上都带有咒术性质"。（《丸山眞男講義録［別冊一］日本政治思想史1956/59》，102页）

的世相的分离。[1]丸山在后来的论文《历史意识的"古层"》中指出:"光有超越时间的永恒者的观念,或光有对自然时间的继起延续的知觉,都不能产生出历史认识。因为历史认识无论何时何地都要通过永恒与时间的相交才能被自觉化。"[2]在这个意义上他认为,末法思想触发了真正的历史认识的产生。最能体现这种认识的代表性著作是没落贵族历史学家、天台宗僧侣慈圆撰写的《愚管抄》,这部著作中出现了历史哲学的思维。

《愚管抄》以正法走向末法的历史下降观点来实证日本的历史,其中贯穿着一种独特的道理史观。除了阐述"灭罪生善"等自然法道理,还提出了内在于历史的道理("因缘和合的道理"),这种历史道理随历史状况的变化有不同的含义。丸山认为,《愚管抄》构筑的立体的历史结构,既不是把历史看成直线和平面的自然时间的事实经过,也不是像儒教历史观那样以某种价值基准来裁判历史,而是把历史看作规范与现实矛盾交错的场所。而且面对历史下降的必然性,慈圆认为人也有自由选择和实践的余地,但他根本上是顺应末世现实,屈服于"必然性"的。这一点与末法危机意识中产生出来的改革性新佛教,以及与试图打破末世现实的《神皇正统记》的积极意志都有本质的不同。[3]在《历史意识的"古层"》中丸山指出,"慈圆所说的'代代变迁'的历史道理,并不是同一个道理根据时代的变化而改变其具体形态,而是要说明'世间的道理是渐渐改变的'"。丸山将之与黑格尔比较,黑格尔也是构筑内在于历史的道理,但黑格尔所说的"理性"是唯一的,并指出,慈圆这种复数形的"诸道理"反映出,日本具有容易产生出"历史相对主义"的土壤。[4]

---

1 《丸山眞男講義錄［第四冊］日本政治思想史1964》,205—208页。
2 丸山眞男〈歷史意識の「古層」〉,《丸山眞男集》第十卷,63页。
3 《丸山眞男講義錄［第四冊］日本政治思想史1964》,210—222页。
4 丸山眞男〈歷史意識の「古層」〉,《丸山眞男集》第十卷,50—51页。

第四节　镰仓佛教的变革性

然而，末法思想本身并不是让人屈服于历史下降的必然性，而是预言"正法"会走向衰灭，以此对修行者做出警世训诫，从而克服末法而开拓新方向。这种思想在日本社会底层产生出了另一个动向，就是镰仓佛教，其特征是克服末法而使宗教的内面性信仰得到纯化。在"镰仓佛教中的宗教行为的变革"一章中，丸山首先引用了福泽谕吉在《文明论概略》中对日本佛教的严厉批判，并肯定其作为启蒙思想家的宏观批判是非常到位的。但丸山依然要以微观的视野，力图从消极（因世俗化而黯淡）的日本佛教史中发掘出那些"尽管是短暂且少数的，但能突破旧弊并放射出光芒的思想和运动"。作为日本佛教史的例外现象，他阐述了镰仓佛教的初期状况，特别关注其重新唤起王法与佛法、世间与超越者的二元张力关系的特征，并为发掘其中变革的可能性而倾注笔力。他具体举出了以亲鸾、道元、日莲为代表的镰仓佛教的思想著作，评价其具有日本思想史上无与伦比的独创性，在体验的深度、情操的丰富度、逻辑的透彻度上都属于世界一流，认为这又是一次对"原型"的突破。作为政治思想史学者，他所关注的是，这些思想家的宗教意识如何反馈于政治意识，亦即如何对政治体系in-put。[1]

亲鸾（净土真宗）的革新性在于通过绝对的他力信仰而"脱咒术化"。其"恶人正机说"是对彼岸价值的完全倾倒，认为身负罪业是"无明"人的本质，正是作为恶人的自我意识使人接近阿弥陀绝对慈悲的拯救。以这种罪业感为媒介，宣告了人的平等，为受歧视的最下层人民开示了往生净土之道。求道的方法是否定"遁世"而在日常生活中实践，即非僧非俗的"在家佛教"，通过信仰的纯化彻底从

---

[1]　《丸山眞男講義錄［第四冊］日本政治思想史1964》，230—231页。

咒术的祈祷行为中解放出来（Entzauberung），并以"万人救济的联合意识"突破自然所与的特殊关系，产生出普遍主义的观念。以信仰共同体的"同朋团"思想，在非政治领域开拓了自发联合（voluntary association）的思想。其立场贯穿了俗权与教权的二元性，因而包含着抵抗俗权的政治可能性。[1]

道元（曹洞宗）的革新性在于通过信仰的内面化和严格的戒律主义，把作为通往圣域之道的"出家"的纯净性推向极点，在日本思想史上是与亲鸾并列的、最初的、完全脱离政治权力（王法）庇护和统制的自立宗教。其圣俗严格分离的"出家佛教"，与亲鸾的"在家佛教"正好形成对比，但并不是消极的逃避和隐遁，而是把佛道与世间的分离作为佛道渗透于俗世的前提。其修行排除一切功利主义动机，并以坐禅的专一化排除外表的仪礼和杂行——辉煌的塔寺建造和念咒祈祷等。这种纯粹出家主义和对"易行"（对世间名声的追求和对世间人情的轻易追随）的否定，明显地体现出道元思想带有精神贵族主义的色彩，这是与社会地位的贵族主义相对立的行动原理。尽管出家修行之道无比严峻，但此道在原理上对万人（不分社会地位）开放。道元的精神贵族主义具有在佛道面前使一切社会的世俗特权都失去意义的平等主义契机。[2]

日莲的革新性在于以"否定"作媒介来连接佛法与王法。日莲笃信《法华经》，认为各种灾害和内忧外患都是因为违背法华的正法、妄信邪法的结果。因此，他撰写了《立正安国论》呈给当时的执权时赖。其宗教出发点有强烈的政治关怀，那就是以佛法守护王法，亦即以佛法为规范的镇护国家论，这是与亲鸾、道元的最大不同。虽然在

---

[1] 《丸山眞男講義録［第四冊］日本政治思想史1964》，239—252页。丸山通过举出净土真宗组织了大规模农民起义的事例，来说明佛教具有抵抗俗权的政治可能性。

[2] 《丸山眞男講義録［第四冊］日本政治思想史1964》，253—256页。

这一点上仍带有咒术和神佛结合的因素，但日莲的宗教态度根本上是刻着新佛教烙印的。比如在个人拯救方面强调凡夫的拯救，从自己的人性内面把握罪恶，确信《法华经》信仰的心灵拯救，力主"依法不依人"，通过皈依超经验的绝对者（真理、正义等看不见的权威），而排除对现实权力关系的依存，确立个人自律的主体性。这种宗教态度是镰仓新佛教的共通点。但是，其镇护国家论的普遍主义和规范主义，与"本地垂迹"思想的神国观念相结合，衍生出了泛日本主义。他断言日本已皈依《法华经》的真理，王法与佛法本身已然一致。甚至发展到神佛本质一致论，把天照大神视为永久不灭之佛（终极者）的直接显现，主张神国日本是弘扬《法华经》于世界的中心国。后世日莲宗的极端国家主义倾向也由此孕育。[1]

总之，丸山把镰仓佛教视为日本佛教史中少数的例外，高度评价其能突破"原型"产生本质的飞跃。但他同时指出，连这样优秀的新佛教也还是逃不过"原型"的制约，都表现出在发展过程中渐渐远离创始者的精神，其革新性受到"原型"的压抑，逐渐显示出与旧佛教的连续性。主要表现在五个方面：（1）咒术重新渗透于修行和祈祷仪式中；（2）出现同神国思想妥协的倾向，采用"本地垂迹"说，将天照大神视为菩萨在日本的"垂迹"；（3）教团组织再现特殊主义性质，将"法脉"与"血脉"统合起来，使法主世袭化，把祖师拟制成皇室血缘以获得尊贵的权威，甚至把祖师崇敬放在释迦崇敬之上，以致变质为封闭的"同族集团"；（4）与王法（俗权）重新黏合，强调王法与佛法相互依存，随着王法的主体由朝廷移向幕府，便与武家政治体制结合；（5）圣的价值被消弭于审美价值中，宗教修行成了耽美

---

[1] 《丸山眞男講義録［第四冊］日本政治思想史1964》，261—269页。"本地"指本来的终极境界，"垂迹"指菩萨化身的神。"本地垂迹"是一种神佛"习合"（syncretism）思想，主张神道的八百万神实际上是菩萨在日本的化身。

的场所。以上反映了镰仓佛教在"原型"制约下的曲折和妥协。自江户时代初期，儒教对佛教发起了批判，其批判的核心论点就是：佛教否定人伦、逃避现世的义务和责任。这种批判的背景正是佛教在思想上已失去魅力走向低俗，教权对俗权已失去紧张关系和自律性，并沦为幕藩体制的行政末端，成了对民众实行统制的忠实执行者。[1]这样，佛教就不仅丧失了对世俗权力的超越性，也丧失了对特殊集团的超越性。

---

1 《丸山眞男講義録［第四冊］日本政治思想史1964》，271—278、282页。

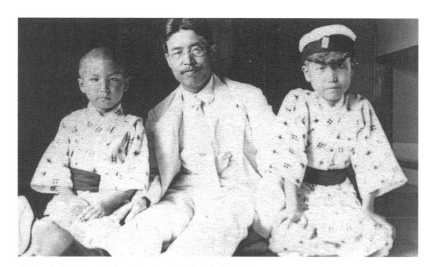

左起：丸山真男、（父）干治、（兄）铁雄（丸山彰提供）

小学时代的丸山真男(丸山彰提供)

在助教研究室(1940年)
(出处:《丸山真男集》第一卷,岩波书店)

1954年在镰仓的长谷川如是闲宅与如是闲对谈(丸山彰提供)

在自家的书斋（1959年）
（出处:《丸山真男集》第八卷，岩波书店）

左起：南原繁、福田欢一、丸山真男（1972年）
（出处：《丸山真男集》第十卷，岩波书店）

1988年8月作者与丸山真男在热海

1988年10月丸山真男与在日中国学人座谈(日本国际文化会馆提供)

1994年作者赴任教职后去东京吉祥寺探望丸山真男

丸山真男珍藏的石雕

摆放"真理立国"石雕的壁龛
（丸山彰提供）

第二章

武士传统中的"可能性"
（1965年度讲座）

小　引

　　1965年度讲座主要讲了"武士的精神特性及其发展"，还附带谈了"神道的意识形态化"。第一个题目占了大部分篇幅，第二个题目只占少量篇幅，主要是活用了战争时期发表的论文《神皇正统记的政治观》[1]来讲授。本节拟省略后者，集中阐释第一个题目——"武士的精神特性及其发展"。这个年度没有论述"原型"，也没有采用"原型"与外来思想的"普遍者"冲突的理论框架来分析问题。据饭田泰三推测，这大概是因为武士的特性虽不是外来的，但它本身就自生地构成了古代律令制秩序崩溃之后登场的新时代的"主旋律"。它根植

---

[1] 〈神皇正統記に現はれたる政治観〉于1942年发表在《日本学研究》6月号，后来收录于《丸山真男集》第二卷。这篇论文的要点在于阐述《神皇正统记》的作者北畠亲房的内面主体性，北畠作为思想家"倡导无论政治实践成功与否都一贯遵循'内面性'而行动的价值，他自己也一生践行之"（《丸山眞男集》第二卷，177页）。北畠的内面信念是以儒教的仁政安民思想为基础的规范主义，以此"正理"为神皇正统的支柱，但在规范丧失的乱世中，他成了"政治上的失败者"。

于日本思想的底层和原住民的世界，具有一种内发的可能性，亦即不通过"文化接触"就内发地产生通向"普遍者的觉悟"的独自路径。[1]但是，丸山所描述的武士精神特性本身算不上意识形态，光靠这个特性它也难以成为新时代的"主旋律"。实际上它并不是只有内生的主从关系，而且包含儒教的君臣之义（对普遍原理的忠诚）和佛教的感恩思想。也就是说，它在一定程度上把儒教和佛教的思想因素化合到自身的精神特性里面了，这一点确实与"原型"不同。或许应该说，这才是丸山没有采取"原型"论基本结构的原因。

日本对武士道的研究可追溯到明治时代，明治以来日本就反复通过"武士道"来塑造日本民族的特征。最早在明治三十年代初，新渡户稻造就用英文撰写了《武士道》（1900年）一书，这是向欧美社会介绍日本民族精神的著作。[2]而站在国家主义立场的井上哲次郎不赞同新渡户把武士道类比为基督教伦理的写法，连忙编纂了《武士道丛书》三卷（1905年），把山鹿素行拟为武士道祖师的化身，将其塑造成日本自身的民族精神。之后在昭和时代，井上又编纂了《武士道全书》十卷（1942年），以此构筑武士道伦理学的体系。战后GHQ占领期，曾一度禁止关于武士道的宣传。但自20世纪50年代后期起，随着日本"战后期"的结束和步入经济成长期，并在美国的"近代化论"影响下，日本人对本国近代化的成功有了更多的自信，学界也出现了发掘日本民族传统的热潮，其中"武士道"被作为日本独特的传统成了热门课题。[3]这时，以武士道来谈论企业精神或道德的书籍大量出版，多数是对新渡户的《武士道》或山本常

1　饭田泰三〈解说〉，《丸山眞男講義録［第五册］日本政治思想史1965》，317页。
2　新渡户稻造著的《武士道》于1900年在美国刊行，题为 *Bushido: The Soul of Japan*。
3　关于"武士道"的研究史，唐利国写有比较全面的综述。见唐利国著《兵学与儒学之间——论日本近代化先驱吉田松阴》，社会科学文献出版社，2016年。

朝的《叶隐》的简单化，主要赞颂武士那种对主君或组织的忠诚伦理。丸山也在同时期投入了对武士的研究，但他是在完全不同的问题意识下展开武士研究的，明显地抱有对明治天皇制乃至昭和期那种只讲顺从的"忠君爱国"，以及对战后仍旧延续的追随权威（或大势）之倾向的批判意识。论文《忠诚与叛逆》（1960年）就是其代表作，那里强调的是"忠诚与叛逆"反向结合（paradox）[1]的价值，并试图从"忠诚"与"叛逆"的悖论性结合中发掘出抵抗精神的因素。

为了避免与大日本帝国时代的"武士道"混同，丸山指出：近代日本通常所说的"武士道"其实是明治三十年代以后被重新在观念上理想化的东西，需要在帝国日本的思想脉络中把握。[2]他所关注的是中世期产生的武士原初的精神特性，而这些特性恰恰在明治三十年

---

[1] 在丸山的思想里，"忠诚与叛逆"是对立统一的。他说："忠诚与叛逆无疑是对立概念（contraries），但并不是矛盾概念（contradictions）"（〈忠誠と反逆〉，《忠誠と反逆——転形期日本の精神史の位相》ちくま学芸文庫版，11頁）。这与日本的文化背景有关，就江户时代武士的主从关系而言，在那种绝对不可脱离主君的关系中，武士出于对主君的绝对忠诚反而会产生出对主君的叛逆，这就是忠诚与叛逆的反向结合。比如当"御家"（"藩"）处在危机状态时，武士的忠诚会以"叛逆"（"谏净"）等行动逼主君改革。附带指出，有人将丸山的这个命题翻译为"忠诚与反叛"（比如，《忠诚与反叛——日本转型期的精神史状况》，路平译，上海文艺出版社，2021年），这种译法并不恰当。因为"反叛"的含义主要是"叛变""谋反"，侧重于行动上推翻主君权力的夺权行为，但不一定意味着在政治主张上反对主君。而丸山要发掘的武士"叛逆"精神，是侧重于心理上的，主要指在政治主张或政策上反对主君，付诸行动时表现为"谏净"。当然如果在中国，谏净本身就是忠诚的一种表现，不属于叛逆范畴，而不听谏言的君主才是对天道的背叛。

[2] 《丸山眞男講義録［第五冊］日本政治思想史1965》，45頁。丸山在此指出：明治以后的"武士道"在国际社会眼中，不同的时期有过不同的评价，20世纪初曾被比拟为西欧的骑士精神，而到了20世纪30年代则被视为日本军国主义、侵略主义的思想根源。

代后兴起的"军国热潮"中完全消失了,他是要追溯到中世的历史脉络中去还原这些精神特性。当然如前所述,丸山并不赞成只承认"内生"文化的"植物主义"传统论,但也重视从"内生"文化中发掘有价值的"可能性"。他认为,各国都有一种在国际上被广泛认知的国民人格类型,比如英国的绅士、法国的市民、俄国的知识阶级、中国的士大夫和仁人志士,而武士(samurai,即武艺侍从)则是被认知为日本历史中产生出来的独特的国民人格类型。[1]日本的这种独特性也是他重视武士的一个理由。

丸山早在1956年度讲座中就论述过武士的问题,那时设定的题目是"武士阶级的观念形态",但到了1959年度就将此题改成了"武士的精神特性的发展"。也就是说,他由着眼于阶级意识形态,转变为着眼于ethos[2](精神特性)了。那么,他所说的精神特性指的是什么?在1959年度的讲义笔记中,他对其含义做了如下注释:ethos是指从内面制约人的行为方式并影响其方向性的气质。那不是个人独特的气质,而是具有社会性的;那不一定是理性的,但也不是无意识的,而是处于伦理思想和感情情操之间。[3]之所以关注这种算不上意识形态的东西,这与丸山的"超学问的动机"有关,他的现实关怀是要在民众中树立一种支撑民主主义的德性——福泽谕吉说的"人民的独立风气",这是日本社会最缺乏的。而在丸山看来,武士的特性虽然内在于封建的身份伦理之中,但蕴含着一种主体性和抵抗精神,并且在幕末至明治前期的维新志士、自由民权和明治社会主义的志士中都显示了武士精神特性的复活。也就是说,在历史的时间中它是封建

---

[1] 《丸山眞男講義録［第五冊］日本政治思想史1965》,42—43页。

[2] ethos源于希腊语,在亚里士多德的伦理学中,表示人在不断反复的行为中养成的某种持续的精神气质或精神特性,与pathos(一时的感情状态)是反义词。本书采用"精神特性"一词来表达ethos。

[3] 《丸山眞男講義録［別冊一］日本政治思想史1956/59》,136页。

主义的，但它越过了历史阶段而传承到幕末维新的近代转型期，并发挥了积极作用，所以不能简单地以封建性的定义而将之埋没。正如《忠诚与叛逆》一文结尾所指出："'本无忠节之人，终究不会有逆意'这句反语，能超越纠缠在那里的所有历史制约，向我们叙述某种永恒的预言。"[1]

反过来说，如果仅仅从阶级的思想立场来看问题，武士无疑是封建性的，服务于封闭的特殊集团，并倾向于穷兵黩武和侵略扩张。但如果局限于这个视野，就难以抽取出超越历史制约的具有永恒意义的可能性。所以丸山反而关注那个不受意识形态制约的精神特性。而且在方法上，丸山采取了本书之前已介绍的辩证法战略，着眼于思想史中隐含的双重方向（ambivalent）的可能性因素，从那些"已经完结"，甚至作为实践的结果是"反动"的思想中寻找"革命"的契机，在教人"服从"的思想中寻找"叛逆"的契机。正如《关于思想史的思考方法》一文中所说，"带来了反动结果的思想也可能曾经包含有进步的契机"，用这个观点来把握问题是有效的。"如果不采用这种探究可能性的方法，就不能真正发掘日本思想中的'传统'。"他用武士主从关系的"君即使不君，臣亦不可不臣"这个"最屈从于权威的命题"进行论证，"是想说明连这样的命题都可以抽出对权威的屈从和反抗的双重可能性"。[2] 自1960年发表《忠诚与叛逆》起，他对武士的研究就不再囿于阶级意识形态，而聚焦于其社会基础和生活方式中形成的具有持续性的精神特性了。

1965年度讲授的"武士的精神特性及其发展"，是对1956和1959年度讲座的补充和发展，同时活用了论文《忠诚与叛逆》的成

1　丸山眞男〈忠誠と反逆〉,《忠誠と反逆——転形期日本の精神史の位相》ちくま学芸文庫版，136页。
2　丸山眞男〈思想史の考え方について——類型・範囲・対象〉,《丸山眞男集》第九卷，81页。

果。《忠诚与叛逆》主要考察中世以来的武士传统以及幕末维新期和明治前期志士的各种具有主体性的抵抗行动，评价其在日本近代转型期的积极作用，同时慨叹这种精神后来走向衰灭。1965年度讲座主要是采用解释学的方法，追溯到中世期去发掘"忠诚与叛逆"反向结合的精神源流。具体是以坂东（关东的古称，也叫东国）武士为原型来把握武士精神特性的基本要素，并通过镰仓、南北朝、室町时代看其传承和变奏，进而阐述战国时代武士道的形成，然后指出其在江户时代走向衰微，但最后在幕末维新期得到了复活。

不过，在理论问题上需要指出一点，那就是丸山在讲座中评价武士的抵抗精神时，总是把中国士大夫描写成负面形象，以此衬托日本武士的优越性，这是对中国缺乏内在理解的。这个逻辑背后的认识框架是韦伯的理论，即认为坂东武士的主从关系与欧洲Lehen（分封领地）的主从关系相类似。欧洲骑士的主从关系由"义务和名誉的法典"制约双方，具有主从的双向义务性（以下简称"双务性"）。日本武士原初的主从关系虽然双务性不如欧洲，但也有"恩给和奉公的相互性"。还有，欧洲骑士军并非大集团军作战，而是个人英雄战，所以有独立自由的个人主义和名誉感，而日本武士的战斗方式也是一对一的单打，具有同样的精神。与此同时，丸山还毫无批判地把韦伯的"家产官僚"概念完全套用于中国的士大夫，指出中国的君臣关系缺乏双务性，官僚对君主只有单方面的服从。[1]这样丸山就无意中设定了这么一个评价模式：欧洲骑士的主从关系比日本武士的主从关系先进，而日本武士的主从关系又比中国文官的君臣关系先进。所以，他认定武士的抵抗精神走向衰退是因为江户时代的儒教普及和武士文官化，而其精神之所以在幕末维新期得到复活，是因为随着幕藩体制的崩溃重新出现了战国的流动状态。

---

[1] 《丸山眞男講義録［第五冊］日本政治思想史1965》，63—66、71—78页。

当然在《忠诚与叛逆》一文中,丸山虽然指出江户时代的武士变成了"家产官僚",但也承认这个时代的武士"不仅维持了对人格的或集团的'忠诚',而且还学会了与之相区别的对原理的忠诚,这正是中国传统范畴的道或天道观念渗透的结果"。[1]不过,这个观点在1965年度讲座中被淡化了。本书上一章曾指出,丸山在谈"统治伦理"时,表现出他没有意识到中国的君臣伦理与君民伦理一样,都贯穿着民本主义的规范。其实在中国的政治传统里,天道和民本主义规范是君臣双方要共守的原则,这就是君臣关系的双务性,它是超越君臣的个人恩情和上下关系的。与之相比,日本武士的主从关系表现为"恩给和奉公的相互性",那是主君必须对武士的"奉公"(侍奉于具体人格的主君)授予恩给的双务性。但正因为丸山没有看到这个不同,所以简单地把江户时代的"家产官僚"对权威的单方面服从,直接认定为儒教型文官的君臣伦理,由此推论中国士大夫的文德是懦弱的,没有抵抗精神。论文《忠诚与叛逆》和1965年度讲座都把幕末维新志士的抵抗精神只看作武士精神特性的传承,而不承认那里也有儒士的风骨。这种认识上的偏颇,也是我们在研究丸山的武士论时应注意的问题。

第一节 "非理的合法化"与武士社会的诞生

在正式进入武士论之前,先简略地介绍一下丸山对武士社会产生和发展背景的独特综述。讲座中没有专门设这一节,这些内容是穿插在讲座中间的。本章将之放在前面,是想给读者提供一个理解武士

---

[1] 丸山眞男〈忠誠と反逆〉,《忠誠と反逆——転形期日本の精神史的位相》ちくま学芸文庫版,28—29頁。

社会形成的前提知识。丸山运用了慈圆《愚管抄》中"非理演变为道理"的历史道理论,来描述武士社会的产生和发展的历史背景,打出了一个解释日本史的新观点,即"制度的状况化"和"状况的制度化"交互循环的历史观。这个阐述方法很独特,勾画出了一个靠"势"而演化的(或者说"原型"思维制约下的)历史像。

"状况化"和"制度化"交互循环的历史可具体描述为以下过程。首先从以隋唐为模式的律令制的变迁谈起。第一阶段的"状况化"是公地公民演变为私地私民(庄园化),称为A状况。从律令的准则来看,这是"非理、非法"的,但朝廷和权门势家却推动了庄园的制度化,亦即"非理的合法化",这就是"A状况的制度化"。此间在庄园制内又衍生出武士团的成长,由此进入B状况,之后武士掌握政权,镰仓幕府建立御家人[1]体制,带来了"B状况的制度化"。但从第一阶段的律令制立场来看,武士政权的成立也是"非理的合法化"。这次"非理的合法化"是由武士推动的,而武士在推进自立的统治中,渐渐意识到武家社会必须有自律性,观念上便出现了对"道理"的自觉。因此其行动方式贯穿了武士的精神特性和规范意识,《御成败式目》就是他们把自己的"道理"变成实定法的具体表现。这时从武士的"道理"来看,朝廷、公卿、大社寺对武士政权的御家人体制的侵害、守护和地头对国衙的侵害,以及御家人之间的相互侵害才是"非理"的,总而言之,对幕府御家人体制的反叛都成了"非理"的。而随着镰仓幕府的衰落,上述循环模式又以同样方式延续下去。[2]

接下来的C状况化,就是随着镰仓幕府走向衰落而出现的幕府御

1　"御家人"在镰仓时代是直属于将军的武士,他们以将军恩给的形式拥有领地,成为自己领地的统治者。

2　《丸山眞男講義録[第五册]日本政治思想史1965》,147—149页。

家人体制的崩溃。这一轮状况化经历了从镰仓末期到南北朝、室町，再由应仁之乱到战国时代，其间统治权威和社会规范日渐解体，到处都是赤裸裸的实力斗争，这就是所谓"下克上"的时代。在"下克上"的过程中，幕府体制中的御家人守护职[1]渐渐演变为地方领主（守护大名），后来地方有实力的家臣又篡夺主家的实权，使守护大名的势力发生动摇，以至步入战国时代。然后在战国动乱中凭实力胜出者成了战国大名，由此形成"大名分国制"，这就是"C状况的制度化"，"下克上"的非法实力就这样走向合法化。而最终把整个日本统合起来的制度化，则是后来的幕藩体制。[2]

从上述A到C的演进方式可知，所谓状况化和制度化的交互循环，其实是一个"非理、非法"不断获得合法化的过程，其间几乎没有出现某种永恒的规范来对之进行抵抗。丸山通过《愚管抄》所说的历史道理"代代变迁"的观点，透视出了这段历史在"势"的推动下，一个时期更换一个"道理"的清晰图像。那里只有"时间"不断流动的历史事实，而没有超越历史的那种永恒的、普遍的道理。尽管如此，他也从中发现了在目不暇接的"道理"变迁之中，依然传承着一种积极的因素，那就是以"坂东武者的习俗"为原型的武士精神特性，它超越了镰仓末期、南北朝、室町以及战国状态的一系列动荡，在战国时代得到了升华，虽然在江户时代走向衰退了，但在幕末维新期又重新复活。这对于丸山发掘思想"传统化"的可能性也许是非常重要的。

1　"守护"是幕府设在地方国负责军事和警察管理的职务，是将军的代官，但后来发展为任职地的领主，即守护大名。
2　《丸山眞男講義録［第五册］日本政治思想史1965》，149—150页。当然丸山还指出，在"下克上"时代规范意识松弛涣散的状况中，也有新的规范意识萌芽，主要产生于基督教徒、一向宗（净土真宗）的门徒、室町中期兴起的商人行会和自治都市，但在其还未成熟之际，就被幕藩体制意识形态压灭了。

第二节　初期武士团的产生及其结构

在具体的论述中，丸山则以社会史的观点来阐述，认为初期武士团是在"封建化"过程中产生的。他所说的"封建化"是指公职的私权化和私占领地的公权化，这里实际上也勾画了一个"非理的合法化"过程。

据他的考察，这种"封建化"倾向在12世纪以后的日本就典型地表现出来了，最初的武士正是作为寄生于庄园制的原住民势力开始成长的。本来律令制是统合全日本的公地公民制，其经济基础是班田制。但在律令制下，大社寺（大的神社、寺院）和摄关贵族通过侵蚀公地公民而成为巨大的庄园主，表面的公地公民，实质上变成了私地私民。一方面，私人占有的私垦田地通过捐赠给中央贵族而得到公权的承认，这样私占的庄园就被制度化了（私领的公权化）；另一方面，各种官职对土地和人民的管辖权也演变成庄园的私有特权（公职的私权化）。武士团就是在庄园制的本所法和领家法[1]中组织起来的各庄园的私人武装集团。[2]其中，与畿内、西国地区相比，东国（坂东）的武士团受中央的统制较少，并因其具有较强的流动性和扩大性，使众多武士团得以越过律令制下的"国"而相互交流，到了平安朝末期，就在观念上形成了一个整体的武家世界意识，连京都的贵族也认识到了

1　"本所法"是随着庄园制的正当化而出现的，"本所"是公法主体对私人领有的庄园的称呼，"本所法"就是庄园主对自己的领有地实行统治的法条。所谓"领家"，是"开发领主"由于对自己庄园的领有权缺乏法的根据，便通过把庄园捐赠给中央的大贵族或大寺社来保住自己的领有权，而获捐者就是"领家"。领家一般都在中央，所以在庄园设了"庄官"来处理纠纷。"领家法"就是这个系统的法制化。武士是从"庄官"发展起来的。

2　1956年度讲座指出，武士团的首长原本是庄园的庄官，由他统领"家子"（一族子弟）和郎党（里正）组成了战斗集团（《丸山眞男講義録［別冊一］日本政治思想史1956/59》，115页）。

东国对中央政府的半独立倾向。不久，东国武士团就成了推动武士政权镰仓幕府建立的基础势力。也正是在东国武士世界的观念统一性和共通性基础上，产生出了最原始的武士精神特性，亦即"坂东武者的习俗"。[1]

当时各地的武士团大体区分为御家人和非御家人两大部分。御家人是直属于镰仓将军的武士[2]，非御家人是直属于天皇和摄政贵族及其庄园庄官的武士，或地方独立的武装土豪。镰仓幕府的体制就是将军与武士（包括恩给和开垦田地的在地领主）结成主从关系的御家人体制，其主从关系是以东国武士团的结合纽带为基础的。丸山从东国武士团入手进行考察，指出初期武士团的结合纽带由两个因素组成。（1）一族一门（家门）的同族集团结合。这里包括了血缘和拟制血缘，多数是将其领地的开发者（包括其氏神）奉为先祖的祭祀共同体。血缘和拟制血缘成为支撑团结的支柱，延续了古代氏姓制的传统。武家政权的世代交替表现为氏（平氏、源氏、北条氏、足利氏、织田氏、丰臣氏、德川氏）的交替，这方面显示出与古代的连续性。（2）以恩给和奉公[3]来维系主从关系的封建性结合。在作为战斗者的武士团的团结中，以土地恩给为基础的主从关系实际上压倒了血亲和姻戚的结合，所以不能把武士的结合仅仅看作古代同族集团的直接延续，这方面显示出与古代的非连续性。丸山也许看到了这里蕴含着突破"原型"同族集团特殊主义的可能性，他认为，武士的恩给和奉公的相互性与欧洲的"封地"（Lehen）主从关系的双务性类似。尽管武士的主从关系是以无条件的奉公为前提的，主君的恩给只是御恩而不

---

1 《丸山眞男講義録［第五冊］日本政治思想史1965》，53、57—58页。
2 御家人管辖的官署叫"侍所"，而镰仓幕府的政厅叫"政所"。
3 所谓"奉公"是指家臣和随从对主家的侍奉，这与"天下为公"的"公"（public）是不同的。

是法的义务，但毕竟还是带有一些相互的双务性质。[1]随着武家政权（镰仓幕府）的成立，上述的原初结合形态就演变为将军与御家人的主从关系和以土地分封为支柱的恩给关系，由此形成了封建制。

武士团虽然是私人的当地武装集团，但丸山认为其与暴力的强盗团有根本的不同。他指出，实际上11世纪中期以后，在其自我认知和社会对他们的认知中，武士团都是具有独自习俗和规范意识的特殊战斗者集团。正因为有一定的礼法和生活规范，他们既区别于单纯的暴力团，也区别于贵族中的勇者。而随着主从关系的发展和"兵"家父子相续，他们的身份独立性就愈益明确了，生于兵家有了一种自豪感。这种特殊意识在镰仓幕府成立以后就完全显示出来了。丸山正是从初期武士的"兵之道""弓箭之道"或"坂东武者的习俗"中抽取出武士的精神特性，通过分析其构成因素来把握其传统的原型的。在丸山看来，所谓兵之道、弓箭之道既不是抽象的、有体系的意识形态，也不是由外部或上面给予的伦理训诫，而是武士作为战斗者在具体的存在状况中自生的习俗。他要强调的是，即便后来得到了思想的提炼，但理论化之后的武士之"道"也只有在具体的武士生活状况中，才能成为活生生的"行动"规范，在江户时代被儒教化的"士道"与原初的（坂东）武者之道实质上是不同的。[2]

"坂东武者的习俗"是在对抗传统权威（皇室和贵族）中形成的。首先，丸山认为武者原初的"执弓箭者之习俗"或"兵之道"与当时的战斗方式不可分。那不是军队的集团战，而是骑着马执着刀剑或弓箭的武士一对一的单打独斗（个人武艺的比赛），这里贯穿着一种强烈的独立精神和个人主义（这里的个人是指代表"家"的个人），这一点与德川期以后被组织化的官僚制军人不同。而且这种表示贵族

---

1 《丸山眞男講義録［第五冊］日本政治思想史1965》，60—61、64—66页。
2 同上书，66—67、69页。

地位的、竞争个人武勋的战斗，需要威仪堂堂的虚饰仪礼，还要遵循双方对等公平的规则，这些都是武士自我陶冶的基础。[1] 由此，丸山抽取出武士原初特性的以下两大构成要素。

（1）强烈的名誉感和自负心。也就是注重武门的名誉，这是武士精神特性的核心观念。正因为有武门的名誉感作基础，武将对主君的献身和服从不同于职务的服从、对权力的默从、奴隶的屈从，那里能产生出自发性。名誉感本来就是以他者的评价为前提的，所以武士对名誉的爱惜就伴随着一种"知耻"感情，但这与宗教的罪意识相异。又因为自我是与一家一门同一化的，即便自己失去生命，"名"和恩赏也会赋予家门，所以东国武士具有把生死置之度外的敢斗精神和强烈的自尊和自负。这种名誉感蕴含着独立自由的个人主义方向性。丸山将之与中国的士大夫做比较，认为士大夫是通过科举而上升到"家产官僚"地位的，这是通向名誉的唯一途径，名誉与地位的位阶分不开，所以挫折下野的人只能放弃对名誉的追求。并断言士大夫所追求的是地位价值，武士所追求的是业绩价值。[2]

（2）主从关系的纽带和感情。如前所述，武士团的结构包括同族集团的结合与主从恩给制的结合两个契机。前者无疑是受"原型"制约的。而后者与欧洲的主从双务契约性相比，虽然对等性和双务性都比较弱，带有对家长恭顺的色彩，但武士团实际上形成了超越第一次集团（primary group）的社会关系。其原动力在于后者——特殊的主从结合，主从关系的力量往往突破同族意识，决定着武士的行动方

---

1 《丸山眞男講義録［第五册］日本政治思想史1965》，72—73页。
2 同上书，75—86页。在此丸山还指出，中国的士大夫的名誉感是靠古典教养支撑的，是主知主义的，而坂东武士是"无学"的，倾向于以意志为主的行动主义。士大夫的名誉感注重全面的教养和知识（君子不器），而武士则注重特殊技能（武艺），这有利于后来日本采用近代的专业官僚制。丸山以此暗示武士在近代化上比士大夫优越。

式。主从关系早就以"君臣"一词来表达了,后来又采用了儒教"君臣之义"的范畴。但丸山强调的是与中国"君臣之义"的不同。他说中国皇帝与官吏是"职阶与职阶"或身份与身份的关系,其"君臣之义"是以这种等差为前提的服从伦理。而武士的主从关系是更为直接的、感觉上的、人格的(personal)相互关系,是私人情谊的关系。这产生于日常的生活共同体和作为战斗者的命运共同体,这种亲近感和情绪一体化是支撑恩给和奉公的基础。所以忠诚在主君的亲爱感情与家臣的报恩感情连锁反应中积累度越高,就越会达到超出物质恩赏而对主君全人格的倾倒。又因为忠诚是以直接人格的主从关系为前提的,所以不以更高的上级为忠诚对象,敌我不按规范观念来区分,家臣被要求"以主君之敌为敌",无论如何也不能背叛直接的主君。[1]1959年度讲座更明确地指出其特征是,"把是非善恶的价值判断全部交给主君",这是本来的"坂东武者的习俗"。[2]

不过,丸山在上述武士特性分析中谈到的中日比较是有偏颇的。关于对中国士大夫的理解,诚如他所言,科举确实是通向名誉的途径。但这并不意味着名誉与地位不可分,士大夫的名誉感与他们对天道和民本主义的内面信念才是不可分的。为了信念而谏诤时甚至不顾自己性命和地位的士大夫,在中国历史上不胜枚举,而且下野隐遁也是一种名誉。丸山认为武士的独立精神是在单打独斗的战斗方式中产生出来的,那么士大夫的独立精神则是通过古典教养培育出来的天道信念。如果说武士的独立精神是依存于外在的战斗环境的,那么士大夫的独立精神则具有内面的主体性,因此士大夫无论是单打独斗还是

---

[1] 《丸山眞男講義録[第五册]日本政治思想史1965》,87—89页。关于初期武士的主从关系,和辻哲郎强调其"对主君的忘我献身"(心情伦理的因素),津田左右吉和家永三郎则强调其御恩和奉公的相互性(利益盘算的因素),丸山认为这两者是不能分割的。

[2] 《丸山眞男講義録[別册一]日本政治思想史1956/59》,120页。

联合抵抗,是独战群臣还是直谏皇帝,都敢抵抗巨大的或最高的权力,甚至不惧遭贬、受刑、下狱、流放、砍头,这些独立的忠诚气节并不依存于外在的环境。"文德"绝不是屈从和懦弱的代名词。陈平原描写的"当年游侠人",可以说是中国士大夫的侠义精神在近代文人学者中的传承。[1]另外,丸山认为中国的"君臣之义"是以皇帝与官吏的地位差异为前提的服从伦理,但实际上,中国的"君臣之义"不仅是"职阶"上的服从,更重要的是君臣双方必须共守天道和仁政安民的原则。也许丸山所认知的儒教型官僚是日本江户时代那些由武士充当的文官,而且又过于简单地依据韦伯的"家产官僚"概念[2]来理解儒教的中国,但"家产官僚"概念不一定能完全适用于解释中国的士大夫。

第三节　武士精神特性在概念上的提炼

丸山认为在思想的"层叠结构"中,武士的精神特性只是底层的生活感情,但"记纪"以来,儒教佛教等高度发达的意识形态已在日本为人所知,武士的生活感情与儒教佛教这些顶层的思想也发生了相互作用。正因为吸收了儒教的"忠""仁""道""君臣"等范畴或观念形态,武士原来未能自我认知的精神特性得到了自觉化和抽象的表达,并通过合理化的提炼与"道理""文治""政道"等理念相结合。

---

[1] 陈平原《当年游侠人——现代中国的文人与学者》,生活·读书·新知三联书店,2006年。增订版,生活·读书·新知三联书店,2020年。
[2] "家产官僚"是韦伯在与近代合理的官僚制做比较时使用的概念。其意是指在传统的家长制帝国,对家长(君主)绝对忠诚的,而且替代家长统治其"家产"(领土)和人民的官僚。这些家产官僚对君主的关系是基于恭顺感情的从属关系,他们的人格本身是得不到承认的。这显然不能套用于中国的士大夫。

这种合理化的提炼是伴随武家政权的确立而出现的。武士团作为政治权力在全国组织起来，最终成立了镰仓幕府，这个过程并不是像律令制那样具有人为计划的蓝图，而是自然地靠恩给奉公的主从关系把"御家人"（直属于将军的武士）组织化。这是一个自生演进的过程，将军和御家人的势力竞争不断变迁沉浮，充满了不安定因素。在这种状况下，镰仓幕府作为新的统治机构需要确立一种非人格的客观自律性。随着将军地位的确立和各种法和规则的建立，自律的规范意识也逐渐显露出来了，"道理"一词就是表达这种规范意识的时代用语。[1]

丸山认为，武士特性的概念合理化之中最典型的表现就是"道理"观念和天道思想。他最关注的是，那里有一种发自内面的、对超越于社会和统治关系的"看不见的理念"的确信，这也算是一种自然法思想。这种思想之所以由武士来引领，是因为以皇室为顶点的律令制传统权威已走向没落。当时新登场的武士势力也处于流动沉浮状态，世界像中的Sein（存在）与Sollen（当为）、经验事像与意义事像、现象与本质的黏合状态渐渐分裂开来了，因为认识到眼前的现实是背后的法则所支配，相信事实上的势力关系是超越的规范在起作用，那里就产生出了"道理"的观念。[2]但当时作为知识阶层的缙绅贵族和僧侣对现实社会抱有末世观，认为那些私人化的庄园蚕食公地公民制是反道理的，下层民众也在末世中痛苦挣扎，所以传统知识层和沉沦的民众都蔓延着一种"断念"的悲观主义。在这种状况下，新勃兴的在地领主及其随从（武士）就充当了引领"道理"观念的核心力量。[3]

镰仓武士社会所流通的"道理"观念包括两个方面。（1）是建立在自主对等和相互承认基础上的御家人社会生活的习惯法规范，被

---

1 《丸山眞男講義録［第五冊］日本政治思想史1965》，97—100页。
2 这里的"道理"不是永恒的道理，而是慈圆《愚管抄》中说的历史道理，即随着历史推移而变化的"道理"。
3 《丸山眞男講義録［第五冊］日本政治思想史1965》，101—105页。

作为"正理""正义"而自觉化。(2)是作为统治理念的"天道"和"天下政道",这些范畴来自中国古代思想,是天道思想与仁政安民观念的结合,这早在古代天皇制形成期就已出现,问题是在武士社会中这种观念如何展开。丸山指出,前者是对武者习俗中的规范的自觉化,主要体现在御家人阶层,《贞永式目》(又称《御成败式目》《关东御成败式目》)实际上是把武士生活经验中的习惯法明文化了,这个意义上的"道理"实实在在地运用于对御家人的统治。而后者的天道观念和仁政安民理念,并不体现在武士的规范中,而是由承担统治机能的人将之援用于意识形态。当然,除了幕府的首脑,有不少御家人也是统治一方百姓的在地领主,也在一定程度上共有仁政安民的理念。[1]也就是说,前者主要是处理武士内部利益纠纷的"道理",后者是武士对社会的统治伦理。

丸山对前者的分析,主要是以坂东武士的"弓箭之道"、一对一的战斗形式、个人武艺竞赛的公平规则等习俗为原型的,他是要说明这种习惯法通过"道理"的概念而被自觉化,继而带来了御家人生活规范的法制化。作为反映这种"道理"的典型事例,他具体分析了镰仓幕府的基本法典《贞永式目》,认为这就是武士的精神特性在法制上的合理化。在他看来,这个法典的基本特色在于,不是由权力单方面来强制,而是以御家人的相互对等性为基础,在承认既得利益的同时,又在变动的实力关系中寻求平衡点。由于其扎根于武士的生活事实,所以不同于外国引进的、自上而下的律令和明治以后的立法,具有作为日本法的固有性。他评价其既没有古代那种与伦理结合的政教一致,也没有明治以后那种与官僚制的结合,因其对等性和道理性而渗透着"市民法的思维"。丸山特别强调《贞永式目》是武士精神特性的反映,具体包括对名誉感的尊重、以儒教伦理把主从关系合理

---

1 《丸山眞男講義録〔第五冊〕日本政治思想史1965》,106—107页。

化、公平解决利益纷争的"道理"精神——不受权力和亲疏关系影响的规范性和重视事实关系的事实主义。[1]这个法典作为武家的固有法成了后来室町乃至战国大名制定法典的模式。

不过，丸山评价《贞永式目》渗透着"市民法的思维"，也许是有所拔高了。恰恰是共鸣于丸山的"古层"论，又熟知日本古代法和中世法的历史学家石母田正，对《关东御成败式目》持有相反的评价。石母田认为以这个《式目》为转折点，中国输入的法律（理的因素）被逐渐解体，到了战国时代的法典就更显露出丸山所说的"古层"。石母田首先举出了中世日本法的"纷争两成败"（喧嘩两成败）原则，说那是对纷争的双方不问是非曲直，武断地判定双方都坏，对双方都各处死一个人的法规，指出其思维方式由来于"等价主义"（中世日本人的"平衡感觉"）。他还举出了中世幕府的裁判中采用的"折中之理"，就是把双方的数字加起来再平分，这是裁判的基本原则，这个原则至今仍然影响着日本的政治。这些事例的共通特征就是不问是非各打五十大板，完全排除了"理"的作用。[2]可见《式目》的"道理"并不包含是非曲直之理，称其为正义有些牵强。

另一方面，丸山对后者——作为统治伦理的"道理"，则是从武士心性与天道、仁政观念的化合来分析的。他认为，如果仅仅靠为政者自然的慈爱心，还不足以成为统治理念，只有对制约统治者行动和决策的"看不见的"客观规范产生了认识，才能成为自然法的统治理念。比如源（赖朝）氏讨伐平（清盛）氏时的正当性根据里，除了列举平氏的罪状，还写明期待"天道的扶持"。源赖朝也具有以超越掌权者的政治理念来制约自己的思想，他"草创天下"的政治理念中，就包括以群卿议奏来决策的"天下政道"、"道理"的统治、为道理而

---

1 《丸山眞男講義録［第五冊］日本政治思想史1965》，118—131页。
2 石母田正〈歴史学と「日本人論」〉,《石母田正著作集》第8卷，292—295页。

"谏诤"的"忠臣"观。丸山承认"谏诤"来源于儒教思想，但指出这在中国被制度化了，反而使"谏诤"形骸化，与之相比，武士主从关系的直接人格结合的情谊才能产生出真正的谏诤之忠，这种自律意识是与"坂东武者的习俗"分不开的。[1]而且认为这种自我约束的规范意识还被提炼成"德治"观念，突破了血统卡里斯马的正统性，比如承久事件，后鸟羽上皇发出讨伐北条义时的"院宣"时，幕府指责院宣是"非义的圣旨"，以其"非义"为由把镇压上皇的行动正当化。丸山认为，幕府的行动包含着类似有德者君主思想和孟子的"讨伐暴君"思想，即把德治主义理念放在皇室权威的正统性之上，是以客观规范（真理、正义）的普遍妥当性为前提的，以此证明幕府已有意识地把儒教的天道思想作为幕府正统性的前提，而且认为北条政权也以廉洁公平的政治表现了天道理念，这种自我约束的规范意识后来发展为《贞永式目》的法治精神。[2]

不过，丸山的上述中日比较论也是有偏见的。他说中国的谏诤因制度化而容易形骸化，似缺乏对中国的内在理解。制度化是维持客观规范发挥机能的重要保障，对于中国的"谏官""谏议大夫"来说，谏诤是忠臣的责任，不能受情谊影响。君臣之间即便有情谊，谏诤也不能依存于情谊，而是要依据君臣共守天道和民本主义的客观原则，谏诤本身是对天道的忠诚，而不是为了君主个人。如前所说，士大夫的谏诤大多数都是无所畏惧的。另外关于武士的天道和仁政思想，丸山用于实证的史料似说服力不足，比如期待"天道的扶持"就像是一种赌武运的思维，这与作为内面信条的天道观不同。日本学界

---

[1] 但丸山曾在1956年度讲座中说过，在治国的谏言方面，儒教士大夫是以君臣共有的统治伦理来劝谏君主的，而武士则是作为对主君献身的道德来谏言的（《丸山眞男講義録［別冊一］日本政治思想史1956/59》，133页）。可见那时丸山指出过武士的谏诤只是为了主君的"御家"，但1965年度讲座似乎淡化了这些说法。

[2] 《丸山眞男講義録［第五册］日本政治思想史1965》，108—118页。

对武士的天道和仁政思想也有不同看法。比如渡边浩就对包括后来战国期和江户时代武士的天道仁政之说做了如下分析，渡边认为武士并没有"为民"的政治思想，战国武将的人生目的就是"武力取胜强掠他国"，他们的所谓慈悲是与残忍并存的；其"天道"观念是战国以来普及的那种作为命运的因果报应思想，日本将军不会像中国皇帝那样以"为民"之天命而举行祭天，比如德川氏代代将军都只祭祀家祖"东照宫"。"仁政"观念的传播也是因为认识到其有利于自己权力的长期安定，这跟基于儒教民本主义的"仁政"观念有很大的差异。[1]

另外，丸山认为佛教也是提炼武士精神特性的要素。镰仓新佛教兴起的时期正是武士成长为一个阶级并建立自己政权的时代。当然武士的特性本身与佛教有很多摩擦点。从社会势力来看，旧佛教也跟朝廷贵族一样蔑视武士团，其僧职官僚制和礼仪主义及其审美性质，都与武士的行动性气质不合。而镰仓政权确立后兴起的新佛教，又是与幕府及在地领主等俗权对抗的。不过，作为社会形态的佛教从古代起就已咒术化，又经过平安末期的神佛习合，变成了神佛保佑观念。在这种佛教变化的前提下，武士团也普遍拥有与氏神结合的氏寺。随着新佛教的世俗化和咒术化，武士层与佛教势力的关系就日益接近了。从思想内容来看，佛教的现世否定和末法观以及彼岸拯救志向，都与肯定现世和注重战斗者名誉的武士特性冲突，最根本的是佛教视为大罪的杀生，与武士的杀人行为格格不入。对此，武士的应对是将杀人的罪意识转化为宗教意识，一方面觉悟出"道理"的彼岸性，一方面减弱对武士存在形态本身之罪的意识。比如北条重时的家训把"今生"志向与"来世"志向区分开来。尽管如此，佛教范畴的世俗化确实对提炼武士特性产生了促进作用，主要是佛教的恩与报恩思想

---

[1] 渡辺浩《近世日本社会と宋学》，東京大学出版会，1985年初版［2010年増補新装版］，67、71頁。

以世俗化的形式组入了武士的主从关系。正如对广大无边之佛恩的报恩是无限的那样，主君赐予的物质恩赏无论多少，家臣对主君的恩义都要全力尽忠。丸山认为这种感情已超过了身份与身份的规范关系，而带有内面人格结合的因素。[1]但应该指出，这只是侍奉于具体主君的特殊感情，而不是心怀天下苍生的普遍思想。

第四节　战国武士的精神特性

如上一节所述，在镰仓幕府的形成和发展中，武士的生活感情与儒教佛教化合，使自身的精神特性得到了自觉化和抽象化，并出现了以"道理"一词来表达规范意识的时代。但之后又出现了新一轮C状况化到制度化的变迁，亦即从镰仓幕府衰落、南北朝、室町、战国等"下克上"状态，到"大名分国制"确立的变迁。在这个过程中，镰仓时代的规范意识出现了崩溃解体。不过，面对这一轮激烈变迁的历史，丸山始终把握住以坂东武者为原型的武士精神特性，这样反而看到了其精神特性的基本要素能超越社会的变迁而传承下来，并被吸收进战国时代的"武士道"规范之中。而且他认为，这种精神特性尽管在江户时代受到儒教士大夫伦理的压迫，但最后在幕末维新期喷发出来了。日本史上只有战国时代和幕末期，能凸现出武士原初特性的复活。在这个意义上，他将战国"武士道"视为其精神特性的升华。

丸山是通过分析武士团的结构变化，来把握武士精神特性的变化的。关于武士团的结构变化，他首先阐述了两个方面的特征。一方面是上层的御家人叛离幕府，守护职走向私权化。室町幕府为防止守

1　《丸山眞男講義録［第五冊］日本政治思想史1965》，139—145页。

护职演变为恩给对象的倾向加强，还援用了儒教仁政安民的理念来强调其作为地方官的统治者职能。可见幕府对守护大名的"非法"行为也不得不给予认可，同时以儒教思想来强化其作为行政统治者的性质。这样守护大名就兼有了私人性质的主从关系和帝国官僚制的地方官两个侧面，结果演变成按守护大名来分国的状态。其间，守护大名的自尊心甚至表现为无视自律性和规范意识的蛮横行动。另一方面是下层的武士团，特别是畿内和西国武士团出现了流动化，他们投到有力的守护大名麾下，以新的主从关系成为其家臣。也就是说，忠诚对象可以按利害关系自由选择了，这样，主从关系中同族集团结合的纽带就变得松弛，而契约关系的性质就强化了。丸山由此认为这象征着"坂东武者的习俗"迎来了转换期，亦即随着幕府御家人体制下的武士特性走向解体，坂东武者原有的那种基于人格结合的主从关系所内包的"恩"的相互性和对等性就流入了"委托与受托"的关系之中。[1]他大概是想说明，坂东武者的主从关系在此进一步突破了"原型"的同族集团结构，更接近欧洲骑士的主从关系了。

在这个基础上，丸山进一步指出，在那个"下克上"的、以实力竞争而不断集散离合的流动化状况中，武士的精神特性发生了重大的解体和变化。特别是随着分国的状况走向制度化，对分国拥有了独立统治权的战国大名便作为新时代精神的代表而登场。那里出现了两个相互矛盾又同时发展的方向，一是战国时代武士存在形态的变化，二是原初武士精神特性的复活。他以具有战国大名特色的《朝仓敏景十七条》为例，指出那里一方面反映了静态化的倾向，即让家臣团集中居住于城下，为农兵分离打下基础，使武士的存在形态走向安定；另一方面反映了动态化的倾向，即不拘泥于传统关系，而重视以行动来证明忠实勤奋的态度。后者作为武士道的特色与儒教的"道"有鲜

---

[1]　《丸山眞男講義録［第五册］日本政治思想史1965》，153—161、171页。

明的区别，其强调"临机应变"，但不是顺应大势，也不是教条主义，而是立足于主体的状况判断的"权道"。所谓"临机应变"意味着把儒教中仅限于应对例外状况的"权道"变成了通常的态度，这种武士道是在非常事态被日常化的战斗状况中成立的。同时，与重视技艺和行动以及"临机应变"的精神相并列，"道理"的精神也是在战国时代复苏的要素。所谓"道理"主要是用"义"字来表达，《御成败式目》的精神就这样得到了重新自觉化，在新的状况下复活。[1]

关于"道理"精神的复活，丸山主要考察了大名的"家法"，尤其阐述了战国大名通过订立"家法"，来把对家臣团的统制和分国统治的志向训令化，认为这种以法典来统治的方式显然是以《御成败式目》为模式的。他指出，大名"家"的规章法令实际上具有一国领地的"公"性质，所以"家法"同时又是"分国法"，那里所要求的不是对个人的隶属，而是家臣和百姓对非人格的"家"（大名的分国）绝对忠诚。他从一些有代表性的"家法"中找出了以下三个共通特征。第一，意识形态偏于神道，武士的日常伦理注重"正直"精神。所谓"正直"并不是道德心，而是直面实际的现实主义，亦即不断预想着战斗状态、把非常事态想定为日常事态的伦理。因此，所需要的忠诚不是消极的恭顺，而是以时刻保持戒备的行动来证明的，需要能在变化状态中做出迅速应对的才智。对家臣的任用并不欣赏教养主义，而强调武艺（战斗者的本领）。第二，也包含儒教伦理的因素，主要强调臣下对主君的绝对服从。不过与江户时代集中于五伦五常等阶层伦理相比，此时则显示了对天道思想和民本主义的重视，因为战国大名"最恐来自臣下和万民的惩罚"，这与他们力图把家臣和百姓固定在自己权力之下的现实主义有关。第三，军事技术从日常伦理中分化出来，形成了"兵法""武术"的独立领域，"武士道"这个用语

---

[1] 《丸山眞男講義録［第五册］日本政治思想史1965》，186—188页。

就是在战略战术的体系化中产生的。但到了江户时代,"武士道"则将之与日常的礼法德目结合起来了。[1]

同时,丸山还从描写战国"豪杰"行动方式的文献中,寻找坂东武者精神特性的传承因素,比如他举出了以对等性为基础的规范观念(公平竞争的战斗规则),与业绩主义(战功)相结合的名誉感和自负心,而且还强调了在实力竞争中自由选择忠诚对象的背景下,武士养成了开放且独立不羁的精神、具有自律性的个人英雄主义等。但他也特别指出,其一方面作为"侍从之道",一旦自主地选择了侍奉的主君,就一切行动都集中于这个忠诚目标,而不让其他因素影响自己的确信(这种非合理的主体性在后来的《叶隐》中被理念化);另一方面又不断涌现出流动性和独立性很强的武士群(这在江户时代末期状况重新流动化时,演变为"脱藩"的、横议天下的"志士")。[2]总而言之,丸山大概是要通过考察战国武士的精神特性,发掘出与江户时代那种所谓单方面屈从权威的儒教型"家产官僚"不同的特征,亦即忠诚于自己选择的主君,并具有自主能动性和重视业绩的精神。

第五节 "武士道"与"士道"

这部分主要是谈江户时代从"武士道"走向"士道"的问题。如前所述,"武士道"本来是在战国时代从日常伦理中分化出来的军

---

[1] 《丸山眞男講義錄[第五冊]日本政治思想史1965》,190—206页。战国期"武士道"的"道"不同于"天道"那种超越的普遍的自然法,它是一种技术,跟"茶道""花道"等类似。到了江户时代,军事技术和儒教"士道"的礼法德目结合起来,便形成了一般流通的"武士道"概念,但这是属于特定阶层的,也很难等同于普遍的"天道"。
[2] 同上书,206—210页。

事技术学，其兵法贯穿着以"取胜"为目标的思维。但丸山所关注的是，这种思维除了战斗，还扩展到一切生活目标之中。比如剑豪宫本武藏的《五轮书》（地之卷）写道："武士行兵法之道，无论何事都要以优胜于他人为本，或战胜一人，或战胜数人。为主君，为自身，以战胜而扬名，乃兵法之德。"丸山认为，这种剑豪的思维体现了方法上的个人主义，是传统武士精神中的自立主义和个人主义的复活。但另一方面，当时随着大名分国制的形成，武士的存在形态发生了重大变化，家臣团被编成组织并集中居住于城下町，也就是从个人主义的流动化走向组织化。上述两个相互矛盾的方向最终在德川幕藩体制下被统合。[1]

当德川氏确立了统合全国的江户幕府时，战国大名的分国就作为"藩"被编入幕藩体制了。其后随着体制的固定化和整个社会走向"泰平"（无战争了），武士的作用由战斗者转变为政府官僚，主从关系也由领地恩给型转变为"家产官僚"型。在此背景下，儒教的"士道"概念便取代"武士道"而登场。对于幕藩体制而言，"士道"不仅给转变成文官（士大夫）的武士提供了统治伦理（仁政、教化）和家臣团组织伦理（君臣之义），同时还给"泰平"状况下武士阶级的存在理由（作为统治者的正当性）提供了根据。在丸山看来，儒教是把"民"视为道德"外"的存在的，所以需要用五伦五常对人民进行教化，这个教化就成了武士的任务。因此，曾渗透于战国大名家法或家训中的儒教伦理便走向全面体制化，武士的生活也随之定型化。总而言之，由"武士道"走向"士道"意味着两个重要变化：（1）战斗者的精神特性变成了秩序伦理；（2）作为"主从纽带"的感情型人格结合变成了客观的身份阶层秩序伦理（"君臣之义"）。而且，关于武士道的书籍大体出于儒者之手，实际上已脱离武士的传统特性，所以

1　《丸山眞男講義録［第五冊］日本政治思想史1965》，219—220页。

武士精神特性的命运只有两个：一是武士道被"士道"吞没，二是其不能成为现实的武士行动规范，而只能作为战国的"遗习"被封存下来。[1] 这里显然是要说明武士的精神特性在江户时代因受到儒教的压迫而衰退。

不过，丸山上述对儒教的解释似乎也缺乏对儒教的内在理解。所谓儒教把"民"视为道德"外"的存在，需要由武士对其进行教化，这种说法只是为德川泰平状态下武士充当统治者提供正当性根据，不能等同于儒教思想。儒教本身并没有把人民固定为"道德'外'的存在"，在中国，士大夫几乎都出身于人民，人民与士大夫绝非不可逾越的固定身份。而在日本，"无学"的武士之所以能独占教化人民的地位，是因为德川政权制造了世袭的等级身份制。山鹿素行给"武士道"套上"士道"，把农工商三民定义为"只知利而不知义"的等级，用"士以义而生，农工商以利而生"的论旨，来强调武士作为贵族对庶民的特异性和优越性[2]，给武士为统治者的世袭等级秩序提供了理论。但儒教的"士"本来就包括人民，"义"与"利"是内面精神的区分，而不是以阶级区分的。把庶民定义为"道德'外'的存在"，是儒教在江户时代的变化。同时关于"君臣之义"，也如前所述，丸山将之仅仅理解为单方面服从权威的身份阶层秩序伦理，无视了儒教"君臣之义"是需要君臣双方共守天道和民本主义的。

正因如此，丸山倾向于认为，由于武士充当了"文治"官僚，导致武士优秀的精神特性长期在儒教的压抑下被严重扭曲，直到幕末"开国"而重新出现社会流动的时候，战国武士的精神特性才得以复活。他所描述的历史像表明，在武家政权下武士是受儒教压迫的。这个自相矛盾的逻辑实在令人费解。渡边浩在《东亚的王权与思想》

---

1 《丸山眞男講義錄［第五冊］日本政治思想史1965》，221—222页。
2 参照《山鹿语类》。

中，则描述了德川体制下儒者的"悲哀"，举出了儒者遭受武士侮辱和压迫或儒学变化的事例。[1] 但丸山为了说明武士精神比儒教精神优秀，尤其强调了两者的以下区别，即日本武士的恩给与奉公的主从关系虽不如欧洲骑士那样有明确的双务性，但也是具有相互性的，由此能产生出以业绩为象征的名誉感和独立精神；而在江户时代的家产官僚制下，官僚获得的不是自己统治的领地，而是作为薪给的俸禄，所以官僚只能单方面地服从君主。[2] 因为他倾向于把儒教的君臣伦理狭隘地理解为"臣下对主君的绝对服从"。[3] 基于这种理解，他把屈从还是敢逆，视为区别官僚精神特性与武士精神特性的一个指标。讲座还反复强调武士与儒教的难以相容之处，他说："武士阶级无论怎样受到儒教伦理的教化，无论怎样充当士大夫，最终都不能消除文治官僚与战斗者之间人格形象的龃龉，因此武士本来对儒教价值体系的某种不相容的感觉也得以存续。"[4]

因为立足于上述观点，丸山对武士道优秀性的发掘，并不像井上哲次郎那样把儒者山鹿素行视为武士道的祖师[5]，而是着眼于佐贺锅岛藩士山本常朝著的《叶隐》[6]，将之评价为江户时代例外的、"纯粹培养战国时代型武士道的思想著作"。而关于"武士道"向"士道"过渡的象征之作，丸山首举的也不是山鹿素行，而是大道寺友山著的《武道初心集》，山鹿素行只是被一般性地列入此系统而已，丸山基本

1　渡辺浩《東アジアの王権と思想》，第Ⅱ部第3章〈儒学史の異同の一解釈〉，94—103页；第4章〈儒者・読書人・両班〉，125—131页。
2　《丸山眞男講義録［第五冊］日本政治思想史1965》，64、66页。
3　同上书，202页。
4　同上书，86页。
5　当然，井上哲次郎的武士道论旨在构建日本民族精神，所以他虽把山鹿素行拟为祖师，但也是将之与中国儒教撇清关系的。
6　《叶隐》是江户时代中期（大概1716年）的武士道修养书。由肥前国佐贺锅岛藩士山本常朝口述，由同藩士田代阵基笔录而成，共11卷。

上是把山鹿放在江户儒学中研究的。之所以把《武道初心集》视为象征，那是因为此书与《叶隐》有传承关系。丸山说《武道初心集》不是完全以儒教的圣人之道为基础的，而是将"武士道"本身体系化的一个尝试。他特别指出此书具有与儒者写的武士道书不同的特色，继承了战国的传统源流，开首就谈"死"的觉悟。友山的逻辑是，日常不断预想着"死"这种极限的非日常事态，并做好赴死的精神准备，反而能确保日常的安全。武士道的"死"的觉悟就是日常不断积极实践的发条。这也正是《叶隐》所传承的基本构思。[1]

在江户时代的武士道修养书中，丸山最用力气介绍的就是《叶隐》。他说那是山本常朝看不惯武士走向都市化和女性化的现状，慨叹当时统治者的风气，怀着对已成过去的战国武士道的难忍之乡愁而作的。那是武士奔放的开放性在幕藩体制下"被封于密室"的环境中培育出来的奇思异想，那些被密闭的能量就像憋闷的"奇异妖气"充满此书全篇。《叶隐》因其语言激烈思想极端，在藩里也没有公开出版，战争时期作为对"死"的赞美和狂热的忠诚受到追捧，战后又被视为反动之书。丸山认为《叶隐》蕴含着潜流于德川幕藩体制下的传统武士特性，并从那里抽出了四个特征。（1）把死的极限状态设定为日常。这是一种悖论性（paradox）思维，即日常总是预想着非日常的最坏事态，反而能不断积极地应对日常事态，自由从容地做出决断。（2）使目标单一化以集中能量。为了避免踌躇，做到瞬间决断，舍去多元的目的和手段的选择及其合理考量。（3）反知性主义和反规范主义。认为爱讲道理和喜爱学艺都不利于决断和目标单纯化。（4）对主君绝对无条件地忠诚。将主从感情跟恋爱感情同一化，使之像"单恋"一样纯粹。但狂热的忠诚不是被动的服从，而是以日常积极的行动来证明的，忠诚的核心体现在为"御家"（藩）的安泰而

---

[1] 《丸山眞男講義錄［第五冊］日本政治思想史1965》，223、225、227页。

"谏诤"。[1] 然而，这种光注重应对现状（"势"）的、反知性的，和厌恶客观规范的、只忠诚特殊主君的武士精神，既没有普遍主义，也没有"永恒"，为何值得丸山如此关注和投入精力去发掘？

这跟丸山善于用悖论性逻辑来发掘"可能性"的方法有关。比如他认为，这种"以死为日常原理，以对主人盲目的忘我献身为终究价值的伦理"，蕴含着"能突破卑屈地受缚于主从纽带甚至灭绝自我主张而绝对服从的那种极限"的要素。《叶隐》恰恰是从那里导出了一种"（非合理的）个人主义的主动性和决断精神"，因而迸发着"个人的主体性和自豪感"。忠诚与叛逆反向结合的意义就是由此抽取出来的。不过丸山也指出，《叶隐》在阐述武士以战斗为第一意义的本质时，完全无视了武士已充当文治官僚的现实，所以面对作为文治官僚之伦理的儒教，和追求彼岸拯救之悟道的佛教，《叶隐》的武士道极端地强调武士生活原理与之相异，彻底反对武士道走向教义化和学问化，同时亦无视了战国武士曾经历过的社会流动和自由选择忠诚对象等历史背景，所以排他地强调对特定藩主的狂热忠诚。这不仅没有超越特殊集团的空间世界，也不具有对一切普遍原理（真理和正义）或一般伦理（仁义礼智信）的关心。但丸山好像并不认为这是武士本身的问题，因为他把这种彻底的特殊主义归咎于江户时代的对外锁国和国内各藩相互封闭的时代精神。[2]

当然，丸山在评价"叶隐武士道"的价值时，并不是说现实武士的忠诚行动事实上具有个人主义的主体性，他只是想说，《叶隐》中看似盲目服从的说教（对主君绝对忠诚的逻辑）中包含着主体性契机的可能性，"那是由来于'执弓箭之身的习俗'"，即原初武士精神特性的个人主义主体性与忘我的忠诚产生的反向结合，这在《叶隐》

---

[1] 《丸山眞男講義録［第五冊］日本政治思想史1965》，228—238页。
[2] 同上书，238—240页。

中以极端的形态开出了不合时节的花朵"。但在他看来，当凝固了两百多年的幕藩体制因外压的危机而松动时，"幕末的动乱重现了流动的战国状况，作为战斗者的武士特性得到了再次沸腾的机会"。"《叶隐》所表现的对主君的绝对忠诚，便以自下涌起的主体能动性，与对藩的命运的个人担当精神结合起来了。"可见丸山断定上述可能性在幕末确实出现了。他以木户孝允（桂小五郎）对藩主毛利的忠谏为例证，说明木户是面对外患以社稷为重，而劝谏毛利尊王反幕的，其逻辑是为了使藩主成为适称"社稷之臣"的好主君。丸山强调指出，"这个忠诚不是conformity（划一的盲目的随顺），那里贯穿着与吉田松阴相同的'忠义的逆焰'＝谏诤逻辑"。[1] 不过，日本众多关于武士道的学术研究已证明，吉田松阴是师承山鹿素行那种以儒教"士道"来构建的武士道的，思想上与《叶隐》几乎没有关系。而木户孝允曾在藩校明伦馆跟吉田松阴学习山鹿流派兵学，其精神特性应该与儒教"士道"有关。

尽管丸山在1960年的论文《忠诚与叛逆》中也曾说过，"儒教世界像的渗透绝不是仅仅发挥了使'封建忠诚'静态化和固定化的作用。实际上一般来说，在日本思想史中，不仅维持着对人格或集团的忠诚，而且还学会了与之相区别的对原理的忠诚，这正是中国传统范畴的道或天道观念渗透的结果"[2]，但1965年度的讲义几乎没有论及这个观点，反而多处通过勾画中国士大夫的负面形象来突出武士精神的优越性。特别是关于江户时代这一部分，其主调显然是要阐明，武士的精神特性受到儒教的压抑而衰退，直到幕末"开国"，战国那种流动化状态重新出现时，武士的精神特性才得以复活。

1　《丸山眞男講義録［第五冊］日本政治思想史1965》，247—249页。
2　丸山眞男〈忠誠と反逆〉，《忠誠と反逆——転形期日本の精神史の位相》ちくま学芸文庫版，28—29页。

不过当丸山阐述幕末维新时，这个主调不免呈现了自相矛盾之处。比如，他一方面高度评价武士"临机应变"的自主决断精神和以业绩为象征的名誉感，强调其在应对危机状况时的积极作用，同时把中国士大夫的文德贬斥为对夷狄的屈服，但另一方面又不得不承认，武士作为战斗者的精神特性虽然能产生达成当下（所与）目标的自发能动性，却难以产生设定新目标，或从多元目标中进行选择的自主决定能力。另外，他虽然指出《叶隐》那种特殊主义的人格忠诚没有普遍的人伦精神，却极力否认其与"明治中期以后凸显出来的军队的绝对服从、臣民的顺从、忠君爱国的家族国家观"有连续关系，甚至强调明治中期以后的倾向只是儒教道德的身份忠诚的延续。但他又不得不承认，明治中期以后"儒教天道等超越的规范主义契机渐渐丧失了"。[1]实际上，他曾在论文《忠诚与叛逆》中指出，以明治二十年为转折，武士的传统忠诚里的行动（业绩）主义和自立意识投向了对外扩张，自由民权运动的"志士"演变成大陆浪人，武士"充满活力的侧面发挥到拥护日本对外'发展'和'膨胀'的活动上了"。[2]这恰恰说明了武士的所谓"主体能动性"本身缺乏天道的超越规范。但1965年度讲座在论述幕末武士以民族命运为己任、以军事失败为名誉之耻的意识时，只评价其促进了国民积极性的动员，而把《忠诚与叛逆》指出的上述问题放在视野之外了。由此可见，丸山为了从传统武士中抽取出积极的可能性因素而煞费苦心。

丸山学派中敢于纠正丸山学说的渡边浩，曾用"对'理'表示厌恶的美感与暴力"等精练语言勾勒出武士对"死"的觉悟和狂热的绝对忠诚的特质，指出其美意识在于，"（他们）虽然生活在社会之

1　《丸山眞男講義録［第五冊］日本政治思想史1965》，252、254—255页。
2　丸山眞男〈忠誠と反逆〉，《忠誠と反逆——転形期日本の精神史の位相》ちくま学芸文庫版，105—106页。

中,但却把能够形成社会结合的原理、理论、一般道理以及支撑这些'理'和以此为目标的精神方式,都视为丑恶的,对其表示超脱的厌恶"。[1]渡边也认为武士与儒学价值体系是难以相容的,但不是说武士的精神特性受到儒学的压迫,而是相反。他指出江户儒者受到了武士的压迫,比如受到欺侮和暴力对待,但儒者依然顽强地用文德引导武士文明化。而且关于明治维新,他认为"所谓明治维新,或许可以说是西洋化的开始,同时也是江户时代以来的中国化的完成。积蓄于知识分子言论层次的各种儒学的因素或中国的因素,越过了被传统武士的制度和习惯压抑下的实务层次,像堰堤决口一样涌流出来,这大概可以说就是维新的各种改革"。[2]确实,如果说尊王倒幕的武力行动是由下级武士实行的,那么明治维新以五条誓文为代表的一系列文明化改革则是由儒者推动的。"公议舆论"、"盛行经论"、摆脱"杀伐蒙昧"之陋习、主张"天地的公道"、普及教育、推广汉字等改革都贯穿着儒家"文明开化"的理念。但众所周知,维新改革的很多成果都遭到武士所代表的藩阀政权的背叛。由此可知,在发掘武士的主体能动性和抵抗精神时,也不能缺失对天道这种普遍主义规范的视点。

小　结

丸山为何如此不遗余力地发掘武士的精神特性?首先,正如他在1993年《忠诚与叛逆——日本转型期精神史的多重面向》的书评会上所说,如果要谈国民正面的人格类型,"日本至今为止也只有武

---

[1] 渡辺浩《東アジアの王権と思想》,185页。
[2] 同上书,第Ⅱ部第4章、第Ⅳ部第9章,255页。

士了"。[1]但应该说这背后还有更深的"超学问的动机",那就是早在日本战败前,他已痛切地认识到日本人民难以成为具有主体性的真正国民,认为江户时代的儒教把庶民固定为"伦理外的存在",后者在森严的世袭等级制下对政治毫不关心,完全没有公共义务的意识,甚至养成了"贱民根性",那里不能产生出对国家有担当的、自主参与政治秩序的自觉意识,只有武士阶级作为政治主体双肩挑起了一切政治责任。[2]所以,虽说他把武士看作日本国民的人格类型,但也只是将之看作贵族的类型。他认为武士那种"以一身承担'御家'"的封建忠诚虽然是特殊主义的,但那里蕴含着一种"非合理的主体性",这正是日本当今推进民主主义所需要的。他在收录于《日本的思想》的《"是"与"做"》一文中指出:"现代日本的知性世界非常缺乏的,又最需要的,就是彻底的精神贵族主义与彻底的民主主义产生内面的结合。"[3]

论文《忠诚与叛逆》也好,1965年度讲座也好,其内容和手法都与一般流通的"近代主义者"丸山的形象大相径庭,以致学界有不少人认为他已转向保守主义或回归东洋传统。相反,也有人认为,他是在叙述日本中世期的英雄故事。比如川崎修说,那是从日本史中发掘"市民之德"的"纪念碑历史",是要假托历史中被遗忘的"英雄"来谋求其精神在今日复苏的"叙事诗理论"。"丸山氏描写的近代市民像中蕴含的那种战斗性,是跟《日本的思想》等著作所提倡的、

---

[1] 丸山眞男手帖の会编《丸山眞男话文集3》,みすず書房,2008年,215页。
[2] 丸山眞男〈国民主義の「前期的」形成〉,《日本政治思想史研究》新装版,327页。丸山认为,近代意义上的"国民"(nation)不仅要有归属国家的一体性意识,而且要有政治的国民意识。
[3] 丸山眞男〈「である」ことと「する」こと〉,《日本の思想》岩波新书版,179页。参见该书中文版《日本的思想》,唐利国等译,生活・读书・新知三联书店,2022年。

支撑民主主义的'精神贵族主义'基本相通的。"[1]但丸山并不是那种通过发现过去的"美"来把历史理想化的浪漫主义者。在1993年那次书评会上,丸山对川崎修的评价做了如下回应:如果想求得"永久革命"的理念,那就不是武士的精神特性,"只有民主主义才称得上'永久革命'"。[2]按饭田泰三的理解,丸山虽然承认武士精神特性在日本近代转型期有过独特的意义,但充其量也只是承认那是推动近代化的"主体性精神"的"代用品"而已。[3]或者可以说,正因为日本民众太缺乏支撑民主主义的"市民之德",所以需要这种"代用品"。

然而,如果用丸山的"普遍主义与特殊主义"概念来看武士精神的历史,那么其封建忠诚虽然在某种程度已突破同族集团结构,但只对特定主君尽忠的精神也是非常"特殊主义"的。而且武士的价值观重在应对"时间"(变化的状况)的行动和业绩,并不关注"永恒"的规范理念。不过关于这些问题,丸山在追寻武士抵抗精神的谱系时几乎都将之放在视野之外了。论文《忠诚与叛逆》不仅认定幕末维新"志士"的精神由来于集中体现"封建忠诚"的《叶隐》,而且连自由民权运动、基督教徒或社会主义者和无政府主义者的抵抗都与《叶隐》的武士精神特性挂钩,不过那时他还是承认武士的"封建忠诚"也包含忠诚于原理的儒教天道观念。但1965年度讲座不仅漠视了忠诚于"天道"规范的儒教因素,而且基本上把儒教的"士道"看作压抑武士精神的原因。这跟他的"古层"论形成了鲜明对照。

不过,丸山在评价武士精神特性时也是保持了清醒认识的。讲义在"附言"中指出:"武士精神特性的自生性或独特性观念,本来就是与特定身份的名誉感结合在一起的,并不能直接发展为近代国家

---

[1] 川崎修〈解说〉,丸山眞男《忠誠と反逆——転形期日本の精神史的位相》ちくま学芸文庫版,488—489页。
[2] 丸山眞男手帖の会编《丸山眞男話文集3》,216页。
[3] 飯田泰三〈解説〉,《丸山眞男講義録[第五册]日本政治思想史1965》,315页。

的市民的自主独立性,而其根深蒂固的愚民观反倒会成为国民意识形成的桎梏。加之,主从的忠诚是人格关系垂直结合的伦理,那里不能产生超越主从这种具体特殊关系的普遍伦理,……尽管其内含'谏诤'或'忠义的逆焰'等自下涌起的能动性,但前提毕竟是以君臣主从为主轴的价值体系。"[1]在这种清醒认识的前提下,丸山深深地扎入日本历史的"时间"里,尝试着透过那些特殊主义的、状况应对型的价值意识,从各种历史制约中剥离出一种有可能通向"永恒"的抵抗精神。正如论文《忠诚与叛逆》的结尾所指出:"对于我们今日的责任和行动来说,从'消极'的图像中读出'积极'的图像才是重要的课题。这时候,'本无忠节之人,终究不会有逆意'这句反语,就能超越纠缠在那里的所有历史制约,向我们叙述某种永恒的预言。"[2]当然,他的武士研究同时也揭示出连"屈从"伦理中包含的"积极"可能性,也在日本近代过程中被消灭殆尽了。这就不仅仅是近代化本身的问题,而是另有日本文化结构的病理在起着执拗作用。这一点表现了与"古层"论相通的思路。

---

1 《丸山眞男講義録[第五册]日本政治思想史1965》,253页。
2 丸山眞男〈忠誠と反逆〉,《忠誠と反逆——転形期日本の精神史的位相》ちくま学芸文庫版,136页。

第三章

"开国"与"锁国"
（1966年度讲座）

1966年是系列讲座的第三年，丸山最初也是先谈"原型"，然后讲授了以下三个题目："基督教的活动与思想""幕藩体制的精神结构""近世儒教的历史意义"。其中，"近世儒教的历史意义"与1967年度讲的"近世儒教的政治思想"有不少重合，但1967年度对其做了更详细的阐述和发展，所以本章省略介绍这一节，将之组入1967年度的内容中阐释。

第一节 作为"开国"经验的基督教传播

本节主要介绍"基督教的活动与思想"的内容。丸山早在1957年度已把16世纪中期的基督教传播作为日本的第一次"开国"经验来讲述，而在1966年度讲座中，则更清晰地诠释了基督教对"原型"的突破和被"原型"压灭的过程。丸山立足于"通过横向冲击来变革"的观点，阐明了这段历史对于走向"开放社会"的多重意义。他认为，这次基督教的传来与其后长达两个世纪的锁国体制相比，只是介于中世与近世之间的"像一夜风暴那样的小插曲"，但那是新世界航路发现以后，欧洲西端与亚洲东端连接的具有世界史意义的文化事件。而且，伴随着基督教，还传来了西方的医院、孤儿院，和绘画、雕刻、活版印刷术，以及医学、天文学、地理学等的教育，发挥了传播技术和文艺复兴文化的作用。所以对于日本人来说，这作为与异质文化接触的历史实验具有重大意义。[1]

丸山把这段"小插曲"分为四个时期。第一时期是1549年弗兰西斯科·泽维尔（F. Xavier）开始传教，到丰臣秀吉在九州发出传教禁令为止的大约40年，这是耶稣会传播基督教的隆盛期。第二时期是从1594年弗兰西斯科修道会开始活动，到1612—1613年创立初期的江户幕府（德川家康时代）发出基督教禁令，以及后来驱逐基督教徒等事件为止，这是一个混沌期。第三时期是以1637年岛原天草之乱为转折的、对基督教的严禁期。第四时期是幕府对基督教进行弹压和彻底根绝的时期。可见，基督教最初传来时没有遇到什么阻力就迅速传播，但后来受到越来越严厉的禁止和弹压，最后被彻底根绝。

隆盛期基督教的传播速度非常惊人，1580年就有信徒13万人，1600年迎来了全盛期，达30万—40万人。丸山分析了传教迅速成功的原因，认为主要是整个日本社会处于混沌状态，一方面是陷入了权威崩溃、无秩序和颓废，另一方面是出现了新的发展因素，比如战国大名的崛起、乡村自治和自由都市的出现。传教士正是有效地针对贵族大名以及庶民的各种状况来进行传教的。而且那些基督教理念的灌输者，多数是具有人格感化力的神甫，丸山说这一点对于日本是全新的要因。[2]关于日本人对基督教的共鸣与冲突，丸山从三个方面做了分析。第一是对知识的关心，不少知识分子——佛僧或上层阶级是受传教士的宇宙科学知识吸引而入教的。但基督教认为太阳和月亮都不

---

1 《丸山眞男講義録［第六冊］日本政治思想史1966》，50、52—53页。
2 同上书，67页。

是神，而且是没有生命的被造物，这种思想对日本的太阳神信仰等泛灵论宇宙观产生了冲击。第二是在道德颓废的状况中产生了对道德的渴望。不过传教士的伦理教导，虽然也有与儒教、佛教的日常伦理一致之处，但与以往的习惯有强烈的抵触，比如武士杀生、大名蓄妾受到禁戒等，所以渴望这种道德的主要是下层民众和女性。第三是在宗教层面对心灵拯救的渴望。原有的佛教"一向宗"在拒绝咒术、追求彼岸拯救的性质上与基督教共鸣，但缺乏教义。而基督教虽把佛陀信仰视为邪恶，但因其性质有利于民众接受基督教，故避免与之对决，并且基督教能给民众提供一个彼岸拯救的"绝对者"，所以传教顺利。据传教文献记载，当时苦于乱世的民众彻底地放弃传统宗教，狂热地破坏佛教偶像、佛坛祭物和书籍等。但丸山指出，"容易狂热的反面是容易冷却"。[1]

　　传教的书籍文献有传教士带来的或编纂的，也有日本信徒写的，其传播主要是通过与其他宗教对决的方式展开。丸山把围绕教义的思想摩擦归纳为三个方面。第一是在宇宙观方面。基督教的终极实体（唯一绝对的人格神）以及神创造天地万物的根本信条，与儒教佛教的泛神论、宋学的太极论、神道的自然宗教多神论等泛神论发生了交锋。基督教活用了经院哲学中亚里士多德的范畴来驳倒儒佛和神道，力主太阳、月亮、星辰都是被造的，而且是无机物。第二是在人性观方面。基督教认为人的理性被普遍地赋予了认识真理和辨别善恶正邪之道理的能力，这由来于希腊哲学和斯多葛自然法，也与宋学的观念相通，宋学认为天理天道是先天地内在于所有人的本然之性。而基督教与儒教的不同点在于原罪观，主张人是根本恶的，自由观念也包括了"为恶的自由"，这是交锋的冲突点。第三是在现世秩序观方面。交锋的核心点是对唯一绝对神的服从问题，亦即作为实践的信条，对

---

[1] 《丸山眞男講義録［第六冊］日本政治思想史1966》，74页。

上帝的信仰和戒律的履行，要优先于对一切地上权威、法令、习俗的服从。但为了顺利传教，神甫都尽量避免挑战信长、秀吉、家康等权力，尽量尊重日本的习俗，比如孝顺父母和主从关系等习俗。尽管如此，信仰上帝的绝对原则必然会遭遇忠诚相克的现实矛盾，因为对地上权威的抵抗也是履行对上帝服从的义务。当世俗的忠诚与对超越者的忠诚发生矛盾时，后者是无条件的。正如《使徒行传》所说，"不应服从人，而应服从神"。[1]

在日本人的基督教著述中，丸山以禅僧出身的副神甫不干斋巴鼻庵（Fabian）为最有代表性的人物，阐述了他从《妙贞问答》到《破提宇子》的转变过程。《妙贞问答》（1605年）是巧妙地运用亚里士多德的自然哲学范畴来解释基督教，在思想上达到了高度理解的教义书。在宇宙观方面，他从意识形态上揭掉了日本神话的神秘帷幔，剥下了其神圣性，表现了不迷信古来传承和权威的合理精神。丸山评价其"发挥了日本启蒙主义的作用"。[2]在人性观方面，主张灵魂的理性是神赋予每个人的，具有人格的个性。每个灵魂都受到神的审判，善者上天堂，恶者下地狱，强调了只有一次的人生的伦理意义。丸山评价说，这种力主"每个人的人格个性和人生只有一次"的观念在日本思想史上是划时代的。但巴鼻庵没有阐述恶和自由意志的关系，对赎罪观也没有从积极意义上把握。[3]在现世秩序观方面，如上所述，他不否定封建主从关系和政治统治的上下关系，并将统治关系圆滑化作为基督教的日常秩序观，因此不少大名也积极入教。但尽管如此，巴鼻庵《妙贞问答》所表现的对"普遍者的觉悟"，可谓对"原型"的重大突破。

1　《丸山眞男講義録［第六冊］日本政治思想史1966》，80—100页。
2　同上书，87页。
3　同上书，97页。

然而《妙贞问答》完成后翌年，巴鼻庵在京都南蛮寺与儒者林罗山进行了著名的论争，之后就抛弃了基督教信仰，大约15年后便写了《破提宇子》（1620年），这是反基督教文献的起始和典型，巴鼻庵也因此被视为日本史上"转向的元祖"。而随着日本政治权力对基督教的弹压不断强化，出现了大量背弃宗门的基督徒，形成了一股"集体转向"潮。他们不仅抛弃基督教信仰，而且掉转矛头成为反基督教的主张者或急先锋。这就是"古层"隆起的典型表现。那些反基督教的著述，基本上不是从教义的思想原理方面来做批判，而是着力于批判基督教的政治影响和社会有害性，属于揭露思想作用的意识形态批判。实际上，那些著述对教义的解释与之前无大变化，只是站在社会政治作用的立场上把价值判断颠倒过来而已，所以作为批判来讲，思想水平并不高。《破提宇子》正是这种批判方式的先驱，这种方式后来在幕末和明治期反复出现。[1]

基督教主要是触犯了神国同族集团的"基本关系"，所以信徒一方面受到了日益强烈的压制，另一方面在集团功利主义的"古层"价值驱使下纷纷转向。早在1957年的讲座中丸山就曾说过，"其普及非常急剧，其消灭也非常迅速"。外国的日本研究者指出这种现象是"共同体心情的集体转向"。[2] 在"集体转向"潮中，的确是背弃宗门者占了基督徒的压倒多数。但丸山认为，如果从非转向者与转向者的比例来看，那就比昭和期共产党人的非转向者比例大。而且，在转向的大势中不仅依然有非转向者，还有数百、数千的信徒面对弹压的威胁和刑讯而不屈服，自发地选择抵抗和殉教。为了信念能如此坚定，这在日本史上是稀有的。可见，基督教信仰的纯一性使信徒敢于跟思想信仰杂居折中的旧习俗做正面对立。这样的时代在历史上虽不算长，

---

[1]　《丸山眞男講義錄［第六冊］日本政治思想史1966》，105—106页。
[2]　《丸山眞男講義錄［別冊二］日本政治思想史1957/58》，41—42页。

但对"看不见的唯一神"绝对忠诚的理念能如此扎根，着实令人惊叹。[1]这正是丸山所说"开国"经验的意义之所在。

而反观佛教，佛教本来是与基督教并列的世界宗教，日本的特殊主义不仅排斥基督教，也同样排斥佛教。但此时日本的佛教不仅不能站在超越世俗的立场来拥护信仰自由，反而乘权力之势，助力于对基督教的迫害。如前所述，佛教已被隆起的"古层"攻陷，成了世俗权力的附庸。从丰臣政权到德川政权的全国统一过程中，佛教各派都已失去社会自主性而从属于世俗权力。岛原之乱以后幕府实施了"寺请制"，凡弃教的基督徒都要从寺院僧侣那里获得改宗证明，而且佛教寺院负责给所有庶民发行檀越（施主）证明，全国人民无论结婚还是旅行或移居都需要这个证明。这样，佛教寺院就堕落为行政机构最基层的区公所了。加上"锁国"政策的推行，基督教在日本国内被根绝到毫无痕迹。

在围绕基督教传播的历史分析中，丸山运用了非政治领域对政治的in-put和政治体系对社会的out-put的政治思想史方法，阐述了代表普遍主义的宗教文化带来了"开放社会"的因素，而代表特殊主义的"古层"政治体系则以"封闭社会"的因素抵御之，勾勒出这段历史中基督教突破"古层"，又受到"古层"压灭的过程。正因为日本宗教史有这样的特征，丸山还特别指出，在近代欧洲，个人的良心自由、学问自由、思想自由是随着基督教思想的世俗化而形成的，所以"世俗化"被视为近代化的一个指标。但不能因此就一般地把"世俗化"等同于近代化，如果将两者视为等同，那么日本就是世界上罕见的迅速实现近代化的国家了。丸山认为，进步的根本问题不在于宗教还是世俗，而在于能否融入普遍者。就近代化而言，有些国家是以融入普遍者的传统来实现近代化的，有些国家是没有这种传统的，两

---

1 《丸山眞男講義録［第六册］日本政治思想史1966》，101—103页。

种不同的形态规定着近代化的内容，日本属于后者。近代化如果是片面地推进"世俗化"，那么近代化的道路就容易产生巨大的独裁，并阻碍通向自由之路。"在宗教的超越性被严重弱化的20世纪，连那个把自由和民主主义视为当然的欧洲，也形成了史无前例的权力独裁"，更何况在没有经受过普遍主义的怒涛锻炼的日本。[1]丸山在此已不仅是强调一个具体宗教的意义，而是要强调如果失去了"普遍者的觉悟"，政治权力就会无限制地膨胀和堕落。

第二节　幕藩体制"锁国"下的精神结构

丸山把政治权力对基督教的彻底镇压视为"开国"方向的被消灭。他从这里看到了推进统一政权的所有势力都对基督教产生了严重的猜疑和恐怖感，并对之进行猛烈绞杀，这正是因为基督教具有对唯一神（"超越者"）的绝对信仰。而经历过基督教传播的冲击以后，政治权力已发展到不仅要消灭基督教，还要把一切信仰超越者的宗教活动都控制在权力之下，以保持俗权对宗教文化的压倒性地位。实际上在基督教被镇压的时候，佛教也已被剥夺了社会的自主性，沦为服务于政治权力的末端行政机构了。丸山认为，这种倾向是幕藩体制形成的一个思想前提，"近世的幕藩体制与锁国是不可分的，锁国就是人为地制造出全国规模的'封闭社会'的第一步"。反过来说，锁国的"封闭社会"之所以能顺利地形成并长期持续，其秘密就隐伏在超越世俗权力的普遍者信仰被彻底消弭的历史之中。[2]

1　《丸山眞男講義録［第六册］日本政治思想史1966》，128、130页。
2　同上书，130页。丸山在思想史中所说的"锁国"，并不是单纯指作为历史事实的幕府锁国政策，与"开国"概念一样，同时具有表达某种象征性事态的含义，那就是指"封闭社会"的状态。

丸山对江户时代的研究是从"精神结构"入手的。早在1957年讲座时,他已提出这个方法,认为制度本来就是在人的行动的相互关联中形成的,如果微观地看,会发现制度是无数"状况的复合",是由流动的状况凝固而成。从意识方面对那里的人的相互作用性进行抽象分析,便可抽取出"精神结构"。"精神结构"亦即"制度中的精神"。要整体地把握"精神结构",就需要从那个时代客观的价值体系(value system)和那个时代的人的内面价值(belief system)这两个方面来广泛地分析社会的意识形态。[1]1966年度讲座进一步活用了此方法。在丸山看来,如果无视了各种人的行动的相互关联,只按一般的历史发展阶段论来给江户时代的幕藩体制贴上封建制的标签,是不能对其历史做出内在理解的。"幕藩体制"不是社会发展史的分析概念,而是一个经验概念。作为思想史的问题,需要关注体制背后的"精神结构"。所谓"精神结构"并不是某种实体思想,而是指内在于江户时代统治关系和人际关系中的一系列持续的"精神倾向",亦即"使人的行动趋于一定的形态或方向的强有力的精神倾向('精神结构')、价值意识('价值体系')"。他要通过抽取出这种精神结构,来揭开幕藩体制独特的完整性的秘密。[2]也许是基于这种考虑,丸山在进入近世思想史的讲述之前,设了"幕藩体制的精神结构"一章。

丸山指出,贯穿江户时代的一系列持续的"精神"倾向由来于幕府统治者编织体制的高度目的意识以及其统治原理。这个"高度目的意识"简而言之就是"天下泰平","天下泰平"实际上是指作为统治者的德川氏的安泰,和藩主以及整个武士阶级的权力安定性。[3]也就是说,那不是立足于民本主义这种普遍规范、以人民安居乐业为目

---

1 《丸山眞男講義録[別冊二]日本政治思想史1957/58》,20—21页。
2 《丸山眞男講義録[第六冊]日本政治思想史1966》,133、134页。
3 同上书,135页。这里的"天下"是指日本全国。

的的"天下泰平",而是立足于以德川氏为中心的特殊集团权力的确保和维持。为达成和维持这样的"天下泰平",德川氏用暴力排除了一切现实的敌对势力,确保自己的能压倒具有对抗能力的政治势力的优越性。比如让朝廷彻底非政治化,把寺院神社编入行政组织的末端,把商工势力集中于城下町以防止其自治化,把大都市编为直辖领,对大名强制实行改易、转封和参勤交替制,等等。对大名的改易转封是为了排除其原住民性,使其带上地方行政官的色彩,参勤交替是为了确保大名对幕府的忠诚义务。幕府还通过直辖主要都市和全国矿山、独占造币权,确立了德川氏对全国统治的优越性。实际上,这一切都是在武装到社会每个角落的体制下推行的,其结果竟是持续近三百年的"泰平",这样的悖论是世界史上罕见的。显然,所谓"泰平"主要是战国动乱的反义词。

丸山认为,幕藩体制是全国集权化和维持藩国割据这两个方向的归结,是在冻结战国大名领国制的基础上成立的。早在战国状态下,就已出现绝对主义(全国统一)的动向,但同时又保留着纯粹封建制的侧面,这个双重结构原原本本地在德川氏的绝对优势下被固定化了,这就是幕藩体制。德川政权的"天下泰平"就宛如"激动的大海在某个高低上下的水面突然结了冰"。[1]也就是说,本来战国大名的强弱上下关系是不断流动的,而德川氏在获得了绝对优势时就将其流动性冻结,将自己对全国的统治权固定下来了。这就是所谓"状况的复合"或流动状况的凝固化。幕府一方面把亲信之臣编成家产官僚,同时按原来关东分国的统治模式来承认大名对领地的所有权(作为恩给),让其承担军役。这样,大名的领地名义上就成了由幕府分封的,因此大名带上了"幕府官僚"的性质。另一方面,大名对自己的领地拥有独立的统治权,只在有战争时为幕府提供军役,所以他们领有的

---

1 《丸山眞男講義録[第六册]日本政治思想史1966》,139、141页。

藩依然带有以前领国的性质。在这种双重结构中，德川将军与大名形成了封建恩给关系和身份上的忠诚关系。而这种冻结原有结构和转为身份忠诚关系的统治原理也体现在藩之中，各藩的大名为了防止家臣守土自重，也将家臣改编为家产官僚。

正因为是战国状态的冻结化，所以幕藩体制的行政组织原原本本地兼有军事组织的性质，这是为了应对一朝战事再发所设的防备机制。这种临战体制的日常化，反衬出所谓"天下泰平"的"秩序价值"在价值体系中占了优势。其具体的情形表现为：全国的统治机构和政策从上到下贯彻着严密的相互监视体系，上有幕府的大小监督官，下有侦探等间谍组织，最底层还有互相告密的五人组等。总之，每日预想着乱世重来的精神状态成了整个社会的心理习惯。在这样的"封闭社会"里，民众自然只顾自家不问世事，故难以产生自发的公共心和联合精神。但令人感到讽刺的是，"泰平"状态则是由本应为战斗者的武士作为统治者来实行的"文治主义"。

尽管如此，丸山还是认为"文治主义"是战国状态冻结化所带来的积极方面。儒教就是在这种情况下被统治者导入的，比如德川家康接见儒学者藤原惺窝，又将林罗山迎为幕府的政治顾问。[1]但丸山也承认，家康重用罗山也只是把罗山当作一种文书人员，幕府和藩并不是把儒教这个特定的教义视作唯一的思想原理，其鼓励圣学只是基于统治的实用主义。他还强调说，如果忽视了对特殊的神国日本的归属，那么任何思想和教义（包括圣学）都不过是别国的东西，不会得到真正的重视。而且在他看来，实行"文治主义"并不是武士统治原理本身的变更，那只是随着"天下泰平"之现实的进展而做出的重点转移，"文治主义"从最初到最后都是与黩武主义并存的，并尖锐地指出：武士可随便斩杀对自己无礼的庶民等规定怎么能是文治主义？

---

[1] 《丸山眞男講義錄［第六冊］日本政治思想史1966》，142—145页。

第三章 "开国"与"锁国"（1966年度讲座）

把大名区分为亲藩、谱代、外样的等差级别又怎么能是中国那种"天下为公"的一视同仁精神？总之，由武士来统治的"文治主义"在本质上就是一个悖论性的统治原理。[1]可见这时的丸山，已不是像早年徂徕学研究时那样把儒教（朱子学）等同于德川政权的意识形态。在上述认识的前提下，他认为，朱子学因为具有像欧洲经院哲学那样的有机体职分思想，个体在宇宙秩序中有各自的位置并发挥其职分，天道等普遍理念在实际中体现为君臣父子等特殊关系构成的具体秩序，这正适应了幕藩体制的"泰平"目的。[2]

不过丸山明确指出，"文治主义"实际上是通过设立世袭等级制来把阶层固定化和封闭化的统治政策，其政策包括以下五个要点。第一是农兵分离，将武士与庶民在空间和价值上隔离，以此保障武士作为统治者的身份。其隔离不仅是政治军事的独占和带刀的特权，连通婚、衣着、居住、语言、礼节等都采取与庶民隔离的特殊生活样式。不劳而获的武士以其既是战斗者，又是对"只知利不知义"的农工商三民进行伦理指导的教育者的身份，获得了新的名誉感。第二是把武士细分为等级烦琐的官僚行政职。在武士阶级内部，大名以及所有家臣都被区分为繁多的身份等级，并被固定化和世袭化，每个等级在生活样式上有相当细微的区别。第三是把这种武士内部的身份等级作为模板扩展至整个社会，使被统治阶级内部也形成等级身份的差别。这是为了减缓统治者和被统治者隔离的两极化所带来的不安定，同时也是让庶民感觉到自己处在最上级和最下级之间，既是被治者又是统治者，从而"知足安分"。第四是把每个被编成等级体系的特殊社会固定为封闭的小宇宙。身份及其空间的固定化是为了遏阻不同等级之间的沟通和交流。第五是防止每个特殊社会的各自价值成为吞并其他价

---

[1] 《丸山眞男講義録［第六冊］日本政治思想史1966》，146—147页。
[2] 同上书，156页。

值的绝对价值。比如不让独占权力或荣誉价值的社会等级同时拥有巨大的财富价值,通过社会诸价值的分散化和相互均衡来达到安定,尤其是不让宗教和学问的价值升华到政治的层次。[1]

德川政权需要使这种体制永久地固定化,因而在精神上打出了"墨守祖法,停止创新"的传统主义旗号。丸山认为,这样的"精神结构"对社会生活和文化形态等各个层次的负面影响是深刻的。他运用了曾在1964年度多次讲过的"价值体系"理论来把握这些深刻的影响,亦即在社会的价值体系中,政治价值是特殊主义的,"秩序价值"就是其特殊主义中的主要部分。但政治价值同时也需要包含"正义价值",必须受到正义价值制约,所以政治的现实主义(理性)应是以正义价值与秩序价值的平衡为基础的。然而,如果秩序价值被绝对化了,社会就容不下更高的普遍理念(真理和正义),以致丧失冲破既成秩序的革新力量。他立足于这个观点来抓住江户时代的问题所在,指出:"这个社会的价值体系特征是,秩序价值在一切价值中占优势。"[2]

在这样的价值体系下,首先是作为统治阶级的武士发生了重大变化。随着官僚化和等级化的推行,武士原有的那种以瞬息万变的战斗状况为前提,善于"临机应变"的精神气质日益消退,其行为方式在等级规格中定型化。由于转变为官僚身份,他们能动的业绩主义变成了呆板的奉公,君臣之间人格的忠诚关系变成了与非人格的"地位"相应的恭顺。整个生活都按等级而样式化和仪式化,参勤交替的大名队列就是最典型的表现,那已失去战时行军的本来目的,变成了一种仪式和游戏。而且,生活上对礼法规矩的彻底统制也使伦理变

---

[1] 《丸山眞男講義録[第六冊]日本政治思想史1966》,148—161页。关于价值的分散化,丸山在此是作为德川政权维持"泰平"的统治术来谈的,但他对价值相对化本身的意义持有积极的评价,这一点在他的福泽谕吉研究中有充分论述。

[2] 同上书,162页。

成单纯令人拘谨的繁文缛节，这种严厉的外在礼节反而导致伦理失去"当为"的内面性。严肃的规矩在"饮食男女乃人之大欲"面前妥协，于是便有了例外"场合"的特殊伦理，即在仪式的世界之外允许沉湎于官能享乐或厚颜无耻的营利追求。伦理规范与本能欲望在人格内部没有张力关系，只是两者并存。这种现象也普遍地表现于庶民阶级之中。[1]

秩序价值占优势的体系也在文化领域造成了一种独特形态。"天下泰平"的秩序纵向地内在于每个身份等级，横向地分散于每个地域，细分为无数封闭的小天地，那些秩序都是以特殊的人际关系为基础的。在那里，真理和正义等普遍原理被剥夺了对特殊关系的超越性，不得不从属于"泰平"的具体秩序。整个社会的价值体系都带有朝着特殊主义无限发展的方向性。本应立足于普遍主义的学问、艺术、宗教等文化，都只有在隶属并服务于某个特殊集团时才具有意义。比如学问是国家的，宗教是"御家"的，学问的实用化、艺术的手艺化成了必然的倾向，文化的功利意义的判定权归属于各个特殊集团的权威。不仅学问和艺术从属于代表秩序价值的政治权威，而且学问和艺术本身内部也渗透着特殊主义，艺道或学派的教祖就是立足于特殊主义的。艺道的本家是美价值与特殊"家"的合一化，教祖是真理价值与特殊人格的合一化，这里不可能有万人为追求普遍价值的真理或美而自由竞争之事。在政治的世界里，幕府就如本家，大名就如政治价值体系的弟子，对本家的批判是严禁的。在学问的世界里，教祖是真理的独占者，弟子只能学习和接近教祖的真理，一旦有违反祖法的创新，就会被逐出宗门。总之，"墨守祖法，停止创新"不仅是政治旗号，而且是文化活动的一般形态。[2]

---

1 《丸山眞男講義録［第六冊］日本政治思想史1966》，162—164、169—172页。
2 同上书，165—167页。

不过，丸山并没有把"定型化"一概视为封闭停滞的东西来否定。关于"文治主义"对"型"的营造，即法度礼节等规范或形式的营造，他也给予了正面评价。丸山指出，现代人往往嘲笑"型"，看到"型"被破坏就喝彩，但"型"是给无秩序状态赋予形式，一切没有"型"的行动都是恣意的乱舞。"人与禽兽的区别在于是否知礼，江户时代的儒者把人视为礼的动物，这个定义具有超出了重大历史制约的一片真实。"不仅在道德方面，而且整个文化都需要"型"，文化就是通过把混沌整序为"型"而成立的。但日本的"原型"价值观所排斥的恰恰是判断真伪的原理和区别善恶的规范意识，如果从日本思维的倾向性来看，"江户时代不如说是例外的重视型和形式的社会"。江户时代的问题并不在于"型"的营造，而在于把"型"本身目的化，这就导致了"型"的固化和创造的停滞。这些问题在维新后的近代化过程中暴露出来了，比如江户时代积蓄起来的社会和文化生活的所有"型"都被西欧的浪涛打得粉碎；"文明开化"虽击毁了定型化的行为方式，但没能成功地在精神内面创造出社会和文化的新"型"；旧"型"解体所带来的混沌都由天皇制的国家体制收拢了，这样反而导致了江户时代那种价值分散和均衡状态的崩溃。[1]

然而，在江户时代"精神结构"的视野中，儒教无论是负面的还是正面的，都是丸山最重视的一个研究对象。他认为，日本史的一般特征表现为靠流动推移之"势"而变迁，因此日本史整体上很难做出时代区分，江户时代也不能说是例外。但在整体的比较当中，江户时代可谓是体制上具有明确特征，结构上具有内部统一性的时代。这一点在思想史上表现得更为明显，没有一个时代像江户时代那样，有儒教这个特定教义在思想界占领"正统"的地位。如果采用"教义史"的方法来把握一个时代的思想史，那么日本史里也只有江户时代

---

[1]《丸山眞男講義錄［第六冊］日本政治思想史1966》，178、181—183页。

可以做这种叙述了。不过令人感到讽刺的是，在思想杂居的日本"传统"中，江户时代是靠全面切断外部影响（"锁国"）为代价，而获得思想结构的相对体系性和思想内部的发展的。[1]反过来说，亦即日本的思想杂居性一直阻碍着思想的"传统化"，但"锁国"状态反而给儒教思想的体系化和内在发展提供了可能的条件。江户时代思想史的这种悖论性的特征，也许正是他特别关注日本近世思想史的重要原因。当然，关于丸山将儒教视为江户时代"正统体制意识形态"的说法，日本学界有很多质疑，丸山学派之中主要有渡边浩的质疑。[2]

1　《丸山眞男講義録［第六冊］日本政治思想史1966》，131—132页。在此丸山对"教义史"的定义是：把一个教理或教义设定为某个社会的坐标轴来追寻其思想内在的发展，和把不同于正统教义或与之对立的思想放在跟这个坐标轴的关系中进行分析的方法。
2　渡辺浩《近世日本社会と宋学》，渡辺浩《東アジアの王権と思想》。

第四章

日本近世儒教史和国学史的重构
（1967年度讲座）

小　引

　　1967年度讲座是在丸山对日本的现实相当失望的情况下进行的。[1]如果从他内面的问题意识来看，战后初期他曾看到日本国民中出现过对"普遍者"产生觉悟的可能性，但这种可能性不仅没能突破"原型"，反而随着经济成长急速消退，人们堕入了"商品拜物主义"的世界，这甚至使丸山感到了绝望。这种绝望感充分体现在1967年度讲座之中，此讲座花了将近一半篇幅来详论"原型"，特别是以"移动推移"和"势"等观念为中心论述了"原型"的历史意识。

　　如前所述，丸山把"普遍者"区分为"超越的普遍者"和"内在的普遍者"，前者指基督教或佛教等宗教的普遍者，因之是超越世俗的，故称之为"超越者"，后者指儒教中的普遍者，因之是内在于

1　据平石直昭所说，翌年（1968年）的讲座因在东大纷争中被打成要"摧毁"的对象，加上丸山因肝功能障碍长期病休，所以1967年度讲座就成了"原型"系列的最终讲座。参见平石直昭〈解题〉，《丸山眞男講義録［第七册］日本政治思想史1967》，307页。

世俗政治秩序的，故称之为"普遍者"。而日本近世思想史在他看来，由于以"锁国"为前提的幕藩体制是建立在消灭了基督教和剥夺了佛教社会自立性的基础上的，宗教的超越者信仰已失去立足之处，儒教则因彻底内在于现世，并与追求"天下泰平"的"精神结构"相适应，所以得到了德川政权的青睐和利用。然而，就连儒教这种带有局限性的普遍主义也在日本的"原型"思维作用下难以存续。后来（1972年）他在围绕论文《历史意识的"古层"》与加藤周一对谈时，回顾了镰仓时代以后的"超越者"意识走向衰退的过程，痛切地指出：

> 如果把超越性与普遍性区分开来观察，那么江户时代也是有过天或天道意识的，在超越现实经验感觉的意义上说，那也是一种普遍性意识。当然儒教是彻底现世的，只有内在的普遍性。……在政治的层面，其发展过程的高潮表现为，一方面与"尊王论"和王政复古相结合，另一方面与"公议舆论"或文明开化相结合。但随着明治时代的发展，就连儒教的天或天道意识也减退了——就是说不仅超越者，而且普遍者的意识也被消弭了，失去了能超越日本国体的"道"。普遍者被视为只是"外国"的或哲学思辨的东西，整个感觉变成了只有"移动推移"和"势"的世界。[1]

显然，60年代后期的丸山已认识到，即便是宗教的"超越者"已被压灭，但江户时代的儒教也确实有过"普遍者"的。而且，日本因为一直处于思想"杂居"的状况中，致使任何思想都难以"传统化"，但江户时代的"锁国"却悖论性地带来了儒教思想的体系化和内在发展，给日本留下了一个"教义史"的轨迹。这个"教义史"不

---

[1]〈歴史意識と文化のパターン〉，《丸山眞男座談7》，250—251页。

仅演绎了"原型"对儒教这个外来思想的修改,而且导出了(变化的)儒教被国学继承并产生逆转的后续历史。

1967年度讲座的论述部分以1966年度所讲的"幕藩体制的精神结构"为历史背景,讲述了"近世儒教的政治思想"和"作为思想运动的国学"。其主要内容是:(1)从与幕藩体制统治原理的"形式关联"来阐述近世儒教作为意识形态的思想地位;(2)从思想的"实质内容"来阐述儒教的基本观念;(3)从与"原型"以及幕藩体制统治原理的摩擦和相互作用来阐述儒教被修改和变化的过程;(4)作为近世儒教史的后续,阐述了国学对江户儒教的接续和逆转。其中占最大篇幅的"近世儒教的政治思想",是一部与收录在《日本政治思想史研究》的早年徂徕学研究论文大不相同的日本近世儒教史。早年他曾站在历史主义立场,阐述了古学派特别是徂徕学对朱子学自然法进行解体的近代化过程,而1967年度讲座则采取了全新的视角,聚焦于儒教内含的普遍主义和特殊主义的双向性,一方面注意发现儒教蕴含的普遍主义因素,另一方面着力勾画出儒教受到"原型"修改而变化的过程,以此来诊断"永恒"被"时间"消弭的思想病理,同时寻求曾在历史"时间"中出现过的"永恒"因素。

第一节　近世儒教的政治思想

(一)儒教在江户时代的思想地位

这一点是与幕藩体制的统治原理——"秩序价值"优先的倾向及其政策结合起来把握的。首先,作为幕藩体制统治原理的历史前提,丸山分析了"17世纪前后的问题状况",重点阐述基督教的传播,将之定位为日本与西欧文明的最初碰撞,这里基本上是活用了1966年度讲座的内容。简而言之就是，从室町到战国的那个"混沌"时代，日本正处于旧事物走向堕落，新因素杂乱交织的状态，这时传来的基督教正好冲击了战国时代的精神混沌状态，带来了日本思想史上未曾有过的一些重要观念。那不仅是对超越现世的唯一神的信仰，而且首次让民众学到了由每个人灵魂的个体性和不灭性导出的个人尊严观念、自由的意义以及重视个人灵魂拯救等思想。他评价这些是对"原型"思维方式的重大突破，同时又指出日本的"原型"思维和价值意识对基督教的接受发挥了"铸模"作用，比如《妙贞问答》把基督教信仰与长寿福禄等现世利益结合在一起等。不过，在后来发生的集体弃教的转向中，仍有不少人以个人的意志选择了"殉教"，这是史无前例的。正因如此，基督教引起了推进全国统一的权力者的猜疑和恐惧，招来了史无前例的迫害和镇压。1637年对基督教的彻底镇压和1639年的锁国令之后，一切奔腾的能量就在"墨守祖法，停止创新"的旗号下被封锁到传统的硬壳之中了。[1]

然后，丸山对江户时代"幕藩体制的统治原理"展开了分析，具体内容与1966年度所讲的"幕藩体制的精神结构"大致相同，但更注意把握幕府政治的两面性，不仅指出其"封闭"政策的消极性，也承认其"文治"政策的积极意义。除了谈以"天下泰平"为目的的统治原理之外，还谈了这个统治原理与"原型"思维及其价值意识的关系。尤其是论述了"原型"包含着"两极志向性"（双重方向性），指出其一方面容不得以超越现世秩序之理念为依据的个人和社会集团具有对政治体系的自立性，要使其从属于"天下"（日本）和家这种封闭共同体的秩序价值，这意味着特殊主义在价值体系中占了绝对优势——比如学问、艺术、宗教领域几乎都采取了"教祖""宗家"的形态，体现了特殊共同体的权威对文化价值的占有，这正是"原型"

---

[1] 《丸山眞男講義録［第七册］日本政治思想史1967》，131、140—142页。

思考的彻底表露；另一方面，"原型"重视"势"和情绪主义、纯粹心情动机的契机，又不适应幕藩体制那种把一切能量都固定到形式和仪式中的统治原理。总而言之，"原型"既有压抑文化自立性和普遍性的特殊主义因素，又有抗拒固定性（包括"永恒"价值）的亢进因素。从江户时代的历史里可以看到"原型"的这种双重性质。[1] 这些对儒教都产生了"铸模"作用。

在这个基础上，丸山展开了关于近世儒教思想地位的论述，这个问题是采用与幕藩体制统治原理的"形式关联"这个视角来把握的。

首先，他通过叙述近世以前的日本儒教，来阐明儒教在江户时代的地位和影响超过了以往任何时代。1966年度讲座已指出，日本的儒教史虽是与有文字记载的日本历史同时开始的，但唯有江户时代，儒教在思想和教育方面比其他意识形态占优势，儒教的范畴不仅在特权阶层而且在整个社会广泛普及，还出现了专门传授和研究儒教的儒者这个独立的社会职业和学派，在这个意义上，儒教可以说是江户时代的正统意识形态。[2] 1967年度则更仔细地讲述了儒教史的几个节点。律令制时代的官吏培养已采用儒教经书，但那往往是贵族对自己教养的装饰，所关心的也主要是经书训诂而不是思想内容。后来武士的勃兴成了唤醒儒教作为政治思想的契机，比如镰仓幕府为获得与王朝对峙的独立权力的正统性根据，就以朝廷政治违反了天道为由，援用德治主义理念来把幕府的权力合理化，但此阶段也只是利用儒教来使自己的权力正统化，儒教对武士的精神特性没什么影响。到了战国大名的领国形成之后，武士御恩奉公的主从关系转化为主君与家臣团的组织关系，武士作为官僚需要有合理化的统治伦理，这时儒

---

1 《丸山眞男講義録［第七册］日本政治思想史1967》，172页。
2 《丸山眞男講義録［第六册］日本政治思想史1966》，188页。

教才被导入战国大名的"家法"。而进入幕藩体制之后，儒教则作为意识形态迎来了全盛期。不过他认为，那是因为幕藩权力需要使武斗转变为文治的意识形态，同时需要使秩序价值在价值体系中占优势的现世主义，所以儒教占据了比佛教更有利的地位。[1]也就是说，是在时代状况的流动中，出现了幕藩权力的政策与儒教自身发展的合流。从这个意义上看，体制原理与儒教是一种形式上的关联。

然而，谈到近世儒教的思想地位，往往就牵涉朱子学是否是体制意识形态的问题，在1967年度的讲座中，丸山用了较多篇幅来论述之，这大概是为了回应学界对他曾把朱子学视为德川政权"正统体制意识形态"之说的质疑和批判。[2]其实从1966年度起丸山就提出了一个新观点，那就是把作为学问的"儒学"与作为意识形态的"儒教"区分开来，并承认前者普及度不高，而后者达到了通俗化和常识化。[3]这是他经过对自己学说的反思后形成的新认识，也是据以回应学界的立足点。基于这个观点，他坦率地承认，虽然德川家康通过接见藤原惺窝和起用林罗山，表现了政治权力对儒教的种种关心，但这并不意味着幕府和藩国把儒教特别是朱子学采用为唯一的体制原理，它们尽管都鼓励学儒教，但并不限定于朱子学，也起用林家以外的学者，还有一些藩校主要起用了阳明学或古学系的学者。而昌平坂的林家塾是到了18世纪末松平定信的"宽政异学之禁"以后才正式成为

---

[1] 《丸山眞男講義錄［第七册］日本政治思想史1967》，173—176页。

[2] 1967年度讲义录在前言中的参考书目里，列举了尾藤正英的《日本封建思想史》（青木书店，1961年）和守本顺一郎的《東洋政治思想史研究》（未来社，1967年），并在旁边标注着："此二书是对丸山真男《日本政治思想史研究》的批判"（《丸山眞男講義錄［第七册］日本政治思想史1967》，10页）。

[3] 《丸山眞男講義錄［第六册］日本政治思想史1966》，190页。这一观点显然已不同于早年徂徕学研究和《讲义录》第一册（1948年）的观点。在1966年度讲义录前言所列举的参考书目中，虽然也写着《日本政治思想史研究》一书，但旁边标注着："与现在的见解并不是一致的。"

幕府的学问所的，那是因为朱子学的权威已经衰退。但在承认这些事实的前提下，丸山依然认为，朱子学的思想范畴之所以能够普及，除了人为因素之外，还有朱子学与社会环境（体制的精神结构）相适应的原因，从这一点来看，儒教是体制原理，朱子学是其正统。[1] 当然这里所说的，只是与作为学问的"儒学"相区别的、与统治原理发生了"形式关联"的儒教，而且所谓体制意识形态并不是指朱子学的实质性原理，而是指日本近世儒者用儒教的一些范畴构成的、与幕藩体制及其等级身份制相适应的"世界像"。

在对近世儒教的思想地位做总体评价时，丸山也很注意把作为学问的"儒学"的普及程度与作为意识形态的"儒教"的通俗化和常识化区分开来。首先从学问的角度来看，他评价说，江户时代的儒学已超出了宫廷贵族的训诂学和禅僧的趣味研究等狭窄范围而走向社会化，出现了儒者这个独立职业，形成了各种学派并展开论争，这是跟以前的儒学不同的一大特征。不过就其社会渗透而言，实际上作为学问的"儒学"普及度比较低，在江户时代的文治政策下虽然识字率很高，但并不意味着"儒学"已被一般人理解，儒者这个职业的社会地位不高，没有受到广泛尊敬，反而到处都有嘲笑儒者不谙世事、称之为"腐儒"的情况。但他认为，不能以此为理由来否定儒教在幕藩体制中所占的重要位置。因为从作为意识形态的"儒教"来看，尽管不能过高评价儒教政治理念对现实政策决定的影响，但在掌权者中把圣人视为统治者之理想的政教一致观念已成为常识。就这个侧面而言，近世儒教尤其是朱子学可以说是体制意识形态，而作为总体评价，他认为，儒教的思想地位在江户时代发生了过去从未有过的质的变化，这是不可否认的事实。在日本思想史上，只有江户时代能用"教义史"的方法来叙述时代的思想史，因为一切有力的思想立场都是以儒

---

1 《丸山眞男講義録［第七冊］日本政治思想史1967》，175—179页。

教为主轴而展开的，连国学那样的反儒教意识形态也是作为儒教的对立者来定位自己的思想的。[1]

（二）儒教的实质性思想观念

"近世儒教的政治思想"所关注的，当然不仅仅是儒教与统治原理的"形式关联"，更是儒教的"实质内容"。从谋求"思想传统化"这个思想史课题来说，无论是批判儒教的弊病，还是发掘儒教中能抵抗"原型"的普遍主义因素，丸山都更着力于后者。所谓考察"实质内容"，就是通过儒教的主要范畴来把握那个影响江户时代思维结构的儒教"世界像"。

然而儒教的学海浩瀚无垠，丸山认为，儒教原本究竟是什么，朱子学是否真正囊括了"圣人之道"的所有重要观念，这是关系到教义正统性的问题。从儒教的发展来看，比如最初孔子的圣人之教和春秋战国诸子百家时才出现的思想，以及秦汉之后附加的内容等，有不少确实是在宋学那里得到了范畴化。故宋学强调"道统之传"，即孔子祖述尧舜禹汤文武周公之道，传于孟子和子思，但汉唐以后被道、佛等异教所湮没，之后由宋学阐明其"道统"（圣人之道）的正确谱系，并通过朱子将其哲学集大成，正统朱子学者都公认这一点。尽管陆象山和王阳明对朱子的经典解释有异论，但连他们都是以宋学所立的"道统之传"为当然前提的。不过在丸山看来，对儒教的客观研究不能将"道统之传"作为当然的前提，因为宋学把汉代以后以"五经"为中心的经学，变为以"四书"为根本经典的经学，这种对经典的选择取舍本身是带有一定的时代立场的。况且江户时代儒教的古学系对朱子学的正统性多有质疑，并谋求复归古学，所以他对宋学正统

---

1 《丸山眞男講義錄［第七册］日本政治思想史1967》，179—184页。

性的说法采取一定的保留态度，并主张可以有不同于"道统之传"的理解。[1]

丸山本人对"道统之传"也曾有过质疑，1966年度讲座就是站在文献学研究的立场来质疑的。那时他似乎无意中站到了日本古学系的立场来罗列宋学对原始儒教的歪曲，指出孔子祖述的原始儒教本来并没有道学那种道德说教和统治伦理，没有五伦、五常等德目的体系化，没有哲学的体系化，没有阴阳五行等宇宙论的形而上学，没有"天道"论，等等，即便在孟子那里也没有出现"天人相关"的形而上学思想。[2]但在1967年度讲座里，他虽然讲述了江户时代儒者对朱子学正统性的否定，比如伊藤仁斋批判《大学》《中庸》脱离了先王之道的正统，荻生徂徕批判孟子附加了孔子本来没有的观念，以致成了后世儒家歪曲古典的根源等，但丸山同时也从思想发展的立场看问题，认为思想史上对经典的解释出现有影响的分歧是理所当然的，那些在发展中出现的分歧多数表现为对原初思想的修正。他指出："古学派的所谓'回归原始儒教'的立场，其实也跟回归原始基督教、回归原始马克思主义或列宁主义的思想运动一样，一方面确实是搞清楚了先行思想（引用者：比回归派先行的思想）对创始者的原始思想附加的新观念，及其对创始者产生的'距离'和'修改'，但另一方面，这种回归本身主要是对先行思想的'反动'，……那也是在自己的时空状况下对古典进行改读，绝不是原原本本地复归原始儒教。"[3]可见1967年度的立场较为客观一些。

丸山虽然对宋学的正统性采取了一定的保留态度，但他的关注点并不是考察儒教在长达一千几百年的多歧展开中有过什么脱轨和歪

---

1 《丸山眞男講義録［第七冊］日本政治思想史1967》，185—186页。
2 《丸山眞男講義録［第六冊］日本政治思想史1966》，202—203页。
3 《丸山眞男講義録［第七冊］日本政治思想史1967》，187、190页。

曲。作为江户时代的儒教研究,他反而强调这样一个客观事实,即江户时代的儒教思想实际上是以宋学主张的"道统之传"为出发点的,几乎所有儒者(包括对其有部分质疑的学者)都是通过学习形而上学的宇宙论和人性论乃至五伦五常的根本规范等宋学集大成的井然体系,而开始自己的思想历程的。[1] 所以关于儒教"实质内容"的讲述,他只是从江户时代的历史脉络来把握江户儒者实际上吸收的儒教诸观念特别是政治观念,这自然是以宋学为中心的。不过宋学本身就体系宏大,学派纷繁,因此丸山对儒教思想主要范畴的概述,有意识地舍去了宋学发展中的复杂分歧,只抽象出其公分母的观念。他主要谈了六个方面:一是"天人相关"的思想;二是宋学的理气哲学;三是自然秩序观;四是"易姓革命"思想;五是"华夷(内外)之辨";六是"天下"思想。其概述的特色是从双向性来把握儒教的观念,既承认儒教自然法有一定的超越性和普遍性,又认为儒教的基本性质是现世性和特殊主义占优势。他虽然表明自己的概述是立足于江户时代历史脉络的,但也往往无意识地把经过日本近世儒者过滤的思想等同于中国的朱子学。为了将丸山的概述相对化,以下适当地导入其他一些不同的看法。

第一,"天人相关"思想。丸山把"天人相关"等同于"天人合一",认为其根本特征在于,同一个天道法则贯通三者——自然界的秩序、社会秩序和人的精神,就像同一轴心的几个圆圈相互感应。他还把天理的"理"与古希腊自然哲学的"逻各斯"做比较,指出"逻各斯"重在真理性,"理"重在伦理性。天道既是天的法则,又是天的伦理,"物理"与"道理"在儒教世界像中不能区分开来。[2] 之所以

---

[1] 《丸山眞男講義錄[第七冊]日本政治思想史1967》,191—193页。
[2] 同上书,194—196页。丸山本来认为中国古代思想与古希腊思想有类比性,但在此却强调两者的相异之处。只用古希腊自然学的"逻各斯"来做比较,而没有谈天道的"理"与柏拉图道德学"理念"的异同。

强调天道的伦理性，是因为他将"天化育万物"理解为父母养育作用的模式，将"天覆地载"理解为万物上下秩序的模式，从而认为在"天人相关"思想中，天地运行的和谐性与社会秩序的持续再生是相对应的，维护这种秩序的运行是君主的使命，所以推断离开了现实的统治关系（君臣）和家长制的家族关系（父子、夫妇、兄弟），就不可能有人伦和秩序，"德治"理念就是"五伦"的教化。在这个逻辑下，丸山把"修身齐家治国平天下"理解为由个人开始的统治过程，即个人首先修得对家长的恭顺（孝），然后发展为对政治秩序的服从。[1]

在上述解释中，丸山完全没有谈及"天"对现实的超越性和民本主义理念，反而将上下尊卑的"五伦"秩序等同于天的自然秩序。这与其说是儒教原本的观念，不如说是江户时代的儒者构筑的世界像。但丸山却以此为据，断定儒教的天道是内在于现实的君臣和家族等特殊主义秩序之中的，认为朱子学同幕藩体制要求等级固定化的统治原理是相适应的。但沟口雄三恰恰看到了儒教对现实的超越性。据沟口的考察，在中国的儒教里，五伦五常只是社会框内的秩序，而"天"是立于社会框外而决定社会可否存立的根据。也就是说，"天"具有站在"场"外（王朝、国家、社会秩序的外面）来评判"场"可否存立的根据性和原理性。这种"框外性"和存立原理性正是与日本的"天"相区别的第一根本特质，类似于中世基督教的"神"。沟口指出，"框外性"是天人观的骨骼，即便天人观的具体内涵在历史上有过变化，但"框外性"这个骨骼是一直继承下来的。[2]

第二，宋学的理气哲学。按丸山的解释，宋学给"天人相关"思想赋予了独特的"理气论"基础，构建了一个形而上学体系。在理

1　《丸山眞男講義録［第七册］日本政治思想史1967》，197—200页。
2　沟口雄三《中国思想のエッセンスⅠ異と同のあいだ》，岩波书店，2011年，115—117页。

气哲学中,"理"通过阴阳五行化成万物并赋之以"性","气"则给万物赋予"形",万物都是理与气的结合体。"理"是表达万物的根源同一性的范畴,"气"是表达万物的差异性的范畴,万物都内在着共通的"理",但因"气"有清浊之差而导致对理的发现程度产生出无限的差异,故自然与社会形成了一个上下等级型的大体系。人是万物之灵,人中最高的是能跟宇宙之理同一化的圣人,其他人与圣人之间有各种偏差,按其偏差而处于社会秩序中不同的等级。也就是说,"理"内在于人的共性是"本然之性",这一点是万人平等的,"气"所赋予人的清浊之差是"气质之性",这一点是万人相异的。他认为"天理"表现为社会的根本规范(五伦五常)时,因之有"本然之性"而使"自然法"思想获得了哲学基础。所有人的修学和实践的目标,都是去除"气质之性"的混浊而发现"本然之性",实现五伦与天理归一。丸山对宋学的评价是,一方面以理气哲学把"天人相关"或"天人合一"思想体系化了,另一方面又使儒教的意识形态变得思辨化,注重静思和穷理等个人修养或学问,反而弱化了社会政治实践伦理的侧面,后者是导致江户儒教中"古学"反动的重要原因。[1]

丸山在对理气哲学的解释中,依然没有关注"天人相关"与"天人合一"的区别,更没有看到后者对前者的变革性继承关系,只是说宋学将之体系化了,并且侧重于人按"气"的清浊差异而处于社会不同等级的秩序逻辑,没有承认天理对现实五伦秩序的超越性。但沟口恰恰看到了宋学从"天人相关"到"天人合一"的革新性和对天的超越性的继承。

据沟口的考察,以唐宋之交为转折点,天人观的内涵由"天谴的天"转变为"天理的天","天人相关"由此发展为"天人合一",

---

[1] 《丸山眞男講義錄[第七冊]日本政治思想史1967》,201—204页。

"天"带上了形而上的理法性质，因而对"场"可以发挥推倒、变革和创建的原理作用，这正是对"框外性"这个骨骼的"近代性"继承。正值欧洲出现神人分离，否定自然法而强化人为法的这个时期，中国思想反而主张"天人合一"，这体现出中国人在思想近代化中，依然坚持认为社会秩序只有人为的体系是不完整的，需要在社会或王朝之上有一个更高的权威（天）。[1]沟口指出，这里的革新意义在于克服"天谴应事说"，使政治主体从"天"转为"人"。汉代以后的"天人相关"论在政治上是立足于天命观的，即天（天命）→道德（皇帝）→政治（天意的执行）→天（天命的实现）的连环。而宋学"天理的天"则是从"主宰者的天"转换成"理法的天"，变成了天（自然·理法）→道德（自然·理法）→政治（自然·理法）→天（自然·理法）的连环，这正是理气论的骨骼。所谓"天人合一"就是发现了所有人的内面性都具有与"理法的天"相通的"本然之性"。这意味着人能通过"至诚"而修得并体现"天理"，"诚"就是人的自立宣言，表明理法的实践主体在于人，人的自然道德性才是决定政治成败的关键。[2]宋学作为儒教近代化的这种主体性和超越性，与丸山走出历史主义误区并重新评价自然法的思考，本应是一致的，遗憾的是丸山没有看到这一点，反而追随了"中国停滞论"。

　　第三，自然秩序观。也许是因为丸山认定朱子学与幕藩体制相适应，他反过来用江户时代儒者构筑的世界像来解释朱子学的自然秩序观，主要谈了以下两点。第一，以天地的上下关系来类推身份统治关系。比如以林罗山为例，说明儒教不仅用"天在上地在下"的空间位置关系来类比社会的上下等级关系，而且以"天尊地卑"观念给人的上下关系赋予了尊卑贵贱的价值观，指出"儒教政治思想的秩序观

1　沟口雄三《中国思想のエッセンスⅠ異と同のあいだ》，116—117、137页。
2　同上书，40、42—44页。

的根本,就是把上下贵贱的差别视为永远不变的自然法",以此断定朱子学的自然秩序观正好适应了把秩序价值放在首要位置的幕藩体制。第二,儒教自然法的超越性契机虽然非常弱,但"正名论"也有一点对现实的超越性。因为现实的统治状况与天地秩序很难形成完全的同心圆,所以"道"作为理念是判断现实政治之善恶的基准。不过天道并不系于个人的良心,只系于君臣父子等特殊社会关系,所以对人没有明显的超越性,但尽管如此,儒教没有把经验现实中的君臣父子等同于正确的五伦,所以还算是个普遍者。正名论就是要纠正被搅乱的状态,而明确正统的(legitimate)上下秩序。礼的秩序并不追随现实的实力关系,对即便已衰微的正统王朝也要保持服从。但正如韦伯所说,儒教自然法是一种秩序合理主义,规范与现实的张力关系不强,不能成为体制革命的意识形态。幕末的尊王论虽然推动了王政复古,但"上下贵贱之别"作为自然法是不可改变的,只是把忠诚的对象转移到天皇而已。[1]

丸山显然倾向于把儒教的自然法降低到现实政治秩序的层次,甚至将两者混同。即便承认儒教自然法还有一丝普遍性,但依然断定其内涵就是"上下尊卑"的阶层秩序。他在解释"本然之性"时没有谈及"仁爱""民本"这种具有普遍和永恒价值的道德性自然,反而无意中把历史"时间"中的现实秩序直接理解为"永恒"的天道,描画了一个"上下尊卑"秩序不可改变的儒教自然秩序观。但是据沟口雄三的考察,在朱子学中,君臣上下关系并不是手足上下或天地上下那种命运性(固定)的自然,而是以"义"来结合的人的道德性自然。这个"义"就是民本主义规范的"当为"命题,所以君臣关系不是单纯的对上服从,而是有作为的。沟口认为,朱子学的道德自然或秩序自然无疑是指人的"当为"的自然,只不过在落实到制度时还

---

[1] 《丸山眞男講義録[第七册]日本政治思想史1967》,204—213页。

未能摆脱现实的束缚。朱子把君臣父子的上下秩序看作"天叙",一方面是承认了封建身份秩序的现实合理性,另一方面是认为以"气质之性"(恶的发生源)为根据的上下秩序并不是完全的自然,需要朝着"本然之性"的实现而不断陶冶或驾驭人性,所以这里包含着"天理……的内容会随时代的变化而改变"的逻辑。[1]也就是说,现实的秩序并不是"永恒"的,只是"时间"的,随着越来越多的人发现自我内在的"本然之性",君臣父子的上下秩序也会改变。"苟日新,日日新,又日新""作新民"(《大学》)等思想并没有把上下尊卑固定为不可改变的自然秩序,反而表明人在接近"永恒"天道的"天人合一"过程中具有不断革新的主体性。

第四,"易姓革命"思想。丸山认为,"天人相关"一方面是把现实的政治秩序作为自然秩序来永久固定化,另一方面又具有"职分"思想。自然秩序思想中的职分伦理是"知足安分",即安于自己的身份和职业的服从伦理,基本上是区分上下贵贱的,但除了贵贱的区别以外,农工商之中还产生了有机体整体关联的思想(如石田梅岩的心学)。而就君民关系的统治伦理而言,上级身份的统治者对下级身份的人民负有仁政安民的"职分"。这虽然在江户时代一般只停留于为政者的主观感觉,而没能成为约束最高统治者的客观规范,但也有少数例外的儒者主张自然法职分论的规范应该同时约束统治者和被统治者(如室鸠巢)。[2]丸山正是从这个视点来谈"易姓革命"的,即认为统治者的仁政安民职分和有德者资格等观念有可能导出革命思想,在极限状态下能把讨伐暴君正当化。广义的"革命"包括"禅让"和"讨伐",都由来于德治主义的逻辑。不过丸山指出,以天命思想为根据的讨伐暴君的正当性,虽然是自然法思想的逻辑结果,但

---

1 沟口雄三《中国思想のエッセンスⅠ異と同のあいだ》,71—72、77—80页。
2 《丸山眞男講義録[第七冊]日本政治思想史1967》,217—218页。

与欧洲的启蒙自然法思想所导出的革命权观念不同，既不是人民主权论，也不是对传统社会体制的变革。"易姓革命"的结果还是恢复上下贵贱的五伦秩序，这属于韦伯说的"传统主义革命"，但尽管如此，儒教思想在日本遇到最大抵抗的，就是"易姓革命"思想与有德者"正统论"的问题。[1]

另外与"易姓革命"相关，丸山还论述了"王霸之辨"问题。孟子把古代圣王的仁政德治称为王道，把战国的军事对立称为霸道，树立了尊王斥霸的价值观。但在儒教思想中，"霸道"亦有跟"权道"相通之意，故承认其作为"权道"也是达到仁政安民目的的一种政治手段。不过，儒者只是肯定在极限状态下为实现正当目的可以实行"权道"，而在日本，善于临机应变的武士道则是积极肯定"权道"的。所以丸山认为，一般来讲，日本儒教对"权道"给予了较高的价值判断，这主要是日本的"原型"思维与儒教思维（静态的永恒的天道规范）相互摩擦的一种表现。特别对于武士来说，那是因为作为战斗者在瞬息万变的决断中养成的武士精神不能适应江户时代行动方式的定型化（规范化）。[2]

第五，"华夷（内外）之辨"。丸山对这一点的理解一开始就带有浓厚的日本色彩。他认定"华夷之辨"就是"内外之辨"，在国际秩序观中表现为"尊内卑外"，当然他承认中华思想也包含"天下"观念的那种世界主义，其核心并不是权力和军事的。不过，他强调那是以中国（汉族国家）为世界中心而傲视周边国家的"民族主义"，与周边国家的外交关系只能是不对等的朝贡关系，因此很难接受近代国际关系的国家主权平等观念。[3]这个观点曾在1949年的论文《近

---

1 《丸山眞男講義錄［第七册］日本政治思想史1967》，220—224页。
2 同上书，227—231页。
3 同上书，234—236页。

代日本思想史中的国家理性问题》中全面展开，此文虽然承认朱子学的自然法在日本接受国际法过程中起了媒介作用，但认为是日本儒者（横井小楠）把天道从中国特殊的华夷观中剥离出来，使之成为普遍的价值判断基准的，即认为日本把天道转变成了同样地制约日本和中国的普遍规范，这对日本迅速接受近代国际法起了积极作用；并指出与日本相对照，中国在接受近代国际秩序观方面迟缓艰难，隐喻其原因是固执于妄自尊大的中华夷狄观。[1]

但这篇论文受到了竹内好的批判。竹内指出："丸山把迟缓只作为迟缓来处理，而没有看到时间的差异同时包含着质量的差异。……连丸山这样的学者也无意识地带有日本人一向对中国的蔑视，从而妨碍了他的正确理解。"[2]竹内所说的质量差异，是指中国花了时间进行传统与近代的思想交锋，所以在质量上思想转换得更彻底。而事实上，日本的所谓接受国际法，也并不都是遵照"天地公道"的，明治时代就已追随西方的殖民主义，侵略亚洲国家了。其实，丸山把中华思想仅仅理解为"华夷（内外）之辨"是片面的。春秋学研究的大量成果表明，华夷观一方面是古代的事实认识，即春秋之际"夷狄之为祸中国尤烈"，所以强调夷夏之防，但另一方面，中华是表示礼义文明的抽象概念，并不是固定为具体的特定国家的，其具有超越国家和民族的普遍性，礼义文明作为区分华夷的标准是开放性的，既主张以华化夷，又主张中国若违背礼义，则"中国亦新夷狄也"。

1　丸山眞男〈近代日本思想史における国家理性の問題〉，《丸山眞男集》第四卷，11—14页。
2　竹内好〈日本人の中国観〉（1949年），《現代中国論》，19页。关于朝贡体制，后来还有滨下武志《朝貢システムと近代アジア》（岩波書店，1997年）、《近代中国の国際的契機——朝貢貿易システムと近代アジア》（東京大学出版会，1990年）等比较客观实证的研究成果。

第六,"天下"思想。丸山指出"天下"概念在中国是高于国家的世界概念,而在日本"天下"是指日本全国,幕藩体制时代的"藩"是"天下"之内的国家。他认为"天下"思想有两种方向性。一方面包含着"天下为公"和"大同"的方向,这是天道观念中的普遍主义。他引用了《礼记》礼运大同篇来说明其"一视同仁"的世界主义观念,并举出康有为《大同书》和孙文民生主义对德治仁政的世界主义的继承,来说明"天下"观念在近代化中的可能性。他指出,"大同"的世界性平等主义虽然在日本近世儒教中几乎没有出现,但"天下为公"作为统治伦理与德治理念的结合,表现为"天下非一人之天下,天下人之天下也"的思想,这在少数儒者中成了主张自然法的德治论和否认万世一系国体论的因素,在幕末"公议舆论"思想抬头时又被援用于"讨幕",在自由民权时代则发挥了接受共和政治思想的媒介作用。另一方面是侧重"天无二日,民无二王""普天率土"的一君万民思想,这是日本最早摄取的观念,古代大和朝廷推进集权化时就已引进,成了古代天皇制的理念。武士政权时其被弱化,但幕末期又随着尊王论而重新登场。如果从幕末的政治意识形态与儒教范畴的关系来看,那里也呈现了两种方向性。仁政安民职分论和天下为公思想从幕藩体制的特殊主义中剥离出来,与"公议舆论"思潮发生了连接,而"普天率土"思想则作为民族主义政治集中的象征,成了王政复古的重要契机。[1]

最后,丸山以自己概述的儒教基本观念为依据,指出儒教包含着"两极志向性"(ambivalence),并阐述了四个方面的代表性现象。(1)是天道的普遍主义与"五伦"关系、家族宗族特殊主义的矛盾。比如德治主义标准(普遍主义的一面)与血统主义标准(特殊主义的一面)是矛盾的,"尚贤"重视德治主义,而"亲亲"则重视血统

---

[1] 《丸山眞男講義録[第七冊]日本政治思想史1967》,237—242页。

连续性。（2）德治也有两种含义。一方面"德"是为政者的属性，统治者有德则天下治（无为而化），不重视法律和统治机构，另一方面德治又须实行仁政，要靠政策效果来判定，这两个逻辑是矛盾的。（3）"君臣之义"的服从义务包含绝对性与相对性。君臣作为天上地下的秩序是绝对的，但君臣又是"义"（规范）的结合，具有双向义务的相对性。日本儒教倾向于强调绝对服从，但武士的精神特性则化合了儒教的双务性一面，因武士不能脱离主君便通过谏诤来忠诚于主君。（4）君臣关系与父子关系、忠与孝相互矛盾的问题。君臣关系包含"义"的结合，但父子等家族关系的核心伦理是"孝"（对家长的恭顺），而且这种父子关系超越于其他人伦关系，因为儒教的"爱"是以亲疏关系为基础的。[1]总而言之，这些现象都反映了儒教具有普遍主义与特殊主义的双重方向性。

在上述分析的基础上，丸山从如何批判和活用儒教的视角做了归纳。首先，他一方面承认，儒教政治思想也是有正义价值的，如果"天道"从特殊或具体的政治社会剥离出来，"敬天"思想与仁政爱民的理念结合起来，就有可能成为批判现实政治的武器，在极限状态下能发挥替天行道的革命自然法的机能。但同时他又指出，儒教的"天人相关"逻辑中，秩序价值的比重占了压倒优势，特别是汉代儒教被正统化以后，对政治现实的抵抗性质显著弱化。还有，儒家的秩序构思本身是以人的上下亲疏关系为主轴的，特殊人际关系的秩序被视为一般秩序，因此在秩序形成中，难以产生出以普遍的平等友爱理念为基础来与他者建立关系，或通过对特殊利益的自发抗争和调整来求得共同利益的思维方式，而且儒家的民本主义只表现为政治权威的慈惠统治，这也很难内在地导出人权理念。[2]

---

1 《丸山眞男講義録［第七冊］日本政治思想史1967》，243—248页。
2 同上书，248—250页。

另外，关于政教一致的观念，丸山认为政治与道德一致的思想不仅是儒家，柏拉图的政治哲学是这样，孟德斯鸠的共和论也是以德为基础，就连马基雅维利的思想根底也是政治的道德，这种政教一致并不是问题。问题是在儒教"修身齐家治国平天下"之中，道德与政治缺乏交锋的契机，一方面政治权力能无限地侵入精神领域，另一方面道德领域会像家族伦理那样带有强制性的统治关系，最糟糕的情况就是权力的强制被道德粉饰，或道德失去内面性而堕落为单纯对共同体或集团的顺从。他指出，在世界宗教的超越理念遭到否定，一切价值都带有现世性质的情况下（江户时代），"天"的理念就是同感觉的经验现实产生紧张关系的唯一普遍者。但明治以后，儒教作为普遍者的契机迅速消退，而秩序价值的特殊主义契机却在下意识的层面存续，这是历史的讽刺。日本国家主义的极端化，还有不关心政治的自家主义都是这种思想病理的表现。[1]但这里勾画的问题与其说是儒教"修齐治平"本身的缺陷，不如说是明治以后，特别是军国主义时代日本的问题。

尽管丸山对儒教基本观念的概述带有一些对儒教的偏见，但也表现出他60年代的儒教观与早年徂徕学研究时相比，发生了重大变化。早年以及战后初期，他是站在历史主义的立场，认定朱子学的思想体系必须随着近代化而走向解体的，但1967年度讲座（也包括四年的"原型"论系列讲座），则是站在类似于价值哲学的立场，以"永恒与时间"的视点对儒教的正面因素和负面因素做出了超越历史的价值判断。

---

[1] 《丸山眞男講義録［第七冊］日本政治思想史1967》，250—252页。在1966年度讲座中丸山指出，江户时代还有人关注儒教"天"观念的普遍主义契机，但"到了近代日本，这种天观念就日益稀薄，而欧洲思想的普遍主义契机又没有在日本扎根，以致日本无限地走向特殊主义。日本国家主义的极端化正是普遍性契机丧失的结果"（《丸山眞男講義録［第六冊］日本政治思想史1966》，247页）。

（三）儒教与"原型"的摩擦和相互作用

以上对儒教（朱子学）基本范畴的概述，也为分析儒教在江户时代如何被修改和变化做了铺垫工作。讲座接着设了"江户时代的修改和变化的各种形态"一节，通过分析具体的儒者或学派与丸山概述中的朱子学基本观念的偏离情况，勾勒出了儒教变化的若干形态，以揭示日本异文化接受方面的病理。

丸山早年的近世政治思想史研究曾描述了一个朱子学从正统地位到衰退解体的过程，并认为这是日本近代思维的萌芽过程。但这时他对早年的说法做了纠正，认为如果从前面概述的朱子学观念的核心部分来看，就不能说那些观念在江户时代初期占有正统地位，也不能说其后一路走向衰退。其实，儒教作为意识形态普及于社会是到了第五代将军时才开始的，并且在江户时代后半期，思想界出现了非儒教和反儒教等各种立场时，随着藩校的发展和庶民教育的普及，儒教的通俗化反而达到了全盛期。而如果从江户儒教与朱子学基本观念的偏离来看，这种偏离从元禄享保期之后已相当大，并越来越严重。实际上，早在京师朱子学之祖——藤原惺窝和林罗山那里，就已经出现对朱子学思维方式的偏离。之后，伊藤仁斋的古学派（堀川学派）和荻生徂徕的古文辞学派（蘐园学派），更是明确并有意识地表现出了偏离的倾向。而且，对朱子学思维方式的偏离不仅表现在古学派方面，也表现在标榜自己为最忠实的朱子学信奉者的崎门学派[1]之中。如果从思想的内部结构来看这两者的"修正主义"倾向，可以发现儒教本身的双重方向性里被塑入了"原型"思维方式

---

[1] 崎门学派是江户时代的朱子学派中以山崎闇斋为教祖的儒学派。它一方面标榜以"述而不作"的学风忠实于朱子学，另一方面又把朱子学与日本神道结合起来，主张垂加神道。6000名弟子分为神道立场和儒教立场两个流派。佐藤直方、浅见絅斋、三宅尚斋被称为崎门三杰。

的铸模。在这一点上，古学派和崎门学派都同样对通过反儒教来谋求恢复日本"原型"的国学运动的登场起了架桥的作用。不过从对儒教的世界像和自然秩序观的偏离来看，江户时代中期以后的思想家表现得更加明显，这也可以看作是战国体制的重新流动化在意识形态上的反映，但那些偏离并不是思想近代性的体现。反倒是在幕末期，朱子学的一些范畴在通过被纯化而成了日本接受近代欧洲政治思想的媒介。[1]

关于上述思想偏离的要因，丸山主要从三个契机的相互作用来把握。第一个契机是思维方式受原型的制约，即"原型"的思维方式在与儒教世界像的对比关系中渐渐被自觉化，由此产生出对儒教的修改。儒教与原型有相一致的侧面，比如特殊主义倾向。但儒教的合理主义与原型的情绪主义、儒教的自然法思考与原型（"势"）的状况思考是相矛盾的，这影响了对儒教范畴的解释。第二个契机是原型思维方式与幕藩体制统治原理的摩擦。虽然两者在特殊主义、身份和空间的封闭化、共同体功利主义等方面有一致性，但沉淀于底层的原型价值意识喷涌出来时，不能忍受统治原理的固定框架，便对儒教世界像加以修改。比如神道思想的"神儒一致"变成了"神主儒从"，即便这样也不能忍受，于是又产生出国学，中华思想逆转为神国思想等等。除了意识形态之外，生活样式的定型化也招致了心情主义的抗拒。第三个契机是幕藩体制与儒教世界像的摩擦。构成儒教世界像前提的周代和秦汉帝国以后的读书人官僚体制（文民的集权统治体制）与战斗者（武士）充当统治阶级的幕藩体制之间多有不吻合，致使儒教思想的解释发生力点的转移。从武士个人的行动方式来看，武士道与儒道（士道）在忠诚观念和规范意识上也表现出不一致，比如作为战斗者以决断力为基础的反知性行动方式。从体制上看，"一君万民"

---

[1] 《丸山眞男講義録［第七册］日本政治思想史1967》，253—254页。

的权力集中又牵涉到将军与天皇的关系。[1] 以上三点与1966年度所讲的相比，更强调了"原型"的铸模作用。

丸山指出，在上述契机的交互作用下，儒教"日本化"的性质展现为以下四个方面。第一，是在宇宙论和基础哲学方面的修改，主要表现为"理气论"的变化。朱子学持"理先气后"的二元论，但在江户儒教中变成了理气一元化，并对一元化的终极实在强调以"气"为先。早在江户时代初期，林罗山就主张理气一致（《罗山随笔》四）。晚年的贝原益轩主张"无气则无理，无理则无气"（《大疑录》卷下）。而古学派的伊藤仁斋则将之改成"一元气为本，理在气之后"（《童子问》卷中），即主张"气先理后"论，抹去了普遍的"理"作为法则的支配性，从动态的观点来强调天地之"气"。不过理气一元论在强调"气"的同时，却把一元化的理气等同于"心"的范畴，使之极度主观化，排斥了"格物致知"这种理性的客观认识，而强调发自良心的日常实践。这虽然与阳明学相似，但并非受到阳明学的影响，把"气"与心理因素结合起来的想法是原型思维方式的反映。

第二，是跟宇宙论的变化相应，在人性论的层次对"人欲"和"功利"赋予较高的价值。江户儒教很早就拒斥朱子学"存天理，灭人欲"的律己主义，而强调"功利"和"人欲"。贝原益轩还是纯粹朱子学学者的时候就已主张利义一致（《自娱集》卷四），古学派的山鹿素行更是积极地评价"人欲"，将之视为一切道德的基础（《谪居童问》卷一）。[2]

第三，是在广泛的政治和社会范畴的层次进行修改。正如"理气一致论"一方面强调"气"，另一方面又向主观的观念论倾斜一样，这里也表现为两个方向的分叉。一个方向是与"道"的心情化

---

[1] 《丸山眞男講義録［第七冊］日本政治思想史1967》，255—258页。
[2] 同上书，259—261页。

倾向对应，"仁"不是与"义"的客观规范性结合，而是与来源于佛教的"爱""慈悲"结合，这表现了主观内面性的亢进。这早在罗山的思想中已出现。但这种对恩和慈悲等心情契机的强调，并不是立足于"规范体现于人格"这个逻辑的，而只是注重"圣人之道"的行动效果性。由此便产生出对"霸道"或"权道"的相对较高的评价，这是与对"利"的重视相关联的。中江藤树说："尧舜之治非功利哉？"（《灵符疑解》全集一），他强调的是"尧舜之治"的功利性和社会效果。熊泽蕃山说，"即便有好货色之凡心，但人君若有父母之仁心而行仁政，得其心助造化，仁君也"（《大学或问》），他所强调的不是内面，而是客观效果。仁斋说："作为人君当以与民同好恶为本。只知正心诚意而不能与民同好恶，于治道何益？"（《童子问》卷中）。

在这个方面表现得最突出，甚至几乎脱离了儒教范畴的，就是徂徕学。丸山指出，在徂徕学中，"道"不是天地自然之道，而是中国古代圣人制作的制度文物。这就废弃了朱子学的根本范畴（本然之性与气质之性的差异），将儒教只作为统治术来理解，即个人道德只在服务于"治国平天下"的统治目的时才有存在意义，而最极端地把规范推向制度化和外在化的儒者，正是徂徕的弟子太宰春台。所谓"道"的外在化，就是只从外表来制约人的行动，不拘束私人的内面，从而肯定人欲。春台力主儒教规范的外面性，说："圣人之道绝不是论心底之善恶"（《圣学问答》），"即便心中起了恶念，但能守礼法而不表现其恶念，身不行不善，可谓君子也。心中起恶念并不是罪"（《辨道书》）。朱子学是通过人对本然之性的发现和展现而达到善的社会秩序的，徂徕学则把伦理规范彻底外在化，显然已脱离朱子学。而这一点正好给国学的形成提供了理论基础。[1]

第四，是在政治和统治上重视非合理的契机。认为实行圣人之

---

[1] 《丸山眞男講義録［第七册］日本政治思想史1967》，262—264页。

治就要把握民情,即便人情从儒教规范来看没有合理性,也要在政策决定上考虑人民的好恶,统治者要注重客观状况的变化。这种政治现实主义是与历史相对主义结合在一起的,"时势""人情之变"等概念成了判断标准,并与"时、处、位""风土"等概念结合。江户时代最自由的儒者熊泽蕃山说:"今日必须按今日的时处位实行仁政"(《孝经外传或问》),强调现实之"势"对政治的制约性。在素行的思想中,"人情""时势"具有更积极的意义,这与他肯定"人欲"的积极意义相关。他说:"以古之明君贤将的政事为师,考今日之人情事变以施礼乐刑政,乃圣人之教"(《谪居童问》卷五)。这种政治现实主义和状况思考导致了对儒教所谓"教条主义"的厌恶。这样的思维也贯穿于古学派和古文辞学派,显然,"回归原始儒教"的口号并不是要把圣人之道原原本本地应用于今日,其"回归"反而悖论性地导出了政治论的弹性和现实的经验认识。对霸道的重视,也是历史相对主义运用于"王霸之辨"的表现,素行说:"道无王霸,时有王霸"(《山鹿随笔》),其意是在不能行王道的状况下,行使霸道并不违反道。[1]

最后,丸山在"历史相对主义与儒教自然法"的题目下,将上述儒教的变化扩大到一般思维方式来论述。他指出,在政策决定过程中强调时势和时宜的状况思考,自然会限制自然法的妥当性。但这种思考很快就超出狭义的统治术范围,向历史相对主义发展了。蕃山说:"道乃三纲五常,……法乃圣人按时处位,顺时宜而制作。故按其代而配其道"(《集义外书》卷三),"朱子学说理亦多有与水土不合之事"(《集义外书》卷十)。历史时代的相对主义与地理的相对主义几乎同时出现于此。这与"原型"论中讲的"空间所与"思维(区分"日本与外国""土生与外来""内发与外发",只认同前者之价值的思

---

[1] 《丸山眞男講義録〔第七冊〕日本政治思想史1967》,264—267页。

维)有紧密关系。这种思维对日本融入儒教自然法的普遍妥当性起了弱化作用。[1]

这当然也有积极的一面,首先是促进了历史意识方法论的形成。比如徂徕把"圣人之道"与地域风土区别开来,结果使历史意识在方法上得到了理论化。徂徕有句名言:"世载言以迁,言载道以迁"(《学则》),指出了语言和制度的历史变迁性,主张要从当时那个时代来理解那个时代的语言和事实,读经书亦然,不能"以今言视古言"(《徂徕先生答问书》上),古文辞学就是在这种认识中成立的。[2]不过丸山指出,历史和状况思考所产生的意识形态机能究竟是正面还是负面的,不能一概而论。正如自然法的思考具有发挥完全不同的政治作用的可能性一样,正负两面正好构成表里关系。自然法的思考虽然具有把既存秩序固定为不能人为改变的永久自然秩序的机能,但同时在某种情况下能发挥"革命自然法"(把违反自然法的人为法秩序推翻)的作用。同样地,注重"时势变化""人情风俗"的思考一方面能对抗尚古主义的公式论,能直接面对现代的问题和矛盾,提供了按现代的需要解决问题的途径;但另一方面,侧重于古今之变和立足于当下状况的思考,又会导致像江户时代那样弱化对超越的普遍者的觉悟,并在浅近的日常性和现世主义极强的文化背景下,失去对当下现实的距离感和紧张感,以致转化为把历史的状况原原本本地作为"流动推移"来肯定的现实主义。[3]

关于历史和状况思考的积极意义,丸山固然举出了不少例证,特别是评价其通过经验观察来考虑政策的态度。同时也指出日本在这方面有肯定霸道的倾向,比如海保青陵就是一个典型,海保认为:

---

1 《丸山眞男講義録[第七冊]日本政治思想史1967》,267—268页。
2 同上书,268—269页。
3 同上书,270、272页。

"以当今之势来看,霸道才符合天理,而王道则完全不符当今之人情。"(《稽古谈》)但丸山更着力于评判其负面性,对其追随时流变迁的倾向进行了分析批判。他指出,比如蕃山和素行都采取历史主义观点来看待从王政到武家政治的变迁,以不可逆转性的逻辑来完全肯定现实的幕府政治。江户时代后期,还到处出现对固执于圣人之道普遍性的儒者的诋毁和嘲笑,那里往往都贯穿着历史现实主义的思维方式。再看那些多少摆脱了儒教格式化思维的江户时代"自由思想家",他们的清新气氛与他们对自己生活的时代和社会的尽情讴歌、对"泰平之世"的赞美,恰好构成了相反两面的结合,其令人感到讽刺的思想样貌,往往由来于对现状缺乏批判和距离感。正因为摈弃了超越现实的理念和规范,所以轻易地完全肯定"当下"的现实。"这种历史意识既不能产生对'当下'的批判,也不能产生面向未来的实践行动。"当然在政治的思考中,注重时势和人情而适应历史变化的思维是必要的,但实际上,在江户时代的文化背景下,就连"价值"也简单地转化为肯定现状的"现实主义"。而像山县大弐那样,既对制度论抱有历史变化的感觉,又能高举圣人之道的理念来批判现状的儒者,只是少数的特例。[1]

后来丸山在论文《历史意识的"古层"》中指出:"江户时代的历史变迁并不是'近代化'的单方向展开,而是近代化与'古层'隆起这两个契机相克相生的复杂多声道行进。这并不是只限于思想领域的问题,但即便仅仅把问题限定于思想史,比如从理气哲学到华夷内外论,宋学在日本蒙受修改的命运都鲜明地刻印着这种双重性质。……从更长的日本思想史长河来看,江户时代被视为'正统'的思考范畴或概念工具实际上并不是强韧的传统,反而对那些'正统'做出'修改'或'叛逆'的动向(不论当事者是否意识到)才是与

---

1 《丸山眞男講義録[第七冊]日本政治思想史1967》,272—275页。

执拗低音相协和的。"[1]丸山通过对近世儒教史的分析解剖，还隐喻出"古层"仍在继续以同一种形态对近代日本接受的西方思想做执拗的修改。

第二节　作为思想运动的国学

（一）国学的历史定位

在丸山的思想史学中，无论是《日本政治思想史研究》（1952年）收录的早年论文，还是1967年度讲座，都是把日本国学放在与儒教的接续和逆转关系中把握的。但所谓接续并不是指全面或正面继承。在丸山看来，国学只是继承了江户时代儒教中排斥普遍规范的历史相对主义侧面，并将之推向彻底化，剥掉一切普遍主义的因素，进而作为一切儒教思维的敌对者而兴起。仅仅是在这个意义上，他认为江户儒教对国学运动的登场起了架桥的作用。而关于对国学的历史定位，丸山曾在早年的论文中将之放在儒教世界像解体和近代意识成熟的直线进步过程中评价，但1967年度讲座则承认这个说法有片面性。讲座改变了过去那种历史主义的评价，将国学视为一场思想运动，从国学的诞生缘由和思想倾向以及深刻影响来全面把握其在日本思想史的独特意义。他指出：

> 国学运动并不仅仅是否定儒教世界像的正统性和批判儒教的具体学说，而是从根本上批判儒教的整个思维方式，并站在重新自觉和恢复日本"原型"的立场上，把儒教、佛教等一切

---

[1]　丸山眞男〈歷史意識の「古層」〉,《丸山眞男集》第十卷，48—49页。

外来意识形态摈斥为异端。……国学的批判对象是儒教的逻辑内涵中与"原型"分歧的核心观念。这不仅仅是个别国学思想家的主张,而是作为连续的和系统的思想运动而发展起来的,因此在江户时代思想史上占有特异的地位。而且维新以后,还继续把从西欧输入的意识形态的普遍主义摈斥为虚假的,这种原住民(引用者:固执于内生文化)的特殊主义至今仍未脱离国学的目标。国学不是单纯的民族主义,那是对方法有一定自觉性的。国学批判儒教、佛教的逻辑是以文学艺术为基盘、以美价值为依据的非政治的民族主义。其对明治以后的自由民权论、社会运动、工人运动等一系列政治运动中的普遍主义的抨击,主要是摈斥其外来性和观念性,这作为批判外来普遍主义的最强逻辑一直被继承至今日。[1]

国学的显著特征是彻底拒斥人类普遍的、抽象的"永恒"价值,而只注重日本内生的、感觉主义的"时间"流动,这种倾向无疑是"原型"的,但集中体现于国学之中。

丸山认为,国学的形成是幕藩体制人为地造出了封闭社会,使现世秩序价值在价值体系中占据优势地位的结果,这需要从江户时代思想史的两个相互纠缠的过程来把握。第一个过程是,人为的封闭社会(生活和行动样式的定型化)逐渐显露其牵强性,由此出现了人性的自我主张,以及曾从属于政治价值的学问和艺术走向自律创造性的方向,在这个意义上,可以说那是在日本当时的条件下近代意识的勃兴。第二个过程是,由于精神锁国隔断了外部的刺激,引起了精神生活底层的"原型"思维方式和价值意识的发酵和奔腾,从而把一切抽象的教义及意识形态中的原理普遍性和规范拘束性通通视为外来的、

---

[1] 《丸山眞男講義録[第七冊]日本政治思想史1967》,279—280頁。

束缚内部"生"的发现的空虚"形式",要将之进行粉碎瓦解,这个过程反而强化了近世初期本来就占优势的特殊主义精神态度,使静态的东西转化为动态的。从与儒教的关系上看,比如儒教的君臣关系,一方面具有以五伦秩序作媒介的特殊主义,另一方面具有作为理念(idea)的普遍主义,其本来内包着矛盾和双向性,但江户时代的锁国主要强调了儒教的特殊主义。国学就是在此延长线上,把儒教的特殊主义侧面彻底化,并导出了日本主义。因此可以说,作为思想运动的国学,是在江户时代的特殊条件下,"原型"喷出和近代意识成长这两个过程相互纠缠的典型表现。[1]

(二)国学的源泉和基本结构

丸山认为国学运动有三个源泉。第一,是以契冲和下河边长流为代表的"和歌学"革新。这使和歌从贵族下降到民间,从以技巧为中心转变成注重自我精神的表现。第二,是崎门学派和山崎闇斋的"垂加神道"所强调的国体论。这兼有两个侧面,即"日本中华论"和以天皇统治的正统性为根据的革命否定论——以万世一系的天皇正统性来否定立足于德治主义的"易姓革命"。前者把中华理解为固定于具体国家的范畴,所以主张要站在日本的立场,把日本看作中华,把中国看作夷狄。后者则以日本"圣人之道"实行得最好为由,盛赞以天皇为正统的日本国体。这两个侧面都是强调"日本之道"的日本主义,结果反而成了彻底消除儒教思维的日本主义(国学)兴起的导火线。第三,是古学和古文辞学。古学和古文辞学是立足于跟国学相反的立场,主张"圣人之道"传来之前日本没有"道",排除"神儒一致"论的。但国学则以同一个逻辑将其价值观颠倒过来,认为"圣

---

[1] 《丸山眞男講義録[第七册]日本政治思想史1967》,280—281页。

人之道"传来之前日本的人心本来洁净,摄取儒佛以后日本的古道就被污染和歪曲了。还有,古学和古文辞学通过古语来解释古道的方法也被国学运用于日本古典解释与和歌研究。[1]

丸山认为国学的基本结构,是在方法上把"汉意"与"大和意"对峙起来。国学之中包括两个侧面:(1)以和歌学来研究诗歌精神,(2)以"记纪"等神典来阐释日本古道,这两者的结合成了后来国学内部发生矛盾和分裂的原因。不过,正因为通过以和歌学的方法作媒介来研究神典,才使学问与思想结合起来,这也是通过诗歌精神来认识日本原型思维方式的尝试。所以国学运动的意义不仅在于把日本皇国作为学问的对象,而且在方法上具有重要意义,即在和歌与古道的研究中提出了作为方法的"大和意"。因为国学者认为,长期以来"汉意"渗透在日本人心里已成习惯,如果不用"大和意"将其对象化,就会连日本主义也被"汉意"渗透,正如本居宣长所说,"垂加神道"实际上也是"汉意"的。这里值得注意的是国学的方法意识,"大和意"是指一种相对固定的思考方法,以此与"汉意"对峙。这种方法的对峙不是演绎出来的,而是从和歌与日本古典研究中抽取出来的。本居宣长就是从思考方法的角度对"汉意"与"大和意"进行比较研究的集大成者。[2]

那么国学所说的"汉意"与"大和意"是什么?在学问方法上,"汉意"是指把某种概念装置和价值标准作为先验的根据来适用于认识对象的思维方式,国学者认为这不仅会使认识对象生动的多面性和复合性片面化,还会忘记多元的接近方法。与之相对照,"大和意"则是把认识主体的一切先入之见暂时搁置,从认识对象的内部来把握事物的方法。而这两种思维方法和价值判断的对立,在伦理观上表现

---

1 《丸山眞男講義錄〔第七冊〕日本政治思想史1967》,281—283页。
2 同上书,283—286页。

得最尖锐。国学者认为"汉意"是把规范从外部强加于人的说教万能主义,"大和意"则是天真纯朴地肯定人的感情之自然流动的。丸山指出,国学运动整体贯穿着对自然"真心"的纯粹性的重视,并以此来对抗靠外来"教义"(儒佛)来矫正问题的倾向。当然关于什么是自然的"真心",国学思想家之间是不一致的。比如贺茂真渊强调"率直的心",认为那是古代日本人"雄浑的荒魂",后因儒佛的文化虚饰而变得柔弱纤细;本居宣长则认为柔弱的感伤精神反而是人的"真心"。总的来说,国学的共通命题是把"汉意"摈斥为对日本古代精神的歪曲。但古道学与和歌学是不同的。古道学主张古道的意识形态,通过把日本国家神话和古代天皇统治理想化来对抗儒教的圣人之道;和歌学则通过对歌道的觉悟,谋求把艺术精神从伦理和政治规范中解放出来,其意义在于艺术自主性的觉悟。每个思想家的侧重点各有不同,而把古道与和歌学结合起来的真渊和宣长,则是国学思想的中心代表。[1]

在和歌学方面,国学最强调的是"物哀"(もののあはれ)精神。此概念由来于《源氏物语》,对《源氏物语》当时有各种评价,熊泽蕃山说那是禁戒好色的劝善惩恶之书,室鸠巢却说那是露骨的淫乱之书。而宣长则着眼于物语中的"物哀"这个独自的价值基准,有意识地通过与劝善惩恶论比较,来展开关于"物哀"的论述。"物哀"是指接触外部事物时产生的一切感动,那不仅仅是悲哀之情,也包括"高兴、趣味、愉快"等感情,其中尤为强调哀情,这是文学艺术的自主的价值基准。而作为价值判断的思考方式,其本来是一种善恶基准相对性的思维,即认为善恶的标准是相对的和多元的,须根据状况来判断。宣长就是立足于这种相对性思维来主张文学中"善恶"表达的自律性的,他反对以劝善惩恶的观点写物语,认为物语的效用在

---

[1] 《丸山眞男講義錄[第七册]日本政治思想史1967》,286、288—289页。

于,通过描写人的自然感情流动来展现世态人情。[1]

(三)国学政治思想的特色和内在矛盾

丸山用了较大篇幅来阐述国学的政治思想,指出其特色和内在矛盾就在于:"古道"一方面是古代天皇统治之道,另一方面又以摆脱了伦理和政治价值基准的艺术精神为标准。也就是说,天皇的统治是以自然表露之感情来实行的,这里包含着前者的政治性与后者的非政治性相结合的悖论。丸山以宣长的思想为中心,对政治思想中"汉意"与"大和意"的对立形态做了分析,主要阐述了以下两个侧面。

第一点是统治的正统性根据上的对立,亦即天皇作为接受了神敕的天照子孙的统治正统性与德治主义的正统性的对立。在国学看来,德治主义在统治内容上,设定了夸张并繁杂的规范,外表上制作了宏大的制度,以规范和制度教化人民,但其规范和制度终归不适合人情,在现实中只能作为大道理而空转。而且如果遵照德治主义,那么无德的或忘记了仁政并施行暴政的统治者因违反天命而受到讨伐,也被视为正当了。宣长认为,问题是统治者有德与否由谁来判定,判定权如果采取向人民开放的多元性就会导致混乱状态。而在现实中,德治主义已堕落为有权力野心的人把自己篡夺权力合理化的意识形态。因此,他否定立足于善恶的规范主义判断,而主张只在神敕和皇统的历史连续性中追求天皇的正统性。丸山认为,宣长把日本天皇统治正当化的逻辑是极端特殊主义的,但他对儒教政治思想的批判倒是揭露了一个矛盾,即有德者君主思想如果迷失了超越的普遍者,那么因此而引起的自私的政治行动(权力篡夺),与以天命为正当性的圣

---

[1] 《丸山眞男講義錄[第七册]日本政治思想史1967》,291—292页。

人反叛是难以区别的。[1]

第二点是对整个日本政治结构的描述。宣长反对一切把政治视为用一定的意识形态说教对人民进行道德教育，或树立烦琐的制度礼义规范来统制行动等以权力强制为本质的政治观，甚至把视自然为政治理念的文明观也看作主观成见的变种。总之在他看来，政治唯一的行动方式，就是发乎自然感情的、对上级权威的虔敬和"侍奉"。所谓对上级权威的侍奉，其实就是指服从者的行动。宣长关于政治思考的基本态度，就是把政治的东西全部还原到服从者的立场和伦理之中。因为宣长认为，儒者自己不在统治地位却谈仁政和德政等治国平天下之道，这种政治论是空虚无益的，所以彻底地主张由服从者的立场来看待政治。服从者的立场不仅指人民，而且包括摄政关白、将军、大名、家老等政治实权掌握者和行政官僚，他们都要对比自己高位的上级权威做无条件的"侍奉"。这种自下而上"侍奉"行为的连锁运动，既是日本的政治结构，又是政治过程的实质，亦即政治的结构和过程都是"奉事"（まつりごと）。[2]

丸山依据宣长《古事记传》的研究成果，找到了国学政治思想与"原型"政治意识的关联。他指出宣长所揭示的日本政治特征是：政治区别于祭事，政治是由天皇"委任"的俗事，是对天皇的侍奉，天皇对政事只做君临。这是日本的历史事实，是超越了政治形态的历史变化而持续不变的，同时又是日本最高的政治理念。而实际上，天皇的君临（"显事"）与其祭事（"幽事"）紧密关联，天皇也是在做"侍奉"（对神祇祖灵的"侍奉"）。如果把幽显两事都纳入视野，那么包括天皇在内，一切都是在祭事（对皇祖神和神祇的服从）中一元化的，这实质上就是祭政一致。宣长所主张的以服从者之道（"侍奉"）

1　《丸山眞男講義録［第七冊］日本政治思想史1967》，294—295页。
2　同上书，296—297页。

为中心的政治观,不仅是指被统治的人民的非政治态度,而且是指整个政治结构,亦即把对上级权威的侍奉和服从原理,视为包括统治者在内的"万人"政治行动的核心。他所追求的政治状态是:天皇遵从天照大神的心进行统治,臣下和人民只能仿照之而不可夹杂主观意志,以此实现上下和合。宣长有一句典型的和歌:"今之世唯恭从今之现实,不可为相异之行"(《玉鉾百首》)。这正是非政治的政治思想这个悖论的极限形态。[1]国学的一贯矛盾是泛美主义与政治结合。泛美主义把美的价值绝对化,以此包摄整个世界。当其成为政治领域的思考和判断基准时,政治上的任何目标设定、状况和效果测定等理性思考就都被视为不纯洁的、计较得失的东西,由此产生对政治完全不做善恶判断,美的嗜好与政治无关的自我封闭倾向,其结果导致对政治现实的被动追随。这虽然也会爆发美的激情或激进的行动,但缺乏责任意识,也没有设定目标的意识。[2]

到了幕末期,国学思想就更显露其悖论的矛盾性了。宣长始终否定规范主义原理,他对自然人情的重视是与"汉意"敌对的,所以他在热烈赞美古代时又不许把古代理念化,因而其日本主义不能产生复古主义。但幕末维新期却需要天皇亲政的复古主义,于是平田笃胤便抛弃了宣长以和歌学为基础的一贯方法,将国学重新构筑成"古道"意识形态,但平田的国学又成了囊括儒教乃至基督教神学教义的折中物。[3]宣长国学和平田国学正好是日本主义和泛日本主义两个倾向的典型。丸山后来就日本主义与泛日本主义的问题做了分析。他认为日本追随"模范国"而摄取外来文化的倾向一旦走到临界点就会出现反动。其中一种倾向是反过来寻求"日本是什么"的自我归属,比

---

1 《丸山眞男講義録［第七册］日本政治思想史1967》,297—298页。
2 同上书,300—301页。
3 同上书,298—299页。

如宣长的国学通过排除"汉意"来复原日本固有文化，但这种清扫外来文化的日本主义只能导致像掰菎头那样的结果。[1]另一种倾向是，因为日本摄取外来文化往往采取把各种外来意识形态"习合"进来的方式，若走向反面就膨胀为泛日本主义（pan-Japanism），主张"世界的文化皆出于日本"。泛日本主义是一种对外来文化的自卑感走向反动的现象。[2]

不过，丸山对国学在学问意识方面的"独立"是给予正面评价的。他认为，国学运动排除儒教和佛教等"汉意"，其意义不仅是把日本主义的意识形态与外来意识形态对峙起来，而且是要把善恶是非等先验的价值判断，或没有经过验证的真理或教条从一切"学问"的领域清扫出去，一方面通过感觉来获得对象的直接知识，另一方面通过古代语言和文献学的研究方法来获得历史知识。学问意识是国学中最好的精神。在日本思想史上，把学问的客观性、学问与意识形态的关系上升到方法层面来讨论，是从国学运动开始的。"尽管那种排除理性和排除批判的'事实'信仰，以及对日本古代神话毫无批判的文献信仰在思想上表现了日本狭隘的特殊主义，尽管其学问的实证性并不立足于近代实验方法的经验科学，但国学在学问意识上的划时代意义是不可否认的。"正因为宣长运用了忠实于古文和古文献的严密方法，才为世人留下了具有不朽学问价值的《古事记传》。[3]宣长力图通过古文献研究来还原日本的固有文化，虽然没能找出实体思想，但揭示了日本思维方式的原型，这为丸山解剖"古层"提供了事实根据。丸山在事实认识方面尊敬和继承宣长古文献研究的成果，但在价值判断方面与宣长立场相反，宣长是丸山思想上要打倒的最大敌人。

1　丸山眞男〈日本思想史における「古層」の問題〉,《丸山眞男集》第十一卷，205—206頁。〈原型・古層・執拗低音〉,《丸山眞男集》第十二卷，145頁。
2　丸山眞男〈原型・古層・執拗低音〉,《丸山眞男集》第十二卷，145頁。
3　《丸山眞男講義錄［第七冊］日本政治思想史1967》，302—304頁。

结 语

"古层"论思想史的特征和意义

以"原型"("古层")为核心概念的、连续四年的日本政治思想史系列讲座，在论述上一直贯穿着"普遍者的觉悟"与"原型"相互作用的命题，即"普遍者的觉悟"对"原型"的否定，和后者对前者的修改或消弭，一方面阐述了宗教和文化的普遍主义从社会层面对政治的特殊主义展开挑战，另一方面阐述了政治的特殊主义尤其是通过下意识的"原型"对普遍主义因素发挥排斥作用，体现了政治体系对社会的 out-put，和文化对政治体系的 in-put 的交互运动。从"文化接触"的视点来看，讲座所勾画的历史形象是：具有高度抽象性和普遍性的外来思想被引进之后，唤起了"普遍者的觉悟"，对"原型"的思维方式产生了突破作用，但"原型"的思维方式执拗地对那些外来思想发挥着"铸模"的修改作用，使其发生普遍主义脱落的变化。

在这里，"自我批判的思想史"与"可能性的思想史"是交织在一起的。前者严厉地剖析那些阻碍普遍思想形成的"原型"思维方式，后者关注事物发端和发展过程中蕴含的双重方向性，试图从中发掘通向普遍思想的可能性。在发掘"可能性"方面，尤其注重那些历史上非主流的思想，哪怕只是少数的例外。比如，丸山非常珍视圣德太子的《十七条宪法》和镰仓新佛教这种"日本佛教史中的例外"，尽管其思想光芒转瞬即逝，但他不遗余力地发掘其对佛教普遍主义的高度觉悟。即便对江户时代占"主流"地位的儒教，在价值探求上也是关注那些被多数儒者拒斥的抽象和普遍的天道自然法。而在"自我批判"方面，则着重批判"原型"思维中的咒术性、同族集团（拟制血缘）的特殊主义、归附权威的精神倾向、厌恶抽象原理的感觉主义、追随"流动推移"之"势"的历史相对主义等等。

丸山所讲的"普遍者的觉悟"分为两个层次，即宗教的"超越者"和儒教的"普遍者"。而在"超越者"之中，他对基督教或佛教的评价也是有区别的，认定基督教是以唯一的人格神与人的关系为中心而构成的拯救宗教，所以具有在地上执行神之使命的行动性，而佛教则是根本上以"空"的直观为核心的，所以缺乏那种社会实践性。他几乎完全接受了韦伯的理论，认为在宗教行动方面，基督教的生活态度是要不断地把俗世推向合理化，而佛教的动机则是逃避俗世（隐遁）。不过基督教和佛教作为否定现世的拯救性宗教，在普遍主义方面都比儒教彻底。[1]也就是说，丸山实际上是把"普遍者"按基督教、佛教、儒教的顺序分为三个层次，并断定儒教因内在于现实的特殊秩序而普遍主义程度最弱。至于这种看法是否恰当，在此不做评论。总之在这样的认识框架下，他描绘的历史变迁曲线是：镰仓新佛教对"超越者"的觉悟达到高潮就发生了变质，其后基督教的传播又迎来了更高层次的"超越者"的觉悟，但随着基督教被彻底摧毁和佛教被剥夺了社会自立性，"超越者"就走向衰退和灭亡了。之后在异常封闭和固化的幕藩体制下，就只剩下儒教这种带有局限性的"普遍者"，然而明治时代以后，儒教的天道意识也衰退或消失了。

这个系列讲座通过对历史事实的具体分析，揭露了普遍思想在日本难以扎根的结构性病理，又从历史上曾有过的对外来思想的创

---

1 《丸山眞男講義録［第四冊］日本政治思想史1964》，279—280页。

造性接受经验中,发掘出通向普遍主义成长的"可能性",以此谋求普遍思想的"传统化"。这正是"作为永久革命的民主主义"的一个重要实践,即引导日本国民克服那些易于被"时间"的流动冲垮或吞没的"大势"思维,并推动国民从历史上曾经有过的普遍思想中发扬出自身的信念,以树立自主人格的精神支柱——自我内面的"永恒"价值。

终 卷

福泽谕吉研究和中国观

导　言

众所周知，学界有一部分观点认为福泽谕吉对中国和亚洲抱有歧视性的偏见，而本卷的标题把丸山真男的"福泽谕吉研究"和"中国观"连接在一起，或许会让读者感到丸山也带有跟福泽一样的偏见。但本卷完全没有这种意图，所以并不忌讳把这两个题目放在一起，只是想抛开先入之见，冷静地做实证考察，尽量对之做内在的理解。通过进入丸山的逻辑去理解，本研究发现思想的发展与历史的推移往往是悖论性的。

第一章

到达"结局"之前的福泽谕吉

丸山真男在《关于竹内好的讲话》中说:"(竹内)好先生大概是把福泽看作最大的、应该尊敬的敌人的。而一般来讲,人们对福泽也都是着眼于他走到了国权论和脱亚论这个归结点来展开批判,好先生对这个现实倾向当然十分了解,但尽管如此,他还是把福泽视为最大的敌人,因为他认定日本近代终究是走了福泽的路线,所以从这个观点来批判之。这一点正好与我相反,我是力图最大限度地把福泽思想中值得学习的东西作为杠杆来批判日本的近代。"[1] 从这段话至少可以看出,在批判日本近代的态度上,丸山与竹内是一致的,也完全没有表现出对国权论和脱亚论的认同。就在上述讲话里,丸山还谈到自己与竹内在思想的素质和构思上都不同,但属于那种各持不同方向却意外地走到一起的关系,竹内对他的批判正是两人成为挚友的契机,而且对竹内那篇痛击"先进的日本与落后的中国"之偏见的论文《中国的近代与日本的近代》表达了赞许之意。[2]

丸山的福泽谕吉研究在方法上无疑是属于"可能性的思想史",

---

1 丸山眞男〈好さんについての談話〉,《丸山眞男集》第九卷,339页。
2 同上书,337、340页。

即关注思想在到达结局之前的发端和发展过程中蕴含的双向性,避免受历史结果所呈现的单一方向束缚,以图从曾经有过的双重方向中发掘通向将来的可能性。

但可以说,丸山对福泽思想的"结局"是有清醒认识并持批判态度的。比如,他在论文《近代日本思想史中的国家理性问题》(1949年)中指出,福泽《劝学篇》中表现的那种"个人主义与国家主义、国家主义与国际主义"的出色平衡只是"幸福的一瞬间"。[1] 还有,在给《福泽谕吉选集·第四卷》写的"解题"(1952年)中,他把福泽的思想分为"国内政治论"和"国际政治论"来分析,认为其内政论确实表现了原理性思考和状况性思考的相互纠葛,但民权的基本原则是一贯连续的。而与之相对照,在国际政治论方面,其立论的变化绝不单纯是应对具体状况的方策有所变更,那是根本上的逻辑转变。丸山指出,大概是从初期到撰写《劝学篇》的时期,福泽的国际观与内政论都以启蒙的自然法为根底,平等独立的原则在个人关系和国家关系中保持一致。但仅仅过了三四年,福泽对国际社会的逻辑就偏离了自然法的"正道",面对道德性极低的国际社会,他选择了"他人暴,我亦暴""我辈从权道也""我日本国也做禽兽中的一国",加入弱肉强食的行列。其"东洋政略论"主张日本用武力强迫朝鲜和中国"近代化",而且要挤进列强瓜分中国的殖民掠夺之中。[2] 不过,大概是因为丸山着力于正面可能性的发掘,所以实际上对福泽思想归结点的侧面没有展开批判性的论述。这个事实招来了学界的各种批判,这也是众所周知的,在此就不详述了。

1　丸山眞男〈近代日本思想史における国家理性の問題〉,《丸山眞男集》第四卷,24页。
2　丸山眞男〈福沢諭吉選集 第四卷 解題〉,《丸山眞男集》第五卷。这篇"解题"以"福泽谕吉政治论的根基"为题,收录在中文译著《福泽谕吉与日本近代化》(丸山真男著,区建英译,北京师范大学出版社,2018年)之中。

本章聚焦于丸山是如何对走到"结局"之前的福泽谕吉做正面可能性的发掘。这对于曾深受日本侵略之害的国民来说，包括我自己在内，感情上自然是有抵触的，但正因如此，我们对丸山的福泽研究更需要冷静的内在理解。

第一节　人民"制作"与"独立自尊"

在庆应义塾大学纪念福泽谕吉诞辰150周年的座谈会上，丸山回顾说，他在学生时代完全没有读过福泽的著作，是当上研究者（东大法学部助教）以后才开始读的，那时正值日本发动对中国全面侵略的狂乱时代。[1]那时日本国内的政治背景是：在以天皇为"国体"、由万民"翼赞"的体制下，国家权力对思想的控制彻底渗透到个人的精神内面，知识分子已雪崩式地朝法西斯主义"转向"，大多数民众因缺乏独立主见而盲目地追随国家权力，还帮助封杀自由的言论，致使对同时代持抵抗态度的少数知识分子处于受压制和孤立的痛苦之中。正是在这种状况下，丸山读到了福泽谕吉对日本社会的批判，主要是《劝学篇》和《文明论概略》等早期著作。丸山说，他对福泽的第一印象就是"痛快！"但痛快之余，又震惊地意识到与维新时期相比日本已变得如此无望。他觉得"福泽对日本文明的批判字字句句能对得上今日的现实"。"维新初期写的批评，完全符合20世纪30年代中期以后的思想、社会、政治状况"，这说明问题极为深刻。因为丸山觉得好像是在阅读自己所处时代的作品，"福泽对日本社会和日本人思维方式的病症所做的敏锐揭露，给人一种非常切实的感

---

[1] 〈近代日本と福沢諭吉〉,《丸山眞男座談9》, 66页。这个座谈会记录也收录在中文译著《福泽谕吉与日本近代化》之中。

受"。[1]从这个意义上可以说,福泽的论述给他提供了批判日本近代问题的重要视点,这些都很快体现在丸山的著述中了。

众所周知,丸山在1940—1942年连续发表了两篇徂徕学研究论文,但很少有人注意到,紧接着徂徕学研究论文之后,他就撰写了福泽谕吉研究论文,而且与前者的思路是不一样的。如果说徂徕学研究着重发掘日本优越于亚洲其他国家的近代萌芽(说明日本并非"停滞"),那么福泽研究论文则是从根本上对日本思想的批判。当然在关于"自然"与"制作"的第二篇徂徕学研究论文中,他也指出了徂徕的秩序"制作"思想没有得到继承,出现了"停滞",没能发展成以人民为主体的"制作"。但他的所谓"停滞"的理论逻辑仍是以历史进化观为前提的,也就是说,他本来有一种乐观的认识,即认为一旦秩序脱离了自然法而变成人工"制作",就必然会由统治者"制作"发展到国民"制作"。而且,他把"停滞"的原因主要归咎于维持朱子学正统性的"异学之禁"、武士阶级的愚民观,以及经济停留于依存自然条件的农业(工业生产未成熟)等问题。[2]

但福泽的著作恰恰给丸山揭示了另一种见解,即统治者"制作"并不具有发展成国民"制作"的必然性,要害问题在于"一国的风气"——人民缺乏自主人格精神。福泽指出了日本古来就有的"权力偏重"陋习和"只有政府没有国民"等问题。在福泽看来,这些陋习

---

[1] 〈近代日本と福沢諭吉〉,《丸山眞男座談9》,66—67页。在丸山与岩波书店的一些编辑举办的连续四年的《文明论概略》读书会第一讲(1978年)中,丸山也谈过同样的回忆。他说当时的"痛快"感是今日无法想象的,"尤其是《劝学篇》和《文明论概略》,让人觉得每一行都的确是对我们生活的时代的激烈批判,痛快真是连续而至"(丸山眞男《「文明論之概略」を読む》上,岩波书店,1986年,31页)。

[2] 丸山眞男〈近世日本政治思想における「自然」と「作為」〉,《日本政治思想史研究》新装版,282—283、298—299、300—302页。

不仅是江户时代的，而且是自古以来长期持续的根本性问题。福泽的视点对丸山的影响大概是冲击性的，因为此时丸山的福泽研究开始展现出一种新的立场。

丸山最早的福泽研究是1942年发表的论文《福泽谕吉的儒教批判》。这篇论文的主调还是与儒教敌对，把福泽描述成毕生坚决跟儒教做斗争的思想英雄，这个主调与丸山当时的学术观点和历史背景也有关系。[1]但尽管如此，丸山改变了之前把整个朱子学体系视为德川政权意识形态的说法，对儒教内部的因素做了区分。此文开篇就指出，渗透于日本人精神内面的儒教，并不是儒教的思想体系，而只是一些与封建身份相关的概念，比如诸侯、大夫、庶民等表达上下贵贱的范畴。这些范畴被套用于日本的世袭身份制，作为人们把握社会关系的"思维范型"（Denkmodelle），已成为日本人的一种"生理上"的习惯，所以封建制度消灭以后还顽固地继续存在。[2]这是他首次把作为日本人"思维范型"的儒教与作为思想体系的儒教区别开来，当然这只是修正了把朱子学视为幕府体制教学的说法，但坚持把儒教的"思维范型"视为阻碍近代化的封建因素。就是在这个文脉里，他断定："福泽为树立'独立自尊'的市民精神而展开的斗争，必然与批判儒教乃至儒教型思维的斗争互为表里。"[3]也就是说，他认为福泽的斗争对象是这种"思维范型"。从全文的内容来看，可以说上述区分

---

[1] 这首先是因为此时丸山还是持发展阶段论观点，把日本的儒教看作德川封建体制的意识形态，所以认定儒教就是福泽要打破封建意识、克服"权力偏重"陋习的最大障碍，把儒教与"独立自尊"的关系勾画成一个对立的图式。但这种理解方法与丸山所处的历史背景也有关系，当时儒教被以天皇为顶点的"国体"所利用，政治权力借用儒教来排斥民主思想，压抑人民"独立自主人格"的形成，全体国民都要作为顺从天皇的臣民效忠于"国体"，去投入那场侵略战争。在这种时代气氛中，丸山把儒教看成"独立自尊"精神形成的障碍也是自然的。

[2] 丸山眞男〈福沢諭吉の儒教批判〉，《丸山眞男集》第二卷，140—141页。

[3] 同上书，141页。

与他对福泽的儒教论的理解有关。[1]

丸山在此注意到,福泽对儒教批判的特征是采取"揭露意识形态"的手法,即对儒教不是从其思想的逻辑性,而是从其机能性来批判的。[2]他同时还认为,福泽后期的儒教批判趋向稳健,能注意辨别儒教中的敌性因素与非敌性因素,并引用了福泽的以下一段话:"我辈一味排斥儒教主义的原因,绝不是因为认为其主义有害,周公孔子之教提倡忠孝仁义之道,不仅没有一点可非难,而且作为社会人道的标准是应该敬重的。"之所以排斥之,是因为现在的儒教已"改变了原来的本性,达到了腐败的极点"。[3]所谓"腐败"大概就是指丸山从《文明论概略》中引用的:"我国的学问是统治者的学问"、"学者只是仆从"、"日本的学者都被关在叫作政府的笼子里"、"学问无权反而助力于专制"等情况,换句话说,就是儒教在体制中被扭曲和固化的情况。总的来说,这篇论文与徂徕学研究论文的一大区别就是:其关注点已从统治者"制作"的近代性,转移到国民树立"独立自尊"精神的重要性和艰难性上,并从这个立场出发,把"达到了腐败的极点"

---

1 关于儒教与德川体制的关系,早在1917年,津田左右吉就在《文学に現れたるわが国民思想の研究》(岩波文库)中指出,所谓德川家康重用儒者、幕府政治是儒教主义等说法是错误的。"德川的政治都是由武家自身因袭的思想及其常识和实际经验中产生出来的。"平石直昭将津田学说和丸山学说做了比较,指出在对历史事实的认识方面,津田学说比丸山学说正确,当然津田也承认儒教对德川社会有一定的适应性。丸山把朱子学视为幕府体制教学的说法在1960年前后受到了质疑和批判,尾藤正英《日本封建思想史研究》就是这类批判的代表作。丸山本人也在1966、1967年度讲座中,对体制学说的说法做了明确修正。但早在1942年的论文《福泽谕吉的儒教批判》中就已出现这个修正(平石直昭《福澤諭吉と丸山眞男——近現代日本の思想の原点》,192—197页)。不过,丸山1942所做的修正与津田学说是否有关系,这一点尚无法实证。
2 丸山眞男〈福沢諭吉の儒教批判〉,《丸山眞男集》第二卷,143页。
3 同上书,155页(福泽谕吉的原文在〈儒教主義の害は其腐敗にあり〉,《福澤諭吉全集》第十六卷,岩波书店,1961年,276—277页)。

的儒教"思维范型"视为"独立自尊"的敌人。[1]

由此可以看出,丸山的学术关注点出现了明显的变化,其转变的契机应该是从福泽的"权力偏重"批判和"独立自尊"主张中获得了重大启发,这也为他战后否定"重臣自由主义"打下了思想基础。[2]这时的新意首先集中地表现在一篇短小精练的论文中,那就是1943年发表的《福泽的"秩序与人"》。此文开头写道:"福泽正因为是地道的个人主义者,所以才是国家主义者。"[3]这句话若离开当时的背景来理解,容易引起误会。其实丸山并不想主张什么国家主义,而是为了应对当时流行的两个极端的福泽论——要么仅仅将福泽视为个人主义者,要么仅仅将之视为国家主义者。这篇论文旨在提出以"独立自尊"为核心来解释福泽。首先,他运用福泽在明治时代观察问题的视点,把日本的要害问题勾画成如下情形——

> 直到福泽举起"独立自尊"的大旗为止,对于大多数日本

---

[1] 不过,丸山后来对这篇论文中的儒教批判也许仍有反思,他晚年与我一起编辑中文版《福泽谕吉与日本近代化》一书时,没有将这篇收录进去。中文版《福泽谕吉与日本近代化》是丸山真男唯一的一本首版就用外语出版的论文集。第一版于1992年由上海学林出版社出版,第二版于1997年由世界知识出版社出版,第三版于2018年由北京师范大学出版社出版。

[2] "重臣自由主义"是指,天皇身边的重臣在大日本帝国宪法的框架内解释立宪君主的意义,一方面维持以天皇血统为统治正统性的根据,另一方面试图引导体制走向政党政治。丸山在现实政治的考虑上,曾对"重臣自由主义"抱有乐观的期待,那时恰好跟他高度评价徂徕的统治者"制作"的学说相对应。但也许以福泽研究为契机,他对这种政治考虑产生了怀疑。而且到了战后,"重臣自由主义"的赞同者依然继续提倡皇室的"精神权威",丸山认为这样下去的话,个人的自主精神就难以树立。经过痛苦的思考之后,他明确否定"重臣自由主义",向"天皇制的精神结构"发起挑战,那篇著名论文《极端国家主义的逻辑与心理》可以说就是挑战宣言。

[3] 丸山眞男〈福沢に於ける秩序と人間〉,《丸山眞男集》第二卷,219页。此文收录在中文版《福泽谕吉与日本近代化》之中。

国民来说，国家秩序仅仅是一种社会环境。……环境的变化对于个人来说，毕竟只是自己周围的变化，而不是自己本身的变化。只要国民的大多数还是单纯作为政治统治的客体来顺从被赋予的秩序，那么，国家的秩序对于国民来讲，绝不会具有超出"外在环境"的意义。政治对于国民自己的生活来说，也只能被理解成自己以外的东西。[1]

显然丸山已痛切地认识到，在那种只由统治者来操作的政治传统中难以产生个人的主体性。同时，他通过福泽的视点隐晦地批判了"国体"独占伦理价值决定权的问题，并突出强调了"一身独立才能一国独立"之核心思想的重大意义。他说：

福泽敏锐地看到日本传统的国民意识中最缺乏的是自主人格的精神。他最尖锐地指出的日本社会弊病是：例如，道德法律仅仅被作为外在权威而强制推行，以致不知耻的现象在严格的法律和教育之下到处泛滥；由于批判精神的积极意义得不到承认，以致掌权一方愈益封闭，批判一方愈益阴性化乃至变为旁观者；官尊民卑，官吏内部的权力向下"膨胀"和向上"收缩"；对事物的轻信，从迷信东洋急转为迷信西洋；等等。这类现象无疑都是自主人格精神缺乏的表现。无须赘说，福泽的最终目标是国家的自主性，然而，他认为"一身独立才能一国独立"，没有个人自主性的国家，在他看来不可能达到自立。国家若要成为不是单纯地对个人实行外部强制的存在，必须通过确立人格内面的独立性才能实现。[2]

1　丸山眞男〈福沢に於ける秩序と人間〉，《丸山眞男集》第二卷，220页。
2　同上书，220—221页。

可见，丸山由于自己的时代经历而与福泽的日本批判有了深深的共鸣，最让他震撼的大概是，他所处的时代相距明治维新已过了七十多年，但国民的自主人格精神依然未见成长。他通过学习福泽的思想而看到了日本历史中长期持续的要害问题，同时又找到了"独立自尊"这个近代化的课题（后来将之延伸为"永恒"的课题）。他认为："要使单纯被动地接受外在给予之秩序的人，转变为能动地参与秩序创造的人，唯有靠确立个人的主体自由才能实现。而'独立自尊'恰恰意味着个人的自主性。""福泽就是以惊人的旺盛斗志承担起这空前课题的首位思想家。"[1] 也就是说，丸山一方面认识到最重要的是每个国民的自主独立，另一方面认识到这正是日本国民最缺乏的。知识分子雪崩式地"转向"法西斯主义、民众糊涂地追随"国体"的严峻现实，都反映了国民作为个人缺乏独立于政治权力之外的主体精神。所以丸山要在自己的时代提出与福泽谕吉同样的课题，要接过福泽的精神革命大旗，谋求在国民中培养"独立自尊"的精神。

收录在《日本政治思想史研究》中的三篇论文通常被一揽子称为战争时期丸山的代表作，但鲜有人注意到其中第三篇《"早期"国民主义的形成》（1944年），与前两篇徂徕学研究论文之间已发生观点的变化。不过平石直昭认为，丸山在第二篇徂徕学研究论文中已承认"制作"思想在发展上出现了"停滞"，所以其变化应是从第二篇论文开始的。[2] 但按丸山本人的说法，只有第三篇才是与他战后的课题具有连续性的。[3] 此文与之前不同的特色在于明确打出"国民主义"概念，并以形成具有政治觉悟的国民为目标。他指出："仅凭归属于

1　丸山眞男〈福沢に於ける秩序と人間〉，《丸山眞男集》第二卷，220—221页。
2　平石直昭《福澤諭吉と丸山眞男——近現代日本の思想の原点》，202—203页。
3　丸山眞男〈あとがき〉，《日本政治思想史研究》新装版，374页。

一个国家共同体、拥戴共通的政治制度这个客观事实，还不足以形成近代意义上的'国民'"。关于nationalism概念的日译，他还说自己之所以采用"国民主义"，是因为要将之与侧重对外问题的民族主义以及与国家主义区别开来，强调了其"与个人自主性的主张不可分离"的关系。[1] 他原计划是要通过此论文追究日本近代的国民主义理论是怎样变质成国家主义理论的，但刚写完作为国民主义"前奏期"的德川末期就被征兵了。[2] 不过这一部分的考察已论证幕末变动所带来的"早期"国民主义并没有向国民扩大和渗透。可见，国民的主体性难以觉醒的问题成了他新的关注点。

而且，1944年丸山因病被解除兵役之后，同年年底便开始研究孙文和梁启超等近代中国文献。这显然也是出于对国民的主体性和政治觉悟的关心，从后来关于孙文的著述来看，丸山对孙文的共鸣集中在国民意识的改革方面（具体内容拟在下一章详述）。这真是悖论性的历史推移，福泽最终走到了"脱亚论"和国权扩张论，他所主张的"一身独立才能一国独立"也颠倒成前者从属于后者，然而，福泽的早期思想却唤起了丸山对亚洲邻国的国民精神变革的关注。

第二节　福泽的"实学"和哲学

通过以上考察可知，与福泽早期著作的相遇是丸山思想学术的一个转折点，他由此开始用"权力偏重"的视点来批判日本近代，

---

[1] 丸山眞男〈国民主義の「前期的」形成〉，《日本政治思想史研究》新装版，321、324页。
[2] 丸山眞男〈英語版への著者の序文〉，《日本政治思想史研究》新装版，399页。《"早期"国民主义的形成》一文的原题为"国民主义理论的形成"，但因其写作被征兵打断，所以此文在收入《日本政治思想史研究》时改成了现在的题目。

同时把"独立自尊"作为近代化的核心课题。战后初期丸山以"夜店"的政治学奋斗在民主改革的前沿是众所周知的,但人们一般没有留意到,丸山在发表《极端国家主义的逻辑与心理》的翌年,即1947年一年内就连续发表了《福泽的"实学"的转回——福泽谕吉哲学研究绪论》和《福泽谕吉的哲学——对时事评论的考察》这两篇"本店"的思想史学论文。[1]当然,那时他认为日本的问题是"近代思维"还未成熟,"在日本,近代思维非但没有被'超克',而且甚至还未真正获得"。[2]所以福泽研究是从近代化立场出发的,与过去的不同只是关注点的转变,方法还是历史主义。但丸山撰写这两篇论文旨在探讨在"权力偏重"顽固持续的社会习惯下,如何才能使国民获得"独立自尊"的精神,这也是体悟"永恒"的重要契机。

《福泽的"实学"的转回》(以下简称"实学"论文)主要是通过分析福泽的学问观来寻找支撑独立自尊精神的哲学基础。不过,在论述福泽学问观的革命性时,丸山仍旧承袭徂徕学研究论文的那个从自然法走向人为法的"近代化"观点,把儒教放在砧板上剁。他首先断定以朱子学为核心的伦理学是旧制度的学问的原型,举出林罗山等儒者把"天高地低"的自然现象类推到人的上下尊卑的身份等级,并将这种把超越的天道与现实制度混为一谈的做法直接视为朱子学体系。认为朱子学"在自然与社会、自然法则与人类社会规范之间没有明确区分,反而以其根源的共通性为前提",用自然法把人固定在社会的身份等级中,以致个人难以产生自主性。这种"道学"的思维方

---

[1] 这两篇论文的日文原题是〈福沢における「実学」の転回——福沢諭吉の哲学研究序説〉和〈福沢諭吉の哲学——とくにその時事批判との関連〉,1949年同时获得庆应义塾福泽先生研究会授予的"石河幹明奖"。两篇都收录在中文版《福泽谕吉与日本近代化》之中。

[2] 丸山眞男〈近代的思惟〉,《丸山眞男集》第三卷,4页。

法体现着旧制度中人、社会与自然的存在方式。[1]

丸山从上述论断中导出了福泽的学问观,认为其革命性就是"物理"精神的诞生。他的理由是,在"道学"思维中"个人难以产生摆脱社会环境而直接与自然对峙的意识","人只有觉悟到与自己所处社会环境的乖离,才能发现自己可以无媒介地与客观的自然对决。个人从社会独立出来,同时意味着自然从社会独立出来,即意味着客观的自然——排除了一切主观价值的、纯粹外界的自然的成立。只有在精神上觉悟出主体性与环境相对峙的关系,才能使'法则'从'规范'中分离出来,把'物理'从'道理'的支配中解放出来"。所以,丸山认定福泽的学问观是对"道学"思维的革命,独立自尊精神形成的基础就是"物理"精神。在他看来,"福泽把独立自由精神和数学物理学看作欧洲文明的核心,是对近代精神结构的透彻理解"。[2]

按丸山的解释,福泽学问观的精粹在于把学问的核心领域从"伦理学"转到了"物理学",但指出:"这绝不是把人生和世界的中心价值由精神转向物质的那种卑俗的'唯物'主义转移,也不能理解为单纯把学问关心的重点从人伦乃至社会关系移向自然界。……福泽高举的'独立自尊'大旗不是别的,正是伦理问题。""他是把物理学作为确立新的伦理和精神的前提",福泽所关注的"与其说是自然科学本身带来的成果,不如说是从根本上产生近代自然科学的人的精神

---

1 丸山眞男〈福沢における「実学」の転回——福沢諭吉の哲学研究序説〉,《丸山眞男集》第三卷,117—119页。丸山说的所谓"道学"思维,其实是林罗山等日本儒者把德川社会的世袭等级制正当化的理论操作,而实际上宋代的中国并没有世袭等级制。丸山在20世纪60年代以后也意识到了这一点,因此改变了对朱子学的这种看法,明确指出:"江户儒学从作为其出发点的林罗山学问起,就已经是对朱子学的'修正主义'解释"(丸山眞男〈英語版への著者の序文〉,《日本政治思想史研究》新装版,402页)。

2 丸山眞男〈福沢における「実学」の転回——福沢諭吉の哲学研究序説〉,《丸山眞男集》第三卷,121—122页。

存在方式"。[1] 丸山特别强调："福泽的实学与那些固执于卑俗日常生活的态度完全相反，它正是在克服那种日常性的过程中，以开拓未知前程的想象力不断培养起来的。反过来说，只有使那些最受旧学问排斥的'空理'不断向前发展，才能保障生活与学问更高度地结合。"[2] 概而言之，丸山从福泽的学问观中抽取出来的"物理"精神是：人们从被自然先验地规定的社会秩序中摆脱出来，把自然作为客体来对待，通过"实验"来寻求超越日常性的学理（真理原则），从而主体地创造包括社会秩序在内的环境。这里最出色的诠释就是，用"实验"和学理的视点来把握福泽"实学"的革命性，以此区别于"普通日用"的实学。庆应义塾大学的教育理念也确实如此。

然而，福泽是否真的认为"独立自尊"的伦理精神全部来源于物理精神？或认为必须先有物理精神而后才能"独立自尊"？这一点在学界是受到质疑的。比如渡边浩在《儒教与福泽谕吉》一文中，通过仔细解读福泽著作的语言，指出福泽的"实学"并不限于自然科学，历史学和伦理学也是"实学"，他所批判的是只会慕古而毫无独创的"精神奴隶"。而且，福泽设想的人类进步终极状态是"满世界的人都具有七十岁孔子那样的修养和牛顿的知识"（《福翁百话》），这表明他主张的进步是兼有伦理和物理两个方面的。《文明论概略》中关于"德义之事自古不变"的论述，也表明福泽承认儒学中人道的基本理念是普遍妥当、古今共通的，他并没有否定构成儒学根基的"道"和"德"。[3]

在把握福泽"独立自尊"的思想基础方面，渡边恰恰补充了丸

---

[1] 丸山眞男〈福沢における「実学」の転回——福沢諭吉の哲学研究序説〉,《丸山眞男集》第三卷，115—116頁。
[2] 同上书，125頁。
[3] 渡边浩〈儒教と福沢諭吉〉(2012年),《明治革命・性・文明——政治思想史の冒険》,東京大学出版会，2021年，528—530頁。

山所缺失的视点,他认为"独立自尊思想一方面是来自西方的,但同时也是来源于儒学,特别是朱子学的"。渡边指出:"朱子学者是强调要依据自己内面的完美'天理'而自主独创的,所以他们对理想人物的描写与那些生吞四书五经的卑屈'精神奴隶'完全不同。"而且他分析了朱子学与康德哲学共通的"内面价值",尤其谈到"朱子学反复强调的理想是,遵循自己内面蕴含的作为人的本性、天理,切莫损之,以此毅然自立地应对事物"。渡边还引用福泽著述中关于"人是万物之灵"的意识,和对自己内面"无缺的金玉"抱坚定信念等话语,来说明福泽具有与康德和朱子学都相通的精神。在这个意义上,他认为以"独立自尊"为宗旨的福泽谕吉和庆应义塾"继承了朱子学的根本理念"。[1]

当然,福泽有一些过激话语也的确使人难以判断其真意。比如他说:"拿东方的儒教主义和西方的文明主义相比,东方所缺少的有两点,即有形的数理学和无形的独立心。"(《福翁自传》)但他又用儒教的观念来解释"独立心",指出:

> 要认识到人是万物之灵,既然自尊自重,就不能做卑鄙的事,也不能行为不端。那些不仁不义不忠不孝的可耻之事,不论受谁指使,不论受何种情况所迫也不能去做。要修养自身以达到极高尚的境界,安心于所谓独立这一点上。(《福翁自传》)

不过从这里可以确认,福泽提倡"有形的数理学和无形的独立心"是无疑的,但他并不是说数理学诞生以前没有独立心。丸山提倡以物理学的精神(实验精神)来自主地发现伦理,这固然是他对近代

---

[1] 渡辺浩〈儒教と福沢諭吉〉(2012年),《明治革命・性・文明——政治思想史の冒険》,東京大学出版会,2021年,532—539頁。

日本"国体"独占伦理价值决定权的状况产生的问题意识和对抗处方,但事实上,这并不意味着物理学诞生之前人类寻绎出来的伦理都应该被否定和扫除。

福泽在《劝学篇》中还说过:"所谓学问是广义的,有无形的学问,也有有形的学问。心学、神学、理学等是无形的学问,天文、地理、穷理、化学等是有形的学问。两者都是要拓广知识见闻的范围,理解事物的道理,懂得做人的本分。"可见他认为两者都同样需要。而且,面对明治政府强力推行殖产兴业、富国强兵政策,福泽认为建立"有形"的文明固然重要,但"无形"的文明是更为根本的课题,这个课题就是改变"一国人民的风气",树立"独立自尊"精神。也就是说,在"有形的数理学和无形的独立心"之中,他更着力于后者。福泽晚年时,他的弟子以"独立自尊"为核心精神编撰了道德教训集,福泽将之命名为"修身要领"。其第一条就是:"人必须提高作为人的品位,提炼智慧使其发挥光芒,以完成本分。吾党男女,必须以独立自尊的主义作为修身处世的要领,服膺之而完成作为人的本分。"[1] 这里强调的是作为人的"品位"和"本分",而且整个"修身要领"都没有把脱离自然法作为"独立自尊"的前提。由此可见,渡边与丸山的诠释既是相反又是互补的。如前所述,丸山经过"战后期"之后的迷惘和反思,意识到了超越的自然法和天观念等伦理规范都是"独立自尊"所不可缺的精神基础。

另外,丸山在"实学"论文的最后一节,表现了他对近代"科学主义"的危险性也具有清醒认识。他指出,物理学与人的主体自由的契合关系在欧洲思想史上已出现崩溃,"机械自然从人的主体性的象征物转化为吞噬人类的可怕的机械装置"。但他断言"福泽最终都没有堕入科学决定论的阴惨泥沼",这是因为福泽同时具有"承认非

---

1 〈修身要領〉,《福澤諭吉選集》第三卷,岩波書店,1980年,292—293頁。

合理的现实"的现实态度。可见，就连面对这样的问题，丸山都没有提到需要注重作为人的内面信念的自然法或天理等规范意识，这不免令人感到他是彻底无视"永恒"价值的历史主义者。不过，他所说的福泽的现实态度并不是单纯的"妥协"，强调福泽在"承认非合理的现实"与物理学主义的关联上是有自己的"原则"的。这个"原则"正是承接下一篇福泽研究论文的命题。

半年以后，丸山又发表了以"福泽谕吉的哲学——对时事评论的考察"为题的论文（以下简称"哲学"论文），主要论述了福泽的主体性的另一个侧面，即与"物理"精神紧密相交的"现实态度"。如果说"实学"论文是应对国民只作为政治统治的客体而被动顺从所与秩序之问题的，那么"哲学"论文就是应对僵化的"公式主义"，以避免人的主体性被物理学主义吞噬的。关于"公式主义"的问题，在此先引用丸山的一段比较简练的语言来概括一下：

> 在维新后的整个启蒙期，我们学到了一种新思维，那就是人们应通过社团或结社等形式进行横向的交流和对话，在多种意见的讨论中产生出思想。但遗憾的是，由于明治国家体制的组织化，那些新思维没能扎根，反而出现了把思想作为"物品"或"既成品"来对待的倾向。[认为真理就是作为文字所表现的思想而固定在政论之中的，这种僵化思维形成了思想的天皇制（拥护正统、排除异端），这在体制和反体制的双方都以教条主义的形式不断地重复再生]。[1]

从《福泽谕吉的哲学》所列举的事例来看，丸山要应对的问题具体包括了多方面的思想弊端。比如，没有精神主体性的轻信——从

---

[1] 《丸山眞男講義録［別冊二］日本政治思想史1957/58》，290—291页。

迷信东洋急转为迷信西洋的"盲目欧化主义"(醉心于欧化的"开化先生"),极端主义——使原理僵化为教条,手段的自我目的化——把现实的定例作为固定的价值基准来绝对化,权力偏重——不仅官民之间而且社会各层面都是权力偏于一方,等等,丸山将之统称为"惑溺"(福泽语),而且指出:"公式主义与机会主义虽貌似对立,实际上是同一种'惑溺'的不同表现而已。因此可以说,福泽用以批判'无原理无原则'态度的精神,同时也驱使他向抽象的公式主义挑战。"[1]从这个意义来看,"实学"论文的"物理"精神与"哲学"论文的"现实态度"在福泽的"独立自尊"中是构成辩证关系的。

那么,丸山是如何诠释福泽的现实态度的呢?"哲学"论文着眼于福泽擅长的状况思考,通过分析那些不断流动的时事评论,从中抽取出贯穿其根底的思维方法和价值意识。在福泽众多的著述中,丸山认为《文明论概略》这部理论著作最鲜明地反映着福泽的基本思考,并把此书的第一章,特别是以下这句开首语视为福泽"思维方法"的浓缩表达。

> 轻重、长短、善恶、是非等字,产生于相对的思考,没有轻不可有重,没有善不可有恶。因为所谓轻只是与重比起来相对的轻,所谓善只是与恶比起来相对的善。若不是两者相比较,就不可能谈轻重善恶。像这样通过把两者相比较而确定下来的重和善,叫作议论的本位。(《文明论概略》)

丸山将此句的宗旨归结为"价值判断的相对性主张",并做了如下诠释:

---

[1] 丸山眞男〈福沢諭吉の哲学——とくにその時事批判との関連〉,《丸山眞男集》第三卷,178页。

在福泽看来，关于事物的善恶、真伪、美丑、轻重等价值，并不能就其本身而孤立地下判断，必须在与其他事物相关联、相比较的情况下才能判定。我们所面对的具体现实中，并不存在什么终极的真理或绝对的善。我们只不过是在更好的善与更坏的恶之间，更为重要与不那么重要之间，更大的"是"与更大的"非"之间做选择，我们的行为是建立在这种不断地比较和思量之上的。因此，不应把价值这个东西看成内在于某事物的固定性质，应该看事物在所处的具体环境下能带来的实际效果如何而定。……所谓决定议论的本位，就是这样把问题设定在具体的状况中。[1]

按这样的诠释，福泽的思维方法是一切价值都要相对化，一切判断都要以现实的状况和当时的目的为前提，那么他的一切时论都可以因其背后的现实理由而得到正当化了。比如，福泽在天然的"正论"与人为的"权道"之间选择了"我辈从权道"（《时事小言》），也是因为国际环境存在着弱肉强食的现实。[2]而且丸山断言，福泽"向抽象的公式主义挑战"是针对儒教思想的，他引用了福泽所说的"以一片德义支配人间万事"、"以古之道应对今世人事"、"以臆断来说事物的道理"等批判语言，反过来说明儒教的思维是"善恶正邪的绝对固定价值的对立观"，典型地代表着价值判断的绝对主义。[3]可是，福泽那句"因为理，对非洲黑奴也应尊重，因为道，对英国、美国的军舰也不可畏惧"（《劝学篇》），就仅仅是在特定状况下的发言，而不是超越的绝对的道理规范吗？

1　丸山眞男〈福沢諭吉の哲学——とくにその時事批判との関連〉,《丸山眞男集》第三卷，167—168页。
2　同上书，174页。
3　同上书，178页。

对丸山的上述"价值判断的相对性"诠释，学界是有质疑的，其中渡边浩的质疑最有代表性。首先渡边认为，福泽的价值意识不能仅仅从《文明论概略》的第一章开首语来理解，他举出了福泽的以下重要话语。"所谓修身学就是讲必须与修养品行之人相交而度世的天然道理"（《劝学篇》），指出这里说的"天然道理"就是"天理"。还有"若离开有形进入无形，那么就喜怒哀乐而言，即便因其智识之先后有大小深浅之别，但其心情之本体则是唯一的。……这就是人类能自重而自称为万物之灵的缘故。"（《福翁百话》）"己所不欲，勿施于人，是古代圣人的教诲，亦即恕道。其所追求的是至善圆满的精粹，那就是人本来的真心。"（《福翁百话》）渡边以此来说明福泽不是认为一切价值判断都要按现实状况和当时目的来相对化，他判断问题的根底是有普遍"天理"的，"福泽确信由来于人之本性的道德、天然的道德，亦即自然法的实在性"。[1]

　　而且就《文明论概略》第一章开首一段而言，渡边认为丸山对"决定议论的本位"的解释是"误解"。渡边逐段逐句地考察了《文明论概略》的第一章以及相关章节，指出福泽是说"通过把两者相比较而确定下来的重和善，叫作议论的本位"，这是指以比较的结果来决定，而不是先按当前目的来决定"议论的本位"再测定轻重善恶。福泽说："对一切事物的探索都必须去其枝末溯其本源，求索其尽头的本位。这样才可以使议论的项目渐减而接近本位。"渡边还指出，福泽认为议论产生分歧对立是因为议论本位的不同，所以需要用"高尚"这个绝对价值为基准，选择相对而言更为"高尚"的见解为本位。也就是说，只要"根源的理"能一致，"议论的本位"就能一致。总而言之，福泽是要阐明如何才能定立议论的真正位置和真假，达到

---

[1] 渡辺浩〈儒教と福沢諭吉〉,《明治革命・性・文明——政治思想史の冒険》,540—541頁。

"至善"而唯一的"定则"。[1] 按渡边的诠释，福泽的价值判断是以"天然道理"（普遍的"天理"）为根基的。那么关于福泽后期的国际论，比如"百卷的万国公法不如数门大炮"（《通俗国权论》），就可以说是他背离了"天然道理"的根基，追随了弱肉强食的现实，或是向那个现实"妥协"了。

不过，丸山强调说福泽的"现实态度"不是单纯的"妥协"。他认为福泽并没有因为价值判断总是与具体状况结合，就陷入无方向的机会主义立场。那么"究竟是什么内在的价值意识使他能不陷入无条件的相对主义或无轨道的机会主义呢？"对这个设问，丸山的回答是："福泽并不否定客观的真理，但认为那些'真理原则'不是预先作为固定静止的存在给予我们的，而是在个别的状况中不断具体化的"，并将这种思维方法比拟为杜威的实用主义。[2] 这个诠释确实道出了一个精要的观点，即真理并不是现成地摆在我们面前的教条，而是由每个人在实践中探索出来的，福泽的价值意识是"尊重人的精神的主体能动性"。

然而，丸山将"对固定的价值基准的依存"（惑溺）与"把价值判断不断流动化"（强韧的主体性）视为两种不同社会形态的意识，指出："处在固定的封闭的社会关系中，人的意识自然会陷入'惑溺'，而在动态的开放的社会关系中养成的精神，自然带有不受拘束的阔达性。"他认为在福泽的思想中，这不是单纯个人素质或国民性的问题，而是不同时代（不同发展阶段）的"社会风气"问题。[3] 可见，丸山是以发展阶段论的意识形态观点导出了福泽"价值意识"的

---

1 渡辺浩〈儒教と福沢諭吉〉，《明治革命・性・文明——政治思想史の冒険》，543—547页。
2 丸山眞男〈福沢諭吉の哲学——とくにその時事批判との関連〉，《丸山眞男集》第三卷，175—176页。
3 同上书，177、179页。

进步方向性,以此与机会主义相区别。他从福泽的时事评论中抽取出来的"哲学",就是指"价值判断相对化"所代表的文明进步观。

> 在福泽那里,所谓人类的进步,存在于前者形态向后者形态的无限推移之中。换句话说,即社会关系的固定性日益崩溃,人的交往方式日益多样化,状况的变化越来越迅速,从而价值基准的固定性渐渐丧失,远近的展望越来越多元化。这样,在多元的价值之间,善恶轻重的判断日益困难,以知性来进行的反复探索活动日益成为需要,而社会价值的权力独占就越来越分散,不外乎就是这么个过程。相信这个无限的伟大过程就是文明,把这个过程视为进步,这就是贯穿于福泽那变幻不定的多样性时论根底的、统一的价值意识。[1]

这里也表明,丸山断定福泽所承认的客观真理就是"进步"——把价值无限相对化的过程。但这种"把价值判断不断流动化"的进步观显然带有历史主义的性质,似乎历史的发展就是要荡涤过去的价值规范,"强韧的主体性"意味着不承认过去的历史有"永恒"的东西。

当然,丸山所说的这个文明进步观也是有主轴的,那就是自由。他引用了福泽的一句话来诠释其自由观,指出:"若墨守单一之说,那么即使其说纯精善良,亦绝不会产生自由。要知道自由的风气只有在'多事论争'中才能存在。"(《文明论概略》)并解释说:"如果某原理不受到与之竞争的其他原理的抵抗,而无限制地将自己普遍化,那么价值就会向此原理集中,人的精神就会偏于此绝对价值的一方,这样必然会产生'惑溺'现象,社会的停滞和权力偏重就

---

[1] 丸山眞男〈福沢諭吉の哲学——とくにその時事批判との関連〉,《丸山眞男集》第三卷,182页。

会占支配地位。"他强调"福泽的自由之进步，显然不单纯是自由原理对专制原理的直线排他的胜利。自由是在自由与专制的抵抗斗争中产生的，自由若成为单一的支配者就不再自由了"。由此导出福泽的另一个命题："自由生于不自由之中。"(《文明论概略》)[1]这作为对自由的理解无疑是非常重要的。但丸山以此为据，评价江户时代政治上无力的天皇与没有精神权威的幕府相结合是价值分散化，批判中国皇帝一手独占精神权威和政治权力，这不免对中国缺乏"内在理解"。因为中国皇帝是受"天道"制约的，成不了精神权威，而日本天皇才是精神权威（与天并列的天神子孙）。丸山把自己对日本近代国家由天皇（国家主权）充当价值实体的痛苦感受，直接投影到对中国的理解上了，因此把儒教的诸价值也视为"导致民心惑溺的最大根源"。[2]

不过总的来说，在关于如何树立国民独立自尊精神的探索方面，丸山从福泽那里找到了"让人民处在多元的价值中独立地思考和选择，自主地迈向自由之路"的途径。[3]这可以说确实把握了福泽思想的根基。

第三节 从"价值判断的相对性"到"相关主义"

然而人们不免产生疑问，福泽的"独立自尊"真的是立足于"价值判断的相对性"思维吗？难道扫除了自然法，抛弃了万人共通的普遍规范，价值无限地相对化了，人就可以独立自尊吗？实际上，

---

1 丸山眞男〈福沢諭吉の哲学——とくにその時事批判との関連〉,《丸山眞男集》第三卷，184页。
2 同上书，186页。
3 同上。

诸价值的平衡和公平竞争需要有超越的普遍者做基础，福泽说"天不生人上人，亦不生人下人"，这是以"天"这个普遍者为前提的。不过，这时仍处于历史主义中的丸山，在学术上似乎还未考虑到这个问题。他的思路依然无视儒教尤其是朱子学"天理"的超越性，将之混同于现实的政治体制和权力，所以把儒教视为"惑溺"的罪魁。而面对"科学主义"的危险性，他也只是从"承认非合理的现实"这种状况思考中寻求缓冲物，因而又一次错失了对自然法的重新认识。也许是因为他只顾注视近代化（作为历史发展阶段）的"时间"流动，而缺失了对"永恒"价值的关注。

不过，这些问题反而成了他"战后期"结束后进行反思和迈向根本转换的重要契机。丸山之所以能迈向根本转换，首先与他本人青年时代以新康德派为思想根基的教养，以及来自人生两大恩师（长谷川如是闲和南原繁）的人格陶冶有关。其实他在自己的行为选择上，一直都是立足于内面的"当为"信念的。比如，战后面对人们厌恶"被配给的自由"，把民主主义视为"虚妄"的倾向，丸山的态度是"与其选择大日本帝国的'实在'，我宁可寄希望于战后民主主义的'虚妄'"，"要把被配给的自由提升为国民内面的自由"。这里当然包含着对"近代思维"的追求，但正如他后来所说："真正的普遍主义无论是内生的还是外来的，真理就是真理，正义就是正义。"可见他在自己的行动态度上，并不是顺应"非合理的现实"，而是在曲折流动的"时间"中坚定地选择"永恒"。但在学术上，战后他是处于"近代与前近代"对立图式向"永恒与时间"对立图式转换的过渡期。

然而如前所述，战后民主改革的现实令丸山失望。特别是在培养国民独立自尊精神方面，他曾指出劳动大众走向民主化的课题"绝不是单纯的大众在官能感觉上的解放，而是大众如何获得新的规范意识"的问题。但现实正如他已从维新史看到的那样，文明开化口号下社会呈现了"人的感性自然的尽情泛滥",而且战后开放的情形也惊人地相似,出现了"没有任何被缚感的自我'物理性'爆发和肉体的乱舞",大众难以形成市民的理性和规范意识。就连知识分子的"悔恨共同体"也走向瓦解,人们对"进步文化人"的攻击反映出对理念表示厌恶的社会倾向。

在这一认识现实的过程中,丸山也逐步改变了自己的观点。这大概首先是因为他意识到了那种把一切价值相对化的"开放"并不能使人走向独立自尊,人的内面对普遍价值的信念才是独立自尊的支柱。比如他通过重新理解曼海姆找到了"相关主义",从而得以摆脱"价值判断的相对性主张"。曼海姆的"相关主义"承认真理的存在和人可以发现真理,主张一切经验理论都与绝对真理相关,但又不可能把握真理的全部,所以人应通过审视各种不同立场与真理的相关关系,去追求普遍的知识和接近绝对真理。丸山好像从这里获得了对福泽的自由观和"议论的本位"等命题的重新理解,即"多事论争"就是"相关主义"的方法,其意义并不是价值判断的无限相对化,而是通过多种意见的交锋来探索普遍真理。用渡边浩的话说,就是以求达到"至善"而唯一的"定则"。

1949年的论文《近代日本思想中的国家理性问题》中出现了对朱子学的自然法的正面评价,这时丸山大概已猛醒到欧洲经历过法西斯之后又重新评价自然法的重要性。而且通过与竹内好的交流,丸山更理解到历史的进步需要有"超历史的"传统价值,由此痛感历史上导入的各种具有普遍价值的思想,都难以在日本扎根并形成传统。论文《日本的思想》指出日本没有形成"相当于坐标轴的传统思想",尤其把拒斥抽象原理和普遍价值的思想"杂居性""无限拥抱性"视为致命的弊端,并将"思想的传统化"作为重要课题。后来在谈"精神自立的条件"时,他已不主张价值判断要按现实状况和当时目的来相对化,反而主张内心需要有"看不见的权威",指出"如果心目中只有眼前经验的实感世界，而失去了用超越于实感的、看不见的权威……来束缚自己的感觉，那么结果就会轻易地追随那种看得见的权威"；并正面评价西乡隆盛"以天为基准"和佐久间象山对"天道"普遍性的信仰，慨叹江户时代曾有过的天道意识随着明治时代的发展而消退了。他还承认江户时代的儒者能超越各种屏障，以学习圣人之道为共同意识并相互讨论，是日本知识分子横向联合的原型。另外，他的思想史学出现了范式转变，把融入人类普遍价值定义为文明化，并将之视为"永久革命"的课题，这正是上述认识的延伸。后来的"古层"论就是要把惯于消弭普遍价值的思维方式作为思想病理来分析解剖。

这些变化也反映在丸山后期的福泽研究上。比如他晚年把《文明论概略》作为一部古典进行了重新解读，自1978年起，他和岩波书店的一些编辑举办了《文明论概略》读书会，逐段加以诠释。读书会持续了四年，举办了二十五回。读书会所记录的内容于1986年以"读《文明论之概略》"为题由岩波书店出版了。[1]这时的解读视野比战后初期的福泽研究大大拓宽了。其中有一点值得注意的是，丸山在这里对所谓"价值判断的相对性"的说法做了重新解释，而且立足于曼海姆的"相关主义"来诠释福泽谕吉的"多事论争"。[2]关于那句曾解释为价值判断相对主义的第一章开首语，他首先从历史背景来把握，认为当时日本处于幕藩体制崩溃、西洋文明洪水般地涌入、人心陷入迷惘而正邪善恶难以辨别的混沌状态。然后指出福泽之所以要"决定议论的本位"，一方面是因为混沌状态下的"多事论争"如果没有共通的坐标轴，就会导致"不毛的议论"；另一方面是因为混沌会

---

[1] 丸山眞男《「文明論之概略」を読む》上・中・下，岩波书店，1986年。
[2] 记得在1990年6月我拜访丸山先生的热海公寓时，先生用曼海姆的"相关主义"概念给我解释福泽所说的"多事论争"。

引起反作用，即正在推进国民统合的政府会在混沌中图谋"天下议论的划一化"，从而导致被国家独占价值判断的决定权。"决定议论的本位"是福泽应对这双重弊端的两面作战，因为福泽自由观的根本立场是，真理的获得和社会的进步都应该在"多事论争"中推进。[1] 丸山把这个意义的"多事论争"作为通向"独立自尊"的途径，倡导人民的横向交流，即通过会议、演说、讨论来达成"众心的发达"。

而在"惑溺"问题的批判方面，丸山这时已不是特定地把儒教斥为"惑溺"的罪魁，而是通过考证"惑溺"在汉语中本来的含义来把握福泽所说的意思，指出"内在价值"本身不是"惑溺"，"惑溺"是把超越的价值固定在具体事物之中，以致崇信具体事物。还说这种现象在中国史书和西洋史书中都有，但日本的历史学家的"惑溺"更严重。他认为福泽正是在这个意义上主张"必须一扫旧习的惑溺"，"进入穷理之道"，以谋求人民智力发展的。[2] 这个诠释已明确地把"内在价值"与具体事物区别开来，亦即把超越的普遍价值或"理"与具体的某个权威人物、或某个组织、或某种意识形态区别开来了。实际上就是改变了价值判断相对化的说法。同时，他从"相关主义"的立场出发，主张"多事论争"需要"他者感觉"，把"自由生于不自由之中"诠释为自己的自由和他者的自由都是平等的，彼此要互相理解和尊重，而所谓"他者"是指与自己平等又具有不同文化个性的个人和团体（包括国家或民族等）。在这个思路中，"独立自尊"与"他者感觉"是不可分的。丸山曾在1957年发表的论文《关于思想的状态》中提出了一对表达两种文化形态的用语——"竹刷子型"和"陶罐型"，"竹刷子型"是指同一个根源中

---

[1] 丸山眞男《「文明論之概略」を読む》上，63—67页。
[2] 丸山眞男〈福沢における「惑溺」〉，《丸山眞男集》第十二卷，321—334页。"惑溺"也包括对"模范国"的迷信。

分出很多细条的形态，体现了自主追求真理的"相关主义"。论文指出日本的学问文化以及社会组织与"竹刷子型"不同，是各自孤立且互不联系的"陶罐型"。[1]在这种封闭状态下，各团体各领域内部产生的"思想的天皇制"，正是"惑溺"的表现。这些问题意识在《文明论概略》的重新解读中得到了延伸。

另外如前所述，20世纪50年代中期以后，丸山深刻地认识到，日本没有"相当于坐标轴的传统思想"，所以近代日本在旧的规范意识崩溃以后不能从人民中产生新的规范意识，结果在思想混乱的状态下由"国体"把规范强制给人民。而后来战败后虽然"国体"价值观崩溃了，但民主主义又是由占领军配给的，且难以扎根，这里的要害问题在于日本思想中没有自身的正统规范。他指出，日本的政治秩序缺乏思想的"正统"（orthodoxy），只有政治的"正统"（legitimacy），而且天皇制并不是具有教理的政治正统（legitimacy），国家神道不是超越日本国的世界宗教（信仰的是"万世一系"的血统）。[2]因此，丸山感到日本需要从过去的思想中提炼出自己的思想"正统"。实际上他已在尝试把福泽以"独立自尊"为核心、倡导人民作为主体参与政治的"文明精神"提炼成相当于"坐标轴"的思想，以此给战后的《日本国宪法》植入思想的"正统"，从而把由占领军主导制定的宪法引入日本国民的精神内面。[3]

总而言之，丸山通过诠释福泽的学问观和文明论，一方面批判

1　丸山眞男〈思想のあり方について〉，《日本の思想》岩波新書，129頁。
2　丸山眞男〈丸山眞男教授をかこむ座談会の記録〉，《丸山眞男集》第十六卷，89—90頁。
3　据山边春彦对丸山文库手稿资料的考察，丸山曾在20世纪60年代"正统与异端"研究会的记录中写道，要对福泽等思想家倡导的"文明精神"进行诠释，使之成为日本的思想"正统"（orthodoxy）（山边春彦〈近刊の丸山眞男著作三册〉，《日本思想史学》第50号，2018年，79頁）。

无方向的机会主义，主张探索"真理原则"的"实学"，以提高全国人民的"智德"水平，另一方面批判僵化的公式主义（教条主义），尤其是在体制和反体制双方都存在的"思想的天皇制"，提倡以"多事论争"来探索真理的自由风气。众所周知，丸山一生投入最多研究精力的人物是福泽谕吉，因为他从福泽思想中找到了克服日本社会和思想弊端的处方。但必须注意到，他的福泽研究始终是聚焦于到达"结局"之前的思想，从那里发掘正面可能性的。

第二章

"他者感觉"与中国认识

要把握丸山真男的中国观,有两点需要注意:一是"他者感觉",二是丸山自身的思想学术变化。第一,丸山对"他者感觉"并非初始就有明确意识,"他者感觉"是他在实践中逐步体悟出来的。这个过程不仅表现在他倡导日本国民横向交流的主张上,而且还表现在对世界的理解,尤其是对中国的理解上。第二,丸山的思想学术经历了一个摆脱历史主义窠臼的过程,所以不宜将他对中国的认识视为静态的、固定的中国观,也就是说,不能片面地只根据他早期或某个时期的看法来推论他的整个中国观。

第一节 "他者感觉"的体悟

如前所述,丸山的思想学术经过内在的矛盾格斗,从"时间"中体悟出了"永恒"。而"他者感觉"也是伴随其发展而形成的。比如关于"多事论争"的理解,就经历了从"价值判断的相对性主张"到真理的"相关主义"、从独立自尊到"独立自尊"与"他者感觉"结合的转变过程。不过,比起对"一身独立"的觉悟来说,丸山对

"他者感觉"的体悟显得晚一些。

在丸山的著述中,带有"他者感觉"的论述大概最早见于1959年的论文《开国》,那里活用了齐美尔的"社会分化"理论,谈到通过与异质社会圈的广泛接触,人们有可能从自己曾埋没其中的归属集团解放出来,一方面觉悟出自己的个性(自立性),另一方面又产生对"他者"的宽容。[1]而1961年发表的论文《现代的人与政治》,更是把"他者感觉"上升到抵抗法西斯的"知性"层次来论述。此文在分析德国国民容忍了纳粹行为等问题时,用了"内部"和"外部"等词语来表达自己与他者。丸山指出,身处"外部"的人,有着与"内部"的人完全不同的实感。比如犹太人,或是被排除于权力保护之外的人,或是从原理上批判纳粹的抵抗者,总之,对于那些受纳粹直接迫害的"外部"人来说,同一个世界却是另一种光景,那里看到的是到处充满憎恶和恐怖、猜疑和不信任狂澜的荒凉世界。在那些受害者或抵抗者看来,这种光景才是"真实"的。但在"内部"的人——即体制的赞同者或消极的追随者看来,"大家都挺幸福"才是"真实"的。[2]"内部"人对"外部"人的惨痛感受毫无认识,这就是他后来说的缺乏"他者感觉"。丸山把对"他者"的内在理解视为"知性"机能产生的前提,论文的结尾阐述了一个防止法西斯主义滋生的方法,其中特别注重"内部"与"外部"之间的"边界地",亦即与"外部"交接的地方,主张活用"边界地"去培育对他者的理解。

> 住在边界地的意义在于,一方面可以与内部的人共同体验"实感",而且又可以不断地与"外部"保持交流,以打破内部自我积累起来的image的固定化。……知性的机能,归根结

---

[1] 丸山眞男〈開国〉,《丸山眞男集》第八卷,66—67页。
[2] 丸山眞男〈現代における人間と政治〉,《現代政治の思想と行動》新装版,477页。

底只有把他者完全看作他者，并且他在地理解之，才能真正产生。[1]

后来，丸山还将这些观点运用于分析日本的社会组织与个人的关系。在1966年《展望》杂志举办的座谈会上，他指出日本的很多企业或集团是"陶罐型"的，"那些集团里都设有各种不能说或不能做的言行禁区"，在集团内部，所有成员都与组织同一化，因而难以意识到有相异的"他者"和自身的独特性。要打破这种个人与组织同一化的状况，就必须跨出"陶罐"，与相异的他者接触，"越是与不同的氛围接触，就越能防止自己的人格被埋没于职场或所处环境的氛围之中"。[2]

> 处在精神秩序的内部时，如果不让自己与所处的环境拉开一定距离，自立性就不能产生。……以前我说过的知性机能至少是一个重要的途径。也就是说，内在地去理解异质的他者，亦即让他者进入自己精神的内部，那便有可能在精神内部进行对话。那样就可以把过去的自己从自身中剥离出来。反过来说，让他者住在自己的内部，是通向精神自立的一个途径。……发现与自己相同的人在世界上没有第二个，这种感到惊讶的觉悟，正是精神自立的最后核心。[3]

丸山在此主要是倡导人们通过让自己的精神住在"内部"与"外部"之间的"边界地"，来使自己从曾经埋没于其中的封闭集团里解

---

1 丸山眞男〈現代における人間と政治〉，《現代政治の思想と行動》新装版，491—492页。
2 〈丸山眞男氏を囲んで〉，《丸山眞男座談5》，302—303页。
3 同上书，304—305页。

放出来,摆脱"思想的天皇制"。这同时又是打破封闭集团内部积累起来并固定化的"他者"认识,以达到对"他者"内在理解的途径。这里明确地表达了"独立自尊"不能缺乏"他者感觉"的新认识。

1978年丸山在"鲁迅朋友之会"做了悼念竹内好的讲演,其中谈到竹内具有丰富的"他者感觉"。

> (竹内)好先生具有承认与自己不同的生活态度的宽容。当然,他在为人处世上持有严格的见解,但如果别人不是单纯追随世间的时流,而是出于其立场来做出决断时,他即便认为自己不会那样决断,也会尊重别人的行为。这是一种作为原理的"宽容"。遗憾的是,这在日本知识分子中太稀缺了。他的目光是彻底地把他者作为他者来看待,而且从他者的内部来理解的。……好先生大概是因为天生的资质,加上在中国这个与日本完全不同的文化体中受到锻炼,其丰富的他者感觉与岛国的日本人形成了鲜明对照。[1]

丸山强调说,竹内的宽容不同于日本那种"满场一致'没有异论的社会'",或为维持"集团之和"而无原则地迎合大势的"宽容"。他一方面认为"世上的人都是不同的,都是从各自不同的个性出发的",同时又认为"无论住在哪里的人都是同样的人"。不仅对一国之内的人际交往,而且对国家间的理解,他都持有这样的"他者感觉"。[2]

而在1979年丸山谈"理解"的重要性时,则将"他者感觉"作为一个概念给予定义,并强调了对"他者"做内在理解的深刻意义。那时他主要围绕异文化接触的问题展开论述,但并不是谈如何把外来

---

[1] 丸山眞男〈好さんとのつきあい〉,《丸山眞男集》第十卷,358—359页。
[2] 同上书,358—360页。

文化的有用因素拿来为我所用，而是强调"理解"。他以卡尔·曼海姆为例，指出：

> "二战"刚结束时，卡尔·曼海姆在逃亡地伦敦对德国做了广播，在对德广播中有一句话令人印象深刻。他说："学问自由的前提，是一种根本性的好奇心，即不论对任何自己以外的集团或任何他人，都试图去'他在'地把握之。纳粹彻底缺乏的，正是这种知性的好奇心。"把他者作为他者来理解，这是学问性认识的起点。[1]

丸山所提倡的"理解"包括横向和纵向两个方面。横向方面，是指人与人、团体与团体、国与国之间对异文化"他者"的理解。关于这一点，他特别指出日本的问题在于比较突出的"同质性"。认为日本长期以来自诩为"同一民族、同一人种、同一语言、同一领土"，这不一定符合历史事实，但日本人确实抱有这样的自我意识。"这在文明国是非常罕见的，正因如此，他者感觉非常稀薄。"[2] 在理解其他民族的时候，日本人往往是要么把自己的形象投影于不同的民族，要么认为不同的民族"与自己无关"。"日本明治以来对外国认识的错误正是根源于此。对中国的认识发生了根本性错误，也是因为没有他者感觉"，而且日本在理解西洋方面也存在着同样的问题。[3] 纵向方面，是指把过去的时代作为"他者"来理解，也就是说，历史也是"他者"。他强调"尤其是学习历史时，对他者要他在地理解，这是必须之前提"。所谓"他在地"理解，亦即从他者的内部来理解。要正确

---

1 丸山眞男〈日本思想史における「古層」の問題〉，《丸山眞男集》第十一卷，172頁。
2 同上书，173頁。
3 同上书，176—177頁。

地把握历史，就须尽量避免"把现代的感觉投影到过去的时代"。[1]丸山的中国认识，与纵横两个方面的"他者感觉"都有关系。

第二节 历史主义视野下的中国观

丸山初期的思想史研究是立足于历史主义的"发展阶段论"观点的，其中国认识也基本上是以黑格尔的"中国停滞论"为依据的。从历史理解和异文化理解的纵横两方面来看，"他者感觉"都没有成为他所说的"必须之前提"或"学问性认识的起点"。这个特征典型地表现在战争时期的徂徕学研究论文之中，论文《日本近世儒学发展中徂徕学的特质及其同国学的关系》一开始就根据黑格尔的"中国停滞论"断定中国的特征是："所有社会关系的单位都是由家长绝对权威统率的封闭的家族社会，国家秩序正是在这个基础上构成等级序列，其顶点是作为父亲的专制君主"，并指出中国停滞的历史与儒教的地位有密切关系，儒教之所以成了专制体制的意识形态，这是"儒教本身内在的因素（比如高调主张维持等级秩序的礼、以天命为决定王位的基础）产生的结果"。[2]他以此对儒教做了彻底负面的定性。但这里所说的中国特征，显然有把日本近代天皇制社会的特征投影于中国的感觉，而且对儒教的定性，也不免把江户时代将身份等级制正当化的日本儒教投影于中国的朱子学，并带有把儒教超越的天道混同于现实政治权力的倾向。

---

1 丸山眞男〈日本思想史における「古層」の問題〉,《丸山眞男集》第十一卷，173页。
2 丸山眞男〈近世儒教の発展における徂徠学の特質並びにその国学との関連〉,《日本政治思想研究》新装版，5—7页。在1964—1967年度的系列讲座中，丸山转变成对"以天命决定王位"给予正面评价，认为那是对日本以血缘——天照大神子孙的血缘——作为王位正统性的同族集团思维的一个冲击因素。

当然如前所述，丸山是敢于晒出自己的矛盾和缺点，能负责任地坦诚反思的学者。战后，具体地说是1952年以后，他对上述立场观点做了多次反省。首先是早年的徂徕学研究论文被收录到《日本政治思想史研究》中时，丸山在全书的"后记"中做了自我批判，说此论文"最明显的缺陷是一开始就以中国的停滞性与日本的相对进步性作为前提"。这时他已目睹了大日本帝国崩溃和新中国成立的现实，因而给日本近代国家的"近代"加上引号，指出："对于经历过加引号之'近代'的日本，与没有这种'近代'之成功的中国来说，在以民众为基础的近代化这一点上，今日却出现了相反的对照。……所以'为何日本在东洋最先成功地树立了近代国家'这种设问是应该重新检讨的。"[1] 可见，他此时已摆脱"中国停滞论"的窠臼。之后，随着对"战后期"的反思，他痛切地认识到日本思想缺乏"坐标轴"、缺乏"永恒"价值，日本在吸收外来文化时惯于甩掉普遍原理等致命问题。大概从20世纪60年代中期以后，他反省自己早年受到历史主义的发展立场束缚，对朱子学的价值本身没能做出超越的判断[2]；而且无视了日本儒学与东亚各国儒学的不同，没有把日本朱子学中的"日本特征"考虑进去，而把江户时代前期的朱子学看成是"最纯粹（从中国）直接输入的朱子学"，其实林罗山也好山崎闇斋学派也好都对朱子学做了明显的修改[3]。1964—1967年度的讲座大幅度纠正了早年的观点。

　　当然，丸山能到达这种反思是经历了一个过程的。平石直昭在

1　丸山眞男〈あとがき〉，《日本政治思想史研究》新装版，371页。平石直昭认为，丸山能对自己的中国认识做出这种反省，是因为他本来就具有评价1949年革命和接受竹内好的中国论的思想素质，而当时很多抱有中国停滞观的日本知识分子并没有做出丸山那样的转变（平石直昭《福澤諭吉と丸山眞男——近現代日本の思想の原点》，202页）。
2　松沢弘陽・植手通有・平石直昭編《定本 丸山眞男回顧談（上）》，238页。
3　丸山眞男〈英語版への著者の序文〉，《日本政治思想史研究》新装版，402—403页。

《丸山真男集 别集》第一卷的"解说"中披露了松泽弘阳的一个证言，即丸山的挚友永山正昭曾就内在理解的问题给予丸山很大的启发。据松泽所证，丸山说永山"曾批评他过去的论文（应是指徂徕学研究论文）只是外在地把握思想，没有进入思想的内部进行格斗，建议他学习J.M.玛利的陀思妥耶夫斯基论的方法。因而自己从福泽研究起就在方法上做了改变"。[1]这种方法改变，首先体现在最早的福泽研究论文《福泽谕吉的儒教批判》（1942年）中，若仅就中国观而言，大概是表现为把儒教的思想体系与作为日本人思维方式的儒教范畴区别开来。实际上到了1966年度讲座时，这个认识就发展到明确地区分作为学问与作为体制意识形态的儒学之不同，承认作为学问的朱子学具有超越的普遍规范的可能性。

另外，丸山的福泽研究也突破了徂徕学研究中评价统治者"制作"的视野，全面折服于福泽所倡导的树立国民自主人格的精神革命。以此为契机，他对中国的国民心理变革产生了高度关注。1944年他因病被免除兵役后，就开始研究关于孙文和梁启超的中国历史文献（日译本）[2]，还为高桥勇治的著作《孙文》写了书评。书评中指出当时日本人对三民主义的各种议论仅仅浮于外在的理解，认为如果只立足于这种外在的观点，就无法理解三民主义为何在中国思想史上能成为支撑国民大众内面意识的唯一意识形态，为何今日国民政府、重庆政权、延安政权都竞相主张自己是孙文和三民主义的忠实继承者，将此作为自己正当性的根据，因而主张要"内在地"理解三民主义，所谓内在地理解就是要"把握孙文自身的问题意识"。[3]

丸山自身对孙文的内在理解，集中体现于1946年4月他在东洋

1　平石直昭〈解題〉,《丸山眞男集 別集》第一卷，岩波書店，2014年，409頁。
2　《丸山眞男集 別卷 新訂增補》，47頁。
3　丸山眞男〈高橋勇治「孫文」〉,《丸山眞男集》第二卷，271頁。

文化研究所做的题为"孙文与政治教育"的公开讲演中。[1] 讲演以北一辉的《支那革命外史》（1921年）为例，指出其对三民主义的责难是缺乏内在理解的，认为从孙文自身的问题意识来看，他是力图把一盘散沙的人民改变为具有政治意识的国民。"孙文的第一课题，就是要让只享有非政治的自由、只意识到自己是被统治者的国民大众，理解到自己是承担国家大事的主体，产生出一种把国家和政治视为己任并主体地去承担的精神。"其政治教育的目标，是要"将只有被统治者意识的个人培养成政治的国民，即把政治作为自身之事而参与的国民"。"换句话说，就是使全体人民政治化，亦即让政治变成人民的东西，同时让政治人民化，让政治与人民的全部生活结合起来。"总之在孙文的思路中，"民众意识的改造"才是中国革命的核心课题。"具有精神革命的革命才是真正的革命"，这是孙文的根本信念。[2]

当然，丸山一方面努力进入孙文思想内部对三民主义做内在理解，另一方面又通过把孙文引入自己的内部来进行对话。从讲演的内容中可以发现有些话语跟丸山在福泽研究论文中的论述很相似。比如他1943年发表的《福泽的秩序与人》中说过，日本民众的最大问题是，"国民的大多数仅仅是作为政治统治的客体而顺从于被给予的秩序"。所以日本最重要的课题，是培养每个国民的政治主体意识，使民众"由单纯被动地接受外在给予之秩序的人，转变为能动地参与秩序创造的人"。[3] 可见，这一点正是他对孙文产生共鸣之处，他在思考战后日本所面临的课题时，从孙文的核心课题中获得了启发。正如平石直昭所说，此讲演的问题意识是探讨"战败初期如何通过政治教育

---

1 这个讲演也成了丸山真男与竹内好开始交流的契机，讲演前他通过东洋文化讲座的发起人饭塚浩二的介绍与竹内好相识，竹内还把中文原版的孙文《总理全集》借给了丸山（平石直昭〈解题〉，《丸山眞男集 別集》第一卷，408、410页）。
2 丸山眞男〈孫文と政治教育〉，《丸山眞男集 別集》第一卷，86—88、90、93—95页。
3 丸山眞男〈福沢に於ける秩序と人間〉，《丸山眞男集》第二卷，220页。

让民主主义在日本扎根"。这里所强调的精神革命和伦理主体性，与1946年5月发表的论文《极端国家主义的逻辑与心理》所说的谋求"国民精神的真正变革"是相通的。[1]

尽管如此，对他者的内在理解大概是很困难的，丸山对孙文的理解也难免有把自己的感觉投影于他者的情况。比如孙歌的论文《丸山真男的"三民主义"观》指出丸山在对孙文的理解上有偏差，强调孙文的思考与丸山相反，是要从中国的传统中寻求建设现代国家的契机，而且恰恰是要活用丸山所批判的德与政治相结合的"前近代"思维来推进中国的近代化，尝试通过"德"来使人民的"非政治的自由"政治化，特别谈到的事例是将宗族的团结力和献身精神转化为对国族（国家）的献身。[2]在此不打算对孙歌的孙文解释做评论，但有一点可以肯定，孙文的确是想从伦理与政治相结合的传统中寻求近代革命的因素。孙文认为，"格物、致知、诚意、正心、修身、齐家、治国、平天下"的儒学思想中，蕴含着培养人民关心政治的主体意识的智慧，他说这段话"把一个人从内发扬到外，由一个人的内部做起，推到平天下为止"。[3]

还有，张崑将的论文《孙中山对儒家思想的创造性转换：以"道统论"与"行易知难说"为核心》也论述了孙文思想与儒教的正面关系。此文开首就引用了《中华百科全书》中关于"中国道统"的记载：

> 民国十年，国父在桂林，共产党第三国际有个代表马林

---

[1] 平石直昭〈解題〉，《丸山眞男 別集》第一卷，409页。
[2] 孫歌〈丸山眞男の「三民主義」観〉，東京女子大学丸山眞男記念比較思想研究センター編《20世紀日本における知識人と教養——丸山眞男文庫 デジタルアーカイブの構築と活用》，2017年，142—143页。
[3] 孙中山《三民主义十六讲》，孙中山研究学会编《孙中山文集》上册，团结出版社，1997年，123页。

（Marling，瑞典人）曾经问国父："先生的革命思想基础是什么？"国父当时答复说："中国有一个道统，尧舜禹汤文武周公孔子，相继不绝，我的思想基础就是这个道统；我的革命就是继承这个正统思想来发扬光大。"因此，中国道统由于三民主义的继承而发扬了时代精神。

当然张崑将认为，孙文的所谓"继承道统"并非照单全收，而是做了"创造性的转换"。[1]他还引用了现代新儒家牟宗三的看法——孙文推动的民主政治是实现中国的"新外王事业"：

> 中国老名词是王道、藏天下于天下，新名词是开放的社会、民主政治，所以这是个共通的理想。故而民主政治虽先发自于西方，但我们也应该根据我们生命的要求，把它实现出来，这就是新外王的中心工作。对于这个观念，当年孙中山先生辛亥革命时，非常清楚。以后渐渐变形、模糊，而被人忘掉了。

张崑将指出，牟宗三说"渐渐变形、模糊，而被人忘掉了"，是因为孙文当年以"新外王事业"推动民主政治，但后来没被继承下来，未能确实地实施民主政治。这也是"对当时台湾权威体制有些难言之隐的批判"。[2]由此可知，"新外王事业"与权威主义是根本对立的。儒家提倡的"内圣外王"是个人内面的人格理想与政治理想的结

---

[1] 张崑将《孙中山对儒家思想的创造性转换：以"道统论"与"行易知难说"为核心》，林碧蓉编《传承与创新：纪念国父孙中山先生150岁诞辰》（下册），台北市国父纪念馆，2016年，232—233页。引文出自陈立夫编《中华百科全书》第二册"中国道统"条，中国文化大学出版部，1981年，76—78页。

[2] 张崑将同上论文，233页。引用文出自牟宗三《政道与治道》，学生书局，1991年，21页。

合，如果用现代语来诠释，"内圣"就是个人伦理主体性的修养，"外王"是政治参与，正如牟宗三所说的"开放的社会、民主政治"。这是以人民对"圣"的内面信念为基础的，与康德的内面价值相通，与福泽所说的自己内面"无缺的金玉"也相通，当然与丸山在《极端国家主义的逻辑与心理》中说的"作为近代人格前提的道德的内面化"[1]也是相通的。张崑将所引用的历史证言以及他对程朱理学与三民主义的思路逻辑的实证考察，都有力地说明了孙文的三民主义与儒教思想有正面的继承关系。

然而，丸山在《孙文与政治教育》讲演中，虽然承认孙文在宣讲三民主义时最大限度地利用了儒教，但明确指出三民主义是对儒教的否定（negation），这是三民主义的本质特色。他说孙文尽量使用儒教的范畴，只是为了让中国人更容易理解三民主义，即孙文的"战法"。[2] 这大概是因为，丸山的历史主义（"发展阶段论"）立场难以承认近代化还需要旧时代的儒教。同时也因为在世袭等级制下的江户时代，日本儒教把"民"视为道德"外"的存在，道德修养只是统治阶级（武士）的事情。但在没有身份等级制的中国，道德修养是所有人的事情，"内圣外王"是人民性的。丸山无意识地把日本的感觉投影于中国，所以不能理解孙文活用儒教的意义，更难产生牟宗三那样的思路。这时他还未认识到近代化的历史进步需要有"相当于坐标轴的思想传统"。

---

1 丸山眞男〈超国家主義の論理と心理〉，《現代政治の思想と行動》新装版，14页。
2 丸山眞男〈孫文と政治教育〉，《丸山眞男集 別集》第一卷，105—106页。早在《日本政治思想史研究》的第一篇徂徕学研究论文中，丸山就把三民主义视为与儒教的断绝。他说："在最近之时代，由于国际压力渐渐使近代市民的思维渗透于中国社会，儒教才开始面对三民主义这个与自己完全系统相异的社会思想。"（丸山眞男《日本政治思想史研究》新装版，6页）而讲演《孙文与政治教育》依然维持这个观点。

不过，应该看到丸山确实是在努力进行内在理解。他的特色在于通过内在地理解"他者"，反过来达到自我认识。丸山在对亚洲民族主义的认识中表现了这样的"他者感觉"。1949年度讲座就是一例，那时他还是非常历史主义的，他承认帝国主义是民族主义发展的必然结果，同时认为帝国主义对亚洲的侵略打破了亚洲的封闭社会，才使之具有了民族主义的实体基础，这个观点只强调了"实然"而没有关注"应然"。尽管如此，丸山对中国的评价表现了一定的内在理解。他说："在遭到列强侵略而受害最深的中国，民族主义运动作为最革命的政治力量集结起来，经过辛亥革命打倒了清朝，结束了数千年的停滞，迈开了历史更新的一步。这不是偶然的，这正是最典型的帝国主义生出了最典型的近代民族主义这个逆子（孙文的三民主义——民族、民权、民生［孙文是个天才！]，还有从中共的新民主主义里，也可以看到民主主义与民族主义相结合的最纯粹的形态）。"[1]这里起码承认了中国已打破停滞，并走到近代民族主义的纯粹形态。

这里最值得注意的是，正如丸山晚年在回顾谈里所说，他从孙文那里"学到了民族主义与民主主义的结合"。[2]这一点成了他把握亚洲民族主义的坐标，由此又反过来加深了对日本的自我认识。1951年他在分析日本民族主义时指出：

> 日本的民族主义，受其社会构成、政治构成乃至文化构成的影响，一方面不同于西欧的古典民族主义，具有与亚洲型民族主义共通的因素，另一方面又具有与中国、印度、东南亚诸国的民族主义截然不同的特性，这一特性可以看作是欧洲民族主义的一个变种形态。[3]

1　《丸山眞男講義録［第一冊］日本政治思想史1949》，32—34頁。
2　松沢弘陽・植手通有・平石直昭編《定本 丸山眞男回顧談（下）》，142頁。
3　丸山眞男〈日本におけるナショナリズム〉，《丸山眞男集》第五卷，58頁。

这里所说的"西欧的古典民族主义",是指跟人民主权相结合的"近代"民族主义。而所谓"变种形态",是指日本没有经过"近代"民族主义就早熟地步入"现代"帝国主义。丸山认为,日本的民族主义不仅没有跟社会革命内在地结合,而且对社会革命及其潜在因素都加以压制,早早就放弃了人民解放的课题,国民主义迅速转向国家主义乃至极端国家主义,这是严重关乎国民精神结构的问题。[1]与之相对照,他指出"亚洲型"的民族主义具有另一种共同的历史特质。亚洲诸国本来都是比较封闭的社会,因受到外来的武力打击或威吓而被强制编入国际社会。面对这种冲击,(各国)先是表现出一种"早期的"民族主义,即统治阶层为维护既有的特权和旧体制而采取守旧排外的防卫性政策,其结果是蒙受帝国主义列强的集中蚕食,甚至沦为殖民地。但这个悲惨命运反而使抵抗帝国主义侵略的民族主义运动与改变旧体制的革命运动结合起来了。"民族主义与社会革命的一贯的内在结合,在今日中国表现得最典型。"[2]可见,丸山通过学习孙文把"民族主义与民主主义"相结合的思想,在中日近代化的比较方面立足于以民众为主体的价值判断标准,因而看到了民族解放运动时期中国具有比日本更强的"近代"性。顺便提一下,这时丸山已通过1949年的论文《近代日本思想史中的国家理性问题》与竹内好进行过思想交锋,后来还在1952年出版的《日本政治思想史研究》"后记"中做了自我批判。

第三节　"永恒与时间"视野下的中国观

　　如前所述,丸山从20世纪50年代中期以后,通过对"战后期"

1　丸山眞男〈日本におけるナショナリズム〉,《丸山眞男集》第五卷,66页。
2　同上书,61—62、64—65页。

的反思和迷惘中的探索，逐渐摆脱了历史主义的束缚，特别是摆脱了单线的发展阶段论，转变为承认历史"时间"中蕴含着"永恒"价值，"永恒"寻绎于多样性之中。自此以后，他更多地表现出"相关主义"立场，承认近代化路线可以有复数的形态，"作为永久革命的民主主义"可以有多种途径，古今东西历史中人们探索的文明化道路都有可能通向普遍真理。而随着这种视野的变化，他在对中国的理解方面，也显示出更强的"他者感觉"。

众所周知，20世纪50年代初是冷战走向激化的时期。这时丸山已认识到，仅仅用自由主义对全体主义、资本主义对社会主义的"公式"来简单地划分世界是错误和危险的，应该谋求两个世界的"共存"，这是和平的基本要求。为此他除了希望两个世界能通过各种方式展开对话之外，更期待那些不愿在美国或苏联任何一方站队的国家能形成第三势力。具体是寄希望于曾遭受列强侵略而在"二战"后取得民族独立的亚洲国家，特别是中国。他认为中国不会成为苏联的木偶，中国曾经因日军的侵略以及内乱而蒙受了巨大灾难，中共领导人要在荒芜的国土上进行艰难的工业化和农业改革，所以不会做那种火中取栗的蠢事，而且中国今后会朝着提高自身国际地位的方向走独立的道路。[1] 他主张两个不同的世界"共存"，既是和平思想，也是"他者感觉"的一种表现。

这个见解经过数年的斟酌和60年代初去英美访学以后，在理论上发展为承认近代化多样性的观点。丸山过去基本上是采用以西方为模式的近代化标准来分析日本和亚洲诸国的，但这时明确否定了西方中心的单一标准。比如在1964年一桥大学学生政治学研究会主办的座谈会上，他说：

---

[1] 丸山眞男〈三たびの平和について〉，《丸山眞男集》第五卷，24—25、27页。

不同形态的近代化也是存在的。并不是只有典型的the"近代化",还有复数的"近代化"。日本的近代化形态与中国的"近代化"形态是不同的,也没有必要相同,正如日本的"近代化"与欧洲的"近代化"也是不同的那样。我的这个想法在战后逐渐加强了。以前在写《日本政治思想史研究》的时候,曾以the"近代化"为标准来衡量日本近代化达到了哪种程度,但就"近代化"的内容而言,至少也对当时的马克思主义者所主张的"近代化"发展阶段论感到了不满。但还是承认the"近代化",因为当时没有想过会有复数的"近代化"和有必要对之做比较。

然而把"近代化"硬塞进西欧历史抽象出来的单一发展阶段论所构成的概念之中,就反而把西欧的发展在全世界普遍化了。很多马克思主义者说……必须经历西欧的发展阶段,那是世界史的普遍法则。但即便是在西欧,比如将法国与英国比较也会遇到难题,实际上是非常复杂的。……即使舍去各种具体问题,那些从封建制到资本制,从工厂手工业到机械生产等说法,只不过是分析欧洲历史的概念装置。……如果概念装置仅仅限于这些的话,所谓后进国的历史过程就有太多问题无法解释了。……实际上,一个传统的体制被打破以后会产生出各种方向,西欧的资本主义方向只是其中之一。……关于某种传统社会崩溃时出现的方向,即便称为近代化,其实也是多元的,将那些形态做各种比较也许更有效。[1]

这个思路也表现在同年出版的《(增补版)现代政治的思想与行动》的"追记和补注"里的中国论述之中。那里有一段对《"现实"

---

[1] 丸山眞男〈普遍の意識を欠く日本の思想〉,《丸山眞男集》第十六卷,54—55页。

主义的陷阱》一文的追记，谈到了他并不是主张所有国家都必须把西欧的近代作为历史阶段来经历，认为"在所谓后进地域，并不能原原本本地移植西方式的民主主义。那种通过西式的自由把人格解放出来的历史过程，在后进地域里，则是由"比欧洲的推进力量更'左'的力量来承担的，或者说不得不由其来承担，这就是那些地域自身的历史状况"。他还就中国的情况做了如下分析：

> 我在文中说"在亚洲社会，靠共产主义的力量反而能实行近代化"，这并不是说一定要由共产主义或共产党掌握主导权，……以其为主体来推行近代化，而是说共产党成为推进力量。……在中国，现在的政治形态其实是联合政权，因为如果不能得到相当广泛的社会团体参加，就难以革命。……而且，中国革命通过推翻乡绅统治和宗族主义，"像原子核被解体那样"，曾封闭数百年的巨大社会能量被解放出来了。关于这一点，我从哈佛大学的费正清教授，还有论述过中国与日本近代化之不同的竹内好氏那里得到了启发。[1]

由此可知，丸山所说的"近代化"已摆脱西方模式的发展阶段论——从封建社会到资本主义社会、从工厂手工业到机械化产业的单一路线，并从多样的近代化中抽取出了"一个传统的体制被打破以后会产生各种方向"的这个普遍性意义。换句话说，他是从各国各地域的历史"时间"中发现了近代化的多样性，又从近代化的多样性中发现了各国各地域所共通的"永恒"价值。这个"永恒"价值就是民主主义（见第Ⅰ卷第四章中关于"近代化的范式转变"的阐述）。这时他说的民主主义，并不是特指西方近代资本主义下的民主制度，而是

---

[1] 丸山眞男〈追記および補注〉，《現代政治の思想と行動》新装版，514—515頁。

指超越了资本主义或社会主义等历史体制的,人类从古希腊时代就开始追求,到近代欧洲,再到现代社会主义诸国都在追求,并将继续追求下去的人类共同理想,故称之为"永久革命"。随着这个"近代化"课题的范式转变,他对日本历史上"文化接触"的研究视野,即从只关注基督教传入和幕末维新以及战后等西洋文化的冲击,扩大到关注古代与隋唐的文化交流和大化改新,不再拘泥于"传统与近代""亚洲与西洋"等落后与先进的公式。

在这种新的视野下,面对冷战激化的世界,他摆脱了自由主义与全体主义、资本主义与社会主义对立的冷战"公式",以走向"开放社会"为基本立场,从树立民众的伦理主体性这个更具人类普遍价值的观点来看问题。这时,他的中国论从评价孙文的民众意识改革,进一步扩展到评价"五四运动"和毛泽东领导的中国革命,其中最重视五四运动(指广义的五四新文化运动)。

虽然丸山已于1996年离世,未能看到今日的中国,但我们不妨看看他晚年是如何论述中国的。他说辛亥革命打倒了君主专制的传统,具有划时代的意义,但缺乏广度。而五四运动打破了文化与大众的隔绝,使辛亥革命开启的民众意识改革扩展到整个社会和文化领域。如果没有五四运动,就不可能有1949年革命的成功。不过1949年以后,一些思想成果在特殊的历史条件下出现了断裂。他有一个基本观点,认为革命除了制度的变革之外,还需要有一种精神变革或文化变革,这种变革不仅要在知识分子层面,而且要在大众层面推进。这一点日本并没有做好,本来明治维新初期的启蒙思想和自由民权运动都曾是谋求在大众范围确立自由和民主的。所以今日的中国再以五四运动为原点,重启国民规模的文化变革,也绝不是历史的倒退。[1]

---

[1] 1989年跟中国留学生的座谈,丸山眞男手帖の会编《丸山眞男話文集4》,みすず書房,2009年,290、292—293页。

丸山认为如果从政治革命、社会革命、文化革命三个方面来看，人们对中国的1949年革命在社会革命方面的评价是过高的。因为1949年革命主要是在政治方面实现了国民的统一和国家的独立。而孙文三民主义的民生主义则属于社会革命，主张耕者有其田，并从那时已开始社会变革，后来毛泽东的中国革命也继承了孙文的这个课题，但制度变革和社会革命的困难在于"制度中的精神"难以改变。1949年革命主要完成了民族主义课题，但社会改革方面未解决的问题堆积如山，作为社会革命是未完成的。[1]再从"制度中的精神"来看，五四运动在文化革命方面具有决定性的意义，提倡扫除文盲、国民皆受教育，并已开始推进初步的义务教育，打破了知识与专制结合的状况，"民主与科学"是划时代的，但后来其成果未能得到很好的继承。马克思列宁主义是一种哲人政治，认为必须由最先进的人——先锋队（党）以铁的纪律来领导无产阶级大众，唯有作为先锋队的党才知道真理，所以只能由这个党来给人民灌输真理。在中国，柏拉图的哲人政治和尧舜以来的圣人政治传统黏合在一起，人们便容易接受先锋队（党）领导一切的思维。[2]正是立足于这个观点，他特别重视五四运动，认为"民主与科学"对于打破哲人政治的思维具有重大意义。

当然，丸山对新中国和中国共产党基本上是从普遍主义的观点来正面评价的。比如1989年3月11—25日李泽厚受邀访日，20日与丸山真男进行了对谈。李泽厚谈到自己主张的"西体中用"时说，"需要采用别国优秀的东西，使之成为自己的东西"。丸山对其表示赞成，但同时指出："必须注意把发生论与本质论区别开来，否则就会对西洋一边倒，……普遍性才是重要的。"他并以中国共产党为例，评价其采用马克思主义的普遍世界观是具有划时代意义的。丸

---

[1] 1989年跟中国留学生的座谈，丸山眞男手帖の会编《丸山眞男话文集4》，みすず書房，2009年，302—303、308—309页。

[2] 同上书，311—312页。

山认为:"新中国是立足于普遍主义世界观的。那不是一国独占的东西,中苏论争正因为通过普遍主义的世界观来展开,所以能把自己相对化。……人们往往看到毛泽东以农民苏维埃为主力使革命获得了成功,就强调中国与苏联不同。但毛泽东是立足于普遍的世界观,把马克思主义运用于民族的历史条件中的,这个不朽的功绩应该得到评价。……尊重民族文化的特殊性当然很重要,不宜使各国划一,多样性才是理想的。但又不能把特殊性绝对化,应将之相对化。如果不立足于普遍主义,就会陷入相对主义,反而不能把自己相对化。"[1]这里所说的"把自己相对化",是指多种立场与普遍真理相关的"相关主义",这跟"相对主义"不同,相对主义是把自己绝对化的。可见,晚年丸山的中国认识已排除了单线的近代化标准,既承认"近代化"的多样性(多种道路的可能性),又注重从各国的多样性中发现其与普遍价值的相关关系,以丰富的"他者感觉",从纷繁的"时间"中寻绎共通的"永恒"。

丸山的这种看法到了20世纪90年代以后也基本上没有变化。一方面,他说即便(在某些日本人看来)1949年革命以后中国共产党所做的一切全都是错的(他认为这是不可能的),也不应该用虚无主义的态度来看近代中国。以孙文为代表的三民主义就是要抵抗帝国主义、谋求中国的独立,毛泽东也是继承这条路线的。他们把分裂成一团乱麻的中国统一了,并把中国从帝国主义的桎梏下解放出来,取得了国家独立。在这个过程中,因国民党的腐败,民族主义革命转为由中国共产党主导,从这个意义上说,由毛泽东所领导的中国共产党实现了中国的统一和独立是不可否定的事实。即便是应该否定"大

---

[1] 近藤邦康〈特別寄稿—一九八九年三月二〇日丸山眞男・李沢厚対談〉,《丸山眞男記念比較思想研究センター報告——文部科学省「私立大学戦略的研究基盤形成支援事業」報告》第10号,2015年3月,111—112页。

跃进""文革"等政治运动,但那个使中国脱离殖民地化,达成统一和独立的革命成果也依然是存在的。不过他同时也认为,新中国成立后,近代以来的文化成果经历了一些挫折,问题恐怕在于"主义"在取得政权之后就"国体化"了,先锋队(党)成了一切真理的代表。[1]所以,丸山感到中国需要重新确认五四运动的原点,由那里重启国民规模的文化变革。

而关于改革的思想资源问题,后期的丸山已摈弃那种一味追随"新"东西(或固定地追随西方)的思维。随着其"近代化"课题把融入人类普遍价值作为文明化的坐标轴,他改变了之前把思想视为历史阶段之产物的历史主义观点,在发掘智慧资源方面视野大为拓广。比如,他在1989年跟中国留学生的座谈会上谈到"历史的一次性与法则的普遍性"时说,就中国而言,五四的"民主与科学"跟春秋战国的诸子百家,作为历史时间虽远隔数千年,但作为思想价值不一定没有相通之处。革命是由人来推进的,而人性是基本不变的,古今打倒旧制度和建立新制度都会有某些共通性,否则,古典在今日就不可能具有生命力。柏拉图、亚里士多德、希腊的民主,都是建立在奴隶制条件下的,但欧洲各国在政治方面依然把柏拉图的国家论、亚里士多德的政治学作为古典来学习。在中国,儒教和诸子百家都是古典。古希腊、春秋战国时代的历史条件与现代完全不同,在历史和社会条件完全不同的情况下,我们怎样向古典学习呢?将其普遍价值从历史条件中抽象出来,古典就活起来了。[2]这里表达了他的一个重要观点,即普遍的思想具有超越"时间"的"永恒"性,不应随着历史的发展而被涤除。

---

[1] 1991年关于〈現代中国と日本〉的座谈,丸山眞男手帖の会編《丸山眞男話文集続2》,みすず書房,2014年,340、344頁。
[2] 1989年跟中国留学生的座谈,《丸山眞男話文集4》,300頁。

结　语

　　丸山真男的思想史学，从价值哲学与历史主义的纠结发展到两者交互鸣奏，从追求"发展阶段论"时间轴上的近代化，转变为在历史"时间"中寻绎"永恒"，最终把走向"开放社会"的文明化视为根本目标，以古今东西全人类一直追求的共通理想——民主主义作为"永久革命"的普遍课题。这绝不是一种超逸的空论，而恰恰相反，这正是产生于丸山对日本战前至战后历史的深刻反思，并且扎根于他坚韧不拔的改革实践的。无论是解剖阻碍普遍思想在日本"传统化"的思维方式，还是发掘历史上曾经出现但又被消弭的"普遍者的觉悟"，都是为了推进日本国民树立自主人格和内面信念的精神革命。

　　福泽谕吉研究起始于追求直线近代化的历史主义，但对福泽"独立自尊"思想的认同则成了体悟"永恒"价值的契机。经历了对战后改革挫折的反省，丸山显然痛感到了"独立自尊"需要国民树立坚定的内面信念，独立的人格需要有一种超越实感的"看不见的权威"来规范自己和审视现实，故而他从"价值判断的相对性主张"转变为通过多元讨论追求真理的"相关主义"。同时，他还意识到"独立自尊"不可缺乏"他者感觉"，不仅是对他人以及日本国内的各种相异团体，而且对亚洲邻国乃至世界上的其他国家和民族，都需要有对"他者"的内在理解和人类共感。这是一个真挚的、不断反思的探索过程，始终是为了引导日本国民冲破"同族集团"的封闭性，摆脱依存权威和追随大势的惯性思维，自主地从多样的文化中选择自己的内面价值，以建立对本国和世界有担当精神的民主之德。

然而，这个课题的推进也许确实是非常困难的。实际上，丸山直到晚年依然对沉淀于日本精神结构底层的问题抱有深刻的忧虑。1995年12月，他与几十名以前东大丸山研究班的弟子聚会，在那里发表了他人生最后的讲演："日本确实有些怪异，近来世间最吵嚷的事就是奥姆真理教[1]，很多人认为那是异常的，与自己无关的。……但在我看来，那并不是他人的事，简单地说，想起我的青年时代，整个日本国就是一个奥姆真理教。……一出了日本就完全行不通的逻辑，在日本社会内却可以堂堂通行。"[2] 丸山虽然没有说现在的日本像一个奥姆真理教，但这无疑是对今日的"警世"之言。

---

1 奥姆真理教是日本的一个新兴宗教团体，教祖为麻原彰晃（本名：松本智津夫），此团体极其封闭且具有暴力性，1989年11月杀害一名律师的全家，1994年6月散布剧毒的神经毒气（沙林）致七人死亡和几百人负伤，1995年3月又在地铁散布沙林毒气致十二人死亡和几千人负伤。

2 此讲话的录像由"丸山Seminar有志之会"提供，在1996年涩谷公会堂悼念丸山的"思念会"上向市民公开。后又收录于NHKETV（教育台）系列节目"戦後史証言プロジェクト日本人は何をめざしてきたのか知の巨人たち"第3回："民主主義を求めて～政治学者丸山眞男～"（2014年7月14日播放）。

后　记

当我写完本书的书稿时，内心充满了感激之情，首先是感谢我的恩师丸山真男先生。在丸山真男门生中我是最后一个，但不是大学体制内的学生，因为我在东京大学读博士时，丸山先生已是东京大学的名誉教授。我最早读到的丸山著作是《日本的思想》（岩波书店新书版，1961年），那时还在广州上大学二年级，非常缺乏关于这本著作的背景等基础知识，对书中的一些重要内容和观点还不甚理解，但已被此书的魅力深深吸引，因为我感到，作者透过历史的现实把握住背后的深层思维并将之结构化，揭示出了催人反思的现代课题。自此我对思想史研究产生了强烈的关心，这也是我赴东大留学的重要动机。与丸山先生邂逅也许是因缘际会。记得在1987年我刚考上东京大学博士课程不久，丸山先生偶然看到我的一篇论文，便让他的朋友安东仁兵卫先生找到我，约我在东京吉祥寺的一家西餐厅讨论中日思想史的问题。我万万没想到会以这种形式与自己一直敬佩的这位大学者见面，起初心情非常紧张，但因为丸山先生的慈祥和耐心，谈话的气氛渐渐变得轻松愉快，不知不觉就谈了好几个小时，然后他表示乐意当我的私人导师，我真是喜出望外，由此我就成了他退休后的门生。这对我来说，真是学术生涯乃至整个人生的最大幸运。

丸山先生一般是通过给我批改论文和讨论等形式来指导，有时在吉祥寺他家附近，有时在热海他的公寓，讨论的话题主要围绕日本思想和中国思想展开。先生总是很慈祥很耐心，但又很敏锐很严厉。他待人的态度非常平等，连我这种学术还未成熟的历史学徒，如有不同意见，他都能认真地倾听。我时而也参加他与朋友的对话，先生的健谈在日本是有名的，那些对话都是在轻松阔达的气氛中进行，既风趣，又令人感到气势磅礴。我还注意到，先生的交流对象主要不是职业学者，而是普通市民，是对社会抱有担当精神和忧患意识的市民。他认同福泽谕吉的文明观，将国民智德的进步视为文明的核心基础，强调市民日常的学问性思考才是支撑一国学问的力量。在他的心目中，知识分子应该产生于国民，而不一定是职业学者。

丸山先生也很关心来自亚洲邻国的学子，当我告诉他东京有一个在日中国留学生和学者组成的研究会时，他非常高兴，表示很乐意跟大家对话。于是1988年10月在东京六本木的国际文化会馆举办了与中国学人交流的座谈会。因先生身体欠佳而不宜召开大规模的会议，所以参加人数限定于20名左右，事先由参加者提出所关心的问题，最终围绕"儒学、近代化、民主主义"这个题目进行了对话。后来，1989年6月，他还在吉祥寺车站附近的西餐厅与中国留学生座谈，从世界革命史的规律性和普遍性谈起，进而对中国的五四运动和1949年革命的历史进行了分析，让我们学会了要跟眼前的现实拉开一定的距离，从学问和思想的高度去思考现实问题。

20世纪90年代初，中国的改革开放走到了一个拐点，前景呈现出多样的可能性，丸山先生对中国的发展寄予关心，为推动东亚近代化的思想交流，他和我一起编辑了中文译著《福泽谕吉与日本近代化》（上海学林出版社1992年初版，北京师范大学出版社2018年第三版）。在这本书的编译工作中，他也是非常注意将自己的作品相对化的，比如他在"原作者序"中说，以福泽"实学"观念的转换和福泽的哲学为主题的论文,是在"二战"刚结束的混乱状态下执笔和发表的,不免带有那种内外混沌而且动荡的时代烙印。当我的译稿完成时,他还叮嘱我不要忘了在"译者序"中写上"丸山在日本也受到多种立场的反对"一句,这正反映出丸山先生对他者的尊重和主张多元交流的开放态度。记得有一次他与我在热海的公寓讨论"相关主义"问题,先生在纸上画了一个大圆圈,旁边还画了很多小圆圈,大圆圈表示普遍真理,小圆圈表示从不同角度与真理相关的多种思想,每个小圆圈都有一条线与大圆圈连接,以此图来讲述对相关主义的理解,给我留下了很深的印象。也就是在这次讨论中,我确认了丸山先生对福泽谕吉的评价,已从"价值判断的相对性"转变为"相关主义",也就是说,他承认福泽主张的"多事论争"是一种"相关主义"的方法,其意义并不是把价值判断相对化,而是通过立足于个人主体性的多元意见交锋来探索普遍真理。

　　丸山先生的学问态度可以说集中表现为一个"诚"字。在学者中,能认真反思自己学术的人是很多的,但很少有人能像他那样把自己也作为解剖对象,通过自己著作的序言和后记以及"回顾谈",或撰写论文总结自己学术历程等方式,毫不避讳地陈述自己探索过程中经历的歧途,晒出自己的内在矛盾,表现出高度的自省精神和责任感。而且他非常坦诚地应对来自学界的各种批评,比如在与竹内好的交流中表现出的态度。即便在面对现实中令人失望的倾向,包括舆论对他本人的攻击时,他都没有任何个人的抱怨,而是将之视为一种研究对象来进行分析。这些都体现了他多元开放的"相关主义"精神。故此本书在附录1"参考文献"中,不仅把丸山先生的著作目录尽量完整地归纳出来,而且还把中日学界研究丸山真男的各种不同观点的主要论著列举出来,给读者提供一个"多事论争"的交流平台,我相信这是符合先生之"诚"的。

　　丸山先生的"诚"对门生有很大的影响。"丸山学派"共有一种

"以超学问的动机"来推动学术研究的精神，旨在努力推进国民"独立自尊"的精神革命。但这完全不同于那些以祖师为真理的封闭学派，这里需要每个学人都能"独立自尊"和具有批判精神。对老师学术的继承决不是把"师说"作为教条，而是要内在地理解老师，同时又与老师拉开距离而客观地看待和超越之。松泽弘阳、渡边浩、平石直昭、饭田泰三、宫村治雄等著名的丸山真男门生，都是批判地继承了丸山的思想史学，我也是在这种学术气氛中形成自己的学问的。如果说我还有什么遗憾的话，那就是没能鼓起勇气向丸山先生说出我对他的儒教论和武士论的异议，在这一点上我没有当好他的学生。当然，就连这个反省意识，我也是在丸山门下学到的。总之对丸山先生的师恩，我有无以言表的感激。

同时我要感谢三联书店。当他们得知我以"永恒与时间"为主轴来阐述丸山思想史学之后，马上表示了热情支持，并接受了此书的出版。拙著能承蒙学术出版上具有声望的生活·读书·新知三联书店承担出版，我感到非常荣幸，在此深表谢意！

2022年夏　区建英　于日本

附录 1
参考文献

一、丸山真男著作目录[1]

(一) 单著

《日本政治思想史研究》,東京大学出版会,1952年(获得1953年每日出版文化奖)

 英文版:1974年

 新装版:東京大学出版会,1983年(收录了英文版的序言)

 中文版:徐白、包沧澜译,台湾商务印书馆,1980年

    王中江译,生活·读书·新知三联书店,2000年、2022年

《政治の世界》,御茶の水書房,1952年(1952年第二版有若干修订)

《日本の思想》,岩波書店岩波新書,1961年

 德文版:1988年

 英文版:1991年

 中文版:蓝弘岳译,远足文化出版,2019年

    唐利国等译,生活·读书·新知三联书店,2022年

---

[1] 这个目录尽量完整地归纳了包括本书引用文献在内的所有丸山著作,以供读者研究参考。

《現代政治の思想と行動》上・下，未来社，1956—1957年

《(増補版) 現代政治の思想と行動》，未来社，1964年

  英文版：1966年

  意大利文版：1990年

《後衛の位置から——追補「現代政治の思想と行動」》，未来社，1982年

《現代政治の思想と行動》新装版，未来社，2006年

  中文版：林明德译，台北联经出版，1984年

    陈力卫译，商务印书馆，2018年

《戦中と戦後の間》，みすず書房，1976年（1977年获得第四届大佛次郎奖）

《「文明論之概略」を読む》上・中・下，岩波書店岩波新書，1986年

《福泽谕吉与日本近代化》，区建英译，学林出版社，1992年

  第二版《日本近代思想家福泽谕吉》，世界知识出版社，1997年

  第三版《福泽谕吉与日本近代化》，北京师范大学出版社，2018年

《忠誠と反逆——転形期日本の精神史的位相》，筑摩書房，1992年

    ちくま学芸文庫版，1998年

  中文版：《忠诚与反叛——日本转型期的精神史状况》，路平译，上海文艺出版社，2021年

    《忠诚与叛逆——日本转型期精神史的多重面向》，区建英、陈力卫译，联经出版公司，2024年

《丸山眞男戦中備忘録》（石田雄解説），日本図書センター，1997年

《自己内対話——3冊のノートから》（小尾俊人編），みすず書房，1998年

《福沢諭吉の哲学他六篇》（松沢弘陽編），岩波書店岩波文庫，2001年

《丸山眞男セレクション》（杉田敦編），平凡社ライブラリー，2010年

《政治の世界他十篇》（松本礼二編注），岩波書店岩波文庫，2014年

《超国家主義の論理と心理他八篇》（古矢旬編注），岩波書店岩波文庫，2015年

（二）文集

《丸山眞男集》全16卷・別卷1，岩波書店，1995—1997年

《丸山眞男集 別卷 新訂増補》（松澤弘陽・植手通有編），岩波書店，2015年

《丸山眞男集 別集》全5卷（東京女子大学丸山眞男文庫編），岩波書店，2014—2024年

《丸山眞男講義録》全7冊（飯田泰三・平石直昭・宮村治雄・渡辺浩編），東京大学出版会，1998—2000年

　　　中文版：《丸山真男讲义录（第六册）》，唐永亮译，四川教育出版社，2018年

《丸山眞男講義録［別冊］》全2冊（平石直昭・宮村治雄・山辺春彦編），東京大学出版会，2017年

《丸山眞男書簡集》全5巻，みすず書房，2003—2004年

《丸山眞男話文集》全4巻（丸山眞男手帖の会編），みすず書房，2008—2009年

《丸山眞男話文集続》全5巻（丸山眞男手帖の会編），みすず書房，2014—2015年

（三）合著

丸山眞男等著《日本のナショナリズム》，河出書房，1953年

丸山眞男・加藤周一ほか著《反動の思想》，岩波書店，1957年

加藤周一・木下順二・丸山眞男著/武田清子編《日本文化のかくれた形》，岩波書店，1984年

丸山眞男・加藤周一著《翻訳と日本の近代》，岩波書店岩波新書，1998年

《丸山眞男座談》全9巻，岩波書店，1998年

《丸山眞男座談セレクション》上・下（平石直昭編），岩波書店岩波現代文庫，2014年

太田哲男編《暗き時代の抵抗者たち—対談古在由重・丸山眞男》，同時代社，2001年

古在由重・丸山眞男《一哲学徒の苦難の道——丸山眞男対話篇1》，岩波書店岩波現代文庫，2002年

梅本克己、佐藤昇との鼎談《現代日本の革新思想》，河出書房，1966年

　　　改題増補版《戦後日本の革新思想》，現代の理論社，1983年

梅本克己、佐藤昇との鼎談《現代日本の革新思想——丸山眞男対話篇2・3》上・下，岩波書店岩波現代文庫，2002年

聞き手 鶴見俊輔・北沢恒彦・塩沢由典《自由について——七つの問答》（編集グループ＜SURE＞），2005年

《丸山眞男回顧談》上・下（松沢弘陽・植手通有編），岩波書店，2006年

《定本 丸山眞男回顧談》上・下（松沢弘陽・植手通有・平石直昭編），岩波書店，2016年

（四）影像

NHKETV（教育台）特集《第1卷：民主主義の発見》，《第2卷：永久革命としての民主主義》（1996年分两天播放）

DVD：NHKエンタープライズ編《ビデオ 丸山眞男と戦後日本》全2卷，みすず書房，1997年

DVD：《学問と情熱 丸山眞男——響き続ける民主化への執拗低音》，紀伊國屋書店ビデオ評伝シリーズ（影像评传系列）第30卷，1997年（2004年再版）

NHKETV（教育台）系列节目《戦後史証言プロジェクト 日本人は何をめざしてきたのか 知の巨人たち》第3回：《民主主義を求めて～政治学者丸山眞男～》，2014年7月14日播放

东京女子大学丸山真男文库：

2015年3月，东京女子大学图书馆"丸山眞男文庫virtual書庫"开放。

2015年6月，东京女子大学图书馆"丸山眞男文庫草稿類digital archive"正式公开，可通过以下网页阅览草稿资料的数据库：http://maruyamabunko.twcu.ac.jp/archives/。

二、丸山真男研究文献[1]

（一）日文主要著作

子安宣邦《「事件」としての徂徠学》，青土社，1990年

　　　　　　　　　　ちくま学芸文庫，2000年

子安宣邦等《现代思想 丸山眞男「政事の構造」特集》，青土社，1994年1月号

都築勉《戦後日本の知識人 丸山眞男とその時代》，世織書房，1995年

　　　《丸山眞男への道案内》，吉田書店，2013年

石田雄・姜尚中《丸山眞男と市民社会》[転換期の焦点5]，世織書房，1997年

1　这个目录列举了包括本书引用文献在内的，中日学界研究丸山真男的各种不同观点的主要论著，以此给读者提供一个多元意见交锋的平台。

「みすず」編集部編《丸山眞男の世界》，みすず書房，1997年
情況出版編集部編《丸山眞男を読む》，情況出版，1997年
加藤周一・日高六郎《同時代人丸山眞男を語る》[転換期の焦点6]，世織書房，1998年
入谷敏男《丸山眞男の世界》，近代文芸社，1998年
中島誠《司馬遼太郎と丸山眞男》，現代書館，1998年
　　　《丸山眞男と日本の宗教》，第三文明社，1999年
中野雄《丸山眞男 音楽の対話》，文春新書，1999年
間宮陽介《丸山眞男——日本近代における公と私》，筑摩書房，1999年
　　　　　　　　　　　　　　　　　　　　　ちくま学芸文庫，2007年
　　　　　改名《丸山眞男を読む》，岩波書店岩波現代文庫，2014年
福田歓一《丸山眞男とその時代》，岩波書店岩波ブックレット No. 522，2000年
田中浩《日本リベラリズムの系譜 福沢諭吉・長谷川如是閑・丸山眞男》（朝日選書662），朝日新聞出版，2000年
今井伸英《丸山眞男と戸坂潤 護憲の論理と丸山政治学の陥穽》，論創社，2000年
宮村治雄《丸山眞男「日本の思想」精読》，岩波書店岩波現代文庫，2001年
　　　　《戦後精神の政治学 丸山眞男・藤田省三・萩原延壽》，岩波書店，2009年
吉本隆明《柳田国男論・丸山眞男論》，ちくま学芸文庫，2001年
長谷川宏《丸山眞男をどう読むか》，講談社現代新書，2001年
北沢方邦《感性としての日本思想 ひとつの丸山眞男批判》，藤原書店，2002年
大隅和雄・平石直昭編《思想史家 丸山眞男論》，ぺりかん社，2002年
小林正弥編《丸山眞男論 主体的作為、ファシズム、市民社会》（公共哲学叢書2），東京大学出版会，2003年
松本健一《丸山眞男 八・一五革命伝説》，河出書房新社，2003年
板垣哲夫《丸山眞男の思想史学》《歴史文化ライブラリー》，吉川弘文館，2003年
笹倉秀夫《丸山眞男の思想世界》，みすず書房，2003年
佐藤瑠威《丸山眞男とカール・レーヴィット 近代精神と批判精神をめぐって》，日本経済評論社，2003年
冨田宏治《丸山眞男——「近代主義」の射程》，関西学院大学出版会，2003年
　　　　《丸山眞男「古層論」の射程》，関西学院大学出版会，2015年

冨田宏治、北畑淳也《今よみがえる丸山眞男「開かれた社会」への政治思想入門》，あけび書房，2021年

安川寿之輔《福沢諭吉と丸山眞男「丸山諭吉」神話を解体する》，高文研，2003年

　　　　　《増補改訂版 福沢諭吉と丸山眞男「丸山諭吉」神話を解体する》，高文研，2016年

水谷三公《丸山眞男 ある時代の肖像》，ちくま新書，2004年

植村和秀《丸山眞男と平泉澄 昭和期日本の政治主義》（パルマケイア叢書19），柏書房，2004年

今井弘道《丸山眞男研究序説「弁証法的な全体主義」から「八・一五革命説」へ》，風行社，2004年

石田雄《丸山眞男との対話》，みすず書房，2005年

竹内洋《丸山眞男の時代——大学・知識人・ジャーナリズム》，中央公論新社，2005年

田口富久治《丸山眞男とマルクスのはざまで》，日本経済評論社，2005年

苅部直《丸山眞男——リベラリストの肖像》，岩波書店岩波新書，2006年

　　中文版：《丸山真男 一位自由主義者的肖像》，唐永亮译，中国人民大学出版社，2021年

飯田泰三《戦後精神の光芒 丸山眞男と藤田省三を読むために》，みすず書房，2006年

今井弘道《三木清と丸山眞男の間》，風行社，2006年

《丸山眞男没後10年、民主主義の〈神話〉を超えて》，河出書房新社《KAWADE道の手帖》，2006年

アンドリュー・E・バーシェイ《近代日本の社会科学 丸山眞男と宇野弘蔵の射程》，山田鋭夫訳，NTT出版，2007年

山崎正純《丸山眞男と文学の光景》，洋々社，2008年

田中久文《丸山眞男を読みなおす》，講談社選書メチエ，2009年

遠山敦《丸山眞男——理念への信 再発見日本の哲学》，講談社，2010年

中野雄《丸山眞男 人生の対話》，文春新書，2010年

中野敏男《大塚久雄と丸山眞男 動員、主体、戦争責任》，青土社，新装版2014年

《現代思想総特集 丸山眞男生誕100周年》，青土社，2014年8月臨時号

《丸山眞男手帖69》，丸山眞男手帖の会，2014年8月15日休刊特別号

渡部純《現代日本政治研究と丸山眞男 制度化する政治学の未来のために》，勁草書房，2019年

浅井基文《日本政治の病理：丸山眞男の「執拗低音」と「開国」に読む》，三一書房，2020年

平石直昭《福澤諭吉と丸山眞男——近現代日本の思想的原点》，北海道大学出版会，2021年

黒川みどり《評伝 丸山眞男：その思想と生涯》，有志舎，2024年

（二）中文研究论文

柴田哲雄、凌维慈《丸山真男及其日本思想论》，《日本学刊》1999年第5期

孙歌《丸山真男的两难之境》，《日本政治思想史研究》代译序，生活·读书·新知三联书店，2000年

徐水生《丸山真男的日本思想古层论初探》，《武汉大学学报》2000年第3期

施平《也论丸山真男的两难之境》，《日本学刊》2001年第1期

盛邦和《丸山真男：传统演化与文化的现代化》，《日本学刊》2002年第3期

韩东育《丸山真男的"原型论"与"日本主义"》，《读书》2002年第10期

《丸山真男的原爆体验与"十五年战争观"》，《读书》2020年第8期

《丸山真男的学术研究与对日本军国主义的反思》，《中国社会科学》2021年第11期

《中日学者的世纪对谈与相关重大问题》，《东北师大学报（哲学社会科学版）》2023年第3期

刘文星《丸山真男历史意识的"古层"论简析》，《日本学刊》2009年第1期

唐永亮《日本的"近代"与"近代的超克"之辨——以丸山真男的近代观为中心》，《世界历史》2017年第2期

《试析丸山真男的思想史研究方法论》，《北大史学》（第23辑），社科文献出版社，2022年

区建英《丸山真男思想史学的轨迹》，《日本学刊》2019年第3期

《丸山真男思想史学与日本的改革》，联经出版公司《思想》第27期，2014年12月

《丸山真男与福泽谕吉思想中的「独立自尊」与「他者感觉」》，台湾大学人文社会高等研究院《台湾东亚文明研究学刊》第13卷第1期，2016年6月

（转载于：刘岳兵主编《日本儒学与思想史研究——王家骅先生纪念专辑》，天津人民出版社，2016年）

《丸山真男对中国现代性的看法》，《台湾东亚文明研究学刊》第16卷第1期，2019年6月

《丸山真男思想中的"永恒与时间"》，黄俊杰、安藤隆穗编《东亚思想交流史中的脉络性转换》，台湾大学人文社会高等研究院东亚儒学研究中心，2022年

《从丸山真男的"古层"视点看日本的历史意识》，黄俊杰、安藤隆穗编《东亚思想交流史中的脉络性转换》，台湾大学人文社会高等研究院东亚儒学研究中心，2022年

邱静《"非西方"的可能性：丸山真男的日本政治思想史研究方法及启示》，《日本学刊》2019年第4期

许纪霖·刘擎等《丸山真男：在普遍与特殊之间的现代性》，《知识分子论丛》第16辑，江苏人民出版社，2021年

田庆立《丸山真男的民主主义观探析》，《南开学报（哲学社会科学版）》2022年第1期

三、相关文献

（一）日文著作

新渡户稻造《武士道》，1900年在美国出版，题为"Bushido: The Soul of Japan"

波多野精一《時と永遠他八編》，岩波書店，2012年（《時と永遠》，岩波書店，1943年初版）

歴史学研究会編《歴史における民族の問題——歴史学研究会一九五一年度大会報告》，岩波書店，1952年

南原繁《フィヒテの政治哲学》，岩波書店，1959年

尾藤正英《日本封建思想史》，青木書店，1961年

竹内好《現代中国論》，勁草書房，1964年

《日本とアジア》，筑摩書房，1993年

守本順一郎《東洋政治思想史研究》，未来社，1967年

梅原猛《美と宗教の発見》，ちくま学芸文庫，1969年

石母田正《石母田正著作集》第8卷、第14卷，岩波書店，1989年

浜下武志《近代中国の国際的契機——朝貢貿易システムと近代アジア》，東京大学出版会，1990年

《朝貢システムと近代アジア》，岩波書店，1997年

小熊英二《単一民族神話の起源——「日本人」の自画像の系譜》，新曜社，1995年

中文版：《单一民族神话的起源："日本人"自画像的系谱》，文婧译，生活·读书·新知三联书店，2020年

渡辺浩《近世日本社会と宋学》，東京大学出版会，1985年

《近世日本社会と宋学 増補新装版》，東京大学出版会，2010年

《東アジアの王権と思想》，東京大学出版会，1997年［2016年増補新装版］

中文版：《东亚的王权与思想》，区建英译，上海古籍出版社，2016年［2020年精装版］）

《明治革命·性·文明——政治思想史の冒険》，東京大学出版会，2021年

《日本思想史と現在》，筑摩書房，2024年

溝口雄三《中国思想のエッセンスⅠ 異と同のあいだ》，岩波書店，2011年

（二）日文论文

中野好夫《もはや「戦後」ではない》，《文芸春秋》第34巻第2号，1956年2月

遠山茂樹《二つのナショナリズムの対抗》，《中央公論》1951年6月号，（后收录于《遠山茂樹著作集》第五巻，岩波書店，1992年）

《岩波講座 現代思想》第11巻《現代日本の思想》《はしがき》，岩波書店，1957年

福澤諭吉《儒教主義の害は其腐敗にあり》，《福澤諭吉全集》第十六巻，岩波書店，1961年

《修身要領》，《福澤諭吉選集》第三巻，岩波書店，1980年

平石直昭《徳川思想史像の総合的構成—「日本化」と「近代化」の統一をめざして—》，《平成6—7年度科学研究費補助金（総合研究A）研究成果報告書》，1996年

《前近代の政治観——日本と中国を中心に》，岩波書店《思想》792号，1990年6月号

河上徹太郎《配給された自由》，《民主主義と市民社会》（《リーディングス戦後日本

の思想水脈》丛书第三卷），岩波書店，2016年

近藤邦康《特別寄稿 一九八九年三月二〇日 丸山眞男・李沢厚対談》，《丸山眞男記念比較思想研究センター報告——文部科学省「私立大学戦略的研究基盤形成支援事業」報告》第10号，2015年3月

孫歌《丸山眞男の「三民主義」観》，東京女子大学丸山眞男記念比較思想研究センター編《20世紀日本における知識人と教養——丸山眞男文庫 デジタルアーカイブの構築と活用》，2017年

藍弘岳《台湾で丸山眞男の思想を考える——『丸山眞男講義録』を読む》，《丸山眞男記念比較思想研究センター報告》第16号，2021年3月

（三）中英文著述

孙中山《三民主义十六讲》，《孙中山文集》上册（孙中山研究学会编），团结出版社，1997年

陈平原《当年游侠人——现代中国的文人与学者》，生活・读书・新知三联书店，2006年（增订版，三联书店，2020年）

黄俊杰《儒家思想与中国历史思维》，台湾大学出版中心，2014年（2018年12月荣获中国大陆学界的"国学成果奖"）

严复译《天演论》（商务本）下"论一・能实"，《严复全集》（卷一），福建教育出版社，2014年

严复译《孟德斯鸠法意》（商务本），《严复全集》（卷四），福建教育出版社，2014年

唐利国《兵学与儒学之间——论日本近代化先驱吉田松阴》，社会科学文献出版社，2016年

张崑将《孙中山对儒家思想的创造性转换：以"道统论"与"行易知难说"为核心》，林碧蓉编《传承与创新：纪念国父孙中山先生150岁诞辰》下册，台北市国父纪念馆，2016年

黄俊杰、安藤隆穗编《东亚思想交流史中的脉络性转换》，台湾大学人文社会高等研究院东亚儒学研究中心，2022年

George Sansom, *The Western World and Japan*, New York: Knopf, 1950.

Ruth Benedict, *The Chrysanthemum and the Sword*, Tokyo: Charles E. Tuttle Company, (1954), 1988.

附录 2

丸山真男年谱

时间（年号）	年龄	丸山真男事记	历史背景
1914年 （大正三年） 3月22日		出生于大阪东成郡天王寺村，是丸山干治（父）与丸山SEI（母）的第二子。	第一次世界大战爆发
1920年 （大正九年）	6岁	进入兵库县武库郡圣堂精道村的精道寻常小学读书。	
1921年 （大正十年）	7岁	因父亲升任《读卖新闻》社论委员和经济部长，一家迁往东京市四谷区的麴町，故转学至东京市四谷区第一寻常小学。	皇太子裕仁就任摄政，故此对昭和天皇留下了最初的记忆。
1923年 （大正十二年）	9岁	因关东大地震，全家到东京市外的长谷川如是闲宅避难，开始与长谷川如是闲交流。	关东大地震
1926年 （大正十五年， 昭和元年）	12岁	进入东京府立第一中学（初中）。	
1928年 （昭和三年）	14岁	东京府第一区的普选候补人演讲会在四谷第四寻常小学举行，前往听讲。	日本第一次普选
1931年 （昭和六年）	17岁	进入第一高等学校（高中）文科乙类班。选修德语，并开始阅读新康德派哲学家——威廉·文德尔班和海因里希·约翰·李凯尔特的原著。	"九一八事变"爆发

续表

时间(年号)	年龄	丸山真男事记	历史背景
1933年(昭和八年)	19岁	出席本乡佛教青年会馆举行的唯物论研究会创立纪念第二次讲演会,被本滕警察署逮捕、拘留。	德国纳粹掌握政权。日本退出国际联盟。小林多喜二被杀害,共产党的领导人佐野学、锅山贞亲发表"转向"声明。
1934年(昭和九年)	20岁	进入东京帝国大学法学部政治学科。自此开始学习马克思主义文献。	
1935年(昭和十年)	21岁		"国体明征"运动
1936年(昭和十一年)	22岁	选修南原繁的"政治学史"讲座。应募《绿会杂志》有奖论文比赛,提交了论文《政治学中的国家概念问题》,获得了第二席A奖。	"二二六事件"
1937年(昭和十二年)	23岁	从东京帝国大学法学部政治学科毕业,成为该学部助教。研究古典儒教和江户时代的儒学者以及国学者的著作,学习韦伯的理论,精读弗兰茨·柏克瑠的著作《从封建的世界像到市民的世界像》。	"卢沟桥事变"
1938年(昭和十三年)	24岁		河合荣治郎的著作《批判法西斯》被禁止发行。
1939年(昭和十四年)	25岁	东大法学部开设政治学政治学史第三讲座(讲座名称:东洋政治思想史)。	德军进攻波兰。第二次世界大战爆发。
1940年(昭和十五年)	26岁	在《国家学会杂志》发表论文《日本近世儒学发展中徂徕学的特质及其同国学的关系》,成为东大法学部副教授。	大政翼赞会成立

附录2 丸山真男年谱

续表

时间（年号）	年龄	丸山真男事记	历史背景
1941年（昭和十六年）	27岁	在《国家学会杂志》发表论文《日本近世政治思想中的"自然"与"制作"——作为制度观的对立》（至1942年）	世界反法西斯阵营成立。日军偷袭珍珠港，太平洋战争爆发。
1942年（昭和十七年）	28岁	发表论文《福泽谕吉的儒教批判》。开始担任政治学政治学史第三讲座主讲人（至1970年度）。	
1944年（昭和十九年）	30岁	结婚。在《国家学会杂志》发表论文《国民主义理论的形成》（后改题《"早期"国民主义的形成》）。被征召赴朝鲜平壤。因病解除征召返日后，开始研究孙文、梁启超等中国近代文献。	
1945年（昭和二十年）	31岁	再次被征召赴广岛市宇品陆军船舶司令部，遭遇核爆。与同人结成"青年文化会议"，并参与"庶民大学三岛教室"的讲座。与岩波书店《世界》杂志总编吉野源三郎结为知己好友。	德军无条件投降。日本战败，接受《波茨坦宣言》，"二战"结束。南原繁就任东京大学总长。
1946年（昭和二十一年）	32岁	在东洋文化研究所做题为"孙文与政治教育"的讲演，在《世界》杂志发表论文《极端国家主义的逻辑和心理》。	《日本国宪法》公布
1947年（昭和二十二年）	33岁	在杂志《东洋文化研究》发表论文《福泽的"实学"的转回》，又在《国家学会杂志》发表论文《福泽谕吉的哲学》。	
1949年（昭和二十四年）	35岁	参与"和平问题谈话会"的创立。	
1950年（昭和二十五年）	36岁	因南原繁退休而担任一个年度"政治学史"讲座。晋升为东京大学法学部教授。执笔和平问题谈话会研究报告《第三次和平声明》第一、二章。	朝鲜战争爆发。日本政府开始清洗"赤色分子"。

续表

时间（年号）	年龄	丸山真男事记	历史背景
1951年（昭和二十六年）	37岁	患肺结核，进入国立中野疗养所治疗。	
1952年（昭和二十七年）	38岁	《日本政治思想史研究》出版。	
1954年（昭和二十九年）	40岁	因肺结核复发再次住院。	
1955年（昭和三十年）	41岁	出院在家疗养，E.H.诺曼来探望（这是与诺曼的最后一次见面）。	
1956年（昭和三十一年）	42岁	《现代政治的思想与行动》上卷出版。东洋政治思想史讲座的构思从本年度改为追溯到古代。	
1957年（昭和三十二年）	43岁	《现代政治的思想与行动》下卷出版。在《每日新闻》发表对E.H.诺曼的追悼文。发表论文《日本的思想》。	E.H.诺曼自杀
1958年（昭和三十三年）	44岁	参加宪政问题研究会。	
1960年（昭和三十五年）	46岁	发表论文《忠诚与叛逆》。参与《反对安保条约批准的声明》，并参加反对新安保条约强行通过的运动。发表《复始之说》等讲演。	反对修改日美《安保条约》的运动（从1959年持续到1960年）
1961年（昭和三十六年）	47岁	在NHK广播二台做题为"著名演奏家：富特文格勒"的讲演。《日本的思想》（岩波新书）刊行。应邀到哈佛大学担任特别客座教授（至1962年6月）。	
1962年（昭和三十七年）	48岁	暑假游历欧洲各地，然后转到英国，在牛津大学做访问研究（至1963年3月）。	
1963年（昭和三十八年）	49岁	重新构思东洋政治思想史讲座的内容，首次以"原型"为核心概念来分析日本对外来思想的接受和改变的思维方式。《现代政治的思想与行动》英文版刊行。	

续表

时间（年号）	年龄	丸山真男事记	历史背景
1964年（昭和三十八年）	50岁	《（增补版）现代政治的思想与行动》刊行。正式开始讲授以"原型"为核心概念的系列讲座（至1967年）。	
1965年（昭和四十年）	51岁	参加《关于越南问题对日本政府的要求》声明。	驻扎冲绳的美国军机轰炸越南北部
1967年（昭和四十二年）	53岁	东京大学法学部的"东洋政治思想史讲座"改称为"日本政治思想史讲座"。本年度讲座是"原型"系列的最终讲座。	
1968年（昭和四十三年）	54岁	东大发生学生纷争，参加"全共斗"的学生封锁了法学部研究室。为保护明治新闻杂志文库的档案，用书架顶住文库入口，住在文库数日，导致健康恶化。	
1971年（昭和四十六年）	57岁	还未到退休年龄就辞去东京大学法学部的教授。被选为美国学术院外国名誉会员。	
1972年（昭和四十七年）	58岁	发表论文《历史意识的"古层"》。	中日邦交正常化
1973年（昭和四十八年）	59岁	访问美国和欧洲各地，在普林斯顿大学获得名誉文学博士称号，在哈佛大学获得名誉法学博士称号。	
1974年（昭和四十九年）	60岁	成为东京大学名誉教授。《日本政治思想史研究》英文版刊行。	
1975年（昭和五十年）	61岁	赴英国访学，主持一个日本讲座。后又到美国普林斯顿高等研究所当研究员（至1976年4月）。	
1976年（昭和五十一年）	62岁	被加利福尼亚大学伯克利分校聘为特别客座教授（5—8月）。《战中与战后之间》刊行。	中国"文化大革命"结束

续表

时间（年号）	年龄	丸山真男事记	历史背景
1978年（昭和五十一年）	64岁	与岩波书店编辑部同人开始进行读《文明论概略》的读书会（至1981年）。	
1980年（昭和五十五年）	66岁	发表论文《闇斋学与闇斋学派》。应中国社会科学院邀请，参加日中人文社会科学交流协会访中团来华旅行。	
1982年（昭和五十七年）	68岁	被选为美国历史学会外国名誉会员，后又被选为英国学士院外国会员。	
1983年（昭和五十八年）	69岁	被加利福尼亚大学加州伯克利分校聘为特别客座教授（3—6月）。《日本政治思想史研究》新装版刊行，收录了英文版的"作者序文"。	
1986年（昭和六十一年）	72岁	《读〈文明论概略〉》上·中·下三册刊行。	
1988年（昭和六十三年）	74岁	在东京六本木的国际文化会馆与在日中国学人座谈。	
1989年（平成元年）	75岁	发表题为"围绕昭和天皇的琐忆"的文章。在吉祥寺车站附近的西餐厅与在日中国留学生座谈。	昭和天皇去世
1991年（平成三年）	77岁		海湾战争爆发。苏联解体。
1992年（平成四年）	78岁	《忠诚与叛逆》刊行。中文版《福泽谕吉与日本近代化》刊行。	
1993年（平成五年）	79岁	确诊肝癌。	
1995年（平成七年）	81岁	《丸山真男集》全十六卷和别卷一开始刊行。12月出席东京大学东洋政治思想史丸山研讨班同人的恳谈会。	
1996年（平成八年）	82岁	肝癌恶化，于8月15日去世。	